KB274065

상처와 화살,
인문학으로 세상 읽기

상처와 화살,
인문학으로 세상 읽기

임헌영 지음

보리

1. 이 책은 보리 인문학 넷째 권이다.
2. 인명이나 지명 표기는 국립국어원 외래어 표기법을 따랐다. 다만 외래어 표기법과 실제 토박이 발음이 다른 경우에는 되도록 토박이 발음을 따라 적었다.
3. 단행본과 정기 간행물은 겹화살괄호(《》)를, 논문이나 문서, 소제목, 예술 작품 들은 홑화살괄호(〈〉)를, 이론이나 이념, 원칙, 선언 들은 작은따옴표(' ')를 썼다.
4. 책에 실린 사진은 글쓴이가 직접 찍은 사진과 공용 위키미디어, 여러 나라 공공 홈페이지에서 가져온 자유 이용 저작물(퍼블릭 도메인)로 만약 잘못된 곳이 있다면 확인하는 대로 사후 조처할 것이다.

재미있고 유익한 인문학으로 다가서기

"인생은 살기 어렵다는데/ 시가 이렇게 쉽게 씌어지는 것은/ 부끄러운 일이다"라고 수줍음을 유난히 많이 탈 듯한, 준수한 미모의 순수 문학도인 윤동주는 〈쉽게 씌어진 시〉에서 고백합니다. 그러나 과연 시가 쉽게 '씌어'집니까. 세상 살기가 어려운 데 견주어 언어의 조종은 상대적으로 쉽다는 뜻입니다. 더 따지고 들면 시 창작은 정말 쉽습니까. '문학하기'인들 어찌 다른 모든 밥벌이를 위한 직업보다 더 쉽겠습니까.

영혼의 비타민이라는 문학은 그리움의 대명사입니다. 문학은 꿈의 별칭이면서 환각이자 황홀이며 희망의 상아탑입니다. 문학은 아픔을 달래 주는 진통제이면서 기쁨을 함께 누리는 축제이기도 합니다. 문학은 가장 크고 황당한 거짓말의 경연장이면서도 결국은 진실의 실체를 보여 주는 요지경입니다.

문학은 고독의 산물이면서도 더불어 함께하는 군집성을 지향합니다. 문학은 '나' 자신의 내성적인 성찰의 깊은 골짜기에서 발원하지만 협곡을 지나 냇물로 흘러내리며 유유한 강을 이뤄서는 마침내 망망대해의 바다에 이르는 물처럼, '나'의 문제부터로 시작해 사회와 국가와 민족과 세계사를 조망하는 인문학의 왕자이기도 합니다.

그래서 문학은 영혼의 축제를 주관하는 사제이면서, 인간의 모든 고뇌와 절망과 고통을 담아내는 세상의 관찰자이자, 그 부당함을 고발하는 검사이면서 또한 억울함을 달래 주는 변호인을 겸합니다.

시대가 아무리 바뀌고 문명이 훌쩍 진보해도 인생살이가 어렵다는 데는 변함이 없습니다. 부유와 가난, 유식과 무식, 권세가와 억압받는 자들, 유신론자나 무신론자 그 누구든 자기 나름대로 주어진 인생살이가 벅차고 힘겹다는 데서는 평등합니다.

왜 이렇게 세상 살기가 자꾸만 더 어려워지고 인간은 점점 더 사악해져 갑니까?

세상이 이토록 점점 고약해지는 건 세상을 살기 좋게 만들겠다고 가장 높고 화난 목소리로 외치는 사람들 때문입니다. 이런 유형이 가장 많은 직업은 언제나 자신이 가장 잘났고 최고로 유식하며, 난세를 극복할 비결의 유일한 소유자라는 아집으로 가득 차 있는 정치인과 고위 관료가 단연 1위이고, 그다음이 천국행 비자 발급을 흥행으로 삼으며 예수와 석가와 마호메트의 명예를 훼손하는 종교인, 뒤이어 뇌세포가 오밀조밀한 어용학자들과 사이비 문화예술인에 쓰레기 언론, 깡통 교육자 등등이 줄을 잇고 있습니다. 물론 그들 중에는 진짜와 가짜가 엄연히 다르지만 세상을 더럽히는 부류일수록 목소리는 크고 사기성이 농후하지요.

사기를 쳐야만 장사가 되는 가짜들이 바로 세상을 더럽히는 주범이지요. 마음 같아서야 이들을 단숨에 아작 내거나 죽비로 내려치고 싶지만 유사 이래 누구도 그렇게 못 한 것을 보면 하늘조차도 그럴 능력이 없나 보다 절망에 빠지기도 하지요. 그래도 인간은 포기하지 않을 권리를 가졌으며, 그 맨 앞장에 선 것이 바로 문학입니다.

이 책은 문학 공부를 하려는 사람들뿐만 아니라 만물의 영장인 교양인으로서 갖춰야 할 모든 분들에게 유용하도록 기획했습니다. 세상에서 진실로 아름다운 사람을 판별하는 것부터 시작하여 고대 원시 시대에서 신화와 신앙의 형성과 그 실체, 전쟁과 역사의 흐름을 통해 오늘날 우리가 처해 있는 시대적인 쟁점까지를 두루 다뤘습니다. 쉽고 재미있게 누구나 심심풀이 삼아 읽을 수 있도록 최선을 다했습니다.

이런 책을 기획해 준 보리 출판사 편집진들에게 감사드립니다.

2026년 1월
임헌영

차례

책을 내면서_ 재미있고 유익한 인문학으로 다가서기 5

들어가는 글_ 문학, 아름다움을 향한 세레나데 17

제1부 　　　　　　　　　　　　진짜 아름다움과 가짜 아름다움

제1장　마신 아내의 사랑법

남의 상처를 내 위안으로 삼는 야비함 37

공포와 감시에 달통한 마신의 아내는 정숙할까? 43

문학은 영혼의 진주, 낙원의 추방자, 잘 우는 자 47

문학은 설교사가 아닌 동참자 54

제2장 염라대왕을 위한 판타지

로댕의 생각하는 사람 62

인간학 총체로서의 문학 65

아킬레우스의 분노 76

인간의 운명과 현세의 염라대왕 81

백범 김구와 일본의 관상가 미즈노 난보쿠 84

최고의 아름다움은 밥 잘 먹는 것 88

第1장　신의 아들이라고 사기 치기

원시 신앙에서 건국 영웅이 출현하는 과정 95

지배 계급의 사기 치기 98

세계 최초의 반전 평화론자 102

하늘과 귀신을 부정한 동방의 아리스토텔레스 108

안티고네의 재판에 나타난 그리스의 지배 윤리 113

第2장　도둑들의 천국

베니스 상인의 수호신 121

세계의 첫 탐정 소설 124

하이네의 야유 127

第3장　장자의 도둑 철학과 도척의 도둑의 도

전설적인 삶과 무위의 유토피아 132

장자 궤변의 극치인 인식론과 시시비비, 그리고 인생론 136

장자에게 도둑은 큰 도의 실현이다 140

第4장　왕과 도둑을 공범으로 본 브레히트의 도둑관

경찰총장과 노상강도의 협업 체제 147

악인이 아니고는 살아갈 수 없는《사천의 선인》 155

제1장　원시 신앙과 샤머니즘

악인은 지옥으로 가지 않는다 163

인류 정신사의 원류 샤머니즘 168

인간 구원으로서 문학과 종교 171

제2장　헤브라이즘과 유태교, 그리고 예수

종교란 그 지역이나 민족의 윤리 도덕의 승화로 형성된다 175

헤브라이즘의 형성과 유태교 178

망국 500년, 예언자조차도 등장 않는 절망의 한가운데 184

식민 통치에 원천적인 저항으로 인류 해방을 구가하다 189

예수 사후 기독교 사상의 전개 과정 195

종교 개혁, 그리고 세계를 제패한 기독교 202

기독교 철학 연구 변천사와 현대 신학자들 206

제3장　석가의 고뇌와 불교 사상

민족 종교에서 세계 종교로의 승화 과정 213

출궁 6년 만에 다르마 득도 217

녹야원 첫 설법부터 쿠시나가라의 열반까지 222

원시 불교에서 세계 종교로 승화되기 225

제4부 　　　　　　　　　　일란성 쌍생아인 문학과 역사

제1장　그리스인들의 역사 인식

문학과 역사의 경계선 233

헤로도토스, 인간 탐구와 역사의 병행 236

세상에서 가장 행복한 사람이란? 243

투키디데스 함정에 빠지지 않기 246

제2장　사마천 역사의 원점

춘추필법의 역사 기록 250

불우했던 사마천과 행운의 상징인 영춘화 253

도서관이 불타면 들고 나올 단 한 권의 명저 256

제3장　근대 중동과 유럽의 역사 인식

아랍권 역사의식의 선구자 이븐 할둔 263

에드워드 기번의《로마 제국 쇠망사》 268

아놀드 토인비의 문명 사관 275

E. H. 카의 진보적인 20세기 국제 정치 역사학 282

제4장　진보주의 역사 인식

진보란 국민들의 영원한 생명이다 291

변증법의 헤겔 철학 개요와 그 계승 305

마르크스의 학문 연구 방법론 3대 요소 310

정통 마르크스주의 역사학자 홉스봄 313

‘멜로스인의 복수’와 미국 바로 알기 323

제1장 《전쟁과 평화》에 나타난 인생론과 역사의식

세계의 화약고 발칸 반도의 비극 335

노벨상 수상작 이보 안드리치의 《드리나강의 다리》 338

나폴레옹, 장군과 정치가 343

스탕달이 본 나폴레옹 351

《전쟁과 평화》 집필 준비 작업 356

《전쟁과 평화》 찬찬히 읽기 361

보로디노 전투와 나폴레옹의 코감기와 러시아 364

황제를 속인 농노의 지혜와 보통 사람들의 행복관 369

제2장 프랑스 혁명과 빅토르 위고

나폴레옹, 톨스토이, 그리고 위고 374

위고의 통렬한 역사와 혁명을 향한 투지 380

첫 사형 폐지론 소설 《사형수 최후의 날》 384

1848년 2월 혁명과 파리 코뮌 388

제1장　문학은 영원한 희망을 추구한다

카바레 볼테르의 전위주의자들 399

전위적인 미학이란 기괴한 게 아니다 405

노마드 시대 미학의 특징 410

벤야민과 아도르노의 전위주의 이론 415

제2장　영원한 전위 의식의 모옌

불명예스럽고 극악무도한 파머스톤 아편 전쟁 421

모옌의 출세작 《홍까오량 가족》 427

술만 잘 마시면 출세하는 나라 431

제국주의가 강요한 가장 잔혹한 처형 방법 435

제3장　유미주의 미학론 살펴보기

아름다움, 유희하는 인간의 매력 440

고티에, 시 없이 사느니 구두 없이 사는 편이 더 낫다 442

오스카 와일드의 소설과 희곡 447

동성애, 그리고 《옥중기》와 무덤을 장식한 립스틱 자국 452

맺는 글_ 내가 사용하는 언어에 평화 있어라 455

부록　　참고 문헌 464

찾아보기 470

들어가는 글

문학, 아름다움을 향한 세레나데

그리스 미녀 프리네가 신성 모독죄로 최고 법정에 섰다. 재기발랄한 변호사 히피리데스의 단 한마디 변론으로 프리네는 무죄가 되었다. 세계 재판사에서 가장 짧은 그 변론은 "이렇게 아름다우니 용서해 달라"는 것이었고, 히피리데스는 이를 증명하고자 바로 프리네에게 옷을 벗게 해 재판관들에게 그 나신을 보여 주었다. 이에 재판관들이 바로 아프로디테의 현신이라며 무죄 판결을 내렸다는 것이다.

프리네의 본명은 메사레테로 고급 창녀였다. 우리식으로 말하면 황진이쯤 되는데, 당시 그리스의 고급 창녀로 학식과 교양과 예술적인 기예에도 능한 터라 여러 저명한 애인을 두루 거쳤다. 프리네를 고발한 자도 전 애인 가운데 하나였다.

변호사 히피리데스는 프리네의 재판 당시 애인이었다. 히피리데스는 연설 대본 작가를 겸한 재완꾼으로, 나중에 마케도니아가 그리스를 침공하게 되자 저항 운동을 전개한 용사이기도 했다.

믿거나 말거나 한 야사 한 토막인데, 후세 호사가들은 프리네가 법정에서 유방만 보여 줬다느니 전라를 다 보여 줬다느니 하며 논쟁

프랑스 화가 장·레옹 제롬이 그린 〈법정에 선 프리네〉. 1861년 작품으로 "이렇게 아름다우니 부디 용서해 달라"는 세상에서 가장 짧은 변론 한마디로 그리스 최고 법정에서 무죄 판결을 받은 미녀 프리네의 모습을 담고 있다.

까지 벌였다지만 프랑스 화가 장·레옹 제롬은 〈법정에 선 프리네〉에서 전라의 모습에다 멋진 포즈까지 취하는 모습을 부각시켰다.

언제 어디서나 그랬다. 잘난 사람은 무죄였다. 물론 형벌을 받는 경우도 적지 않지만 살아가면서 '잘난 사람'은 꼭 그 아름다움의 대가를 꼬박꼬박 챙기는 게 세상의 섭리다.

그러나 정말로 프리네가 무죄를 받을 만큼 참으로 아름다웠는지, 아니면 가짜로 요녀였는지에 대한 정보는 없다. 그래도 세상 사람들이 얼마나 자기 주변 사람들의 아름다움을 정확히 평가할 줄 아는지가 중요한 걸 일깨워 주는 게 문학예술인의 책무가 아니던가.

유럽 문학사에 등장하는 최고의 미녀는 단연코 헬레네인데, 헬레네는 나라 하나를 망치고도 벌은커녕 환대를 받으며 여생을 편안하게 보냈다는 것이 정설이다. 헬레네의 본남편은 스파르타의 왕 메넬라오스였다. 왕비로 부족함이 없는 처지건만 헬레네는 트로이의 버림받은 왕자 파리스가 아름답다고 칭송하자 그 유혹에 넘어가 트로이로 갔다. 미녀들의 생리 구조는 보통 사람과는 달라서 항상 뭔가에 결핍돼 있는지 그걸 건드리면 쉽게 넘어간다. 파리스는 그걸 간파하고 헬레네의 아름다움을 칭송함으로써 유혹에 성공, 삼엄한 경비를 뚫고 왕궁을 탈출해 헬레네를 모국으로 데리고 갔다.

트로이 왕궁은 당시 지중해 일대의 최강국으로, 현명한 왕 프리아모스와 후계 왕자 헥토르에다 예언의 능력까지 갖춘 공주 카산드라까지 있는 탄탄한 나라였다. 많은 왕자 가운데 파리스는 출중한 미남이었지만 왕국을 멸망시킬 운명을 타고났다고 해서 어렸을 때 추방된 처지였다. 건장한 청년이 되어 돌아온 파리스의 정체를 첫눈에 간파한 예언자 카산드라는 오빠가 데려온 헬레네를 보고는 이 일로 온 그리스가 침공해 올 것이고, 그로 인해 트로이가 멸망할 것임을 알았다. 이에 카산드라는 헬레네를 이 왕궁에 발 들이지 못하게 하고 당장 떠나라며 미친 듯이 고함을 쳤다.

그리스에서는 '예언자'라고 멋진 표현을 쓰지만 우리식으로 말하면 신내림을 받은 '무녀'와 다르지 않다. 동서양을 가리지 않고 이들은 신의 예언이 내릴 때면 발작을 하는데, 보통 사람들 눈에는 '미친 것'으로 보일 뿐이다. 그래서인지 왕궁의 어느 누구도 카산드라의 예언을 거들떠보지도 않았을 뿐 아니라 심지어 현명한 프리아모스 왕조차도 공주가 미쳤다고 꾸짖었다.

어느 시대 어느 나라나 다 카산드라와 같은 현명한 예언자가 있었건만 문제는 권력가들이 귀담아듣지 않고 도리어 탄압만 한다는 것이다. 그러다 나라가 멸망하고 말았음을 역사는 얼마나 많이 보여주고 있는가.

남의 나라 왕비를 보쌈해 왔으니 곧 닥칠 재앙은 누구나 알건만 트로이의 충신들은 그냥 헬레네의 미모에 넋이 빠져 버렸고, 여자들조차 자기 서방 빼앗아 갈 상대가 등장했건만 도리어 그 미모를 예찬하기에 바빴다. 한 충신은 "저런 여인 때문이라면, 돼먹지 않은 일이라고만 말할 수 없구나. 어쩌면 그 얼굴 모양이 불사의 여신과 저토록 닮을 수가 있겠는가"라고 찬탄했다. 오로지 왕국의 후계자인 헥토르와 원로 중신 몇몇만이 닥쳐올 나라를 염려할 뿐이어서 결국 트로이는 멸망하고 말았다.

어디 이 세상에서만 그런가. 저승에 가면 신들 역시 그리스 최고 법정 재판관처럼 흐물흐물하다. 당나라를 망친 미녀 양귀비의 죄악은 누구나 다 알고 있지만, 양귀비가 죽어서까지 좋은 곳에서 온갖 호사를 다 누리고 있음을 아는 사람은 흔치 않을 것이다. 천하 대문장가 백거이는 대표작인 장편 서사시 〈장한가〉에서 양귀비가 지옥에 가기는커녕 왕비나 선녀처럼 대우받고 있음을 너무나 실감나게 묘사해 주고 있다. 양귀비는 거기서도 나라를 망친 왕 현종이 아직 죽지 않고 살아 있어서 함께 저승에서 즐기지 못하는 안타까움과 살았을 때의 환락의 순간을 그리워하며 이렇게 노래했다.

하늘에서는 비익조가 되고

땅에서는 연리지가 되어

하늘과 땅조차 다할 때가 있으나

우리들의 못다 한 사랑은 영원하리라.

대체 문학예술이란 무엇인가.

영원히 아름다움을 추구하는 게 그 궁극 목표가 아닌가.

문학예술은 인간학이며, 그렇기 때문에 그 지향하는 바는 미인을 창조하는 기술과 같다. 없는 미인은 창조하고, 있던 미인은 재발굴하며, 현세의 미인은 탐사를 통해 찾아내는 게 문학예술인들의 본업이라 해도 지나칠 게 없다.

그렇다고 헬레네와 양귀비 같은 악녀조차도 찬양하는 게 문학이어야만 할까. 그럼 문학이란 고작 불륜과 패륜의 변호사 역할에나 충실하면 되는가? 어디가 잘못됐을까. 그리스 최고 법정 재판관의 심판은 정당했던가. 그리고 양귀비를 심판했던 저승의 심판관은 옳았던가. 뭔가 잘못한 건 없을까.

유태인 여성으로 나치 강제수용소도 직접 체험했던 냉철한 정치사상가인 한나 아렌트는《예루살렘의 아이히만-악의 평범성에 대한 보고서》에서 아이히만이 "우리 주변 어디서나 볼 수 있는 중년 남성이었다"라면서 '악의 평범성'이란 이론을 도출해 낸 것으로 널리 알려져 있다. "실제로 저지른 악행에 비해 너무 평범하다"는 것이 아렌트의 판단이었다.

아돌프 아이히만은 고등 교육도 받지 못한 판매원이었다가 나치 독일의 친위대 소속인 정보기관 SS 전국 지도자 보안국에 들어간다. 그 뒤 유태인 대학살의 지휘자급 인물로 엄청난 만행을 저지르고 피신했다가 체포당해 예루살렘에서 재판을 받고 처형된 인물이다. 이런 사람은 통상 험상궂고 소름 돋는 냉기라도 서려 있을 법한데 그저 평범했다는 아렌트의 판단은 과연 옳을까. 그건 마치 천사 가브리엘은 미인이고, 악마 루시퍼는 뿔 돋은 괴물에 추남이어야 한다는 기독교 선입견에 따른 반작용은 아니었을까.

그러나 선입견과는 달리 원래 루시퍼는 '빛을 내는 자', '새벽의 샛별'이란 뜻으로 실제로는 영리한 천사였다. 거기다 하느님의 근위병으로 아름다운 용모에다 신조차 감탄하는 지력의 소유자라 신의 총애를 받아 모든 천사의 통솔 직책을 맡았다. 그러나 '오만'이 싹터 신의 옥좌를 넘보다가 결국 천국에서 쫓겨났다. 밀턴은 《실낙원》에서 이때 루시퍼를 따르던 '반역 천사' 군대도 함께 추방당했다고 썼다.

신약 성서 〈요한의 묵시록〉에는 "그때 하늘에서는 전쟁이 터졌습니다. 대천사 미카엘이 자기 부하 전사들을 거느리고 그 용과 싸우게 된 것입니다. 그 용은 자기 부하들을 거느리고 맞서 싸웠지만 당해 내지 못했습니다. 그래서 하늘에는 그들이 발붙일 자리조차 없었습니다. 그 큰 용은 악마라고도 하고 사탄이라고도 하며 온 세계를 속여서 어지럽히던 늙은 뱀인데, 이제 그놈은 땅으로 떨어졌고 그 부하들도 함께 떨어졌습니다"(〈요한의 묵시록〉 12장 7절~9절)라고 나온다.

미카엘에 의해 백 년간 유폐된 루시퍼는 곧 신의 왕국에 반격을 시도했다. 루시퍼는 미카엘과 쌍둥이 형제라는 설이 있듯이 생김은 닮았으나 피부만 더 검었다. 신학적으로 지상에 오래 머물면서 화학 변화를 일으킨 결과라고도 풀이한다.

루시퍼는 추방당하자 자기 생존을 위해 변신술까지 익힌다. 밀턴의 《실낙원》에는 루시퍼가 뱀으로 화신해 이브에게 선악과를 따 먹도록 꼬여 내는 것으로 등장한다. 그 뒤 이 미남을 뿔이 달린 괴물 이미지로 변신시킨 것은 신앙심에 물든 사람들의 악마 만들기의 산물일 뿐이다. 그러니 잘못된 교육과 사회적인 편견이 사람들을 진짜 아름다움과 추악함도 구분 못 하도록 '미학의 백치'로 만들어 버린 탓이 크지 않을까. 그리스의 법관이나 트로이의 궁중 신하들처럼 현대인들 대부분조차도 진짜 미녀와 가짜 미녀를 구분 못 하고 있는지도 모르겠다.

아렌트의 '악의 평범' 이론은 냉철하게 말하면 두 가지 점에서 틀렸다. 첫째는 타락한 현대 기술 만능주의 자본주의 사회에서는 악이 그냥 평범해 보이는 단계를 넘어서서 악마일수록 오히려 더 아름답게 변신할 줄 아는 둔갑술을 써 악을 더욱 깊숙이 숨길 수 있게 되었다는 점이다. 내면의 추악함을 황금이나 권력, 명예와 직함을 써 찬탄을 자아내도록 만드는 기교가 얼마든지 가능하게 된 지 이미 오래다. 그래서 도둑놈 날강도에다 사기꾼인 정치인과, 재벌과 성직자와 법조인, 교육자, 언론인, 학자, 예술인 등등이 얼마든지 둔갑하기 좋게 된 게 현대 사회다. 둔갑할 줄 모르는 보통 사람들은 평생 자기 걸 빼앗기면서도 도리어 자기 것을 빼앗거나 탄압하는 악마들에게 현혹당해 숭앙하며, 찬양하고, 박수만 치다가 죽는다. 이게 현대 자본주의 사회 구조다.

이미 루소가 270여 년 전에 쓴 탁월한 산문 《학문예술론》에서 지배 계급이 만든 학문과 예술 같은 문명의 발전은 인간 사회를 순화시킨 게 아니라 도리어 부패하고 타락하는 쪽으로 변하게 했다고 신랄하게 비판했다. 루소는 아예 천문학은 미신을 숭상하게 하려고 점성술을 위해 생긴 것이며, 웅변술은 야심과 증오, 허언을 통해 어리석은 시민들을 속이려고 발전했고, 기하학은 토지 소유를 위해 지배 계급이 만든 문명의 실체라고 비판했다. 그러니 현대 문명은 오죽하겠는가. 이미 권력자와 재벌이 결탁하여 시민을 위한답시고 온갖 현란한 문명을 창출해 상품을 유통시키며, 그 소비조차 멋대로 문화의 유행을 창출하여 좌지우지하는 판이니 피땀 흘려 번 돈을 도로 그들의 주머니에 넣어 주다가 죽는 게 보통 사람들의 운명이 아닌가. 그러면서도 행복하다고 자유의사로 말할 수 있다고 착각할 정도로 현대 사회의 속임수는 완벽하다.

다른 한 가지 오류는 어떤 미녀도 그 본질을 숨길 수 없기에 관찰자의 착시로 가짜 미모에 속았을 수도 있다는 점이다. 재판정에 가 보면 사기꾼들이 판사의 동정을 사기 위해 꾸민 거짓말과 제스처가 배우를 능가하는 걸 얼마든지 구경할 수 있다. 사기꾼일수록 반지르르한 데다 말솜씨마저 탁월하며 예의 바르고 논리 정연하다. 그러니 판사 속이기는 누워서 팥죽 먹기며 염라대왕을 속이는 것 또한 떡 먹은 사람 김칫국 마시듯 자연스럽다.

고향 야스나야 폴랴냐에 묻힌 톨스토이의 묘지. 세계 저명인사 묘지 가운데 가장 소박한데 톨스토이는 소설에서 이 맑고 고요한 고향 마을의 자연을 생생하게 묘사한다. 글쓴이가 비를 맞으며 조용히 묘지를 굽어보고 있다.

세계 문학사에서 철인의 경지에 이른 문학인은 톨스토이 정도라고 나는 생각한다. 털보에 날카로운 눈빛을 가진 이 작가는 세계 불륜 문학의 금자탑인 《안나 카레니나》에서 드러내 놓고 온 세상이 다 알도록 간통을 저지르고도 고개를 빳빳이 들고 다니는 안나의 아름다움을 묘사한다. 상대는 페테르부르크의 도금(鍍金) 청년, 반짝이는 가짜 금처럼 둔갑술에 능한 귀족 출신 장교이다. 두 사람이 처음 만나는 장면은 일품이다.

모스크바의 페테르부르크역에서 두 사람은 처음 만난다. 러시아에서는 모스크바에 모스크바역이 없다. 열차의 목적지가 역 이름으로 되어 있어서 모스크바에서 페테르루브크행 열차를 타려면 모스크바의 페테르부르크역으로 가야 한다. 마찬가지로 페테르부르크에서 오는 손님을 맞으려 해도 역시 페테르부르크역에 가면 된다.

안나는 페테르부르크에 살고 있는데 모스크바의 오빠네 집으로 가는 중이었다. 도금 청년 브론스키도 페테르부르크의 어머니가 모스크바로 온다고 해서 페테르부르크역으로 마중을 나갔다. 열차가 역에 정차하자 안나는 차에서 내리려고, 브론스키는 객차 좌석에 앉아서 아들이 맞으러 오기를 기다리는 어머니를 찾으려고 열차 계단을 오르는 중이었다. 둘은 서로 모르는 사이였는데도 오르고 내리는 그 순간에 뭔가에 끌려 서로가 한 번 더 보려고 고개를 돌렸고 그때 두 눈이 마주쳤다.

여러분도 혹 거리나 지하철, 또는 가게 같은 곳을 지나다가 다시 돌아보고 싶은 미남 미녀를 만난 적이 있을 것이고, 그 순간 자동으로 그리로 눈길을 돌린 경험도 있을 것이다. 아름다움이란 그런 것이다. 누구나 일상 속에서도 괜히 한 번 더 보고 싶도록 만드는 마력이 곧 미의식이다.

그러나 두 사람이 그렇게 다시 되돌아보도록 만든 것은 진짜 아름다움이 아니라 가짜임을 톨스토이는 암시한다. 안나 오빠의 처제인 키치의 눈을 통하여 톨스토이는 안나의 아름다움에서 "뭔가 끔찍하고 잔혹한 것"을 느낀다고 밝힌다. "너무나 아름다운 안나는 오히려 그 아름다움이 지나쳐 슬픔을 느낄 지경"이며, "저런 모습 속에서 뭔가 모르게 사람을 끌어들이는 기이하고 악마적인 그 무엇이 있다"

라고 키치는 느낀다. 바로 톨스토이의 안목이다.

이처럼 숨겨진 악마성을 간파하는 능력이야말로 진정한 문학이 지향하는 것이기에 정치, 경제, 사회, 문화, 종교, 교육, 언론 같은 모든 분야에서 진짜와 가짜를 구별할 줄 아는 지혜를 일깨워 주는 게 인문학적인 문학 수업이라고 나는 생각한다. 그래서 이 책을 읽으면 사기를 당하지 않을 정도의 지혜를 터득할 것이기에 얼른 한 권은 사서 읽고 한 권은 여분으로 구매하여 주변에도 읽히기를 권유한다. 진짜와 가짜의 아름다움만 구분해도 당장 우리나라의 정치부터 제대로 굴러갈 것이기 때문이다.

혹시 이 대목에서 독자 중에 "아, 임헌영, 당신까지도 독자들에게 '구라' 치려는가" 하고 반격한다면 나는 돼지 눈에는 돼지만 보이기에 내가 아무리 구차해도 그런 독자에게까지 이 책을 읽어 달라 하지는 않겠다고 단호히 답하겠다.

그럼 그리스의 고전은 거의가 미녀를 잘못 본 것일까? 결코 그렇진 않다. 소크라테스가 히비피아스에게 "아름다움이란 무엇인가?"라고 묻자 히비피아스는 "미란 한 아름다운 아가씨"라고 답했다. 되받아치기로 유명한 소크라테스는 그러면 아름다운 어미 말도 미인인가라며, 고운 도자기도 아름답지 않느냐고 역공했다. 이에 히비피아스는 어미 말이나 도자기는 아름다운 아가씨만 못하다며 미를 '아름다운 소녀, 황금, 부유하고 존경받는 것'이라 정의했다. 가만히 있을 소크라테스가 아니다. 모든 토론에서 소크라테스는 반드시 결론은 자신이 내려야 직성이 풀리는 현자다. 세계 4대 성인들이 다 그랬다. 그들의 공통점은 다 자신이 저술을 남기지 않고 제자들이 정리했으며, 그랬기에 형식은 다 대화체이고 결론은 항상 자신이 내렸다는 점이다. 이중 술고래는 단연코 소크라테스로 언제나 코가 빨개지도록 마셨다. 넷 중 가장 인간미가 풍긴다.

다시 소크라테스의 미학관을 살펴 보자. 소크라테스는 아름다운 원숭이도 사람보다 추하다는 헤라클레이토스의 말을 인용하고서, 미란 '적합성, 호감성, 보고 듣는 쾌감성'으로 성실한 것과 도덕적인 것과 아름다움은 일치한다고 했다. 진선미 일치 사상은 고대 귀족 사회의 공통이었다. 중국에서도 공자나 맹자 같은 정통 유학자들의 미학관이 이와 다르지 않았다. 그렇기에 헬레네가 아름다우면 그 행동 역시 참되고 착해야 한다는 엉성한 인식인데, 윤리를 중시하는 중국과는 달리 그리스는 미를 가장 숭상한 나라답게 헬레네를 이해했다. 그리고 그런 인식이 호메로스로 하여금《일리아드》에서 헬레네의 망국의 죄악조차 불문에 부치게 만들었을 것이다.

이런 진선미 일체화 현상은 고대를 거쳐 중세에도 그대로 이어졌는데, 다만 그 주체가 인간이었던 고대와는 달리 신이 그 자리를 차지해 버렸다. 문명이 더 발전했는데도 도리어 인간이 '신을 위해, 신에 의한, 신의' 삶으로 역행한 것은 그만큼 인간 사회가 사악해지자 지배자들이 통치하기가 어려워져 신을 절대자로 숭앙하게 함으로써 인간으로 하여금 사유의 공간을 통제한 결과였다. 아우구스티누스는 아예 하느님 그 자체가 진정한 아름다움이며 이건 진선미와 일치하는 것이라고 대못을 박았다.

　이렇게 신에게 예속되어 있던 아름다움을 독립시킨 건 르네상스 시기의 다빈치였다. 다빈치는 과감히 현실의 아름다움이 곧 미라고 했지만, 신앙 그 자체로부터는 독립할 수 없었다. 신이 독점했던 미를 왕과 귀족들에게 옮겨 준 걸 세계 예술사는 고전주의라고 부른다. 세속적인 지배권이 교황청에서 여러 나라의 왕권으로 분산되면서 절대 왕권이 통치하던 시대가 바로 이런 미학을 낳게 한 것이다. 프랑스 비평가 부알로는 이성적인 것이 이상적인 미인데 이는 국민 대중이 아닌 위대한 인간, 곧 왕이나 귀족들이 쓴 것이라고 정의했다. 상것들에겐 창작의 자유가 없었다.

　왕으로부터 미를 빼앗아 보통 사람들의 소유로 돌려준 건 계몽주의자인 디드로였다. 디드로는 "예술은 생활 속 미의 재현이며 자연 속 미의 재현"으로 "마음속 관계에 대한 지각을 불러일으키는 모든 것은 미적인 것"이라 하면서도 진선미 일치론은 벗어나지 못했다.

　이 험난했던 미를 진과 선으로부터 독립시킨 근대적인 의미의 첫 미학자는 바움가르텐이다. 바움가르텐은 논리학이나 철학이 참됨을 탐구하는 것이고, 윤리학이 착함을 탐구하는 것이라면, 아름다움은 감성 인식으로 앞의 두 탐구 방법과는 다르다고 밝혔다.

　독립이라고 다 좋은 건 아니다. 아름다움이 참됨과 착함으로부터 독립했다는 말은 곧 참되거나 착하지 않아도 아름답기만 하면 된다는 방향으로 나아갈 길을 터 준 것으로도 볼 수 있다. 그래서 퇴폐주의나 유미주의자들이 설 자리를 튼실하게 만들어 주는 계기도 되었다. 그러나 이런 부정적인 요인도 있겠지만 미학의 독립은 권력이나 종교, 사회적인 통념에 예속되었던 신분에서 해방되어 자유롭게 창작의 자유를 확보해 주었다는 점에서는 매우 긍정적이기도 하다. 따라서 독립된 미학을 어떻게 운용하느냐 하는 것은 전적으로 예술가들의 몫이 되었다. 독립됐기 때문에 문학예술은 유미주의로 가든, 사회 참여로 가든 다 자유다.

이런 미학을 철학적인 탐구로 완전히 독립시켜 준 이는 임마뉴엘 칸트였다. 칸트는 《순수이성 비판》에서 참됨을 탐구했고, 《실천이성 비판》에서는 착함에 천착했으며, 《판단력 비판》에서는 아름다움이란 무엇인가를 추구했다.

이로써 미학은 진선미와는 독립된 존재임을 규명했다. 미의 독립 선언을 이룩한 칸트였지만 칸트는 독립한 미가 아무런 소용이 없는 '무용(無用)의 용(用)'이어야 한다며 순수 미학 이론의 바탕을 마련해 준 한계 또한 있다.

이 한계를 극복한 것은 헤겔이다. 헤겔은 세계의 본질을 이념으로 보면서 이는 자유롭고 무한하며 절대적인 것으로, 자연과 정신세계는 이념의 파생물이라고 했다. 칸트가 참됨을 인식하는 최고의 방법을 '순수이성'으로 봤다면 헤겔은 '절대정신'으로 봤다. 순수이성보다 더 깊고 넓고 높게 인간 정신의 최고 절정 단계의 상태를 상징하는 이 절대정신이야말로 헤겔 철학의 핵심이다. 유럽 관념론 철학사는 헤겔에서 그 절정을 이루고 그 이후부터는 좌파와 우파로 나눠진다는 것이 정설이다. 그래서 나는 학문을 하겠다면 전공이 뭐든 그 탐구 방법론을 위해서는 반드시 헤겔의 《정신 현상학》은 읽는 게 좋다고 권

독일 슈투트가르트에 있는 헤겔 생가. 지금은 '헤겔 하우스'라 불리며 헤겔과 관련된 자료들을 전시해 두었다.

한다. 이 책을 안 읽은 연구자는 모래 위의 성처럼 공허해 보인다. 편하게 헤겔 철학을 이해하려면 마르쿠제의 《이성과 혁명》을 추천한다.

인간의 뇌세포가 도달할 수 있는 최고 절정인 절대정신을 본격적으로 다룬 헤겔의 대표 저서인 《정신 현상학》에서 헤겔은 종교와 예술을 둘 다 같은 비중으로 '절대종교'와 '절대예술'이란 제목으로 다루고 있다. 그냥 건성으로 믿는 신앙이 아닌 진짜 신앙을 '절대종교'라 했고, 취미나 소일거리 차원이 아닌 '절대예술'의 개념을 추구하면서 헤겔은 미의 개념을 추출해 준다.

헤겔은 "미는 곧 이념"이고, "미란 이념의 감성적 표현"이라며 미를 자연미와 예술미로 나눴다. 자연미는 이념이 자연 중에 발현한 것으로 불완전하지만 예술미는 심령에서 생산, 재생된 것으로 자연미보다 더 고상하다고 보았다. 미의 이념은 절대정신으로 감성과 이성, 내용과 형식의 통일로 감성적 형식에 이성적 내용의 표현이라는 것이다. 따라서 미를 인간의 노동과 활동의 산물로 보았다. 칸트가 예술의 기원을 '무용의 용'인 유희로 본 것과는 달리 헤겔은 아름다움 또한 노동의 산물로 보면서 인간의 삶에 필요 불가결한 요소로 파악했던 것이다.

현대 미학은 헤겔에서 더 발전해 아름다움을 다음 세 가지로 크게 나눠 구별한다.

첫째는 사회미로 생산과 노동의 미, 투쟁의 미, 인간의 미 같은 것들을 통해 사회적인 이상과 도덕적인 이상을 발전시키려는 것이다.

둘째는 자연미로 "아름다운 풍경이 사람들을 감동시키는 것은 생각을 불러일으키기 때문"(로댕)이라거나, "인간의 직접적인 생활 자료이고 대상이자 도구"(마르크스)인 자연을 뜻한다. 원시 시대의 인간은 자연에 복종만 해 오다가 현대는 그걸 개조해서 "우리들을 에워싸고 우리들을 적대시하는 자연계에는 아름다운 것이 없다"(고리키)는 말처럼 자연이 인간화되고 개발이 가능해진 걸 뜻한다. 쉽게 말하면 홍수가 넘실거리며 인명을 위협하는 자연이 이제는 댐으로 통제되어 도리어 폭우 속의 자연도 아름답게 볼 수 있는 경지를 뜻하는 것이다. 이런 걸 루쉰은 인간화된 자연이라며, "인류가 아름답다고 여기는 모든 것은 모두 그(인간)에게 유용한 것이다. 유용성은 이성에 의하여 인식되지만 미는 직각적 능력에 의하여 인식된다. 미를 향수

할 때는 실용성을 거의 생각하지 못한다"라고 했다. 자연미는 사회미보다 애매하여 다각적이다.

마지막으로 예술미가 있다. 체르니셰프스키는 "오직 예술미만이 비로소 미의 이념의 실제에 부합한다"라고 했다. 예술가들에 의하여 작품화된 아름다움 전체를 통칭하는 예술미에는 건축, 공예 같은 실용 예술, 회화나 조각 같은 조형 예술, 음악, 무용 같은 연예 예술, 연극, 영화 같은 종합 예술, 문학 일체를 통칭하는 언어 예술이 있다.

이 다양한 예술 양식 가운데 문학의 위상은 어디일까. 자연 과학의 왕자가 수학이듯이 문학은 인문·사회 과학의 공주로 인간 세상의 모든 것을 두루 통섭한다. 따라서 좁은 의미의 시, 소설, 희곡, 산문들이 아니라 그 장벽을 넘어 역사, 철학, 정치학, 경제학 같은 것을 모두 용해하는 광의의 문학을 나는 이 책에서 다루고자 한다.

제1부

진짜 아름다움과
가짜 아름다움

제1장　　마신 아내의 사랑법

남의 상처를 내 위안으로 삼는 야비함

《천일야화》를 한자로 쓰라고 시험에 출제하면 기발한 문학적 상상력에 의존한 해답들이 절반 이상 난무한다. 야화(夜話)는 '밤 이야기'인지라 틀린 답이 적을 것 같으나, 객담이란 뜻인 야화(野話)나 밤의 불(夜火), 또는 들불(野火) 같은 기발한 답도 등장한다. 정작 오답이 많은 것은 천일(天日, 天一, 千日)로 온갖 즉흥 환상곡이 난무를 한다. 흔히 아라비안나이트로 통하는 이 걸작의 영역본 제목은 '천 하루 밤 이야기들'이다. 천에 하루를 더한 1001이란 숫자가 터키어에서는 많다는 뜻도 갖고 있다.

림스키코르사코프의 교향곡 〈셰에라자드〉는 전 4악장으로 연주 시간이 45분이다. 제1악장에서 위압적인 군주의 모습을 그리고자 어둡고 묵직한 관악기와 현악기의 합주 속에서 교태 어린 바이올린 솔로가 나오는데, 바로 요조숙녀에 재담가인 셰에라자드의 고혹적인

《아라비안나이트》의 셰에라자드.
온갖 군왕전과 연대기, 이야기들을 탐독한
셰에라자드는 샤리야르 왕에게 천 하루 동
안 신비한 이야기를 들려주며 밤마다 사람
을 죽이던 왕의 분노를 가라앉힌다.

자태를 상징한다. 셰에라자드의 이름은 역자에 따라 셰헤라자데, 셰
헤라자드, 셰에라자드처럼 각각인데, 국립국어원은 셰에라자드로 표
기하고 있지만 여기서는 혼용한다.

셰에라자드는 "역대 군왕전, 옛 나라들의 연대기, 여러 가지 전
설"에 정통했으며, 옛사람들의 온갖 이야기며 구전, 그리고 교훈 같
은 것들을 수없이 탐독했다. 많은 시를 완전히 외우고 있을 뿐만 아니
라 철학이나 과학, 예술을 비롯하여 온갖 기예에 정통한, "쾌활하고
상냥하고 총명했으며 기지가 풍부하고 박식한 데다가 교양도 높"다
고 소문난 여인. 이런 재원인 처녀 셰에라자드가 국민의 원성을 잔뜩

사고 있는 샤리야르 왕에게 1001일 밤 동안 재미있는 이야기를 들려준 것이 이 희대의 명작임은 누구나 익히 아는 사실이다.

기원후 850년경에 이뤄진 이 작품은 모험, 사랑, 우화 세 부류 삽화 180여 개가 집대성된 것인데, 완독한 독자보다는 대개가 초등학교 시절에 만화로 그 줄거리를 즐긴 쪽이 압도적인 다수를 이루고 있다. 매일 밤 화두를 바꾸기에 마치 중단편 선집처럼 구성된 이 작품 가운데 〈알라딘의 요술 램프〉, 〈알리바바와 40인의 도적〉, 〈신드바드의 모험〉 등등이 인기가 높다.

그래서겠지만 셰에라자드가 했던 온갖 기발한 이야기들은 훤히 꿰고 있으면서도 정작 왜 그 아름다운 처녀가, 더구나 아버지가 재상인 고명딸이 궁중에 갇혀 외설담을 늘어놓게 되었을까 하는 '동기'는 지나쳐 버리기 쉬운데, 사연은 이렇다.

아득한 옛날, 인도와 중국의 섬들을 다스리는 사산 왕조의 대왕이 세상을 떠나자 형 샤리야르는 페르시아의 왕이, 아우 샤 자만은 사마르칸트의 왕이 되었다. 형제는 20년간 서로 만나지 못했는데 형이 아우를 보고 싶어 왕궁에 초대했다. 샤 자만은 긴 여정인지라 새벽에 출발하려고 그 전날 궁정을 떠나 일행과 함께 야영을 하던 중, 두고 온 선물이 생각나 혼자 돌아온다. 그런데 자기 방에 들어가니 왕비가 왕의 침대에서 "부엌의 기름과 그을음투성이의 추하기 짝이 없는 검둥이 요리사"를 양팔로 꼭 껴안고 잠들어 있었다.

자신이 도성 가까이 있는데도 이 모양이니 정작 멀리 떠나 있다면 대체 무슨 짓을 할지 모른다고 분노한 샤 자만은 "두 연놈을 동강이 내" 시체를 내버려 둔 채 천막으로 돌아와 아무에게도 사실을 말하지 않았다. 이 대목은 매우 사실성이 강하다. 왕은 창피스러워 감히 누구에게도 발설할 수 없었고, 그 때문에 더욱 괴로워 얼굴은 누렇게 뜨고, 몸은 쇠약해져 당장 죽을병에라도 걸린 것만 같았다.

형제의 해후는 즐거웠으나 아우의 모습이 점점 초췌해져 의사의 진료도 효험이 없자 형은 사냥을 권유한다. 하지만 아우가 극구 사양하여 형만 떠난 뒤 아우는 궁중에 그대로 남았다. 그런데 아우는 형의 궁중에서 정원을 내려다보다가 형 샤리야르 왕의 후궁 열 명이 백인 노예 열 명과 각각 짝을 짓고 노는 걸 보게 됐다. 그러자 근골이 늠름한 흉측스러운 검둥이 노예가 나타나더니 왕비를 끌어안고 "단춧구멍에 마치 단추를 채우듯 두 다리로 여자의 다리를 감고 땅에 넘어뜨리더니 여자를 즐기는 것이었다."

이쯤 해서 잠시 문학적 상상력을 발동해 보자. 자신의 아내를 흑인 요리사에게 유린당한, "오쟁이를 뒤집어쓴" 아우 샤 자만은 형수의 불륜 현장을 보고 어떤 행동을 취할까? 오쟁이 쓴 남자란 아내가 다른 사내와 간통한 남자를 말하는데, 러시아말로는 로고노세츠(рогоносец, 뿔 단 남자란 뜻), 노시치 로가(Носить рога, 뿔을 달다라는 뜻)라고 한다. 이는 남성 지배 가치관이 담긴, 남녀 간의 연애와 성의 불평등을 상징하는 말로 페미니스트들이 가장 먼저 없애야 할 비속어다. 그러나 남성 지배 사회 시절에는, 더구나 아랍 문화권에서는 이 말이 돼지고기를 씹는 것보다 인내하기 어려운 치욕이었다.

삼류 작가라면 형수를 도끼로 작살내거나, 신하들을 동원해 현장 보존을 하는 것으로 묘사할 수도 있겠다. 그러나 아라비안나이트는 세계 정상급 걸작이며, 그건 곧 인간의 진실을 그리는 걸 의미한다. 샤 자만 왕은 중얼거린다.

"내 불행은 이보다는 가볍구나!"

경탄할 만한 대목으로 바로 카타르시스의 오묘한 창작 실기 장면이다. 이런 장면을 이렇게 처리할 수 있다면 인간의 진실을 통찰할 능력의 작가안을 가진 것이라 하겠다. 좀 유식하게 말하면 아리스토텔레스가 《시학》에서 말했듯 "비극은 드라마적 형식을 취하고 서술적 형식을 취하지 않으며, 연민과 공포를 환기시키는 사건에 의하여 바로 이러한 감정의 카타르시스를 행한다"는 것이겠다.

카타르시스는 '정화'와 '배설'이란 두 의미가 있다. 여기서는 당연히 앞의 개념에 속하지만 그러고 나면 뒤의 문제도 순순히 풀리는 게 세상 이치다. 유식한 귀족 아리스토텔레스는 이를 너무 고상하게 설명하여 골치 아프지만 그래도 쉽게 풀어 보면, 외아들이 대학 입시에 떨어진 속 쓰라린 어머니의 심경은 친한 동창의 아들이 삼수에도 낙방하는 걸 보면서 적이 위안을 삼는 것과 같은 게 카타르시스다. 그래서 사람들은 위를 보지 말고 아래만 보고 살랬다. 그러나 정말 그랬다가는 인생 종 친다. 아래위만이 아니라 앞뒤와 좌우를 두루 살펴야 사기를 안 당한다. 더 냉철하게 말하면 이런 게 카타르시스의 정체는 아니다. 카타르시스란 오히려 상대의 상처에 공감하며 자신의 아픔도 치유하는 공생의 미학이다.

그러나 여기서 끝나면 결코 명작이 못 된다. 소설은 두 걸음 더 나아간다. 샤 자만 왕은 고뇌와 실망, 원한과 불평을 떨쳐 버릴 수 있었고, 이윽고 저녁에는 주린 듯이 음식을 먹어 치웠으며, 그날 밤은 전에 없이 편히 단잠을 잘 수 있었다. 급속도로 완연히 옛 모습을 회복한 아우를 열흘 동안 사냥을 마치고 돌아온 형이 본다. 그리고 원인이 궁금하여 묻자 아우는 근심거리가 생긴 사연이나 혈색이 나빠졌던 사연을 말씀드릴 수는 있어도, "혈색이 좋아지고 병이 나은 이유만은 묻지 말아 주십시오"라고 답했다.

아우가 아내를 죽인 자초지종을 듣고서 형은 "내가 만일 그런 일을 당했더라면 알라께 맹세하고서라도 계집 천 명을 죽이지 않고선 직성이 풀리지 않았을 것"이라며 호기를 부렸다. 그러나 묻지 말아 달라고 안 묻는 바보는 없고, 왕 역시 사람이라 형도 호기심을 억누르기 어려워 아우의 얼굴이 '좋아진' 이유를 자꾸 추궁했다. 아우가 즉답을 피하자 형은 더 집요하게 추궁하여 어쩔 수 없이 아우가 이실직고하자 형은 자기 아내는 결코 그런 여자가 아니라며 잘못 본 게 아니냐고 자못 서운한 듯이 따졌다.

항상 그렇다. 믿는 도끼에 발등 찍힌다는 속담을 믿건 말건 찍히기 직전까지도 자기 도끼를 믿는 게 보통 사람들이다. 아우가 너무나 명백한 사실이라고 우기자 형제는 사실 확인 절차에 들어갔다. 둘은 여행을 구실 삼아 출궁했다가 몰래 돌아와서 왕비의 난잡한 부정을 목격하게 되었고, 이에 샤리야르 왕은 그들을 모두 도륙 내어 버리고는 "완전히 독신으로 살지 않고서는 이 더러운 세속에서 벗어날 수 없겠구나!"라고 탄식했다. 그리고 이 허망한 세속의 권력에 지친 듯

"자, 지금 곧 여기를 떠나자. 우린 왕 따위엔 미련이 없으니, 전능하신 신을 모시면서 알라의 대지를 두루 돌아보자꾸나"라며 방랑길에 올랐다.

공포와 감시에 달통한 마신의 아내는 정숙할까?

방랑길에 오른 형제는 어느 바닷가 목장에 있는 한 그루 커다란 나무 밑에 당도하여 샘물을 마시고 쉰다. 그런데 홀연히 바다에서 시커먼 기둥이 솟아 하늘을 향해 점점 크게 뻗어 올라서 목장 쪽으로 움직이기 시작했다. 바로 마신이었다.

두 왕은 놀라 나무 위로 올라가 숨어 있는데, 거대한 마신이 수정 궤짝을 이고 파도를 헤치고 어슬렁어슬렁 육지로 올라왔다. 그러더니 나무 밑에 앉아 일곱 개의 강철 상자를 열고는 젊고 날씬한 여자를 끄집어냈다. 바로 마신의 아내였다.

마신은 그 누구도 자신보다 먼저 아내를 품에 안지 못하도록 아내가 결혼한 첫날밤에 납치했다. 그렇기에 감히 "나 이외에는 아무도 너를 사랑하거나 즐긴 사람은 없다. 오, 이 귀여운 것아!"라고 말한다. 심지어 마신은 외출할 때면 강철 상자 안에다 아내를 가둬서 일곱 개의 강철 상자를 겹겹이 채우고, 심지어 그것도 못 미더워 바닷물 깊숙이 담가 두곤 했던 것이다.

여기서 두 번째 문학적 상상력 시험을 치러 보자. 이제 나무 위에서 벌벌 떨고 있을 형제는 어떤 구경을 하게 될까? 즉 소설의 다음 장면은 어떻게 이어질까? 당연히 마신이 오랜만에 만난 아내와 질펀한

정사를 노골적으로 벌이는 장면이 나와야 하지 않을까. 아라비안나이트가 인간의 성행위를 동물과 같은 급에서 노골적으로 묘사하기로 유명한 점을 감안한다면 더구나 그렇다. 자, 기대하시라.

그런데 작가는 앞 장면에서 익히 보았듯이 인간의 진솔성을 꿰뚫어 보는 혜안의 소유자인지라 감히 독자의 기대를 저버린 채 묵묵히 자신이 목적하는 지점을 향하여 나아갈 뿐이다. 마신은 우선 잠을 청한다. 필시 어디선가 악행을 저질렀을 터인지라 마신은 아내의 무릎을 베고 잠들어 코 고는 소리가 천둥처럼 울렸고, 그사이 아내는 두리번거리다가 나무 위의 형제를 발견하고 만다. 아내는 마신의 머리를 살짝 땅 위에 누이고는 형제를 내려오게 해서 "나를 힘껏 껴안아 흥을 돋아 주세요. 우물쭈물하지 말고 어서요. 그러지 않으면 이 마신을 깨워 당신들을 죽여 버리겠어요"라고 위협하니 두 왕은 '불감청(不敢請)이언정 고소원(固所願)'이라 매혹적인 마신의 아내의 요청을 들어줄 수밖에 없었다.

악마 남편이 코 고는 옆에서 겁도 없이 왕의 형제들과 관계를 치른 아내는 "아주 훌륭했어요!" 하고는 주머니에서 도장을 새긴 반지가 570개나 꿰여 있는 실을 꺼내 보여 주며 "이 징그럽고 못나고 더러운 마신 머리맡에서 오늘날까지 나와 동침한 570명의 남자 반지예요"라고 한다. 그러니까 두 형제도 반지를 내놓으라며 이어 마신의 아내는 말한다.

"가련하게도 이 마신은 숙명이라는 것은 피할 수 없다는 것도, 아무리 막으려야 막을 수 없다는 것도 몰랐고, 또 여자란 마음만 먹으면 상대방이 아무리 싫다고 해도 반드시 뜻을 이루고야 만다는 사실도 모르고 있어요."

형제 왕은 어떻게 되었을까. 그 뒷장면을 알아맞히지 못하면 소설 창작을 포기하는 게 낫다. 샤 자만이 형수의 불륜을 보고 카타르시스를 느꼈듯이 둘은 "그 마신은 우리가 겪은 불행보다도 훨씬 큰 불행을 당하고 있는 것이다"라고 일종의 위안(카타르시스)을 얻게 되었다. 형제가 "자, 고향으로, 도성으로 돌아가기로 하자. 그리고 앞으론 절대 결혼하지 말기로 하자. 이젠 그 결심한 본때를 보여 주어야지"라고 하면서 사건은 일대 전환기를 맞는다. 바로 작가가 노린 목적지에 거의 이른 셈이다.

세상엔 절개가 굳은 여자는 단 한 사람도 없다고 믿게 된 형 샤리야르 왕은 자신의 명예가 손상될 것을 우려해서 매일 밤 처녀를 품고는 이튿날 목을 잘라 버리기를 3년이나 계속했다. 나라 전체가 왕을 저주하고, 왕과 나라가 망해 버릴 것을 알라에게 빌기까지 하는 지경에 이르러 "딸을 가진 부모들은 그들을 데리고 도망쳤으므로, 마침내는 넓은 성안에 왕에게 바칠 만한 나이 찬 처녀가 한 사람도 없게 되었다."

그런데 처녀 공출을 맡았던 대신에게 두 딸이 있었다. 큰딸은 셰에라자드, 작은딸은 두냐자드였는데, 위에서 본 것처럼 너무나도 현명한 언니 셰에라자드가 자진하여 왕에게 들어가겠다고 우겼다. 설마 왕이 자신의 딸까지 소환하지는 않겠지 믿고 있는 아버지의 간곡한 만류와 갖은 설득에도 굴하지 않고 입궁을 결심한 셰에라자드의 속셈은 이랬다.

　한편 셰에라자드는 매우 기뻐하면서 필요한 준비를 갖추고 나서 동생 두냐자드에게 말했다.

　"내가 부탁하는 말을 명심해. 내가 임금님께 가거든 곧 사자를 보낼 테니 꼭 와야 한다. 그리고 임금님께서 나의 육체로 욕망을 채운 것을 안 후 나에게 이렇게 말해 다오. 이봐요, 언니, 졸리지 않거든 무척 재미있고 아직까지 들어 본 적이 없는 이야기나 하나 해 주지 않으려우? 그러면 깨어 있는 시간이 빨리 갈 테니 말이에요 하고. 그러면 나는 이야기를 시작하겠다만, 만일 신의 뜻에 맞는다면 그 이야기 덕택으로 우리들도 살아날 수 있고, 피에 주린 임금님의 그 나쁜 버릇까지도 고칠 수 있을 거야."(리처드 F. 버턴, 김병철 옮김,《아라비안 나이트》, 범우사, 1994, 61~62쪽)

　이제 본론에 이르렀다. 왜 문학을 논하면서 이렇게 뻔한 이야기를 장황하게 늘어놓느냐고 의아했을 텐데, 이 인용문에는 문학의 효용 가치 세 가지에 대한 해답이 다 들어 있기 때문이다. 사형 선고를 받은 인간의 운명 같은 셰에라자드 자매에게 이야기, 곧 문학은 "시간이 빨리 가도록(오락적 기능)" 해 줌과 동시에, "우리들도 살아날 수 있고(구원의 문학)", "피에 굶주린 임금님의 그 나쁜 버릇까지도 고칠 수 있게(계몽과 혁명의 문학)" 해 준다는 것이다. 셰에라자드의 이야기는 너무나 재미있고 감동적이어서 샤리야르 왕은 마침내 하룻밤만 동침

하고 사형을 집행하던 악행을 멈춘다. 그리고 1001일째 밤이 되자 왕은 참회하고 셰에라자드를 아내로 맞아 선정을 베풀었다는 것이 이 대하소설의 결말이다.

덧붙인다면 문학은 셰에라자드가 1001일 밤 동안 이야기한 것 말고도 자기보다 먼저 왕에게 몸을 바치고는 억울하게 처형당한 1천 여인들의 비참한 사연도 기록해 주어야 할 것이다. 그래서 아리스토텔레스가 《시학》에서 규정한, "역사는 사실을 기록하고 문학은 상상을 쓴다"는 따위의 고리타분한 경계선을 허물어 버려야 한다. 역사는 있는 사실만 기록하지만 문학은 있는 것도 없는 것도 다, 인간의 발바닥부터 정수리까지 육신이 행하는 모든 활동, 상상도 포함함은 물론이고 우주 삼라만상까지도 그리는 게 그 본업이다.

문학은 영혼의 진주, 낙원의 추방자, 잘 우는 자

진주는 17세기 말에 다이아몬드 연마법이 발전하여 다이아몬드가 베네치아에서 가장 소중한 보석으로 여겨지기 전까지는 최상의 보배로 우대받았다. 물론 지금도 천연산 진주는 연인의 눈물처럼 소중하게 다뤄지는데, 이 아름다운 보석이 진주조개의 상처를 치유하기 위한 분비물임은 익히 알려진 사실이다. 10만3천여 종 조개류 중 진주조개는 1만5천 종, 그중 보석 진주를 만들어 내는 건 1천3백 종뿐으로 주성분은 탄산칼슘과 약간의 유기물이다.

상처 치유제가 곧 진주란 말은 문학예술 창조의 원천이 인간 영혼의 상처 치유제라는 점과 너무나 닮았다. 진주의 영롱함은 다른 어떤 보석, 예컨대 인도의 드라비다족이 기원전 7~8세기경부터 사용했다는 다이아몬드의 견고성이나 고가성에도 진주의 독자성은 여전히 그대로이듯이, 아무리 물질적인 향락에 육신이 흐느적거려도 문학예술이 지닌 영혼의 진주 기능은 여전히 소중하다.

문학예술이 영혼의 진주라는 말은 그리스 신화의 영웅 필록테테스 이야기가 잘 일러 준다. 천하장사 헤라클레스가 둘째 아내 데이아네이라를 둔 채 새 애인 이올레에게 빠지자 아내는 사랑의 묘약을 쓰기로 한다. 묘약은 반인반마 네소스가 준 것이었다. 헤라클레스가 아내를 데리고 강을 건너게 되자 네소스가 자진해 데이아네이라를 업고 건너 주겠다고 나섰다. 그 호의를 그대로 받아들인 헤라클레스가 강가에서 보노라니 강 중간쯤에서 네소스가 데이아네이라를 범하려고 희롱한다. 그러자 영웅은 독화살로 네소스를 쏘아 죽였다. 죽어 가던 네소스는 데이아네이라에게 친절을 가장하여 만약 헤라클레스의 사랑이 식으면 헤라클레스의 옷에다 묻혀 주라며 자신의 피를 남겨 준다. 그 옷을 남편이 입으면 식어 가는 사랑을 되찾을 수 있다고 속인 것이다.

이를 천진하게 믿은 데이아네이라는 이올라에게 열을 올리는 남편의 사랑을 되찾고자 남편의 옷에다 네소스의 피를 발랐는데, 실은 그 피는 살갗을 태워 죽이는 독약이었다. 아내가 준 옷을 입자 헤라클레스는 살갗이 타들어 가는 고통을 견딜 수 없었다. 그 고통에서 헤어나는 방법은 화장 단을 만들어 그 위에 올라앉아 불에 타서 죽는 길밖에 없었다. 자신이 장작더미 꼭대기에 앉았기에 그 밑에서 누군가

스페인 화가 엔리케 시모네가 그린 〈네소스와 데이아네이라〉. 반인반마 네소스가 헤라클레스의 아내 데이아네이라와 함께 강을 건너는 장면인데, 이때 네소스는 데이아네이라를 희롱하다 헤라클레스의 화살을 맞고 죽는다.

가 불을 지펴 주어야 하는데, 지나가는 사람들에게 부탁해도 행여나 잘못되면 헤라클레스가 변덕으로 보복을 자행할까 두려워 다들 피해 버렸다. 그때 필록테테스가 불을 붙여 영웅을 타 죽게 만들어 고통에서 헤어날 수 있게 해 주었다. 그 대가로 헤라클레스는 자신의 무적의 활과 독화살을 필록테테스에게 주어 필록테테스는 일약 천하무적의 장수가 되었다. 헤라클레스의 아내 데이아네이라는 자신의 과오를 알고 자살해 버렸다.

필록테테스는 트로이 전쟁에 참여, 항해하던 중 아폴론 신전에 제물을 올리려고 가다가 물뱀에게 물렸는데, 심한 악취가 풍겨 누구도 곁에 가려 하지 않았다. 참다못해 원정군은 필록테테스를 렘노스섬에 남겨 둔 채 출발해 버렸다.

트로이 정복전은 10년간 무승부여서 오디세우스가 트로이의 예언자 헬레노스를 잡아 승리할 방법을 심문한다. 헬레노스는 트로이의 왕 프리아모스와 왕비 헤카베의 쌍둥이 남매 중 아들로, 딸이 유명한 예언자 카산드라다. 헬레노스는 헤라클레스의 활과 독화살을 가진 필록테테스가 참전해야 승리한다고 예언했다. 그래서 섬에 있던 필록테테스를 트로이로 데려와 치료를 받게 하고, 필록테테스가 독화살로 아킬레우스를 죽인 파리스를 살해하여 보복하면서 그리스는 승리의 기선을 잡았다. 그리스의 여러 비극과 《일리아드》에도 필록테테스는 등장한다.

이 사실을 바탕삼아 미국의 저명한 평론가 에드먼드 윌슨은 평론 〈필록테테스: 상처와 화살〉을 썼다. 여기서 윌슨은 문학인이란 악취가 풍기는 상처와, 세상사의 아픔이나 난제를 해결할 비법(활)을 동시에 가져야 한다고 했다. 문학인들이란 소시민적인 입장에서 보면 부적응주의자들처럼 뭔가 결핍된 존재로 보이기 마련인데 이를 필록테테스가 지닌 상처로 읽으면 이해가 될 것이다. 예를 들면 당대 프랑스 최고의 시인이었던 프랑수아 비용은 신부 살해범에 절도까지 저지른 파렴치범이었고, 보들레르나 오스카 와일드는 패륜아였으며, 이백은 알코올 중독자였고, 바이런은 도덕 불감증이었으며, 에드가 앨런 포 역시 알코올 중독에 현실 부적응자였다. 그러나 이들은 모두

가 진실과 허위가 무엇인가를 보여 준 세계 정신사의 스승이었음을 부인할 수 없다.

결국 필록테테스는 천하무적의 활을 갖고 있었기 때문에 악취에도 불구하고 반드시 세인들이 수용할 수밖에 없다는 논리다. 이는 마치 진주조개가 상처에서 나왔듯 필록테테스도 상처를 가진 구원자라는 셈인데, 이건 문학예술인들이 현실적인 삶의 부조화와 더불어 그들이 지닌 이상주의적 작품 세계가 인류에게 유익함을 상징한다.

그래서 문학인은 낙원에서는 필요 없다는 것이 플라톤의 주장이다. 플라톤은 《국가》 제3권에서 음악, 체육 교육을 강조하지만 나쁜 시인은 불필요하다고 했다. 플라톤이 두려워한 건 바로 상처가 빚는 악취 때문인데 철인에게는 상처 따위는 안중에도 없고 오로지 무적의 화살만 필요하다는 식이다.

"우리 수호자들은 나쁜 것의 상(像)들이라는 유해한 풀밭에 둘러싸여 성장하는 동안 여기저기서 날마다 야금야금 뜯어먹어 자기도 모르는 사이에 그들의 혼 안에 큰 악이 쌓이게 될 것이네." (플라톤, 천병희 옮김, 《국가》, 숲, 2015, 176쪽)

낙원 추방, 여기서 문학은 출발한다. 낙원에서 빈둥거리며 즐기는 문학인은 필시 어용 문인일 것이다. 그래서 문학은 "기교만이 아니라 도를 지녀야 한다"는 주장은 조조의 아들 조비가 《전론》 중 〈논문〉에서 "무릇 문학이란 나라를 다스리는 큰일로, 사라지지 않을 중요한 일"이라 주장한 것과 통한다.

　한유는 당송 팔대가의 한 명으로 당 헌종 치하에서 형부시랑을 지낼 때 왕이 불골(佛骨, 석가의 유골)을 궁내에 3일간 안치시켜 관리들에게 예불을 강요하자 이에 맞서 〈논불골표〉를 써서 제출했다. 한유의 생각에는 불골이 반드시 복이 내리는 것은 아니며, 석가는 오랑캐이고, 따라서 유교를 주종으로 삼아야 한다는 것이었다. 한유는 〈맹동야를 보내면서〉에서 이렇게 노래한다.

무릇 존재가 그 평안을 얻지 못하면 울게 된다.

풀과 나무는 소리가 없으나

바람이 흔들면 소리를 낸다.

물은 소리 없으나

바람이 움직여 소리를 내고

그 솟구침은 부딪히기 때문이며

그 세차게 흐름은 막기 때문이고

끓어오름은 불로 달구기 때문이다.

쇠나 돌은 소리 없으되

두드리면 소리를 낸다.

인간의 언어도 역시 이러하다.

부득이한 일이 있어야만 말을 하게 된다.

노래를 부르는 것은 생각이 있어서다.

소리 내어 우는 것은 회포가 있기 때문이다.

대개 입으로부터 나와 소리를 내는 것은

그게 다 평안하지 못한 탓이다.

이 글 첫 문장의 한문은 "대범물부득기평즉명(大凡物不得其平則鳴)"인데 여기서 물(物)이란 단순히 물체만이 아니다. 사물을 넘어 존재로 봐야 한다. 사물만이 아니라 우주의 모든 존재, 곧 태양과 달과 별부터 자연, 강, 산, 바위, 나무 등등이 다 제자리를 찾아 평안하게 있을 때라야 불평불만의 소리가 없을 것이라 본 것이다.

따라서 그 뒷글자인 평(平) 역시 평면적인 평평함만이 아닌 평온, 평안, 평등, 화평처럼 평이란 표의 문자가 지닌 모든 내포와 외연의 개념을 포괄하는 것으로 풀이하는 게 좋다. 따라서 평하지 못한 시대의 아픔을 대신 잘 울어 주는 사람을 명문장가로 평가하는바, 이를 바꿔 말하면 문학이란 한 시대의 갈등과 모순을 치유하는 직능을 갖는다는 것이다.

이렇듯 문학예술인들은 상처와 화살을 함께 갖추고 있건만 위에서 본 셰에라자드는 상처는 없이 오로지 화살만 갖춘 것으로 보인다. 사실 그렇다. 일반적으로 문학예술인들은 상처와 화살을 함께 갖고 있는 건 맞지만 셰에라자드처럼 상처란 전혀 없이 무적의 활만 가진 경우도 적지 않다.

세계 문학사에서 가장 세속적으로 출세한 예는 부잣집에 태어나 오랫동안 각료급 관료를 지낸 행운아 괴테일 것이다. 내가 다녀 본 문학인들의 생가 가운데 가장 으리으리하기로는 인도 콜카타에 있는

타고르 생가의 학교 같은 규모와, 이에 뒤지지 않는 러시아가 낳은 세
계적인 문호이자 평화주의자인 톨스토이 저택이 금메달권이고, 뒤이
어 대지주 출신이었던 이반 투르게네프와 괴테의 생가가 은이나 동
메달 후보일 것 같다.

세속적으로 보면 일반적으로 상처뿐인 게 문학예술인 같지만 이
들처럼 행운아들도 많다는 걸 간과해서는 안 될 것이다. 그러니 재벌
집안 출신인인들 문학예술인이 되지 말란 법은 없다.

문학은 설교사가 아닌 동참자

앞서 본 것처럼 셰에라자드는 자신이 살아남기 위하여 결코 탄
원서를 쓰거나 애원하며 간청하는 방법을 취하지 않았다. 그저 위압
적인 왕에게 당당하게 조곤조곤 재미난 이야기를 해 주었는데, 그로
말미암아 셰에라자드는 자신의 소망을 이룰 수 있었다. 대체 셰에라
자드의 이런 마력은 어디서 나온 것일까?

그 감화력의 비결이란 바로 문학예술만이 지닌 형상화의 기교일
것이다. 단도직입적으로 말하면 설교나 명령조의 강압적인 방법이
아닌, 정서적인 공감대를 통해서 상대로 하여금 스스로 느끼게 만드
는 마력을 창조해 내는 것이다. 설교는 성직자들에게 맡겨 두자. 교훈
적인 가르침은 교육자들의 몫이다. 명령과 강압은 독재자들의 전유
물이 아닌가. 이들과는 전혀 다르면서도 이들은 전혀 할 수 없는 감화
력, 곧 공감대를 형성, 확산시켜 나가는 마력을 지닌 것이 곧 문학예
술이다.

이런 마력의 대표적인 예로는 단 한마디로 장 발장을 개과천선시켜 버린 빅토르 위고의 《레 미제라블》에 등장하는 디뉴레뱅 성당의 미리엘 신부를 들 수 있다.

프랑스 남해안 항구인 툴롱 형무소는 중범죄자들 중에서도 도형수들이 가는 끔찍한 곳이다. 이 툴롱 형무소에서 19년 감옥살이를 하고 출옥한 장 발장은 도보로 걸어서 디뉴레뱅에 이른다. 먹을 것과 잘 곳을 구하지만 누구도 도움을 주지 않자 장 발장이 찾아간 곳이 바로 미리엘 주교의 주교관이었다.

주교는 장 발장에게 넉넉한 먹을거리와 호화로운 잠자리를 제공했고, 거기서 장 발장은 주교가 아끼는 은그릇을 훔쳐 도주했다. 순찰헌병대에 잡힌 장이 범죄 현장을 확인하고자 주교관에 가자 미리엘주교가 다짜고짜 아래와 같이 말하며 장 발장이 도둑이 아니니 그냥풀어 주라고 하는 대목은 너무나 유명하다.

"아! 당신이구려!"

그는 장 발장을 바라보며 외쳤다.

"당신을 보니 기쁩니다. 그런데 어찌 된 일이오? 나는 당신에게 촛대도 드렸는데, 그것도 다른 것과 마찬가지로 은이니, 200프랑은 능히 받을 수 있을 거요. 어째서 그것도 식기들과 함께 가져가지 않았소?" (빅토르 위고, 정기수 옮김, 《레 미제라블》 1권, 민음사, 2012, 191쪽)

이 한마디로 장은 다시 투옥당할 위기를 모면하고 새로운 인생

후반기를 설계할 수 있었다. 그런데 아무나 이런 말을 할 수 있을까? 어림없는 소리다. 미리엘 주교는 능히 이런 말을 할 만한 내공을 쌓았기 때문에 가능한 것인데, 위고는 미리엘 주교의 이력을 찬찬히 독자들에게 소개해 준다.

미리엘 주교는 주교 부임 초기에 호화로운 주교관 식당을 자선병원에 내주어 비좁은 입원실 대신 쓰도록 조처한다. 거기다 너무나 검소한 생활비로 살아가며 매월 가계부를 공개했다. 디뉴레뱅 바로 가까이에 있는 험산은 흉포한 산적들로 유명한데, 산적들이 그 산 너머 작은 성당의 성물을 훔쳐가 미사를 드릴 수 없을 지경이었다. 이 소식을 들은 미리엘 주교가 그걸 찾아 주겠다고 나서자 주변에서 극력 만류했으나 주교는 아무도 동행 못 하게 막고서는 오직 혼자 험산을 넘어갔다. 그런데 막상 주교가 그 성당에 가 보니 성물들이 고스란히 갖춰져 있었다. 미리엘 주교가 온다는 소문을 들은 산적들이 자진해서 도로 갖다 놓았던 것이다.

이만하면 그 인품의 크기를 알 만하지 않은가. 이런 미리엘 주교가 가장 끔찍하게 아낀 것이 밥그릇으로 애용하는 은그릇과 어느 대고모로부터 상속받은 촛대 두 개였다. 그런 그릇이 사라지자 호들갑을 떠는 성당의 부인들에게 정작 미리엘 주교는 주석 그릇이나 쇠 그릇, 나무 그릇 아무거나 좋다며 태연했다. 성직자들이 지나치게 호화로운 것이 어쩌면 하나님에게 돌아갈 돈을 가로챈 것임을 은근히 내비친 것일까?

이런 훌륭한 미리엘 신부를 위고가 등장시킨 데는 숨은 배경이

실존 인물인 미올리스(1753~1843) 주교의 초상화.

미올리스 신부가 사역했던 디뉴레뱅 성당. 《레 미제라블》에 나오는 미리엘 신부의 실존 모델로 1805년부터 1838년까지 디뉴레뱅의 주교로 사역했으며 조선과도 인연이 깊다.

미올리스 신부가 살았던 집. 디뉴레뱅 47번지에 있다.

미올리스 신부를 기리는 기념패. 신부의 자선 가득한 성격과 덕성은 위고에게 미리엘 주교를 창조하도록 영감을 주었다.

있다. 바로 당시 디뉴에 실존했던 미올리스 주교를 취재하여 이름만 미리엘로 바꾼 것이었다. 미올리스 신부는 1805년부터 1838년까지 디뉴에서 사역했고, 특히 선교사인 자크 샤스탕 신부를 조선에 보내는 역할을 했기 때문에 우리나라와 《레 미제라블》의 촌수가 생겼다.

샤스탕 신부는 디뉴 대신학교를 졸업하고 중국과 마카오에서 사역하다가 1837년 조선에 입경했다. 기해박해 때 피신을 권유받았지만 끝까지 남아서 전교하다가 배교자의 밀고로 자수, 새남터에서 순교했다. 그리고 1984년, 한국 천주교 200주년을 기념해 방한한 요한 바오로 2세에 의해 시성되었다.

신부의 유해는 처음에는 신촌 노고산에 묻혔다가 지금은 명동 대성당과 새남터 성당에 안치되어 있다. 두 성당에 가게 되면 우리 시대의 미리엘 신부는 과연 어떠해야 할지 생각해 보자. 신학 대학에서 《레 미제라블》을 필독시켰으면 좋겠다.

자연 과학이나 사회 과학과는 다르게 문학은 형상화를 통하여 인간의 감성에 호소한다는 말을 러시아 비평가 벨린스키는 이렇게 설명해 준다.

과학은 진리에 대한 사변적, 변증법적 발전으로 직접적으로 아무런 수단에 의거하지 않고 표현해 내는 사상이다. 반대로 예술, 시 같은 것은 진리에 대한 직접적 발휘로 그 속에서 사상은 형상을 통하여 말해지는데, 이때 주요 작용을 일으키는 것은 상상이다. 과학은 이성적 분석 활동을 통하여 살아 있는 현상 중에서 보편 개념을 추출하는

데 반하여 예술은 상상적인 창조 활동을 통하여 생동하는 형상으로 보편 개념을 드러낸다. ……과학은 사상을 통하여 직접적으로 이지에 작용하지만, 예술은 직접적으로 한 사람의 감정에 작용한다. 양자는 완전히 배치되는 극단이다. (비사리온 그리고리예비치 벨린스키,《러시아 문학사 시론(試論)》)

형상화의 기교는 골계미와 장엄미로 이뤄지는데, 이런 기교의 극치는 '시적 구도'를 뜻하는 것으로 이 작업은 묘사력의 탁월성과 인물이나 사건의 진솔성과 역사적인 진실을 동시에 구현한다. 흔히들 묘사력만을 문학 수업으로 삼지만 진실을 파악하는 투시력에다 역사적인 전망과 예시력까지 겸해야만 위대한 문학으로 평가받을 수 있다.

육신에 관련된 학문은 의학을 중심한 자연 과학과 경제학의 몫으로 어마어마한 경비를 들인다. 그런데 고작 1온스도 안 되는 영혼을 위해서는 과연 얼마나 투자하고 있는가?

진솔함을 통해서만 진실을 보는 안목이 생기는데, 그런 예를 나는 초등생 3학년의 동시에서 절감한다. 1969년 경북 안동의 대곡분교 3년생 이재흠 어린이가 쓴 시는 다음과 같다.

오줌이 누고 싶어서
변소에 갔더니
해바라기가
내 자지를 볼라고 한다

나는 안 비에(보여) 줬다. (이오덕,〈일하는 아이들〉, 보리, 2002, 104쪽)

이 시를 이해하려면 당시 초등학교 화장실 구조를 상기해야 한다. 당시 화장실은 대변 칸은 별실로 따로 있었지만 소변은 칸 없이 여럿이 한꺼번에 볼 수 있도록 도랑처럼 길게 홈통을 만들어 두고는 그 앞에 나란히 서서 함께 보도록 만든 구조였다. 어린 학생들이 서면 바로 앞 벽면에는 아이 키의 머리 부분에 해당하는 높이에 창문이 있고, 창문 밖에는 초라한 화단이 꾸며져 있는데 대개는 가꾸기 좋은 해바라기를 심었다. 그 해바라기가 고개를 숙인 채 창문 밖에서 안을 들여다보는 형국이라 이를 두고 아이는 천진스럽게 자기 고추를 넘본다고 여긴 것이다. 그래서 손으로 고추 윗부분을 가리고 소변을 본 정황이 바로 이 작품이다.

이런 진솔성이 형상화된 예로는 김현태의 산문집《행복을 전하는 우체통》에 나오는 일화를 들 수 있다. 한 장님이 지하철 입구에서 "저는 태어날 때부터 장님입니다"라는 표지판을 세워 두고 행인들에게 동정을 구했지만 영 관심들이 없었다. 이를 "저는 봄이 와도 꽃을 볼 수 없답니다"로 고쳐 주었더니 많은 행인들이 큰 관심을 보였다는 것이다.

감성에 호소하는 문학적 형상화란 바로 이런 걸 뜻한다. 내가 어느 백화점 종업원들을 상대로 하는 강연에 갔을 때 아무리 재미있는 문학 이야기를 해도 시큰둥해 보였다. 그래서 그들에게 가장 절실한 고객을 사로잡는 방법으로 '형상적 접근'을 해야 된다면서, 숙녀복을 보러 온 상대에게 색깔이나 디자인이 잘 어울린다는 상투적인 표현이 아니라 "이 의상을 입으니 사모님이 《바람과 함께 사라지다》의 스칼렛 오하라처럼 보입니다"라고 하면 어떨까 하고 말했더니 분위기가 싹 달라졌다.

이 책을 통하여 독자 여러분들이 문학적 교양뿐만 아니라 인생살이 또한 더 풍요롭고 행복해지기를 바란다.

제2장　　　　　염라대왕을 위한 판타지

로댕의 생각하는 사람

　로댕의 명조각 〈생각하는 사람〉은 모조품으로도 널리 세워져 있을 정도로 흔하게 볼 수 있다. 여행 중에 이 작품이 나타나면 안내자의 설명을 다 듣고 나서 다른 곳으로 이동할 때 꼭 한두 사람은 살그머니 뒤돌아서 그 조각상 한 부분을 유심히 살피고는 한다. 궁금하기로야 나도 뒤지지 않아 슬쩍 확인해 보니 그저 민둥하게 만들어 버려 사람들이 찾는 '그것'은 흔적도 없다. 앞으로 행여 로댕 박물관에 가더라도 그런 헛고생일랑 마시기 바란다.

　정작 중요한 것은 '그것'이 아니다. 이 작품의 원래 제목은 〈지옥의 문〉인데, 문 위에서 그 아래쪽 지옥의 문 입구에 있는 고뇌에 찬 군상들을 내려다보는 사나이가 너무나 멋져서 따로 조각을 독립시켰다는 사실이다. 이 사나이를 단테라고도 하고, 로댕 자신이거나, 혹은 아담이라고도 풀이하지만 누구든 지옥으로 편입될 것임은 틀림없어,

로댕의 조각 〈생각하는 사람〉. 턱을 오른팔에 괴고 깊은 생각에 잠겨 있는 모습인데, 로댕은 단테의 《신곡》에서 영감을 받아 고뇌하는 시인 단테의 모습을 조각으로 형상화했다고 한다.

로댕의 상상력과 실험이 집약된 〈지옥의 문〉. 거대한 청동 조각물 전체에 인간의 욕망과 고통, 오만과 공포, 사랑과 절망 같은 다채로운 감정을 담아낸 걸작이다.

지옥의 문 앞에서 단독자로 자신의 운명을 깊이 생각하고 있는 자세다. 어디 지옥 앞에서 뿐이랴! 인간은 언제 어디서나 생각하는 존재가 아니던가.

"인간은 연약한 갈대이다. 그러나 생각하는 갈대이다"라고 한 건 파스칼이다. 그러나 연약한 갈대인 파스칼은 "아, 인간의 마음이란 얼마나 공허하며, 더러움에 가득 차 있는 것일까?", "인간이란 도대체 괴물 같은 것이 아닌가? 진기하기 이를 데 없고, 무슨 괴물, 무슨 혼돈, 무슨 모순에 가득 찬 것 등이 무슨 놀라운 일들인가? 모든 것의 심판자이면서도, 어리석은 흙 속의 지렁이에 불과한 것, 진리를 맡은 자이면서도 불확실한 오류의 시궁창, 우주의 영광이면서, 우주의 쓰레기이다"라고 자신의 소설 《팡세》에서 일갈했다. 기껏 우주의 쓰레기가 생각을 해 본들 무슨 묘수가 있으랴!

사실 지구의 모든 생물체 중 인간보다 더 사악한 존재가 있을까? 지구의 모든 자연과 자원 가운데 인간만큼 다양하고 잔혹하며 게걸스럽게 여러 품종을 잡아먹는 동물도 없고, 자연 파괴를 인간보다 더 심하게 훼손하는 생명체도 없으며, 인간만큼 자기 종족을 잔혹하게 집단 학살까지 하며 그걸 또 잘했다고 훈장까지 주는 괴물도 없다. 환경 생태계를 염려하며 온갖 보존책을 다 세우지만 인간만 없애 버리면 지구가 얼마나 청정할 것인가는 불문가지가 아닌가.

질 들뢰즈는 이제 인간은 저 만물의 영장이란 신분증을 갱신하여 '욕망 기계'로 전락해 버린 존재라고 주장했다. 인간은 사유보다 자기 욕망에 따라 좌우되는 생명체로 타락하여, 그 욕심을 채우려면 어떤 흉악범이라도 될 수 있는 악마의 예비 후보자들처럼 보이지 않는가. 이런 후기 자본주의 아래에서의 세태를 에리히 프롬은 악마가 지옥에 있지 않고 지상에서 성업 중인 시대이며, 권력과 돈, 섹스, 명예 같은 온갖 욕망을 성취하려는 인간 군상들이 그 선량한 영혼을 악마에게 한 푼이라도 더 비싸게 팔려고 공개 입찰해 둔 상태라는 식으로 표현했다. 들뢰즈에게 신은 "멀리 있는 '우주'라는 주식회사의 사장"으로 변해 너무나 바쁜 처지인지라 인류 전체의 안위를 돌볼 틈이 없다는 식으로 희화화된다.

그렇게 악마처럼 돈을 벌어 인간들이 성취한 것이라고는 70세 평균 수명으로 가정하여 볼 때 꾸역꾸역 먹어 대는 양이 50톤의 음식과 4억9천2백 리터의 물이라고 한다. 그 결과 563킬로미터의 머리카락을 기르고 손가락 하나마다 3.7미터의 손톱이 자라며, 여자는 4백 개의 난자, 남자는 4천억의 정자를 생산한단다. 27억 번의 심장 박동에 3억3천3백만 회의 눈 깜빡임, 12만7천5백 번의 꿈, 대략 3천 번의 울음과 54만 번의 웃음, 잠자는 데 24년, 일하는 데 13년, 텔레비전 보기 10년, 사회활동 4년, 음식 먹기 4년, 목욕 1년, 전화 10개월, 화장실 9개월, 섹스 5개월, 기타 여러 일로 일생을 보낸다는 이 인간의 육신은 지방 비누 6장, 철분으로는 7.6센티미터의 못 1개, 탄소로는 연필 9백 자루, 인으로는 2천 개비의 성냥, 석회로는 닭장을 회칠할 정도라니 얼마나 허망한가.

그러나 곰곰이 따져 보면 세상이 이토록 복마전으로 변해 버린 것도 인간의 책임이며, 거기에 따라 인간 자체도 점점 악마로 변신한 것 역시 인간 스스로가 창출해 낸 것이 아닌가. 이런 인간을 총체적으로 맡아야 할 정부의 부서는 어디일까? 아니면 어떤 직업이나 학문이 인간을 총체적으로 책임져야 하는가?

인간학 총체로서의 문학

모든 학문 중 문학만큼 인간을 종합적으로 탐구하는 분야는 없다. 정치학이 인간의 행위를, 경제학이 의식주 문제를, 철학이 사색을, 과학이 육체를, 종교가 영혼을 다룬다면 문학은 인간의 모든 것을 추구한다. 창작이란 인간 창조의 기술이래도 지나치지 않다.

명작이란 누구나 만나고 싶은 인간상을 형상화하여 보여 주는 작품이자, 증오스러운 악인도 전형화한 것에 크게 다르지 않다. 형상화란 구체적인 생동감을 줄 수 있는 서술이나 묘사, 개괄성을 지닐 것, 작가의 사상이 담길 것, 감화력과 공감대를 형성할 것 같은 네 가지 요소를 갖춰야만 한다. 이런 기교로 그려 내는 대상이 이상적 인간상이다. 또한 이상적인 인간상을 창조하는 작업, 결혼을 하지 않고도 인간을 창조할 수 있는 능력은 문학만이 지니고 있다. 여기서 인간 창조란 개성미 있는 인간상을 그리는 것을 뜻한다. 문학의 초보이면서 가장 어려운 마지막 고단수의 기교이기도 하다.

소설가 박경리는 《토지》에서 토착성 강한 농민상인 용이가 시대적인 일대 전환기를 맞아 방황하는 농민상으로 변모해 가는 모습을 멋지게 형상화시키고 있다. 농촌에는 마을마다 언뜻 보면 농사꾼 같지 않게 훤칠한 미남이 한둘 있기 마련이다. 같은 농민이라도 모를 심다가 나온 모습은 각양각색이다. 어떤 남정네는 바지를 무릎 가장 윗부분까지 바싹 걷어 올리고도 진흙탕물이 윗옷을 넘어 얼굴에까지 튀어 올라 온통 뒤집어쓴 듯한가 하면, 어떤 사나이는 바지를 고작 무릎 관절 아래까지 살짝 걷어 올렸는데도 흙탕물 한 방울 안 튀긴 채 말쑥한 모습 그대로인 경우도 있다. 용이는 바로 후자에 속한다. 그러면서도 정작 모를 심는 실력은 단연 뛰어나 속도도 빠르고 출렁이는 논물에도 뽑히거나 넘어지지 않는다.

동네 아낙들은 누구나 용이 앞에서는 왠지 가슴이 울렁인다. 이

대하소설 《토지》의 작가 박경리를 기리는 하동 문학관. 마당에 작가의 전신 동상이 세워져 있다. 소설 《토지》에서 무녀의 딸 월선이 그리워하던 용이의 품에 안겨 죽는 장면은 세계 문학사에서 손꼽힐 만한 형상화의 극치이다.

런 남정네에게는 미녀 아내가 있을 법한데 거의 반드시 그 정반대로 악처가 배필이 된다. 그래서 무녀의 딸 월선과는 숙명처럼 슬픈 만남을 이어 가는데, 정작 본처 강청댁이 죽는다. 그러면 독자들은 이제야 용이와 월선이 합치겠구나 싶은데 실제로는 본처를 찜 쪄 먹을 고단수, 악처의 금메달급인 임이네와 맺어지게 된다. 그이들이 용정 지역으로 이사한 뒤 용이는 월선과 오순도순 잘 살 수도 있었건만 어쩐지 그 자신이 그런 안온한 삶을 영위하는 게 시대에 대한 죄처럼 느껴져 산판에 투신한다. 그러는 사이에 월선은 암이 깊어져 죽음을 앞두고서 위급하다고 소식을 보내지만 용이는 주변의 권유도 뿌리치고 그리운 월선을 보러 가기를 꺼린다.

　그러다가 마지막으로 월선이 숨을 넘길 즈음에야 용이는 월선에게 돌아가 간신히 종신한다. 이 장면, 월선이 그리도 그리워했던 낭군님 용이의 품에 안겨 죽는 장면은 내가 보기에는 세계 문학사에서도 손꼽힐 정도로 형상화의 극치이다. 용이가 서둘러 찬바람을 헤치고 월선의 방에 들어서며 말한다.

　　"임자."

　　"야."

　　"가만히."

　이불자락을 걷고 여자를 안아 무릎 위에 올린다…….

　　"내 몸이 찹제?"

　　"아니요."

　　"우리 많이 살았다."

　　"야."

　내려다보고 올려다본다. 눈만 살아 있다. 월선의 사지는 마치 새털처럼 가볍게 용이의 옷깃조차 잡을 힘이 없다.

　　"니 여한이 없제?"

　　"야, 없습니다."

　　"그라믄 됐다. 나도 여한이 없다." (박경리, 지식산업사, 1987,《토지》, 4권, 388쪽)

누가 죽음 앞에서는 거짓 없이 흉금을 털어놓는다고 했던가. 이 대화는 전적으로 새빨간 거짓말로 이뤄져 있다. 용이의 몸은 차가웠고, 월선은 중년 나이로 많이 살지도 못했으며, 그나마도 용이를 향한 한으로 가득 찬 일생이었다. 그런데도 월선은 다 그 반대로 응대하며, 그게 거짓인 줄 뻔히 알고 있는 용이도 그걸 그대로 수렴한다.

아, 이 한 많은 남녀! 기어이 사랑하는 사람 중 하나는 떠나고 하나는 떠나보내는 이 장면은 이 시대 한국 농촌 어디서나 볼 수 있는 전형적인 임종과 다르지 않다. 이걸 신파조로 울고불고 하는 건 천박한 대중 소설이다. 이런 장면을 만들어 내는 걸 보면 박경리는 마치 3세에 걸친 인간의 인연을 꿰뚫어 보는 무녀인 양 오싹해진다.

좀 더 재밌는 예를 들어 보자. 음담패설로 널리 알려져 표지를 싸지 않고서는 들고 다니기에 눈치 보이는 명작이 D. H. 로렌스의 《채털리 부인의 사랑》이다. 그러나 인간상의 전형이나 진솔성을 꿰뚫어 보는 혜안을 가진 작가인 로렌스의 작품은 너무나 탁월한 창작 기법의 보물창고로, 소설 창작법에서 나는 항상 《채털리 부인의 사랑》을 필독할 것을 권한다.

소설은 "우리들의 시대는 본질적으로 비극의 시대이다. 그렇기 때문에 우리는 이 시대를 비극적인 것으로 받아들이려 하지 않는다. 큰 재해는 이미 닥쳐왔다. 우리는 폐허 가운데에 있으며, 새로운 조그마한 보금자리를 만들고, 새로운 조그마한 희망을 품으려 하고 있다" 라고 서두를 뗀다.

제1차 세계 대전이 미처 끝나기 전인 1917년, 두 상류층 남녀가 결혼했다. 신랑은 29세인 클리퍼드 채털리였고, 신부는 "교양 있는 사회주의자인 부모"에게 고이 자라나며 유럽 일대를 다녀온 데다 이미 연애 경력과 독일 청년과 육체관계도 가진 23세의 콘스턴스 리드, 애칭 코니였다. 한 달의 밀월 후 징집당한 클리퍼드는 여섯 달 만에 엄청난 부상으로 죽음의 문턱까지 드나들다가 간신히 살아났으나 하반신 마비에 성불구자가 돼 버렸다. 이런 부부의 생활이 어떨까를 상상해 보시라. 웬만한 작가라면 매일 부부 싸움에 남편은 아내가 바람이라도 날까 옥상에서 쌍안경을 쓰고 감시해 대며 외출 시간도 통제하는 등 생지옥 같은 분위기를 설정할 것이다.

그런데 세계 1급 작가인 로렌스는 그 정반대로 화목한 가정을 보여 준다. 남편은 휠체어에 의지한 채 매일 신이 나서 행복에 겨워 하고 아내는 남편의 그런 쾌활한 삶에 동조한다. 나는 이 장면을 읽으면서 어찌 이렇게 진실을 꿰뚫어 볼 수 있을까 탄복했다. 행복과 불행은 백지 한 장 차이이다. 클리퍼드는 용궁 앞까지 갔다 온 참담함을 겪었기 때문에 살아 있다는 그 자체, 곧 모든 아름다움을 눈으로 볼 수 있고, 귀로 들을 수 있으며, 입으로 말하고 먹을 수 있다는 그것만으로도 충분히 삶의 보람과 충족을 느낄 수 있었다. 성교 따위를 생각할 겨를조차 없었던 것이다. 코니 역시 성 경험이 있었고, 심지어는 남편의 친구인 유명 극작가 마이클리스와 불륜을 저질렀지만 성교가 그리 절박하진 않았다. 이런 정황을 꿰뚫어 볼 줄 아는 로렌스의 혜안이 이 가정의 단란함을 부각시킨 것이다.

이런 분위기에서 코니가 산지기와 육체관계를 가질 수 있었던 계기는 무엇이었을까? 대학에서 문학 강의를 할 때 나는 이 소설을 읽으라며 반드시 출제할 것이라고 단단히 예고하고서, "코니가 산지기 올리버 멜러즈와 첫 성관계를 맺는 직접적인 동기는 무엇인가?"라는 주관식 문제를 낸다. 상투적으로 성욕이 발동해서라는 오답투성이에 정답은 극히 드물었다.

위와 같은 가정이라면 우리 옛날 민담에도 흔히 등장하듯이 주인댁 과부 며느리와 머슴 사이의 불륜으로 이어질 텐데, 그런 관념적인 상투성에 빠지면 그 소설가는 자격 상실이다. 그래서야 에로 작가의 차원에 머물게 되기 때문이다.

로렌스는 능숙하다. 이런 처지에서 마이클리스가 성폭행을 하듯 관계를 가졌으나 코니는 담담했다. 삼류 작가라면 코니가 발동하여 침대가 부서졌겠지만 로렌스는 그냥 "그에게 몸을 바쳤다는 것 이외에 아무런 의미도 없었다"라고 묘사한다. 필시 불륜이라는 인습의 강박관에다 마이클리스의 일방적인 육욕 탐색이 코니로 하여금 사랑을 느끼지 못하게 했을 터이다.

그러던 가운데 어느 날 남편이 느닷없이 아이를 하나 갖고 싶다며 어떤 남자든 사랑 없이 씨만 받아서 부부의 아이로 만들자는 제안을 한다. 그냥 황당하게만 받아들이면서도 코니에게는 여운이 남았다. 그 후 새로 온 산지기 멜러즈를 처음 만났고, 우연히 멜러즈가 목욕을 하는 모습을 보게 된다. 그날 밤 코니는 침실에서 자신의 육신을 찬찬히 들여다보게 된다. 이제 코니는 27세가 되었다. 봄이 되자 유난히 생명에 대한 신비로운 욕구가 솟구치게 되었다.

때는 봄이다. 히아신스가 숲속에 피기 시작하고, 개암나무의 새 싹은 녹색의 빗방울처럼 움트고 있었다. 마침 암탉의 품에서 새끼 꿩들이 깨어나 가슴을 젖히고 새 둥지 주위를 소리 내며 돌아다니고 있었다. 가냘픈 이 조그마한 새끼 꿩은 회갈색에 조그만 검정 얼룩이 섞여 있었다. 그리고 새끼 꿩은 이 순간에 있어서는 온 세계에서 가장 싱싱하고 조그마한 한 점의 생명이었다. 웅크리고 앉은 채 코니는 황홀해서 물끄러미 지켜보았다. 생명이다, 새 생명이다! 맑고 빛나는, 두려움을 모르는 새로운 생명이다. 새로운 생명! (D. H. 로렌스, 유영 옮김,《채털리 부인의 연인》, 동서문화사, 2008, 198쪽)

그 어린 생명에 완전히 매혹된 코니는 어느 날 저녁 산지기의 오두막으로 꿩 새끼를 보러 갔다. 코니는 산지기에게 꿩 새끼를 만져 보고 싶다고 졸랐다. 산지기에게서 꿩 새끼를 손바닥 위에 건네 받은 코니는 "균형을 유지하고 있는 조그만 생명의 떨림이 무게라고는 거의 없는 그 다리를 통해서" 새삼 생명의 약동을 느끼면서 자신도 모르게 눈물을 흘렸고, 그걸 산지기는 놓치지 않고 살폈다.

아내가 다른 남자와 바람이 나서 도주해 버린 뒤 "영원히 꺼져 버린 것으로 생각했던 옛날의 불꽃이 그의 허리께에서 힘차게 솟구쳐 오른 것을" 느낀 산지기는 코니가 "살고 있는 시대의 모든 비참한 고통을 괴로워하듯 무턱대고 하염없이 울"고 있는 모습을 보면서 새끼 꿩을 도로 새장으로 넣고는 "울지 마십시오"라며 조용히 달랬다. 우는 여자 앞에서는 누구나 약해져 본능적으로 달랜다. 남자가 달랜다

소설가 D. H. 로렌스의 생가. 영국 중부 노팅엄시 북서쪽 12킬로미터 떨어진 탄광촌 이스트우드에 있다. 지금은 생가를 고쳐 1976년 로렌스 박물관으로 개관했다.

고 코를 팽 풀면서 냉랭해지는 여자는 매섭다. 대개는 남자가 달래면 더 서럽게 운다. 코니는 두 손에 얼굴을 묻은 채 자신을 포기하듯 했다. 멜러즈는 "맹목적이고 본능적인 애무 속에서 부드럽게 그녀의 옆구리 곡선을 어루만지"며 "안으로 들어가시겠습니까?"라고 유도했다. 오두막 안으로 코니를 데려간 멜러즈는 이내 누추한 자신의 침대 위로 코니를 편하게 눕혔다.

그래서 어떻게 됐냐고 묻는다면 작가 자격이 없다. 여기서부터 성행위 장면의 묘사는 이 작가의 혜안과, 외설이 아닌 예술성을 느끼기에 충분하다.

코니는 가만히 누워 있었다. 잠에 취한 듯이, 꿈속을 헤매는 듯이 꼼짝 않고 누워 있었다. 그러나 그녀는 그의 손길이 가만가만 그러나 이상하게 어색한 손길로 자신의 몸을 더듬는 것을 느꼈다. 바르르 몸이 떨렸다. 그는 말할 수 없는 절묘한 기쁨에 떨며 그녀의 따뜻하고 부드러운 몸을 어루만지며 키스를 퍼부었다. 잠깐 동안 그녀의 배꼽에 입을 맞추고 그녀에게로 바싹 다가갔다. 이제 그는 곧장 그녀의 부드럽고 잔잔한 몸 안의 평화 속으로 들어가지 않을 수 없었다. 여자의 몸 안으로 들어간다는 것, 그것은 그에게 순수한 평화의 순간이었다.

코니는 잠에 취한 듯이 가만히 누워 있었다. 자기의 몸을 단단히 팔에 죄고 있는 힘도, 그의 격렬한 육체의 동작도, 그리고 그녀의 몸 안에 쏟아 넣는 그의 정액도, 이런 모든 것이 다 일종의 잠이었다. 그가 끝마친 다음, 가쁜 숨을 몰아쉬며 그녀의 가슴 위에 가만히 누울 때까지 그녀는 잠 속에서 깨어나지 않았다.

그러자 그녀는 이상하다고 생각했다. 그저 희미하게 이상야릇함을 느꼈다. 왜? 도대체 왜 이런 일이 필요하단 말인가? 어째서 이것이 그녀 위에 덮여 있던 커다란 구름을 걷어치우고 그녀에게 평화로움을 주는 것일까? 정말 이게 사실일까? 그것은 진정한 것이었을까? (같은 책, 201~202쪽)

이러매 내가 출제했던 시험 문제의 정답은 꿩 새끼가 전해 준 생명의 약동임을 알 수 있다. 이처럼 멋진 장면이야말로 시적 구도로, 이런 게 많을수록 훌륭한 작품이다. 시든, 수필이든, 희곡이든, 소설이든 모든 문학은 이처럼 시적 구도를 창출해 내는 작업이다.

호라티우스는 《시학》에서 "시인의 바람은 의당 인간에게 이익과 즐거움을 주는 것이고 그가 쓴 작품은 인간에게 쾌감을 주는 동시에 생활에 도움이 되어야 한다. 즐거움에 가르침을 의탁하면 독자를 가르칠 수 있을 뿐만 아니라 그들이 좋아하게 할 수 있으므로 대중의 원망(願望)에 부합될 수 있다"라고 했다.

조설근은 유명한 풍속 소설 《홍루몽》을 쓰게 된 동기를 "반평생 동안 직접 보고 직접 들은 몇몇 여인"을 사라지지 않게 하려고 썼다고 밝혔다. 모파상은 문학으로 하여금 "나를 위로해 주오. 나를 즐겁게 해 주오. 나를 슬프게 해 주오. 나를 감동시켜 주오. 나를 꿈꾸게 해 주오. 나를 웃게 해 주오. 나를 두렵게 해 주오. 나로 하여금 눈물을 흘리게 해 주오. 나를 사색하게 해 주오"라고 호소했다.

명나라 극작가 탕현조는 희곡에 대하여 "소경이 춤추고자 하고, 귀머거리가 듣고자 하며, 벙어리가 소리 지르고자 하고, 절름발이가 일어나고자 한다. 고요하던 사람을 떠들썩하게 하고, 취한 사람을 깨어나게 하며, 길 가던 사람을 머무르게 하고, 누워 있던 사람을 일어나게 한다. 비루한 자가 곱게 되고자 하고, 완고한 사람을 융통성 있게 되도록 한다"라고 했다.

그래서 게르첸은 "괴테와 셰익스피어는 어지간한 대학 하나에 상당한다. 한 사람이 독서를 통해 시대를 체험하는 것은 과학과는 다르다. 과학에서는 최종적이고 명확한 성과만을 취할 뿐이지만 독서를 통한 체험은 함께 발을 내딛어 구불구불한 길을 가는 동반자와 같다”라면서 문학을 ‘지식의 전당’이라고 평했다.

당연히 문학은 추상이 아닌 현실적인 인간을 그리는 걸 임무로 삼기에 루소는 《사회 계약론》에서 “인성의 가장 중요한 법칙은 자신의 생존을 수호하는 것이고 인성의 가장 중요한 관심은 자신에 대한 관심이다”라고 했다. 따라서 마르크스가 〈포이어바흐에 대한 테제〉에서 말했듯 “인간의 본질은 결코 한 개인의 고유한 추상물이 아니다. 그 현실성에 있어 인성은 모든 사회관계의 총화”이다.

아킬레우스의 분노

현실적인 인간이란 곧 ‘보편인’과 같다. 어느 시대 어느 지역에서나 인류 정신사의 표준형일 수밖에 없는 보통 사람들. 설사 그런 인간이 따분할지라도 이런 인간 평가의 척도는 오욕칠정이라는 영원불변의 섭리에 따를 수밖에 없다. 바로 이런 가치관을 다룬 작품이야말로 세계 문학사의 영원한 명작으로 남는다는 것을 《일리아드》와 《오디세이》는 입증해 준다.

이 작품은 도시 국가인 그리스의 연합군이 트로이를 침략하는 줄거리로 시작한다. 스파르타 메넬라오스 왕의 왕비인 절세 미녀 헬레네를 트로이의 파리스 왕자가 보쌈질해 간 데서 사건이 발단된 것이다. 메넬라오스의 형인 미케네 왕 아가멤논이 총사령관을 맡았고 천하 명장 아킬레우스가 승리를 담보할 기대주였다.

전투는 예상보다 어려워져 일진일퇴를 거듭하면서도 유리한 입장이었던 그리스군은 트로이 측의 여자를 포로로 사로잡으면 계급

순서대로 그 여자들을 차지했다. 당연히 총사령관 아가멤논이 맨 먼저 선택했고, 아킬레우스는 뒤이어 브리세이스를 차지했는데, 아킬레우스는 브리세이스를 포로라는 존재를 넘어 진심으로 사랑하게 되었다. 그런데 돌연 아가멤논이 자신의 포로와 브리세이스를 바꾸자고 생떼를 쓰고, 결국 자신의 사랑 브리세이스를 빼앗기면서 영웅 아킬레우스의 분노는 폭발했다.

그날 이후 아킬레우스는 트로이와의 전장에 나가지 않아 그리스군이 판판이 패배를 거듭했다. 그러자 어쩔 수 없이 아가멤논이 브리세이스를 도로 돌려주었지만 이미 아가멤논이 인간답지 못함을 간파해 버린 아킬레우스의 분노는 풀리지 않았다. 온갖 보물로도 안 되니 아가멤논은 자기 딸을 아킬레우스의 아내로 주겠다고도 했지만 아킬레우스는 조금도 흔들리지 않았을 뿐 아니라 아예 아가멤논 같은 존재와는 상대도 않겠다는 결연함만 굳혔다. 정의로운 분노가 얼마나 무서운가를 생생하게 입증해 주는 세계 문학사의 빛나는 한 장면이다. 아킬레우스를 달래고자 꾀보 장군인 오디세우스까지 설득에 나서자 아킬레우스는 그에게 울분을 쏟아 낸다.

그 사나이는 지옥의 문과 마찬가지로 나에게는 싫은 인간이다. 가슴에 품고 있는 생각과 하는 말이 다른 사나이니까. ……용감하고 분별력 있는 사나이라면 모두 자기 아내는 귀엽고 사랑스러운 법이다. 그것은 내 경우에 있어서도 비록 창으로 빼앗은 여자이기는 하나, 그것을 진정으로 귀엽게 생각하고 있는 것은 마찬가지이다. 그러니 새삼 내 손에 상으로 준 그 여자를 다시 빼앗아 가서 나를 속인 이상, 이제는 더 나를 어지럽히러 오지 말아 다오. 속이 빤히 들여다보인다. 승낙은 하지 않을 작정이다.

……그리고 앞으로 어떤 의논을 들고 오더라도 나는 응하지 않을 것이며, 협력도 하지 않을 참이다. 설혹 지금 그가 가진 모든 것을 열 배, 스무 배로 늘려 주더라도 나는 싫다. ……바닷가의 모래알, 한길의 먼지만큼 많이 가져오더라도 아가멤논은 나를 설득시킬 수는 없을 것이다. 나에게 뼈아픈 감정을 갖게 한 그 오만불손함에 대한 보복을 하기까지는.

저 아트레우스의 아들 아가멤논의 딸 따위를 아내로 맞이할 생각은 없다. 설혹 그 인물이 황금의 아프로디테에 못할 바 없고, 그 수예 솜씨가 빛나는 눈의 아테네와 비견된다 하더라도 결코 아내로 삼지 않으리라. (호메로스, 이상훈 옮김,《일리아드》, 동서문화사, 2016, 133~135쪽)

그리스군의 피해가 너무나 커지자 아킬레우스의 절친이자 시종인 파트로클로스가 아킬레우스의 갑옷과 무기들을 몰래 훔쳐 차려입고 전투에 나서지만 트로이의 맏왕자이자 영웅인 헥토르에게 죽고 만다. 그러자 아킬레우스는 영웅답게 우정을 잃은 보복을 위해 전투에 나서서 헥토르를 죽여 그 시신을 학대한 뒤 자기 막사 옆에다 방치해 두었다.

졸지에 후계자를 잃은 트로이의 인자한 프리아모스 왕은 아들의 시신이라도 찾고자 밤중에 몰래 적장 아킬레우스의 막사로 스며들었

다. 혼자 휴식 중이던 아킬레우스는 졸지에 등장한 한 노인의 모습에
너무나 놀라 누구냐고 묻고 노왕은 젊은 적장의 발아래에 엎드려 애
원조로 "아버님을 생각해 보시오. 신과도 견줄 아킬레우스여, 꼭 나
와 한 연배인 끔찍한 노년의 문턱에 접어드신 아버님"이라고 말한다.
순간, 필시 장군 아킬레우스도 자신의 안위를 염려할 고국의 아버지
를 떠올렸을 것이다.

　얼마나 절묘한 허허실실의 설득력을 갖춘 언변인가. 그러고는
노왕은 맏아들의 시신도 못 찾은 신세타령을 하며 왕이 무슨 소용이
냐고 한탄한다.

　그런데 나는 그 얼마나 불우한 자인지, 광대한 트로이 나라에서
남달리 훌륭한 자식을 두었으면서도 그 무슨 일인지, 이제 하나도
남지 않았습니다. 아카이아(그리스)군이 쳐들어 왔을 때에는 50명이
나 있었는데 그 가운데의 19까지는 한 탯줄에서 태어난 자식들이고
다른 자식들은 모두 다 집안 여자들이 낳은 아이들입니다. 그 대부
분은 기세도 대단한 군신이 무릎을 부러뜨려 놓으셨습니다. 그 가
운데서도 유달리 소중한 아들, 그 몸 하나로 도시를 지켜 준 자식을
당신은 바로 얼마 전에, 조국을 지켜 싸우는 것을 치셨습니다. 헥토
르를 말입니다.

　……그러하니 제발 신들을 두려워하시고, 아킬레우스여, 또 아버
님을 마음에 생각하시고 이 몸을 가엾게 여겨 주시오. 나야말로 정
말 가엾은 자이니. 정말로 이 세상에 태어난 사람이 아직 절대로 한

적이 없는 짓을 참고 견뎌 내기까지 했소이다. 아들을 죽인 그 무사의 입언저리까지 손을 내밀어. (같은 책, 354~355쪽)

이제 적과 아군의 구분보다는 아버지와 아들의 인간적인 신분으로 둘은 대면하게 된 것이다. 그래서 둘은 손을 잡고 맘껏 한바탕 통곡을 한다. 아! 이 멋진 인간미 풍기는 장면. 이게 바로 시적 구도다. 아킬레우스는 노왕에게 "아, 불쌍한 분, 실로 무서운 불행을 몽땅 마음에 참고 견뎌 왔구려"라며 적장의 막사로 혼자 찾아온 용기를 찬양하고, 헥토르의 시신을 돌려 드릴 테니 함께 식사나 하자며 달랜다.

그러나 노왕은 자식이 아직 군막 속에 버려져 있는 동안은 자신을 앉히려고도 하지 말라며, 제발 자식을 돌려 달라고 거듭 애원한다. 이에 젊은 영웅은 그럴 것이니 이제 와서 자신을 성나게 하지 말라며 "탄원자로서 온 당신까지 내가 손을 대어 제우스의 신명마저 거슬려서는 안 되니까"라고 한다. 그렇게 두 사람은 식사를 하고 서로가 서로의 모습에 감탄한다. 그리고 장례식을 위하여 11일간 휴전하기로 합의하고 각자 잠자리에 들었다.

문학이 인간학이란 말은 곧 인도주의의 대원칙인 인간의 기본 도리를 옹호해 주기 때문이며, 이래서 높이 평가받는 소이연일 수밖에 없다. 아무리 세월이 흘러도 이 서사시가 지닌 인간미 넘치는 행위는 영원히 찬양받을 것이다.

인간의 운명과 현세의 염라대왕

문학이 인간학으로서 가장 깊이 천착한 과제는 아마 "인간의 삶을 좌우하는 것은 무엇일까"라는 의문일 것이다. 고대 그리스의 비극은 그 해답을 '운명'이라고 해명하면서 인간은 누구도 그 운명으로부터 도피할 수 없는 걸 '비극'으로 불렀다. 그러나 그리스 비극도 후기로 접어들면 인간의 성격에 따라 운명이 달라질 수도 있다는 징조를 보이기 시작한다. 그러다가 셰익스피어와 프랑스 고전주의에 이르면 운명만이 아닌 '성격'이 사람 팔자를 뒤바꿀 수 있는 요소임을 드러낸다. 물론 그 이전의 중세 암흑기에는 오로지 신만이 인간의 운명을 좌우하며 그걸 바꾸는 권능 역시 신의 은총을 통해서만 가능하다고 믿었다. 하지만 르네상스와 고전주의를 거치면서 신이 운명을 정한다는 결정론은 서서히 시들기 시작했다.

그러다가 낭만주의에 이르면 인간의 열정이 운명에 큰 작용을 하는 식으로 전개되다가, 사실주의에서는 인간 각자를 둘러싸고 있는 환경론을 중시하게 되었다. 이 시기의 위대한 사실주의 작가인 발자크는 "습관적인 삶은 영혼을 만들고 영혼은 인상을 만든다"면서 매우 과학적인 운명론에 근접한 습관이 운명을 움직일 수 있다는 주장을 폈다. 발자크는 당시 성행했던 관상과 수상을 비롯한 온갖 영역의 인간 탐구학을 섭렵한 것으로 유명하다. 이런 발자크의 연구 성과를 소설로 승화시킨 것이 관상 소설이라고 할 수 있는 《마을의 사제》다.

베로니크 쏘비아라는 소녀는 리모주의 평범한 집안 출생인데 타고난 미녀로 어렸을 때부터 동정녀란 별명을 얻을 정도였다. 아홉 살

프랑스 소설가 오노레 드 발자크가 살던 집. 근대 사실주의 문학의 최대 작가로 불리는 발자크는 빚이 하도 많아 채권자가 찾아오면 몰래 다른 문으로 피신할 수 있게 반드시 대문과는 다른 비밀의 문을 마련해 두고 살았다.

쯤 되자 소녀의 아름다움은 완전히 개화되어 얼굴이 온통 하얀 꽃처럼 피어올랐다. 그러나 11세 때 천연두로 2개월간 사투를 벌이면서 얼굴은 눈과 치아 외에는 다 변해 버린 데다 살짝 곰보 자국까지 후유증으로 남았다. 몸매는 여전히 우아하나 희던 얼굴색은 갈색과 붉은색 조합으로 둔중해졌다.

16세가 되자 베로니크 얼굴은 시골 하녀 같은 붉은색에다 투박한 몸매와 인상을 지니게 되었으나 다만 신앙의 열정을 드러내면 아름다움을 회복하기도 했다. 더구나 18세 무렵에는 독서를 통한 정신적인 변모를 가져와 도리어 사라졌던 미모를 되살리기도 했다. 이 점은 주시할 필요가 있다. 타고난 미모가 성장하면서 가난한 집안 때문에 점점 훼손되더라도 정신적인 작용에 의하여 원래의 미모로 회복될 수 있다는 것이다.

그렇게 아름다워지는가 싶더니 병약하고 인색한 데다 47세나 되는 중년남 삐에르 그라랭과 강제 결혼을 하게 되자 베로니크의 얼굴은 급속히 악화되어 푸르스름해져 버렸다. 5년간의 혹독한 시집살이 고통 뒤 베로니크는 낭만주의 문학인들의 작품을 열독하면서 서서히 미모를 회복해 나갔다. 그러자 한 남성이 구애를 했지만 베로니크는 거절, 청년 장 프랑스와 따쉬롱과 비밀 연애를 하면서 미녀 본연의 흰색 얼굴로 환원됐다. 그러나 이 시기에 베로니크의 남편은 병세가 악화되어 결국 죽음에 이른다. 베로니크는 따쉬롱과 미국으로 사랑의 도피를 모색하는데 하필 이 무렵에 같은 마을의 부유한 뺑그레 영감과 그 하녀를 살해한 용의자로 따쉬롱이 체포, 사형 언도를 받자 베로니크의 얼굴은 노란색에서 검은색이 드리워졌다. 따쉬롱이 처형당하자 이제 베로니크의 생은 최악의 상태에 이르렀고, 그럴 경우에는 도리어 얼굴에 불행의 색깔이 드러나지 않는다고 한다.

이제 베로니크는 마직물 옷을 10년간 입고 고행을 한다. 자기 애인을 살려 내지 못한 속죄로 베로니크는 고향 몽테냑 지방으로 가서 교구 보데 신부에게 고해성사를 하며 황무지를 개간했다. 그리고 주민 교양 사업에도 열을 올려 자연과 조화를 이룬 삶을 통해 아름다움을 회복하면서 소설은 끝난다.

이 소설은 필시 발자크의 깊은 관상과 골상 연구의 결실일 텐데, 발자크는 인간의 운명을 바꾸는 데는 외부의 여러 요인도 중요하지만 인간 자신의 내면적인 자세도 매우 중요함을 역설하고 싶었던 것이다. 그렇기에 문학이 아무리 인간학을 열심히 파고들어도 현세는 온갖 범죄로 들끓어 국가 체제가 마련한 법정만으로는 도저히 정의의 심판을 내릴 수 없음을 역사는 분명히 보여 주고 있다.

그래서 문학은 현세의 염라대왕일 수밖에 없다. 신앙을 가진 사람은 현세에서는 패배하고 억울해도 저승의 심판관은 공정할 거라며 위로를 삼을지 몰라도, 그건 너무나 멀고 아득하여 보통 사람들을 위안시키지 못한다. 그래서 문학예술은 모든 인간을 나체화시켜야 하는 작업과 다르지 않다. 무덤까지의 비밀을 현세에서 파헤치는 임무를 맡아야 하기 때문에 문학인은 현세의 염라대왕이라 하겠다. 그러나 이 현세의 염라대왕은 형벌이 아닌 용서와 축복을 내리는 염라대왕이다.

문학은 지옥의 증인, 심판자며, 고통의 증인이자 행복의 증언자다. 문학인과 종교인은 스스로는 지옥으로 가고 다른 사람은 천국으로 보내야 할 사명을 지닌 불행한 존재다.

백범 김구와 일본의 관상가 미즈노 난보쿠

그러나 미녀가 아닌 보통 사람들의 운명을 결정하는 요인은 무엇일까. 《백범일지》를 정독하다가 눈이 번쩍 뜨이는 장면을 만났다. 경순왕의 후손으로 안동 김씨 구파의 몰락한 집안 7대 독자였던 백범은 명문 서당에도 못 가 본, 시쳇말로 가방끈이 무척 짧았으나 워낙 비상해서 1892년 해주에서 치르던 향시에 응시했다. 그런데 시험장

입구부터 저명한 서당들 이름이 등장하더니 온갖 방법의 부정행위가 횡행하는 진풍경이 펼쳐지는 꼴이 이미 합격자가 내정되어 있는 듯했다. 부패가 만연했던 조선 말기의 풍조가 백범 뇌리에 꽂히자 낙망한 백범은 아버지에게 자초지종을 아뢰며 학업을 중단하겠다고 선언한다. 이에 아버지는 "풍수나 관상 공부"를 권하고 백범은 《마의상법》에 열중했다. 누구나 관상 공부를 할 땐 이론과 자기 얼굴을 대비시켜 보기 마련인데 백범 역시 예외가 아니었다.

"두문불출하고 석 달 동안이나 내 상을 관상학에 따라 면밀하게 관찰하였다. 그러나 어느 한 군데도 귀격, 부격의 좋은 상은 없고, 얼굴과 온몸에 천격, 빈격, 흉격밖에 없다"라며 낙담하던 중 김구는 보던 책의 마지막 부분에서 이런 구절과 만났다.

상 좋은 것이 몸 좋은 것만 못하고
몸 좋은 것이 마음 좋은 것만 못하다.

도진순 교수가 주해한 《백범일지》에서는 이 구절의 출처를 백범이 상서에서 본 것이라고 밝히고 있다. 어쨌거나 천하의 명저들이 얼굴 잘 생긴 것보다는 몸 튼튼한 게 더 중하고, 그 몸보다 마음 선량함을 더 중히 여긴 점에서는 다를 바 없다. 백범은 상 좋은 사람보다 마음 좋은 사람이 되어야겠다고 결심했다. 이로써 백범은 팔자를 고치게 되는데 그 심리적인 동기를 이렇게 요약해 준다.

과거하고 벼슬하여 천한 신세에서 벗어나겠다는 생각은 순전히 허영이고 망상이요, 마음 좋은 사람이 취할 바 아니라고 생각되었다. 그러나 마음 좋지 못한 사람이 마음 좋은 사람으로 되는 방법이 있는가 스스로 물어보니 역시 막연하였다. (김구, 도진순 주해본,《백범일지》, 돌베개, 1997, 39쪽)

고시나 출세를 포기하고 노동 운동과 민주주의와 통일 운동에 뛰어든 대학생들의 원조가 바로 백범이 아닐까. 이래서 백범은 동양의 병서(兵書)에 심취, 당시 가장 진보적인 개혁 운동의 선봉이었던 동학에 투신했다.

덧붙이면 백범이 인용한 이 구절 뒤에는 "마음 좋은 것도 덕을 쌓는 것보다는 못하다"는 말이 있음을 기억하시라. 신영복은 덕을 '이웃'으로 풀이하며 자신의 신조인 '더불어 삶'을 강조했다. 그러니 아무리 사주팔자와 관상을 잘못 타고나도 몸을 튼튼히 다지고 마음보를 아름답게 수련하여 훌륭한 사람들과 더불어 살기를 도모하면 어떤 액운도 물리칠 수 있다는 것이 현대인의 팔자 고치는 지침이라는 뜻이며, 이게 변증법적 운명론의 안티테제가 된다.

곧 운명은 친구와 동지와 더불어, 그 사회의 체제와 지배 계급의 가치관, 정치인들의 행태에 따라 얼마든지 바뀔 수 있다는 뜻이다. 바로 운명의 외인(外因) 결정론으로 병법에서 가장 중시하는 천운, 지세, 인화 가운데 마지막의 인화가 제일 중요함을 강조하는 사상과 일치한다. 일제에 의한 강제 징용이나 학병 동원으로 희생된 예, 한국

백범 김구.
우리나라 광복과 통일을 위해 헌신한 민족 지도자.
1949년 안두희에게 암살당하기 전까지 일생을 겨레
의 자주독립을 위해서 싸운 민족주의자이자, 애국자
이며, 독립운동가이다. 저서에《백범일지》가 있다.

전쟁 전사자, 인혁당과 최종길 교수 사건, 2009년 용산 참사에 세월
호 참사, 최근 이태원 참사 등등 이루 열거할 수 없을 정도로 억울하
게 사회악이나 국가폭력에 희생된 예들은 얼마든지 많다. 이 밖에도
1970년 와우 아파트 붕괴, 성수 대교 붕괴, 삼풍 백화점 붕괴 같은 사
건들도 모두 사회적 범죄의 예이다. 그 희생자들이 다 같은 날 죽을
것이란 사주는 아닐 것이다. 그러니 훌륭한 정치가는 죽을 사람을 살
려 주고, 나쁜 정치인은 살 사람도 죽인다는 뜻과 통한다.

　미국 작가 손턴 와일더의 문제작《산 루이스 레이의 다리》는 페
루의 수도 리마 근교의 가상의 다리를 무대로 설정, 그 다리가 붕괴할
때 죽은 다섯 명의 운명을 추적하면서 과연 기독교의 예정설이 맞는
가, 아니면 오류인가를 탐색한 작품이다. 작가는 그 정답을 회피해 버

렸지만 내가 보기에는 "아니올시다"이다. 숙명설과 예정설은 우주의 섭리를 거스른 것이다.

최고의 아름다움은 밥 잘 먹는 것

어쨌든 이런 《백범일지》를 본 내가 연이어 읽게 된 책이 명문당에서 나온 《관상보감》이란 약간 조악한 제본의 책으로, 이 책을 읽다가 나는 새로운 개안을 하게 되었다.

일본 관상의 대가 미즈노 난보쿠의 학설을 소개한 이 책은 우선 난보쿠의 생애를 요약했는데 그게 너무나 매력적이었다. 오사카에서 조루리(淨瑠璃, 반주에 맞춰 이야기를 풀어 가는 일본 전통 예능) 각색자의 아들로 태어났으나 일찍 아버지를 잃고 대장장이 숙부 밑에서 자라며 술과 도박에 싸움질로 놀아나던 난보쿠는 18세 때 6개월간 투옥을 당했다. 수감자들의 얼굴에서 공통으로 어두운 그림자를 느낀 난보쿠는 출옥 후 관상에 전념하여 마의 선사 제자인 진단의 《신상전편》을 입문서 삼아 보다가 관상은 이론이 아닌 실전임을 깨달았다. 그래서 작심하고 이발소에서 면도와 머리 감기기 3년, 목욕탕 때밀이 3년, 화장장 화부 3년을 거치고 나자 어떤 사람이라도 척 보면 3대의 운명이 다 보였다고 한다. '난보쿠 상법'을 창안한 그에게는 3천여 제자들이 따를 정도였다.

미즈노 난보쿠는 만년에 수제자들과의 대화를 통해 인생 운기법의 요체를 역설했는데 그것이 유명한 '절식개운론(節食開運論)'이다. 밥만 조절해서 잘 먹으면 아무리 액운 악상이라도 팔자를 확 바꿔 운이 탁 트인다는 걸 제자들에게 강조하고자 미즈노와 제자들은 너무나 지루하고 따분한 대화를 길게 펼쳐 놓고 있다. 그 요지는 첫째, 하루 세끼를 배가 고프든 안 고프든 정해진 때에, 둘째, 맛이 있든 없든 위장의 8부에 해당하는 일정량을, 마지막으로 모든 반찬을 빠짐없이 골고루 다 먹는다는 것이었다.

난보쿠는 인간의 덕행이란 남에게 보여 주기 위한 선행이 아니라 자신의 내면적인 은덕임을 강조하면서 그중 최고는 단연 소략한 반찬에, 거친 밥을 적게, 정해진 때에 먹는 '절식'임을 너무나 자상하게 누누이 강조한다. 그러자 제자들이 반박했다. 연회를 앞뒀을 땐 좀 적게 먹고 잔칫상에서 맛있는 걸 과식하는 게 뭐가 나쁘냐는 것인데, 사부 왈, 위장은 필요한 만큼만 섭취하기 때문에 입이 당긴다고 더 취해 봤자 그냥 똥을 만들 뿐이라서 그건 자신의 육신을 인분 만드는 기계로 전락시킬 뿐이라는 것이다. 그럼 그 귀한 요리를 아깝게 그대로 버려야 하느냐고 반문하자 대지도 인간의 똥오줌보다는 음식 그대로를 더 좋아한다며 환경 생태계의 순환론을 강조했다.

이 세 가지 음식 계율을 3년간 준수하면 작은 소망이 이뤄지고 5년가량 지속하면 중간 소망이, 10여 년 실천하면 큰 소망도 성취한다는 것이 난보쿠 상법의 요체다.

나는 나름대로 이 원칙의 과학성을 더 세심하게 증명해 보았다. 정해진 시간에 식사를 한다는 건 규칙적인 생활을 한다는 뜻이고, 일정량의 절식과 맛있는 것만이 아닌 소박한 조식을 한다는 건 굳건한 의지와 자신의 성질을 다스릴 줄 아는 각오와 인내의 척도가 되며, 게

다가 육신이 필요로 하는 영양분을 고루 섭취하게 된다. 인간의 본능에서 가장 참기 어려운 건 식욕과 성욕인데, 뒤의 것은 상대를 필요로 하나 앞의 것은 오로지 자신이 결단할 문제이기에 숨은덕에 속한다. 어떤 일이 생기면 입맛이 떨어지기 마련이지만 그런 때일수록 이 세 원칙을 지키라고 난보쿠는 신신당부한다.

이 세 가지를 실천한다는 건 곧 건강을 위한 최고의 비결로 3년이면 몸이 좋아질 뿐만 아니라 얼굴도 훤해질 터이다. 5년이면 풍채가 달라지고 10년이면 오라를 풍기는 경지에 이를 것이다. 우리 속담에도 3년 병원 안 가면 부자가 된다는 말이 있다. 건강해지면 관상이 좋아지는 건 당연한 생리적인 이치다. 잘생겼다는 건 성형 수술로 되는 것이 아니라 타고난 골격 원형 그대로에다 알맞은 근육과 혈액 순환으로 피부를 윤택하게 가꾼 모습이다. 어딜 가나 "요즘 얼굴 좋아졌다"는 인사를 듣게 되면 자신감에 차서 만사가 풀리게 된다.

내가 굳이 덧붙이자면 식상(食相)이란 이 세 조건에다 밥 먹는 모습이 아름다워야 한다는 것도 포함된다. 맛없는 음식을 억지로 목구멍으로 꾸역꾸역 넘기듯이 먹거나 반찬 투정, 괜히 식당 종업원에게 불평이나 해 대는 꼴불견은 인간에 대한 기본적인 예의가 아니다. 맛있는 것만 자기 앞으로 당겨서 미친 듯이 먹어 치우는 식탐, 사나흘 굶은 듯한 폭식 따위도 그리 아름답지 않다. 자기 것도 아니면서 이게 맛있다며 접시를 이리저리 옮겨 대는 행위도 바람직하지는 않다. 온화한 모습으로 즐겁고 맛있게 더불어 먹는 게 최고의 식상일 것이다.

운명 바꾸기 변증법의 진테제는 이래서 밥 제대로 먹기로 귀착한다. 이 지루한 글을 요약하면 이렇게 된다.

상 좋은 것이 몸 건강한 것만 못하고
몸 건강한 것은 마음 착한 것만 못하다.
마음 착한 것은 덕을 쌓는 것만 못하고
덕을 쌓는 것도 잘 먹는 것보다 못하다.
잘 먹는 것도 자기 수양 닦는 것보다 못하다.

이렇게 팔자 고치기가 어렵지 않은 데도 권력과 돈 많고 힘센 쪽에 붙어서 부정한 방법으로 왕창 벼락출세만을 꿈꾸기에 세상은 날로 더 간특해져 염치조차 없이 어지러워지고 있다. 바로 살며 제대로 밥 먹기가 그토록 어려운가.

제2부

악인들의 천국

제1장　신의 아들이라고 사기 치기

원시 신앙에서 건국 영웅이 출현하는 과정

세상살이가 어려운 건 현대인만의 전유물이 아니라 모든 생명체가 지닌 생존 조건일 것이다. 그래서 인간은 원시 시대부터 신앙을 지녀왔다. 크게 보면 개인이나 가족의 불안 의식을 달래고 행운을 기원하는 원초적인 형태의 신앙과, 이 단계를 넘어서 씨족과 부족 단위의 공동체 유지를 위한 형태의 신앙으로 나눌 수 있다. 앞의 예는 이미 흔하게 봐 왔기 때문에 후자만 살펴보자면 사회학적 접근의 신앙인 동식물 숭배, 곧 토테미즘을 들 수 있다. 이런 심리적인 요인은 최고 신으로서의 절대자에 대한 의식에서 나올 것이다.

사회학자 에리히 프롬은 이런 현상을 특정 집단 공유의 헌신과 상호 의존적인 사고와 행동, 그리고 조직 전체를 위한 신앙의 발로로 보았다. 자아실현이 방해를 받으면 사디즘이나 마조히즘이 발생하는데, 그 치유나 극복을 위해 권위에 복종하는 따위로 자아실현의 생활 수단을 삼게 되며, 이것을 프롬은 집단적인 신앙의 심리 구조라 본 것이다.

그래서 네안데르탈인이나 크로마뇽인의 유적에 나타난 신앙 현상으로 주술, 자연 숭배, 거석 문화, 신화, 페티시즘, 샤머니즘, 타부, 마나, 그리고 미국 인디언들에게 많은 유령춤 같은 것들을 다 고대 원시 종교의 양상으로 삼는다.

그러다가 어느 시점부터 인간은 오만해져서 점점 신을 두려운 존재로만 보지 않고 오히려 인간 자신과 공존, 또는 경쟁하는 대상으로 여기게도 된다. 그래서 옛날 신들은 선량하거나 신성하지도 않은, 인간이나 진배없이 막되어 먹은 존재라는 인식이 팽배했던 다신론 시대를 배경으로 탄생한 게 바로 '신화'이다. 신들과 맞장 뜨던 인간이 드디어 신들을 이기는 영웅을 창조해 내기란 그리 어려운 일도 아닌 자연스런 전개이다. 이렇듯 신의 역사에서 인간의 역사로 전환하는 시점에 영웅 신화는 자리하는 것이다.

영웅들은 예외 없이 신이나 왕족의 혈통을 타고 출생한다. 그들은 신과 인간의 혼혈이거나, 인간이라면 왕족의 피를 소유하기 일쑤이고, 부왕이 죽으면 충직한 양부에게 맡겨져 성장한다. 그래서 신화학자 비얼레인은 영웅 신화의 특징을 이렇게 요약한다.

유태교의 문화적 전통에 속하는 예수와 모세의 이야기도 모두 이러한 양식의 적용을 받는다. 예수는 신의 혈통을 받아 왕으로 태어나서 충실한 양아버지(성 요셉)에 의해 양육된다. 모세는 이스라엘 백성을 해방시킬 지도자의 운명을 타고나 시나이산에서 율법을 전수받지만 파라오의 왕실에서 자라난다. 이것이 바로 영웅 신화의 보편적인 양식이다.

……영웅들은 항상 어려서부터 비범한 면모를 드러내는데, 바로 이 점이 그들의 적들을 긴장시키고 위기감을 조성한다. 영웅이 될 기회가 오기도 전에, 단지 그들이 비범하다는 이유만으로, 그 사실을 자신들에 대한 위협으로 파악한 적들에 의해 파멸당할 위험에 처하게 된다.

……또한 영웅은 곧잘 친구나 형제의 배반의 대상이 된다. 때로는 잔혹한 운명 때문이기도 하고, 때로는 질투나 정욕의 결과이기도 하다. 이것을 보면서 우리는 우정을 잃어버린 경우나 배신감을 느꼈던 순간을 떠올려 보게 된다. 유다는 입맞춤과 함께 예수를 배반함으로써 친구를 배반한 자의 전형이 되어 버렸다. (J. F. 비얼레인, 배경화 옮김, 《살아 있는 신화》, 세종서적, 2000, 182~184쪽)

영웅 신화는 '비범한 출생-영웅으로 성장하면서 투쟁-승리와 영광-모함으로 희생'이라는 서사를 갖춘 전형적인 영웅 서사시의 구조를 갖추고 있다. 이 영웅 서사시의 등장은 이미 가부장제에 의한 고대 노예제 사회가 정착했음을 반증한다.

이런 영웅 신화에 뒤이어 바로 건국 신화가 등장하는 건 너무나 자연스런 이치다. 즉 영웅이 개인적인 괴력의 발휘 단계라면, 건국 신화는 이미 집단적 소망의 표상으로 승화하여 가족 제도와 사유 재산을 옹호코자 하는 국가 권력의 현실적인 기구와 체제의 확립이라는 단계로 변모한다. 나라에 따라 다르지만 건국 신화는 지배 권력의 합리화와 우상화라는 점에서 공통성을 지닌다.

지배 계급의 사기 치기

인간 집단이 형성되면 가장 먼저 공생을 위한 방안을 모색하게 될 터이고, 거기서 인간도 동물과 마찬가지로 무리를 이끌어 갈 지도자가 생겨났을 것이다. 지도자, 곧 무리의 지배자들은 자신의 존재를 부각시키기 위하여 여러 종류의 찬양 방법을 모색하다가 신화나 전설 같은 형식으로 온 세상이 자기 덕분에 생겨났다는 식의 창세기 신화까지 만들게 되었을 것이다. 그래서 지구 위의 많은 신화들은 거의 예외 없이 그 형성 과정이 창세 신화부터 시작하여 인간의 등장, 그들을 다스릴 지도자상으로 영웅이 등장한다. 온갖 난관을 돌파한 그 영웅은 승리의 대가로 한 도시나 지역, 또는 부족과 민족의 건국자로 승화된다. 이런 변모 양상을 가장 잘 그린 것이 구약 성서나 중국의 창세 신화 같은 것들일 것이다.

언제부턴가 한국인들은 서양 사람들의 기에 눌려서 그리스 신화나 철학 사상은 빠삭하게 알면서도 정작 중국의 신화나 철학 사상에 대해서는 얕잡아 보는 경향이 있다. 그래서 잠시 시선을 중국으로 돌려 보기로 한다.

중국의 창세 신화인 반고의 탄생기는 특이하다. 계란 형태의 우주는 혼돈과 어둠 상태였는데, 그 안에 반고가 이미 존재했단다. 세계

중국 창세 신화의 주인공 반고. 명나라 백과사전 《삼재도회》에 실린 삽화로 혼돈과 어둠 상태인 태초의 우주에 반고가 이미 존재했다고 한다.

거의 모든 신화들이 창조주가 우주 삼라만상과 인간을 비롯한 동식물들을 만들어 냈다는 것과는 달리 이미 태초에 존재하게 된 반고는 계란 형태의 우주 안에서 1만8천 년간 잠자고 나서 도끼로 알을 깨고 나온다. 그러자 알 안에 있던 잔유물들이 쏟아져 나와 온통 흐릿한 혼돈이었다고 한다. 용의 몸통에 인간의 두상이었던 반고는 매일 아홉 번씩 모습을 바꿔 가며 1장씩 성장한다. 하늘과 땅의 거리도 이처럼 매일 1장씩 커져 거리가 점점 멀어져 1만8천 년이 지나자 오늘날 하늘과 땅의 거리인 9만 리가 정해졌다.

반고가 눈을 뜨면 낮, 감으면 밤, 숨을 들이마시면 춥고, 내쉬면 더우며, 불면 바람과 구름이 일고, 소리를 지르면 뇌성이 되었다. 반고가 죽자 수염은 별, 왼눈은 태양, 오른눈은 달, 구규(九竅, 사람 몸에 있는 아홉 구멍)는 대지의 아홉 주가 되었다. 또한 반고의 유방은 곤륜, 무릎은 남악, 넓적다리는 태산, 둔부는 물고기와 거북, 손발과 몸통은 산악, 피는 강, 살결은 흙, 몸통의 털은 풀과 나무, 치아와 뼈는 광물과 바위, 땀은 비가 되어 만물이 발생했다는 것이다. 신이나 천제의 개념 없이 인간을 우주의 주인공으로 삼은 중국의 창세 신화는 실로 경이롭다. 다른 지역의 신화에 등장하는 주역들이 신이란 사실과는 달리 중국 신화는 독법에 따라서는 반고를 비롯한 그 후예들이 신인지, 인간인지, 반인반수인지조차도 구분하기 어렵다.

어쨌든 인간, 또는 신이나 반인반신의 무리들이 함께 살아가자니 저절로 힘센 자가 나타나 우두머리 역할을 하게 되는데, 이런 지배 계급의 형성 과정을 중국의 전래 설화는 '삼황'이란 관념으로 승화시켰다. 삼황은 천황, 지황, 인황을 이른다.

수인, 복희, 신농에다 논자에 따라서는 셋 중 하나를 빼고 여와를 넣기도 하는 이들 삼황의 치적은 실로 찬란하다. 기록에 따라 달리 나타나는 여러 전설을 뭉뚱그려 쉽게 풀어내 보자면 수인은 삼황의 우두머리인 천황으로 수황(燧皇)이라 칭한다. 중국 역사 연구소에 따르면 고증된 첫 주인공으로 구석기 시대에 나무를 문질러 불을 만든 불의 발명자다. 수인은 날것을 먹던 원시인 시대에 익혀서 먹기를 가르쳐서 인간을 금수와 다른 존재로 만들어 하 문명을 열었으며, 복희와 여와 남매를 낳고 죽었다.

복희씨, 또는 포희씨라고도 하는 복희는 뱀의 몸뚱이에 악어의 머리, 호랑이 눈, 붉은 잉어의 비늘, 도마뱀의 다리, 매의 손톱에 수사

슴의 뿔을 가졌고, 천하를 통일하여 인간을 만물의 영장으로 승화시켜 인문학적인 존재로 발전시킨 인물이다. 복희의 아내 여와는 대지의 어머니 신으로 사람 머리에 뱀의 몸을 지녔다. 여와는 천지가 너무 고요한 게 싫어 황토로 귀인을, 진흙탕으로 천인을 빚었는데 그것이 인류의 기원이다.

애초에 인간은 죽음을 모르는 불사신으로 60~70세가 되면 매미나 뱀처럼 허물을 벗고는 다시 소년으로 돌아가곤 했다. 허물을 벗을 때는 무척 괴로웠는데, 어느 노파가 3일 낮밤 동안 허물을 벗고자 애썼으나 안 되자 신에게 차라리 이 고통보다는 죽는 게 낫다고 기원하여 인간은 허물을 벗는 고통 대신 죽게 되어 버렸다고 한다.

신농은 각종 농기구를 만든 것을 비롯해 오곡 농사의 기초를 세워 인간의 주식을 농산물로 대체시켰다. 옷감 생산을 위한 각종 식물과 의상을 개발했으며, 현악기를 만들었고, 궁상각치우 오음을 통한 음악을 만들어 오락으로 삼았다. 도자기업도 일신해 생활 도구로 쓰게 했고, 화살도 만들었다.

이렇게 신의 개념을 창출한 지배 계급은 이들 신의 후계자들로 구성됐다는 오제 시대를 그 속편으로 추가하면서 고대 노예제 사회가 형성된다. 이후 역사는 힘을 가진 자들이 약자를 통치하기 위한 고도의 사기술로 둔갑해 버렸는데, 그중 가장 강력한 위력을 가진 존재로 '신(천제)'의 개념을 등장시켰다.

사상사적으로 보면 중국 고대사는 은나라 때는 복문, 복사, 신의에 의존하는 샤머니즘적인 신을 빙자한 통치 풍조였다가, 주나라에서는 점복보다 하늘에 대한 신앙이 강해져 의례를 통해 하늘의 뜻에 순종하는 형식을 취했다. 주나라는 종(鐘)에 대한 신앙이 강해서 그 소리야말로 조상신들에게까지 전수된다고 생각했다. 따라서 이런 일련의 신앙을 위한 예와 악을 중시했는데, 나중에 공자와 맹자에게 그대로 전수되어 현재까지도 그 위력이 남아 있다.

그러나 천제의 후손이 다스렸다는 주나라가 공자나 맹자의 간절한 호소에도 불구하고 신흥 세력들에 의하여 허망하게 멸망해 가는 과정을 보면서 권력과 역사를 지배하는 것은 천제의 뜻이 아니라 현실적인 무장력이라는 걸 보여 준 게 춘추 전국 시대였다. 이는 곧 지배 계급들이 자신은 천제, 곧 신의 후손이라느니, 자신만이 천제의 명령을 받았는다는 식의 사기 치기가 통하지 않는 시대를 뜻한다.

세계 최초의 반전 평화론자

골목마다 거지나 도둑 떼가 득실거렸고 들판에는 시신이 나뒹굴었다. 언제 자신도 전장에 끌려갈지 모르며 애지중지 충성을 바쳤던 왕조차도 이웃 나라의 침탈 앞에서 언제 쪽박신세가 될지 모르는 세상, 그것이 춘추 전국 시대였다.

이런 판에 공자는 예와 악이라는 복음을 전파했는데, 그 공자조차도 주유천하 중 채나라와 진나라 사이에서 열흘간 굶어 죽을 위기를 겪을 때였다. 제자 자로가 돼지고기를 구해 삶아 주자 공자는 어디서 났는가를 묻지도 않고 먹었다. 남의 옷을 벗겨 술을 받아 주자 그것 역시 그 출처를 묻지도 않고 마셨다. 이러던 공자가 노나라 애공

세계 첫 평화주의자인 묵자. 그 옆 사진은 산둥성 텅저우시에 있는 묵자 기념관이다. 묵자는 전쟁을 반대하고 모든 사람을 차별 없이 사랑해야 한다는 겸애를 주장해 "작은 예수, 큰 마르크스"라 불리며 유가와 견줄 만한 학파를 이루었다.

앞에서는 방석이 반듯하지 않으면 앉지 않았고, 반듯하게 썰지 않은 고기는 먹지 않았다. 자로가 그 까닭을 묻자 공자는 위기에 처했을 땐 구차하게라도 살아야 하지만 애공의 초대 자리에서는 의로움을 행하는 것이라고 답했다. 이를 거론하며 묵자는 "더럽고 사악하며 거짓됨이 이보다 더 큰 것이 있겠는가?"라고 일격을 가했다.

묵자는 공자를 너무나 혹독하게 짓뭉개 버려서 중국사에서는 진나라 때부터 그 책이 금서가 되었고, 한나라 이후 모습을 감춘 뒤 2천여 년간 묻혀 지내야 했다. 청대에 와서야 묵자에 대한 저서가 출간되었고 뒤이어 계몽기의 량치차오에 의하여 완전 복권되었다. 량치차오는 묵자를 "작은 예수, 큰 마르크스"라고 평했다.

묵자는 노동자 출신의 과학자이자 혁명가로 공자가 말하는 어진 사람을 이렇게 정의했다.

- 어진 사람이 일을 하는 목표는 반드시 천하의 이익을 일으키고 천하의 해를 제거하는 데 둔다.
- 지금 제후들은 오직 자기 나라만을 사랑할 줄 알고 남의 나라는 사랑하지 않고 있다. 그래서 거리낌 없이 그 나라를 총동원하여 남의 나라를 공격하게 되는 것이다. (묵자 외, 김학주 옮김, 《한비자 묵자 순자》, 〈겸애편〉, 삼성출판사, 1990, 254쪽)

공자를 비롯한 많은 세객들이 제후에게 강조한 것은 자신이 마주한 제후에게 올바른 나라를 세우는 방략이 가르침의 초점이었지 않았는가. 그러니 당연히 약육강식의 윤리가 보편화되고 만다며 묵자는 아래와 같이 일갈한다.

큰 나라가 작은 나라를 공격하고, 큰 집안이 작은 집안을 어지럽히고, 강한 자가 약한 자를 겁탈하고, 많은 사람들이 적은 사람들에게 난폭한 짓을 하고, 간사한 자가 어리석은 자를 속이고, 귀한 사람이 천한 사람에게 오만하게 구는 것이다. 이것이 천하의 해인 것이다. (같은 책, 260쪽)

인류 역사는 언제나 그랬고 오늘의 제국주의 국가 역시 이런 통치술에는 변화가 없다. 왜 이런 굴레를 벗어날 수 없을까에 대한 고민에서 묵자가 찾아낸 비결이 바로 겸애설이다. 여기서 굳이 공자를 위해 변명하자면 공자는 어짊과 용서만으로도 이런 잔혹하고 비인간적인 행위를 척결할 수 있다고 하겠지만, 묵자는 그것만으로는 불가능하다고 보았다. 내 몸처럼 남의 몸도 사랑하라는 말로 요약할 수 있는 이 박애 정신이야말로 공자의 말보다 더 실천하기 어렵다는 건 삼척동자도 알 만하다. 그런데도 굳이 묵자가 강조한 이유는 남을 사랑하는 게 곧 나에게도 이득이 된다는 상생 관계 때문이었다.

묵자는 약육강식의 갈등은 필연적으로 침략 전쟁을 낳는다는 생각으로 〈비공편〉에서 철저한 반전 평화론을 도도하게 전개한다. 한 사람만 죽여도 벌을 받으며, 열 명을 죽이면 더 큰 형벌을 받고, 백 명이면 당연히 더 극형을 받으면서도 나라가 전쟁으로 수천, 수만 사람을 죽이면 불의라 하지 않고 도리어 칭송하며 의로움이라고 하는 것은 불의가 뭔지 모르기 때문이라고 묵자는 주장한다. 그리고 냉철하게 전쟁 경비와 백성들의 강제 공출, 무고한 인민들의 희생과 고통과 굶주림 같은 온갖 피해를 그려 준다. 이래도 설득력이 모자라지 않을까 하는 배려에서 묵자는 전쟁을 하지 않는 것이 인간의 도리이자, 내 나라와 남의 나라에 다 도움을 주는 것이자, 반전 평화를 실현할 수 있는 해결책이라고 외친다. 그러나 이런 논리만으로는 당시의 몽매한 생각을 타파할 수 없다고 본 묵자는 더 나아가 이렇게 하는 것이 "위로는 하늘의 이익과 부합되고, 가운데로는 귀신의 이익과 부합되고, 아래로는 사람의 이익과 부합되기 때문"이라면서 하늘과 귀신의 뜻에도 일치한다고 주장했다.

묵자는 〈비명편〉에서 하늘이나 귀신이 인간의 운명을 좌우하거나 이미 정해 놓았다는 숙명론을 강력하게 부인하면서 오로지 인간 자신만이 자신의 삶을 개척할 수 있다고 주장한다. "운명이란 폭군이 지어낸 것이다"라는 게 묵자의 사상이다. 왕이나 귀족들에서 천민에 이르기까지 모든 신분을 혈연으로 대를 잇는 규범을 합리화시키려는 게 운명론이 아니던가. 그래서 묵자는 강력하게 운명론을 비판하면서 관리 선발의 조건을 오로지 능력에 두어야 한다는 주장을 〈상현편〉에 담았다.

이와 관련해서 묵자가 주장한 상동(尙同)사상은 국가 통치를 위해서는 사상 통일이 필요하다는 견지에서 "천하의 백성은 모두 천자와 뜻을 같이 한다"라고 하여 약간 의아하다. 하지만 묵자는 곧 천자라도 반드시 "위로 하늘에 합치되어야 한다"라고 하여 하늘의 뜻과 백성의 뜻이 곧 천자의 뜻이어야 함을 강조했다. 말하자면 왕이 백성의 뜻과 함께하라는 완곡어법인 셈이다.

묵자는 이런 이론에다 각종 과학 기술과 최고의 축성술, 목공예로 무장한 채 많은 제자들을 길러 탄탄하게 조직하며 직접 반전 평화 운동을 실천했다. 묵자가 직접 실현했던 업적 중 유명한 역사적인 사건은 〈공수편〉에 자세히 나와 있다.

전국 시대의 강대국인 초나라는 당대의 명장이었던 공수반이 성벽 공격용 신무기인 운제를 제작하자 오로지 이 무기만을 믿고 송나라를 침공하려 한다. 그러자 묵자는 이 침략 전쟁을 막고자 제나라에서 10여 일이나 걸려 초나라로 향했다. 왕과의 대면에서 묵자는 침략 전쟁의 부당성을 역설했지만 그 야욕을 버리지 않자, 왕 앞에서 공수반과 마주 보며 모의전을 치러 보자고 제안했다. 묵자는 자기 허리

띠를 풀어 성으로 삼고 온갖 잡동사니들로 무기를 만들어 공수반에게 운제를 이용하여 공격해 보라고 했다. 공수반이 아홉 번이나 교묘한 방법으로 침공을 시도했으나 묵자는 다 너끈하게 막아 낸다. 그러자 드디어 공수반은 패배를 자인하면서도 초왕에게 "소인은 묵자를 막아 낼 마지막 방법을 알고 있지만 말하지 않겠습니다"라며 여운을 남겼다. 이에 묵자는 왕에게 직언했다.

"공수 선생의 뜻은 다만 저를 죽이려는 것뿐입니다. 저를 죽이면 송나라는 공격을 막아 낼 수가 없을 터이니 공격할 수 있을 거라는 것입니다. 그러나 저의 제자는 금골리를 비롯해 삼백여 명이나 되는데, 이미 저의 수비 기계를 가지고 송나라 성 위에서 초나라 군대를 기다리고 있습니다. 비록 저를 죽인다 하더라도 그것을 없앨 수는 없습니다."

묵자의 제자들로는 금골리, 맹승 같은 정통파에, 법가와 유협들, 명가인 혜시와 공손룡 들로 다양했고, 조직원들도 각 분야의 노동자들과 기술공에다 전투원, 상인, 무의(巫醫)도 있었다. 그 규율이 얼마나 철저했던가는 진나라에 살던 한 지도자 복돈의 일화가 입증해 준다. 복돈의 아들이 살인을 하자 진 혜왕이 복돈의 나이가 많은 데다 외아들이라 사면령을 내렸건만, 복돈이 굳이 묵자의 도를 들어 살인자는 처형해야 한다며 아들의 사형을 집행했다는 것이다.

그러나 역사는 평화주의자 묵자를 인정하지 않는 방향으로 흘러 점점 시대는 강국 위주로 약국을 침탈하게 되었고, 이런 평화 사상과 이론을 두려워하던 왕도 정치는 묵자를 금서로 묶어 버렸다.

하늘과 귀신을 부정한 동방의 아리스토텔레스

순자 역시 선배인 묵자처럼 하늘의 지배나 귀신의 위력에 대해서는 가차 없이 다 헛것이며, 세상과 삶을 좌우하는 것은 오로지 인간이라고 선언한다. 순자는 하늘과 사람의 분수는 분명히 다르다면서, "천도는 일정불변한 것이다. 성왕인 요가 나왔기 때문에 존재하는 것이 아니고 폭군인 걸이 나왔기 때문에 없어지는 것이 아니다. 치도(治道)로 대응하면 길하고, 난도(亂道)로 대응하면 흉하다. ……요괴도 그들에게 흉해를 끼칠 수 없다. 그러기에 하늘은 나름대로의 우주 섭리에 따라 변화할 뿐이며 그걸 인간이 호들갑을 떨 필요는 없다"면서 이렇게 단언한다.

> 별이 떨어지거나 나무가 울면 나라 안의 사람들이 모두 공포에 떨며 '이것이 어찌된 일인가'고 한다. 내가 말하노니, 그것은 아무 일도 아니다. 그것은 천지음양의 변화 현상으로서 드물게 일어나는 일이다. 괴이하게 여기는 것은 가하나 그것을 두려워하는 것은 잘못이다. 저 일식이나 월식, 때 아닌 폭풍우, 생각지도 않은데 나타나는 괴성(怪星), 이런 것은 어느 세상이고 항상 있는 일이다. (순자, 안병주 옮김,《한비자 묵자 순자》,〈천론편〉, 492쪽)

이런 대석학을 마치 악마라도 되는 양 일부 유학자가 성악설의 유포자로 폄하하기도 하나 천부당만부당하다. 순자는 〈성악편〉에서 "인간의 본성은 악하다. 그 착함은 (후천적인 교정이라 할) 인위의 결과이다"라면서 아래와 같이 부연 설명해 준다.

대저 본성이란 것은 하늘이 성취한 (태어난 그대로의) 자연적인 것으로 후천적으로 배워서 되는 것도 아니고 노력한다고 되는 것도 아니다. (그러나) 예의란 것은 성인이 만들어 낸 것으로 사람이 배워서 할 수 있고 노력해서 이룰 수 있는 것이다. 배워서 될 수도 없고 노력해서 될 수도 없는 것으로서 인간에 (선천적으로) 갖추어져 있는 것을 본성이라 하고, 배워서 할 수 있고 노력해서 이룰 수 있는 것으로서 인간에 있는 것을 인위라 한다. 이것이 본성과 인위의 구별이다.(같은 책, 521쪽)

이 글의 요지는 인간의 본성은 무엇으로도 바꿀 수 없는 것이라는데, 그 이유는 아래 문장이 잘 보충해 준다.

저 눈이 아름다운 빛을 좋아하고 귀가 아름다운 소리를 좋아하고 입이 좋은 맛을 좋아하고 마음이 이익을 좋아하고 육체가 안일을 좋아함과 같은 것은, 이것은 모두 인간의 성정에 근거하여 생기는 것이다. 직감적으로 저절로 그렇게 되는 것으로, 노력을 한 뒤에 그것이 생기지는 아니하는 것이다. 대저 직감적으로 능히 그렇게 되지 않는, 반드시 장차 노력을 한 뒤에야 (비로소) 그렇게 되는 것을 위(인위)라 하는 것이다. 이것이 본성과 인위가 생겨나는 소이이고 그것이 (서로) 같지 않은 증거이다. 그러므로 성인은 인간의 본성을

변화시켜 작위를 일으키고, 작위가 일으켜지면 곧 예의를 만들어
내고, 예의가 만들어지면 곧 법도를 제정한다.(같은 책, 524~525쪽)

인간의 타고난 본능과 감각적인 욕망의 추구를 바꾸기가 어려운
것은 당연지사다. 그러기에 순자는 "무릇 고금을 통해, 그리고 온 천
하 어디서나 나의 이른바 선이라고 하는 것은 정리평치(正理平治, 도리
에 합당하고 화평한 것)이고, 이른바 악이라고 하는 것은 편험패란(偏險
悖亂, 편벽되어 험악하며 도리에 어긋나고 난폭한 것)이다. 이것이 선과 악의
구별이다" 라고 한다.

온 천하가 잘 다스려져서 화평하게 잘 살면 사람들은 그때서야
착해지며, 그러지 않으면 악해진다는 환경 영향론은 순자의 이론을
더 깊게 만들어 준다. 이런 상태를 순자는 '화성기위(化性起僞)'란 말
로 축약했다. 순자는 세상이 잘 다스려지려면 그 첫 번째 해결책으로
인간 본능의 욕망을 적당히 만족시켜 줄 수 있는 조건을 충족시켜야
한다고 보았다. 누구나 배가 고프면 도둑이 되는데, 가르침보다 절실
한 것은 쌀과 반찬이라는 게 순자의 이론이다. 배가 불러야 예도 지킨
다는 생각에서, 그걸 실현하려면 인간은 누구나 노동을 해야 하고, 일
의 종류에 따른 편견이 없이 평등해야 하며, 저마다의 직분을 가지려
면 분업 체제가 잘 되어야 한다. 그러려면 농업뿐 아니라 공업이나 광
업 역시 중요해지며, 만들어진 제품이나 곡식은 상인의 손으로 적절
히 공급되어야 하기 때문에, 이에 따라 상업과 교통의 발전도 중요해
진다. 당연히 지나친 욕망과 사치 같은 것은 통제당한다.

중국 사상가 순자의 초상화와 허베이성 한단시에 있는 순자 기념관. 순자는 맹자의 성선설을 비판하며 성악설을 주장하였으며, 지배자인 왕을 향해서도 "물은(백성은) 배(왕)를 띄우기도 하지만 뒤집기도 한다"며 무서운 교훈을 설파하였다.

이 모든 분야가 원활히 잘 돌아가려면 정치 체제와 제도가 자유롭고 부정부패해서는 안 된다는 게 순자가 본 태평성대다. 특히 중국처럼 넓은 땅에서는 여러 나라의 국경을 넘을 때마다 내는 관세도 철폐하고, 왕래도 자유롭게 할 수 있게 한 나라로 통일되어야 한다는 것이 순자의 원대한 이상이었다.

물론 배불리 먹여 주는 것만으로 천하는 태평스럽지 못하다. 순자는 끊임없이 교육과 수양, 여러 제도를 통해 인간이 덕성을 함양할 수 있도록 해 주는 장치가 필요하다고 주장했다. 이때 중시한 것이 바로 예다. "예치(禮治)란 법의 큰 부분으로 공동체의 규범"이다. 따라서 예치란 인의를 실현하는 방법이며, 사회란 먼저 예로 다스리고 그게 안 되면 법으로 통치해야 한다는 게 순자의 생각이었다. 또한 준마는 하루에 천 리를 달리나 늙은 노마라도 열흘 동안 달리면 천리를 갈 수 있다며 각자의 능력에 따른 차별을 배격하는 것이 순자의 교육 철학이다.

이런 걸 총괄하는 역할은 〈왕제편〉과 〈치사편〉에 나온다. 경제, 곧 현대적인 표현으로는 국민 생존권이 군주의 기본 의무이며, 조세는 공정하고 적절해야 되고, 자유 무역은 기본이다. 강물과 연못이 깊으면 물고기와 자라가 모여들고, 산림이 무성하면 새와 짐승이 모여든다. 마찬가지로 올바른 정치가 행해지면 절로 백성이 모여든다. 덕이 없으면 귀하게 삼지 않고, 능력이 없으면 관리로 등용하지 않으며, 공적이 없으면 상을 주지 않고, 죄가 없으면 벌을 주지 않는다. 이런 태평성대를 구가하려면 왕으로서는 국민에 대한 예의를 차릴 수 있는 왕도를 행하는 게 당연하나, 부득이하면 패도도 좋다는 것이 순자의 생각이었다. 무조건 패도를 비판했던 공맹보다 오히려 왕권의 자율성을 인정해 준 셈이다.

그러나 또한 순자는 〈왕제편〉에서 지배자인 왕을 향하여 가장 무서운 교훈을 잊지 않는다.

임금은 배요, 백성은 물이다. 물은 배를 띄우기도 하지만 배를 뒤집기도 한다.

순자는 많은 주장이 묵자와 닮았기에 그의 책이 금서로 묶일 뻔했으나 공자가 주장한 예의 중요성을 부각시켰기 때문에 유학자로 대우를 받을 수 있었다.

중국의 예는 이 정도로 하고 이제 멀리 이집트와 그리스로 시선을 돌려 보자.

안티고네의 재판에 나타난 그리스의 지배 윤리

중국 대륙을 떠나 대서양과 인도양을 끼고 있는 이집트로 시선을 돌리면 왕들의 통치 철학은 중국과 사뭇 달라 국민들을 온통 공포와 위협으로 다스리지 않았을까 의아할 지경이다. 왕들은 자신이 신의 자손임을 거듭 강조하면서 이 세상에서뿐만 아니라 저승에 가서도 왕이 그대로 다스린다는 확신을 전 국민에게 심어 주면서 철권통치를 유지할 수 있었다. 따라서 왕도, 국민들도 현세만이 아니라 사후의 중요성을 너무나 강조한 탓에 삶의 기조가 '죽음의 문화'를 대비하는 것처럼 보일 정도였다. 이런 이집트의 문명이 지중해를 건너 그리스 반도에 이르러 '삶의 문화'로 변모하는 데는 수백여 년이 걸렸다. 두 나라가 다 다신론을 숭상했지만 그리스는 죽음의 문화보다는 삶의 문화를 찬연히 꽃피웠다.

그러나 아무리 자연 조건이 훌륭하고 풍요로워도 지배 계급은 언제나 음습하게 타락하여 독재 체제를 꿈꾼다는 인간 사회의 근본은 결코 달라지지 않는다. 이를 증명이라도 하듯이 그리스 비극의 중요한 흐름은 미케네와 테베, 두 왕궁의 윤리적인 타락에서 나온 사건들로 이뤄져 있다.

펠로폰네소스반도 북동부에 있었던 미케네 왕궁의 비극은 이미 우리가 앞서 〈염라대왕을 위한 판타지〉에서 살펴보았다. 천하의 바람둥이인 미케네의 왕 아가멤논과 아가멤논을 죽인 아내, 그 때문에 어머니를 죽인 딸 엘렉트라와 아들 오레스테스는 신들로부터 무죄를 선고받았다. 친모 살해는 죄이지만 아버지를 죽인 죄인을 죽인 것은 무죄라는 것이다. 이 왕가의 비극은 극작가 아이스킬로스의 《오레스테스》 전 3부작에 잘 담겨 있다.

역시 미케네 문명권이었던 테베는 아테네 북서쪽에 있던 왕국으로 비극의 주인공은 오이디푸스왕이다. 오이디푸스의 아버지 라이오스 왕은 예언자로부터 자기 친아들이 자신을 살해할 것이라는 예언을 듣고는 왕비 이오카스테와의 동침을 기피하던 중 술에 취해 그만 실수로 아들 오이디푸스를 낳고 말았다. 왕실은 갓 태어난 오이디푸스를 깊은 산속에서 죽여 버리도록 조처했으나 신화나 전설은 이럴 경우에 꼭 주인공이 안 죽고 살아나 운명의 신이 예언한 그대로 행동한다. 중국에 비하면 한참 뒤처진 운명론에 묶여 있는 셈이다.

오이디푸스는 어찌어찌하여 모국으로 돌아가 생모 이오카스테와 결혼, 4남매를 낳았으나 왕국은 온갖 불운과 재앙에 휩싸여 버렸다. 바로 천벌, 신의 응징 때문이다. 여기서 중국의 묵자나 순자처럼 하늘이니 신이니 따위가 인간의 운명을 좌우할 수는 없다고 하는 등장인물은 하나도 없다. 그만큼 그리스는 신이 정해 준 비극은 피할 수 없다는 운명론자들로 득실거렸다.

이때 오이디푸스가 자신의 패륜 행위가 들통나자 브로치로 자해하여 스스로 두 눈을 멀게 한 참회는 내가 본 인간의 참회 중 단연 최고봉이다. 생모이자 아내인 이오카스테는 자결해 버렸고, 오이디푸스는 유랑의 길을 떠나는데 효녀였던 안티고네만이 자청하여 아버지의 지팡이를 잡고 안내역을 맡았다. 쑥대밭이 된 왕실이라 왕자의 외삼촌 크레온이 실권을 장악하게 되었고, 두 아들은 서로 왕위를 차지하려고 싸우다가 둘 다 전사해 버렸다.

이에 독재자 크레온은 권력에 도취하여 전권을 휘두른다. 두 아들 중 왕자 에테오클레스는 사후에 왕으로 대우해 왕릉을 만들어 주고 에테오클레스의 어린 아들도 왕권 승계자로 우대하면서 실권은 자신이 잡았다. 이와 대조적으로 다른 왕자 폴리네이케스는 반역자로 학대하여 시신을 황야에다 유기한 채 그 시신을 손대거나 묘지를 만들면 처형하겠다는 포고령을 내렸다.

마침 이 무렵에 부왕 오이디푸스가 타국에서 죽자 안티고네는 귀국, 자기 혈육이 매장도 안 된 채로 유기된 데 분노하여 정식으로 묘지를 만들어 준다. 그리고 포고령 위반으로 법정에 서게 되었다.

독재자 크레온은 포고령을 고의로 위배한 안티고네를 엄벌에 처하고자 "내가 이 나라의 위대함을 지키는 원칙이오. 그리고 이제 이 원칙에 따라서 내가 국민에게 선포한 것"이라며 세상의 모든 독재자들이 대는 핑계인 나라를 지키기 위함이었음을 강조한다.

이에 안티고네는 항변한다.

"네, 그러나 그 법을 저에게 내리신 분은 제우스 신이 아니에요. 저승의 신들과 함께 사시는 정의의 신께서도, 사람의 세상에 그런 법을 정해 놓지는 않으셨지요. 저는 글로 쓴 것은 아니지만, 임금님

1865년 그리스 화가 니키포로스 리트라스가 그린 〈죽은 폴리네이케스 앞의 안티고네〉. 안티고네는 금지령을 어기고 권력의 희생양이 된 형제 폴리네이케스의 시체를 땅에 묻어 법정에 서지만 끝까지 뜻을 굽히지 않는다.

의 법령이 확고한 하늘의 법을 넘어설 수 있을 만큼, 강한 힘을 가지고 있다고는 생각하지 않아요. 하늘의 법은 어제오늘 생긴 것이 아니고 불멸하는 것이며, 그 시작은 아무도 모르니까요.

다만 저의 어머니에게서 태어난 사람을 장례도 치러 주지 못하고 죽은 채로 버려둔다면 그것이야말로 슬픈 일입니다. 이번 일로는 슬프지 않아요. 이제 저의 이번 행동이 어리석게 보이신다면, 어리석은 눈에는 어리석게 보일는지도 모르죠." (소포클레스, 조우현 옮김, 《그리스 비극-안티고네》, 현암사, 2006, 329쪽)

세계 문화사에서 흔히들 찬양해 마지 않는 그리스조차도 지배 계급은 이미 썩어 문드러져 자신의 야욕을 위해서는 어떤 패륜도 서슴지 않는다는 걸 안티고네는 증언해 준다. 인간이 죽으면 대지에 묻어야 한다는 건 천륜으로, 어떤 독재 권력도 이를 거부할 수는 없건만 크레온은 자신이 내린 포고령이 더 중하다고 우기는 것이다. 안티고네는 지상의 어떤 권력도 하늘의 법, 즉 천륜을 어겨서는 안 된다는 윤리 의식을 강조하며 이를 위해서라면 자신은 생명도 기꺼이 버리겠다는 각오를 보인다.

이 왕실을 배경 삼아 나온 작품들이 오이디푸스 콤플렉스의 기원이 된 소포클레스의 비극 《오이디푸스왕》을 비롯해 《콜로노스의 오이디푸스》, 《안티고네》 들이다.

흔히들 그리스 비극의 최고봉은 《오이디푸스왕》이라고들 하지만 나는 《안티고네》야말로 그리스 지배 계급의 가치관을 비판하면서 좀 더 인간다운 세상을 위한 투지를 그린 최고 걸작이라고 본다. 결국 크레온 같은 독재자의 모습이나, 왕권을 위해 싸우다가 둘 다 죽은 형제의 모습, 그리고 인간다움의 숭고함을 위해 헌신하는 안티고네라는 세 범주의 집단이 인간 사회를 구성하는 기본 구도임을 이 작품은 잘 보여 주고 있기 때문이다.

이런 시대에 철학자들은 무엇이라 했을까?

아리스토텔레스는 점잖게 국가는 "최고선을 추구하는 기구"라고 《니코마코스 윤리학》에서 주장했다. 이 명저는 아들 니코마코스가 편집해서 붙여진 제목인데, 윤리학이란 선을 연구하는 학문으로 최고선이 국가의 목적이기에 정치학과 관련이 있다고 보았다. 선이란 행복이며, 행복이란 덕의 산물이고, 덕은 중용에서 구하며, 중용은 용감, 절제, 정의 들을 통해서 이룩되는 것으로 귀족 아리스토텔레스는 파악한다. 그래서 자유민만이 유덕한 삶을 영위할 수 있고 노예는 선천적으로 그럴 가능성이 결여되어 있다고 보았다.

그 뒤 기독교 윤리가 지배했던 중세를 지나 르네상스, 종교 개혁으로 점점 개명되면서도 유럽 문명은 중국의 묵자나 순자처럼 정직하게 인간이 신의 지배를 받는 존재가 아니라 악의 지배도 받는다는 것을 노골적으로 드러내지는 않았다. 성직자나 지식인, 철학자들도 아리스토텔레스처럼 선을 외치면서도 안티고네보다는 독재자 크레온을 편들어 준 것이라 해도 지나치지 않다.

이럴 때 영국에서 한 괴벽하고 무능한 목사의 아내가 세계를 제패하던 스페인의 무적함대가 영국을 침공한다는 소식에 놀라 임신 중인 아들을 조산했다. 바로 유럽 근대 사회 과학의 아버지라 불러도 좋을 토마스 홉스의 출생 비화다.

홉스가 쓴 《리바이어던》의 원제는 '리바이어던, 혹은 교회 및 세속적 공동체의 질료와 형상 및 권력'으로 무척 길다. 여기서 리바이어던이란 구약 성서 〈욥기〉에 등장하는 바다 괴물로 육지의 비히모스(Behemoth)와 쌍벽을 이루는데, 루터는 악어로 번역했다. 이 명저에서 홉스는 하나님이 창조한 인간 세상이란 관념을 비웃듯이 "인간은 인간에 대해 서로 늑대이다"라며, 이 세상은 "만인에 대한 만인의 적"이라고 선포했다.

실로 휴머니즘이라고들 떠드는 르네상스의 천재들도 갈파하지 못했던 인간 세상의 참모습, 기독교 신앙이라는 눈가리개에 가려져서 제대로 볼 수 없었던 속세의 생태를 꿰뚫어 본 일대 혁명이었다. 홉스에게는 "힘이란 장래에 이익이 된다고 생각되는 것을 획득하기 위해서 그가 현재 가지고 있는 수단"인 것이며, "각 개인은 자신의 본성, 즉 생명을 유지하기 위해서 자신이 원하는 대로 자기 힘을 사용할 자유"가 있는데 그게 '자연권'이다. 그러려면 인간은 저마다 자신의 이익을 위하여 타인과 싸워야 하기 때문에 바로 전쟁에 돌입하게 되는바, 이게 곧 "만인에 대한 만인의 투쟁"이라는 정연한 논리로 이어진다. 그렇기에 평화를 얻으려면 방어가 필요하며 개인 각자의 평화 보장은 국가 공동체가 져야 한다는 해결책이 나온다. 따라서 국민의 안정과 평화를 보장해 주려면 국가가 바다 괴물 리바이어던처럼 거대한 힘을 가져야 한다는 논리로 귀결된다.

여기서 홉스의 논리적인 비약은 강대한 국가 체제를 위하여 전체주의의 정당성을 확보해 주는 역할을 한다는 비판이 뒤따른다. 그러나 인간의 행복 추구권을 위해서는 사회 계약제가 중요하다는 점에서 근대 민주주의의 초석이 되기도 한다.

여러 문제점이 많지만 내가 이 책을 만인 필독서라고 강력히 주장하는 이유는 국가 권력의 강력화를 논리적으로 펼치기 위해서 홉스가 인간학의 총체적인 접근을 시도했다는 점 때문이다. 중국 춘추전국 시대의 제자백가들은 동양 사상의 영향으로 학문의 통섭화가 필수로 되어 있었으나 기독교 문명권에서는 유일신 사상 탓으로 외

곬로 파고드는 경향이 강했는데, 홉스는 이를 탈피하여 인간학으로 심리적인 요소부터 모든 분야를 두루 섭렵했다. 그래서 어떤 전공자든 이 책은 필독서라고 감히 권한다.

전체주의 사상의 근대 정치 철학적인 틀을 제공한 홉스와 대조적인 이는 존 로크다. 로크는《통치론》으로 근대 혁명 사상과 민주주의 사상의 발판을 마련한 정치 사상가였다. 로크는 우선 '왕권 신수설'의 부활을 비판하며 국가 권력이란 시민이 가진 권리를 위탁받은 것이라는 점, 쟁점에 대한 결정은 다수결이며, 생명권과 자유권, 그리고 재산권은 인간의 자연권임을 주장했다. 로크의 이런 천부 인권, 국가 체제론은 홉스와는 대조적으로 근대 민주주의 사상의 원형으로 미국 독립선언의 기본 바탕이 되었고, 루소 등으로 승계되어 프랑스 혁명의 기치가 되기도 했다.

그러나 로크의 민주 사상과는 달리 절대 권력자들이 저질러 온 행태는 인류를 더 가혹한 도탄에 빠트렸을 뿐, 결코 국민 복지에 도움을 준 적이 없다. 그뿐만 아니라 절대 권력자들은 거의 예외 없이 국민 다수의 의견을 듣기보다는 되레 특정 신앙이나 미신, 여인에게 농락당하는 경우가 많았음도 부인할 수 없다. 그래서 세상은 오히려 도둑들의 천국으로 변해 버렸다.

제 2 장# 도둑들의 천국

베니스 상인의 수호신

세상이 온통 도둑들로 들끓고 있다. 인류 역사는 도둑의 변천사이며, 인간이란 모든 재능을 동원하여 완전 범죄를 수행하는 데 전력투구해 왔다고 해도 지나치지 않을 것이다. 이집트 왕들은 피라미드의 도굴 때문에 기원전 1500년경부터 시신을 왕가의 계곡에 암매장했으나 그것조차도 털림으로써 지구상에 도둑으로부터 안전한 곳은 없음이 입증되었다. 세상은 도둑들에게는 천국이고, 도둑을 잡는 척하며 도둑질하는 관리들에게는 천국처럼 보이지만 실은 연옥이며, 선량하게 도둑질 당하는 사람들에게는 지옥이다. 관리들이 연옥에 있다 함은 도둑질을 들키지 않을 때는 천국이지만 들키면 바로 지옥으로 떨어지기 때문이다. 이러매 인문학이랍시고 어찌 이런 중차대한 화두를 두고 고상을 떨 수 있겠는가. 바로 도둑들의 천국을 이 장의 서두로 삼는 까닭이다.

도둑과 상인의 신 헤르메스.
최고신 제우스의 뜻을 전하는 전령으로
날개 달린 모자와 신을 신고 죽은 사람의
영혼을 저승으로 인도해 준다고 한다.

그리스 신 헤르메스는 최고신 제우스의 전령으로, 죽음의 나라로 영혼을 인도하는 안내자이자 길과 여행자를 지키며 도둑과 상인을 수호하는 막강한 실권을 가졌다. 그래서 헤르메스의 얼굴을 그린 도로 이정표가 많으며, 현재 그리스 우체국의 상징이기도 하다.

헤르메스는 주신 제우스와 거인 아틀라스의 맏딸 마이아의 아들로 아르카디아 키레네산의 마이아가 살던 동굴에서 새벽에 태어났다. 헤르메스는 낮이 되자 밖으로 나가 거북을 잡아 그 등딱지에다 소의 창자를 달아 비파를 만들 만큼 재능이 뛰어났다. 그 재능으로 헤르메스는 이복형 아폴론의 가축 떼 가운데 소 50마리를 훔쳤는데, 솜씨가 놀라웠다. 헤르메스는 먼저 이상한 짚신을 신고서 발자국을 어지럽히며 소꼬리를 잡아끌어 소를 뒷걸음질하게 했다. 그리고 알페이오스 강변 필로스에서 소 두 마리를 죽여서 올림포스 열두 신에게 바치고는 머리와 발굽 따위를 태워 없앴고, 자기 짚신도 강물에다 던져 버려 증거물도 없애 버렸다. 나머지 소는 꼭꼭 숨겨 두고 마이아의 동굴에 돌아가 잠든 척했다.

분노한 아폴론이 찾아가 따지자 헤르메스는 '소'라는 말조차 모른다고 잡아뗐다. 심증을 굳힌 아폴론은 헤르메스를 제우스 앞으로 끌고 갔지만 헤르메스는 교묘한 말솜씨로 자신의 결백을 주장할 뿐만 아니라 도리어 아폴론의 화살과 화살통까지 훔쳐 냈다. 경찰서에서 심문받던 소매치기가 형사의 지갑을 훔치는 격이다.

모든 걸 다 아는 제우스가 무조건 돌려주라고 명령하자 헤르메스는 소를 숨겨 둔 곳으로 아폴론을 안내하면서 자기가 만든 비파를 뜯는다. 그 음색에 반한 아폴론은 비파가 탐이 났다. 이 또한 헤르메스의 꾐수였다. 결국 비파를 아폴론에게 주는 조건으로 소 문제를 해결한 헤르메스는 훔쳤던 화살과 화살통까지 돌려준다. 이에 너무 놀란 아폴론은 헤르메스를 가축의 수호신으로 삼고 돌로 점치는 법도 가르쳐 주었다.

길거리의 신인 헤르메스는 교통과 교역, 길 안내의 전령신으로 진화해서는 결국 상업의 신이자 도둑과 사기와 수회를 행하는 현대적인 개념의 지능범으로 정착했다. 상인의 무리들이 도둑을 만나기도 하지만 그이들 스스로가 도둑으로 변하기도 했던 시대의 상징으로 대접도 잘 받고 있다. 헤르메스는 대항해 시대에 베니스 상인의 수호신이기도 했다.

세계의 첫 탐정 소설

헤로도토스는 《역사》에서 '형제 도둑' 이야기를 소개하는데, 이 이야기야말로 인류 역사에 기록된 첫 탐정 소설이다.

《역사》에 따르면, 이집트의 람프시니토스 왕은 막대한 은을 수탈, 이를 안전하게 보관하려고 한쪽 벽이 궁전의 바깥 담의 일부가 되는 돌로 된 방 하나를 축조했다. 이처럼 보물 창고를 짓는다는 건 왕이 가렴주구가 혹심한 폭군임을 상징한다.

공사를 맡은 목수는 바깥쪽 벽에서 빼고 끼울 수 있도록 "열려라 참깨" 같은 원시적 형태의 장치를 해 두고는 임종 때 두 아들에게 알려 줬다. 형제는 필요하면 언제든지 왕의 보물 창고에서 은을 훔쳐 냈기에 왕이 경비를 강화해도 여전히 보물은 줄어들었다. 그러자 왕은 은 항아리에다 단단한 덫을 놓았는데, 형이 걸려들고 말았다. 도저히 빠져나올 수 없게 되자 형은 동생에게 자기 목을 잘라 갖고 가게 해 신분을 숨겼고, 이튿날 머리 없는 시신을 본 왕은 시신을 담에 매달고 망을 보게 했다. 그리고 시체를 보고 슬퍼하는 사람이 나타나면 바로 잡아서 자기에게로 데려오라고 명령했다. 이 대목은 왕이 범죄 심리학에 꽤 밝았음을 보여 준다.

어머니가 형의 시신을 찾아오라고 달달 볶자 둘째 아들은 도둑다운 지혜를 발휘했다. 최고급 술을 담은 가죽 부대를 당나귀 등에 나뉘 싣고 야밤에 형의 시신이 걸린 곳으로 찾아갔다. 동생은 파수꾼 가까이에서 술 부대 끈을 약간 풀어서 술이 흐르게 해 놓고서는 "어느 당나귀(부대)에 우선 손을 대면 좋을지 모르는 양 큰소리로 자기 머리를 쥐어박았다." 파수꾼들은 웬 떡이냐며 그릇을 갖고 덤벼 술을 받아 마시자 도둑은 화가 난 척 심한 욕을 퍼부었지만, 파수꾼들이 위로하자 화가 풀린 척하고 당나귀를 길가로 끌고 가서 짐을 정리했다. 이런저런 농지거리를 주거니 받거니 하다가 술 부대 하나를 파수꾼들에게 주자 파수꾼들은 좋아라 마시면서 함께 마시자고 권했다. 마실수록 친절해진 파수꾼들에게 도둑이 한 부대를 더 풀어 주자 파수꾼들은 마침내 모두 취해 잠들고 말았다.

도둑은 형의 시신을 수습하고는 파수꾼에게 모욕을 주고자 한 사람도 남김없이 오른쪽 뺨을 칼로 그은 다음 시체를 당나귀에 싣고 돌아왔다. 이에 크게 화가 난 왕은 "나(헤로도토스)로서는 도저히 믿을 수 없는" 다음과 같은 일을 했다.

(왕은) 자기 딸을 사창가로 보내어 어떤 남자라도 차별하지 말고 손님으로 맞아 반드시 몸을 허락하기 전에, 이제까지 해 온 일 중에서 가장 교묘하면서도 악한 짓은 무엇이었던가를 이야기하게 하라고 타일러 두었다. 그리고 만약에 예의 도둑이 했던 일을 말하는 자가 있으면 그 사나이를 잡아 도망가지 못하도록 하라고 일렀던 것이다. (헤로도토스, 박현태 옮김, 《역사》, 동서문화사, 2012, 191쪽)

이 장면은 실로 경이로운 현실성이 있다. 대도적들은 인류가 가진 직업 중 가장 근무 시간이 짧으면서도 고수익을 올리는 직업이다. 돈은 넘쳐 나지만 심리적으로는 언제 잡힐지 모르는 불안을 떨쳐 내고자 어디선가 향락에 취해야만 한다. 그래서 고급 사창가나 유흥업소의 최고 단골은 대도들로, 그들은 업소가 문을 열기 무섭게 찾아가며, 포주는 언제나 갓 들어온 여자를 대도에게 상납한다. 이집트 왕은 이런 도둑 세계의 심리와 질서를 꿰뚫고 있었던 셈이다.

왕녀는 아버지의 지시대로 따랐고, 도둑은 무엇 때문에 왕과 공주가 그러는가를 눈치채고는 왕실과 지혜 다툼을 하고 싶어졌다.

막 살해된 (형의) 시체의 한쪽 팔을 어깨로부터 잘라 내어, 이것을 저고리 아래에 감추고서 왕녀에게로 갔다. 자신이 저지른 일을 곧 이곧대로 늘어놓자 왕녀는 그를 잡으려고 했는데, 그는 시체의 팔을 여자 쪽으로 내밀었다. 왕녀는 그 사나이의 팔을 잡고 있다 생각하여 그 팔을 놓지 않았다. 그 틈에 도둑은 그 팔을 여자에게 맡긴 채 그대로 문 밖으로 빠져나가고 말았다.(같은 책, 192쪽)

공주가 정조를 빼앗긴 데다가 시신까지 도둑맞자 지혜 겨루기에서 진 왕은 "그 사나이의 영리함과 대담무쌍함에 혀"를 내둘렀다. 그리고 전국 도시에 사자를 보내 도둑이 출두하면 용서하고 상을 내리겠다고 방을 내붙이자 정말 도둑이 나타난다. 그러자 람프시니토스는 도둑을 칭찬하고 "세계에서 비할 자가 없이 지혜로운 자"라고 하면서 공주를 아내로 주었다고 한다. 이집트인은 다른 민족에 비해 탁월한데 특히 이 사나이는 이집트인도 능가하는 자라는 것이다.

모든 탐정 추리 소설은 결말에서 범인이 밝혀지는데, 그 범인은 예상 밖의 인물이어야 한다는 불문율이 있다. 그런데 세계 문학사의 첫 추리 소설이 그 규범을 벗어난 것을 어떻게 해석해야 할까. 기록이 아닌 구전된 줄거리이기에 어딘가에서 모순이 발견된다. 보물 창고를 지을 정도의 폭군이라면 수단 방법을 가리지 않고 도둑을 잡아서는 결코 용서하지 않고 죽였을 것이라는 추정이 가능해진다. 결국 도둑은 왕의 모략에 걸려 잡혀서 죽었을 것이다. 더구나 도둑에게 패배하는 왕은 누구도 입 밖에 낼 수 없도록 엄하게 다스렸던 시절인데 어디 감히 이런 이야기를 기록할 엄두를 냈겠는가.

대도란 대개 의적을 겸하기 때문에 민중은 생리적으로 폭군보다는 대도를 더 사랑한다. 이집트 민중 역시 왕의 감언이설에 속아 처형당한 이 대도가 너무나 안타까워 공주와 혼인하여 행복하게 살았다는 해피엔드로 결말을 맺었을 것이다. 이를 뒷받침할 만한 증거로는 하이네의 시가 있다.

하이네의 야유

독일 시인 하이네가 이 대도에 대해서 쓴 시는 〈람프시니토스 왕〉으로, 1831년 파리 망명 이후의 시선집인 《로만체로》의 맨 앞에 실려 있다. '로만체'란 기사의 영웅담이나 사랑의 모험을 다룬 민요조 설화시를 이른다.

파리에서 작고할 때까지 시인의 생활은 각고했다. 법원 근처를 지나던 시인과 우연히 눈길이 마주친 볼우물이 유난히 예쁜 소녀 마틸데는 신분 높은 남자와 시골 여자의 사생아로 구둣방에서 일하고 있었다. 구두를 고를 때 마틸데가 신겨 주는 게 너무나 좋아 만난 지 2년 만에 쉰 켤레째 구두를 사러 갔던 하이네는 1836년 마틸데와 동거, 그 5년 뒤인 1841년 결혼했다.

1835년 정치적으로는 '청년 독일파'의 저작이 모두 금서 처분을 당해 곤경에 빠졌으나, 마르크스와 의기투합하여 혁명에의 투지를 불사르던 하이네는 1847년 파리 증시의 위기로 재산 대부분을 잃은데다 1848년 2월 혁명의 좌절로 심신이 쇠잔해졌다.

1856년 2월 17일, 향년 59세로 "써야 한다. ……종이 ……연필!"이라는 최후의 말을 얼버무리며 서거한 이 혁명 시인은 지구상 여러 곳에 아름다운 온갖 기념상이 세워져 있는데도, 정작 고향 뒤셀도르프에서는 유태인에다 조국 독일을 비판했다는 반대파의 여론에 밀려 푸대접을 받고 있다. 특히 1933년 히틀러 집권 이후 독일 내 모든 하이네 기념상이 철거됐고 출간물은 소각됐으며, 하이네가 작사한 노래들은 전부 작자 미상으로 까뭉개졌다. 작곡가들이 곡을 부치고자 탐을 내어 손을 댄 게 6천여 회로 무려 괴테의 두 배에 이른다.

이 혁명 시인의 시선에 비친 도둑은 경이와 찬양의 대상이다. 시인은 공주가 정조를 바치고도 도둑을 놓쳐 버리자 웃음바다가 된 궁중을 이렇게 노래한다.

딸(공주)도 웃고,/ 그녀의 몸종들도 모두 웃었다.// 검은 얼굴의 환관들도/ 따라 웃었고, 미라들도/ 웃었고, 스핑크스들도 웃었다,/ 웃는 통에 산산조각날 것만 같았다. (하인리히 하이네, 김재혁 옮김,《로만체로》,〈람프시니토스 왕〉, 문학과지성사, 2003, 11쪽)

얼마나 치욕스러운가를 상기하면 울분과 보복심으로 불타올라야 하건만, 대체 이런 축제 분위기를 조성한 시인의 저의는 무엇일까. 그것은 도둑을 못 잡은 데 대한 통쾌 무비한 향연의 표현이자 공주의 치욕으로 붕괴될 폭군의 권위 추락에 대한 카니발리즘이 아닐까. 인간만 웃는 것으로도 모자라 하이네는 미라와 스핑크스조차도 부서질 정도로 웃었다고 풍자한다.

이어 공주는 그 도둑이 죽은 형의 손만 남긴 채 도주해 버렸다면서, 탁월한 도둑의 기교를 역설한다. 아무리 자물쇠와 빗장과 걸쇠가 있어도 도둑은 마술 열쇠를 갖고 있어 세상 어느 문이나 다 열 수 있다며 자신이 정조를 잃어버린 것을 이렇게 변명한다.

저는 튼튼한 문이 아니에요./ 그래서 저는 버틸 수가 없었어요./ 오늘밤 보물을 지키고 있었는데/ 저의 작은 보물 하나가 없어졌어요.// 공주는 웃으며 이렇게 말하고는/ 방안을 춤추듯이 누비고 다녔다./ 그러자 몸종들과 환관들은/ 또다시 웃음을 터뜨렸다.// 같은 날 멤피스 시는 온통/ 웃음바다가 되었다. 악어들도/ 진흙 뻘로 누런 나일 강에서/ 머리를 내밀고서 웃었다.(같은 책, 12쪽)

　　정조를 약탈당한 걸 부끄러워하지 않고 춤추듯 환희에 차 있는 공주를 보고 멤피스시 전체와 나일강의 악어들도 웃었다는 이 은유는 도둑에 대한 신앙적인 외경심마저 보여 준다. 이어 수많은 보물을 훔쳐 간 도둑을 색출하려고 공주를 보물 곁에 자게 했지만, 도둑이 어찌나 어찌나 교활한지 공주마저도 훔쳤다고 한탄한다. 그리고 약삭빠른 왕은 포고를 내린다.

> "이 같은 도둑질을 저지하고/ 동시에 그 도둑에게
>
> 나의 동정심과 나의 경외심과/ 나의 사랑을 보여주기 위하여//
>
> 나는 그자에게 나의 무남독녀를/ 평생 배필로 삼아주고자 하며
>
> 그를 또한 왕위 계승자로서/ 후작의 지위에 봉하고자 하노라.//
>
> 나는 지금으로서는/ 나의 사윗감의 소재를 알지 못하므로,
>
> 나의 은총의 기별이/ 이 칙령을 그에게 전해야 하노라."(같은 책, 13~14쪽)

　　헤로도토스의 기록에는 없는 왕의 교지까지 보여 준다. 왕권 통치 시대에 이만한 왕궁의 추문은 가히 우리나라 최순실 사건에 비할 만한데, 이를 포고령 하나만으로 민중의 뜻을 실현시켜 버리는 것으로 환치해 왕권을 유지하도록 만드는 기교는 하이네 정도의 고단수만이 가능하다.

　　특히 이 대목의 첫 구절은 이런 도둑으로부터는 나라 전체가 어떤 보물도 도저히 지킬 수 없기에 오히려 도둑에게 통치권을 맡기는

길밖에 없다는 현실 진단이 나온다. 그대로 왕권을 지탱하려 했다면 필시 민중 폭동으로 왕족은 갈기갈기 찢겨 죽었을 것이다.

하이네는 이제 야유와 풍자적인 문체를 버리고 점잖게 끝을 맺는다.

> 람프시니토스 왕은 자신의 말대로/ 그 도둑을 사위로 삼았고,/ 왕이 죽은 뒤에 그 도둑은/ 이집트의 왕위까지 물려받았다.// 그는 다른 왕들처럼 다스렸으며/ 무역과 인재를 보호하였다./ 그가 통치하는 동안에는/ 보물 도난이 거의 없었다고 한다.(같은 책, 14쪽)

아마 독자들 중에는 우리나라에도 도둑 같은 대통령들을 두었건만 왜 하이네의 예언처럼 안 되었느냐는 항의자가 나올 법하다. 그건 대도가 아니라 좀도둑에다 도둑의 도를 몰랐던 탓이라고 일단 변명하겠다. 그럼 대체 도둑의 도가 뭣일까 궁금하다면 장자가 찬탄한 대도 도척을 만나 보는 게 좋겠다.

제3장

장자의 도둑 철학과
도척의 도둑의 도

전설적인 삶과 무위의 유토피아

장자는 철학자로는 군더더기 같은 상상력이 너무 탁월하고, 문학가로는 다루는 주제와 소재가 지나치게 광활하며, 정치 사상가로는 심오한 우주의 섭리와 인생론에 지나치게 치우쳤고, 현실 도피론자라기에는 역사 현실에 깊숙하게 관여하고 있으며, 혁명론자라기에는 황당한 관찰론자에 머물러 있다. 제자백가 가운데 가장 인기 있는 장자는 철학적 우화 작가라는 형용이 어울릴 것이다. 그래서 《장자》를 《주역》이나 《노자》와 함께 삼현(三玄), 곧 세 가지 기본 철학서로 보기도 한다.

장자에 대한 해석은 제자백가 중 가장 다양하여 논자마다 각양각색인 데다 마치 자기 혼자만 장자를 아는 듯이 우쭐대며 다른 학자들을 엉터리나 바보라고 몰아대는 등 저마다 장자처럼 허풍이 심하다. 허풍은 때로는 격조 있는 익살이기도 하지만 인격적인 비하는 장자스럽지 못하지 않을까. 따라서 비전문가인 나로서는 가장 난감한 영역이 장자가 될 것 같은데, 그렇다고 인문학적인 문학 이야기를 하면서 다루지 않을 수는 없다. 장자의 우화에서는 사실 어떤 사상이나 주장이라도 유추해 낼 수 있기에 다들 일리 있는 평가 같아 보이지만, 각자가 장자에게서 필요한 방향으로 조금씩 내용을 얻어 가는 것으로 자족하는 게 그나마 선량한 독서법일 것이다.

장자는 전국 시대 송나라 몽에서 태어났다. 노자 사상을 승계, 확산시킨 도교의 대표적인 인물로 노자와 함께 '노장'이라 부르며, 도교에서는 남화진인이란 호칭을 가졌기에 저서 《장자》를 《남화진경》이라고도 한다. 장자가 관직을 마다하고 오랫동안 남화산에 은거한 데서 나온 존칭이다.

장자는 20대 중반에 절친 혜시(惠施)를 만났고, 20대 후반에 몽 지방 칠원의 관리로 가난하게 지내면서도 초나라 위왕이 재상으로 초치했으나 거절했다. 이만한 배포면 가히 노장 사상을 대표할 만하지 않은가.

장자는 사후 그 후예들이 남화산에다 묘지를 조성하여 사당도 지었다. 매년 장자의 생일인 음력 2월 9일과, 기일인 8월 24일이면 각지의 장씨 후예들이 이곳에 모여 기념행사를 하며, 중국 정부는 1982년부터 이 유적을 보호하고 있다. 이 일대의 기념 시설은 장자관에다 함께 집중 배치해 두었다. 당나라 때부터 세워진 여러 시설들은 그 후 계속 이어져 오늘에 이르고 있으며, 묘지도 이 안에 있다.

장자는 스승 노자처럼 우주 삼라만상을 창조, 운행하는 원리에

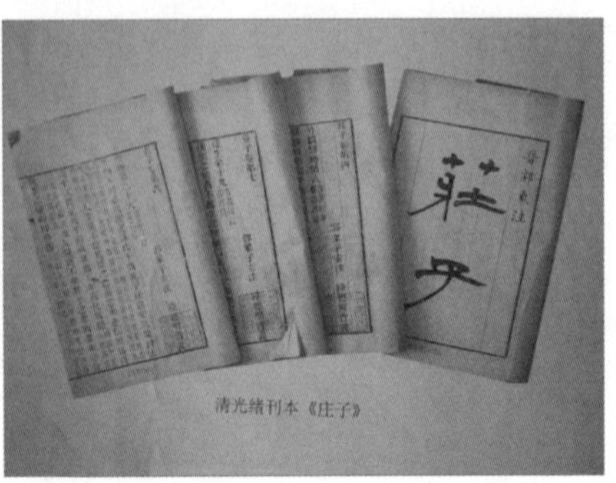

청조 광서 연간에 찍은 간인본 《장자》.
장자가 현종에게 남화진인이라는 시호를 받아 《남화진경》이
라 부르기도 한다. 내편과 외편, 잡편까지 모두 33편이다.

중국 전국 시대의 사상가이자 도가의 대표자 장자.

장자 조각상. 장자는 스승 노자처럼 우주 삼라만상의 원리에 천착하면서도 무한한 초월의 영역을 자유로이 넘나들었다.

천착하면서 천도(天道)의 관념을 설정했다. 장자는 도란 작용하고 존재하나 움직임도 형체도 없기에 전해 줄 수는 있으나 받을 수는 없으며, 터득할 수는 있으나 볼 수는 없다고 했다. 도 스스로가 근본이 되어 천지가 미처 생기기도 전인 옛날부터 스스로 존재했기에 귀신이나 상제에게 신묘함을 주고 하늘과 땅을 낳았다. 가장 높은 곳보다 더 높이 있으면서도 높은 척 않고, 가장 깊은 곳보다 더 밑에 있으면서도 깊은 척 않는다. 천지보다 먼저 생겼으면서도 오래라고 여기지 않고, 먼 옛날보다 더 오래이면서도 늙었다고 하지 않는다.

이런 도는 천지보다 앞서 생겼으니 사물일까? 사물을 사물로 만드는 것은 사물이 아니다. "사물은 도보다 앞설 수 없으니 도가 사물에 앞선다"라고 주장하는 장자는 관념론적인 '천=도'라는 개념을 도출해 낸다. 따라서 장자가 자연을 보는 관점도 어떤 전제 조건 없이 자연 현상 그 자체를 독립적인 것으로 인식한다. 즉 바람이 내는 소리도 바람 그 자체가 이뤄 낸 것이지 다른 어떤 주재자에 의한 게 아니라는 것이다. 그러기에 장자는 "천도는 하는 것이 없다(天道無爲)"라고 한다. 절대자가 우주 삼라만상을 지배한다는 당대의 통념을 벗어난 것이다. 투철한 무신론의 자세다.

그러니 장자는 존재론이 지닌 절대 자유를 누리면서 정신세계에서는 무한한 초월의 영역을 넘나들며 심령이 화평스럽고 안정된 삶을 추구할 수 있었을 것이다. 이런 경지에 이르려면 '심재(心齋)'의 단련을 겪어야 하는데, 이를 장자는 안회와 공자의 대화 형식을 빌려 공자가 말한 것으로 우의해서 전한다.

뜻을 듣는 귀가 아닌 마음으로 듣고, 마음만이 아니라 기(氣)로 들어라. 귀는 그냥 듣기만 하고 마음은 느낌만 전한다. 기는 텅 비운 채 사물을 응대하게 할 수 있다. 도란 오로지 텅 빈 데로 집중한다. 그 텅 빈 경지가 바로 심재다. 《장자》 내편, 〈인간세〉

이런 경지를 장자는 '좌망(坐忘)'이라 하며, 이는 자신의 형체를 깡그리 잊고 귀와 눈도 버린 채, 형체와 지능의 속박을 떠나게 되면 대통과 융통이 하나 된 상태의 경지에 이르는 것이라고 풀어 준다.

여기까지 나타난 장자의 꿈은 대자연의 품(無何有之鄕, 유토피아) 속에서 아무런 구애 당함이 없이 소요유하는 존재이고 싶은 모습으로 그려진다. 그러나 장자조차도 과연 그걸 맘껏 누릴 수 있었을까? 그렇게만 하기에는 장자의 천의무봉한 상상력이 가로막은 것 같다. 그것은 모든 철학자가 품었던 대과제인 존재론에 뒤이은 인식론이란 장벽에 장자도 부딪쳤기 때문이다.

장자 궤변의 극치인 인식론과 시시비비, 그리고 인생론

위에서 본 것처럼 장자는 천도란 천지가 있기도 전에 이미 있었다고 했는데, 이걸 따져 보면 그 천도가 처음 생겼을 때와 아직 생기지 않았을 때를 가정할 수 있다. 그렇게 추적하다 보면 끝이 없다. 그럼 아직 천지가 만들어지지 않았을 때는 천지가 없다는 뜻인데, 만들면서 있게 되었다는 뜻일까. 여기서 유무의 개념과 마주친 장자가 시간을 대입해 상상하다가 점점 유무의 구분도 애매해지고 유도 무도 아닌 상태까지 생각이 미치지 말란 법도 없을 것이다.

여기서 장자는 자기 나름대로의 인식론을 전개해 나가면서 온갖 궤변까지 등장시킨다. 그러니 장자의 인식론은 큰 줄기로는 존재하는 모든 것이나 행위를 어떻게 인식하느냐를 문제 삼고, 곁가지로는 논리학에 속하는 궤변의 경지로 치닫는다 할 수 있겠다.

장자가 인식론에서 가장 중시한 것은 모든 인간은 자신의 이해관계에서 선악, 미추, 크고 작음 같은 일체를 재단한다는 것이다. 따라서 이해관계를 벗어나 천도의 입장에서 허심탄회하게 바라보라는 것이 장자의 충고인데, 천도의 이름을 빌려서도 이기주의는 벗어나지 못하는 게 아마 인간 아닐까. 이런 관점에서 장자는 시비 판단은 어떤 인간의 인식 능력으로도 해결 불가능한 것이며, 최고의 지혜를 지닌 성인조차도 해결할 수 없는 것으로 보고 있다.

인식론의 곁가지인 논리적 영역인 궤변은 장자 특유의 익살과 해학으로 번득인다.

장자가 절친인 혜시와 물가를 소요하면서 밖으로 나온 피라미가 자유로이 헤엄치는 걸 보고 "저게 물고기의 즐거움일 거야"라고 하자 혜시는 "물고기가 아닌 자네가 어찌 그 즐거움을 알 수 있나"라며 반박했다. 이에 장자는 "자네는 내가 아닌데 어찌 물고기의 즐거움을 내가 모른다고 하느냐"라고 반박했고, 이에 혜시는 "내가 자네를 모르듯이 자네도 물고기를 모른다"고 재반박했다.

이 대화는 장자가 인식론에서 상대주의적 입장에서 궤변도 서슴지 않은 예에 속한다. 이런 궤변적인 인식론의 극치는 〈제물론〉에서도 그 예를 볼 수 있다.

> 현실의 손가락으로써 (개념상의) 손가락을 (진짜) 손가락이 아니라고 하는 것은 현실의 손가락이 아닌 것으로써 (개념상) 손가락을 (진짜) 손가락이 아니라고 설명하는 것보다 못하다. 현실의 말(馬)로써 (개념상의) 말이 (진짜) 말이 아님을 설명하는 것은 실제 말이 아닌 것으로써 (개념상의) 말이 (진짜) 말이 아니라고 설명함만 못하다. (도의 관점에서 보면) 천지도 하나의 손가락이고 만물도 한 마리의 말이다. (《장자》내편, 〈제물론〉)

인식론의 모호성과 시시비비를 가리기 어렵다는 것, 그래서 아예 만물평등으로 옳고 그름도 없다는 궤변을 느낄 수 있는 대목이다. 이런 장자의 논법은 상대주의를 절대화함으로써 신비적 궤변주의로 흘렀다고도 볼 수 있다. 그야말로 말장난과 궤변의 극치다.

이런 인식론과 논리학적인 전개로 장자가 인생 무상론을 논하면서 나와 나비가 엎치락뒤치락하는 호접몽을 거론한 대목은 익히 널리 알려져 있다.

인생이란 꿈인 듯 생시인 듯 한낮의 꿈같은 것이련만, 죽을 때까지 노고에 시달려도 성공을 보지 못하고 힘들어 지쳐도 돌아갈 곳조차 알 수 없으니 애달프지 않은가. 이런 애달픈 인생살이지만 장자는 인력으로는 어쩔 수 없음을 익히 알면 편하게 운명을 따르는 것이 최고의 덕이라며, "인위로써 자연을 망치지 말고 작위로 천성을 해치지 말라"고 충언한다.

그런데 이런 주장은 천도가 아무런 역할도 않기에 인간은 절대 자유라는 장자의 존재론과 어긋나지 않는가. 이를 장자는 육체적인 인간의 한계를 정신으로 극복하는 방법으로 보여 준다. 곧 절대 자유를 누릴 수 있는 방법은 육신이 지닌 한계를 벗어나 정신적인 절대 자유를 구가하는 것이라며, 이로써 생사의 귀천이나 육신의 한계, 신분의 차이, 학식의 유무 등등을 다 훌훌 털고 자유를 이룩할 수 있음을 '덕충부'에서 여러 예화로 제시해 주고 있다. 이를테면 지체 부자유인을 고관보다 더 능력 있는 인간으로 평가하는 것들이다.

원래 하늘은 사심이 없이 만물을 덮어 주고 땅도 사심 없이 만물을 품어 준다. 그러니 어찌 나만이 곤궁하겠는가. 《장자》내편,〈대종사〉

이런 처지에서 해방될 수 있는 인간은 범인이 아닌 도사뿐인데, 이를 장자는 훌륭한 사람으로 평가하며 그 등급을 성인, 신인, 지인으로 나눴다. 셋 다 인격적인 완결체로 보면서도 유학에서 최고로 평가하는 성인을 최하위에 두고서, 오히려 그 위에 신인, 마지막 단계로 지인을 배치했다.

이러매 장자에게 사회와 역사 인식이란 그저 아득할 뿐이다. 매사에 옳고 그름에 대한 판가름이 불가능하다는 장자인지라 현실에서는 멀찌감치 비켜서 있다. 그러면서도 지극히 세속적인 처세훈으로 《장자》에는 쌈박한 일화들이 즐비하다. 포정이란 백정이 소를 잡아

살과 뼈를 분리시킬 때 칼을 뼈와 살 그 가운데로 스치기만 하기에 칼을 갈 필요가 없다는 '포정해우(庖丁解牛)'가 그 좋은 예일 것이다. 세상살이가 이 정도의 경지에 이르면 출셋길이 훤하지 않을까.

이런 지인의 단계에 이르는 경지를 그린 게 〈소요유〉에 등장하는 곤(鯤)과 붕(鵬)의 철학적 풀이가 아닐까 싶다. 붕이 되고자 하는 장자의 꿈은 역사 속에서 영원히 되새김질되고 있을 것이다. 이런 장자가 보기에 대체 도둑이란 어떤 존재였을까?

장자에게 도둑은 큰 도의 실현이다

세계 알레고리 문학 최고의 걸물 가운데 하나인 도척은 순전히 장자의 솜씨로 빚어진 허구 인물이다. 《장자》 잡편, 〈도척〉에는 공자의 절친 유하혜가 등장하는데, 이 둘의 생존에 백여 년의 시차가 있음을 고려하면 이 우화는 실화가 아닌 문학 작품으로 봐야 할 것이다. 여기서는 도둑 이야기에 초점을 맞춰 장자가 창조한 도척이란 대도의 기상만 살펴보기로 한다.

도척, 일명 유하척은 노나라의 대부인 유하혜의 동생이다. 유하혜는 공자의 친구답게 낯선 여자와 밤을 지내는데도 음란하지 않은 직도를 지킨 현인이나, 대도인 동생 탓에 형제간은 현인과 악인의 비유로 입에 오르내렸다. 사람들은 유하혜에게 왜 당신 같은 인격자가 도척 같은 동생을 바로 잡지 못하느냐고들 입방아를 찧곤 했다.

이 사실을 잘 아는 공자는 유하혜가 극구 만류하는 걸 뿌리치고 자신과 같은 성인이 나서면 능히 도척을 타이를 수 있지 않을까 하는 충정에 학덕 높은 제자 안자에게 마차를 몰게 하고, 언변에 뛰어난 제자 자공을 조수로 삼아 태산 남쪽 기슭으로 도척을 찾아갔다.

마침 도척은 사람의 간을 회로 먹고 있었다. 공자가 "장군의 높으신 의리를 듣고 와서 삼가 안내하는 분께 재배하고 면알하기를 원하나이다"라고 접견을 신청하자 도척은 대노하여 눈은 별같이 번쩍이고 머리털은 위로 뻗쳐 올라간 무서운 형상으로 "이는 노나라 협잡군 공구(孔丘) 아닌가?"라며 일갈했다.

"너는 말을 꾸며 망녕되이 문무를 일컫고, 목피관(木皮冠)을 쓰고, 죽은 소가죽으로 띠를 띠고, 말썽이 많게 무슨 학설을 창도하고, 농사하지 않고 먹으며, 길쌈하지 않고 입는다. 입을 놀려 마음대로 이론을 캐고, 시비의 분별을 세워 천하의 임금을 미혹케 한다. 천하의 학자로 그 본성에 돌아갈 것을 잊게 하고 망령되이 효제(孝悌)를 행케 하여 봉건의 부귀를 바라고 있다. 네 죄는 크고 무겁다. 빨리 돌아가라. 그러지 않으면 네 간을 꺼내서 점심 반찬으로 먹겠다."
《장자》잡편,〈도척〉

이 전갈을 듣고 공자가 일단 부드럽게 도척의 형 유하혜와 막역한 친구라며, "막하에서 장군의 신발을 바라뵈려 하오"라고 고개를 숙이자, 도척은 공자를 안으로 불러들였다. 공자가 들어가 재배하니 도척은 두 발을 구르며 칼을 안고 눈을 부릅뜬 채 새끼를 끼고 앉은 호랑이 같은 음성으로 "네 말이 내 뜻에 합하면 살려 두고 내 마음에 거슬리면 그대로 두지 않겠다"고 엄포를 놓았다.

이에 공자는 말한다. 세상에는 삼덕이 있는데, 상덕은 '장대한 신체로 탄생하고, 미모가 무쌍하여 소장귀천(少長貴賤) 없이 접견하는 이는 모두 호감을 갖는 것'이고, 중덕은 '지는 천지를 망라하고 능은 모든 물건을 변별하는 것'이며, 하덕은 '용한과감하여 무리를 모으고 군졸을 거느리는 것'인데, 이 삼덕 중 하나만 갖춰도 나라를 다스리는 제후가 될 수 있건만 장군은 삼덕을 다 겸비했다며 용태를 상찬했다. 또한 공자는 도척이 "신장은 8척 2촌이고, 얼굴에 광채가 있고, 입술은 붉고, 이는 자개같이 고르고, 음성은 음률" 같다며, 이런 장군을 위해 자신이 천하 여러 나라에 알려 제후가 되도록 주선하겠다고 청하며 처음 마음먹은 대로 도척을 설득하려 했다.

이에 도척은 오히려 "내가 장대하고 미모인 것은 부모의 유덕이니 지금 네가 칭찬하지 않아도 우리는 일찍이 아는 바이다!"라며 공자에게 장광설을 폈다. 곧 제후가 장구할 수 있는가 물으며 "성이 크다 해도 천하같이 크지 못하다. 요순은 천하를 가졌으나 그 자손은 송곳을 꽂을 만한 땅도 없고, 탕무는 천자가 되었으나 뒤에 그 자취도 끊어졌다. 이들은 이(利)가 너무 컸던 연유가 아닌가?"라며, 인류 역사의 흐름을 권력과 결부시켜 언술한다. 그리고 자연을 해치면서 권력도 성장했다고 비판했다.

또한 "지금 너는 문무의 도를 닦고 천하의 구변을 가져 후세를 가르치며, 큰 소매 의복을 입고 좁은 띠를 둘렀고, 망령된 말과 거짓 행위로 천하의 군주를 미혹케 하여 부귀를 구하려 한다. 너야말로 천하에 뛰어난 큰 도둑이다. 그런데 어째서 천하 사람들은 너를 도구(盜 丘, 도적)라 않고 도리어 우리를 도척이라 하는가. 이는 틀린 일이다" 라고 논박했다. 그러더니 도척은 공자가 자로를 잘못 가르쳐 비참하 게 최후를 마친 사실부터 여러 충신들의 불행을 장황하게 거론한 뒤, 공자와는 다른 관점에서 인간의 본성을 이렇게 갈파했다.

보통 인정으로 말하면 눈은 미색을 보려는 것, 귀는 미성을 들으 려는 것, 입은 미미를 맛보려는 것, 뜻은 왕성하려는 것이 자연이다. 사람의 상수(上壽)는 백 세, 중수는 팔십, 하수는 육십이니 그중 질 병, 사상, 우환을 빼면 입을 열고 유쾌히 웃는 것이 한 달 중에 4~5 일밖에 없다. 천지는 유구하나 사람은 시기가 오면 죽는 것뿐이다. 한 있는 몸이 무궁한 데를 지나는 것은 준마가 간극을 통과하는 것 처럼 눈 깜짝할 사이밖에 없다. 여기 정신없이 무리하게 자연의 의 지를 기뻐하고 수명을 기르지 못하는 자는 도저히 도에 통하는 것 이 아니다. 네 말은 내가 취할 것이 못 된다. 빨리 돌아가라. 그렇게 쓸데없는 말은 두 번은 말아라. 네 도라는 것은 미치광이로 성질을 잃고 허덕인다. 모두가 허위다. 그래서는 진성(眞性)을 온전히 할 수 없다. 이러고저러고 논란할 가치도 없다. 《장자》잡편,〈도척〉

설득은커녕 오히려 도척에게 몹시 공격을 받은 공자는 두 번 절 하고 총총히 물러나 문전에서 마차를 타고 고삐를 잡으려다가 세 번 놓쳤고 눈은 멍해서 아무것도 보이지 않았다. 얼굴빛은 불이 꺼진 재

같았다. 몸을 마차 가로목에 기대고 고개를 숙이며 호흡하기도 힘이 들었다.

노나라 동쪽 문까지 가서 마침 공자는 유하혜를 만났다. 유하혜는 공자에게 마차를 보니 어디 갔다 오는 것 같다며 이렇게 물었다.

"도척이라도 보고 오시는 것은 아니오?"

공자는 하늘을 우러러보며 탄식하면서 답했다.

"그렇다오."

"도척은 내 말과 같이 그대 의사에 거슬리지나 않았소?"

"꼭 그대로였소. 내 자신 병도 없이 스스로 쑥으로 뜬 것 같고, 또 달음질로 가서 호랑이 머리를 어루만지며 수염을 비끄러매려다가 까딱하면 호랑이 밥이 될 뻔했소. 쓸데없는 짓으로 큰코다칠 뻔했소."

한낱 도둑이 공자를 실컷 농락한 셈인데 정작 중요한 대목은 《장자》 외편 가운데 열 번째 〈거협〉에 나온다. 도척은 "도적에도 도가 있다"면서 도둑의 도를 역설한다. 도둑을 막으려면 단단히 묶어 자물쇠를 채우면 되는데 이걸 지(知)라 한다. 그러나 큰 도둑은 돈궤와 상자와 주머니를 그대로 다 갖고 도망가기에 오히려 그렇게 단단히 동여맨 것이 편리해진다면서, "세상에서 지라고 떠드는 것은 도둑에게 편의를 보아 준 것"이라고 단언한다. 그러니 세속에서 소위 지지(至知)란 것은 큰 도둑을 위하여 쌓아 둔 것이 아닌가? 소위 지성(至聖)이란 것은 큰 도둑을 위하여 지키는 것이 아닌가?

도척의 견습생이 도척에게 "도둑에도 도가 있나이까?" 라고 묻자 도척은 이렇게 말한다.

> 무엇이나 도가 없을 것인가? 방 속에 감추어 둔 물품을 알아맞히
> 는 것은 성(聖)이고, 먼저 들어가는 것은 용기요, 뒤에 나오는 것은
> 의리이다. 성공을 예상함은 지요, 장물을 고루 나누는 것은 인이다.
> 이 다섯 가지를 불비하고 능히 큰 도둑이 되는 자는 천하에 아직 없
> 었다. 이를 미루어 보면 성인도 성인의 도를 얻지 않고는 설 수 없고
> 도척도 성인의 도를 얻지 않고는 도둑질할 수 없다. 소위 성인의 도
> 는 선인이나 악인이나 공통으로 필요하다. 《장자》외편,〈거협〉

장자가 도척론을 환상적인 기법으로 굳이 쓴 동기는 무엇이었을
까. 막연한 도둑 예찬이 아니라 세상의 위아래가 모두 도둑이지만 다
만 그 겉모습이나 도둑질하는 수단과 방법이 다를 뿐이라는 장자 나
름대로의 현실 인식은 아니었을까. 거기에다 장자와는 체질적으로
안 맞는 공자에 대한 은근한 야유조의 비판 의식도 슬쩍 담아낸 것이
기도 하다.

그러면 이제 장자가 본 도척론을 벗어나 이를 역사적으로 접근
해 볼 필요가 있다. 과연 도척이 그처럼 잔혹무비한 일개 대도였을 뿐
일까. 현대 역사학이 밝혀 낸 바에 따르면 도척은 기원전 475년 경 춘
추 시대 말기, 노나라 서북부 유하둔에서 9천 노예로 기의를 일으킨
노예 반란 사건의 주역이었다. 유하척이란 별명 중 '척(跖)'은 적각 노
예, 곧 맨발의 노예란 뜻이다. 그들은 징악양선(懲惡揚善, 악을 징치하고

선을 권장)의 기치를 내걸고, 귀족을 살해하며 노예를 구출하려고 성을 공략했다. 이 반란은 노나라, 진나라, 제나라에까지 미쳤으나 결국은 실패했다. 하지만 노예제에서 봉건 제도로 변모시키는 데에 영향을 끼친 것으로 보기도 한다. 물론 장자는 노예제 비판보다는 유교에 대한 비판 의식을 앞세웠다.

이런 도척의 역사적인 사건을 알고 나면 유학자들이 왜 도척을 폄훼하여 패덕한으로 평가 절하했는가를 유추할 수 있는데 사마천 같은 위대한 역사학자는 다르다. 사마천은 《사기》〈백이열전〉에서 이렇게 썼다. 칠십여 공자 제자 중 가장 특출했던 안회는 "매우 궁핍하여 쌀겨조차도 흡족하게 먹지 못한 채 결국 젊어서 요절"했는데, 도척은 "매일같이 죄 없는 사람을 죽여 사람의 간을 회로 먹는 등 포악의 극에 달했고, 수천의 부하를 거느리고 천하에서 난동했는데도 불구하고 결국 천수를 다 누리지 않았던가. 도대체 도척은 어떤 덕을 쌓았다는 것인가"라고 묻는다. 사마천이 보기에는 결국 공자나 도척이나 똑같다는 뜻이 아닐까.

도척의 노예 반란을 재평가한 작업으로 후한 반고의 기전체 역사서인 《한서》 열전 62장에 나오는 〈유협전〉이 있다. 반고는 여러 유협들을 열거한 뒤 유하척을 걸출한 노예 기의의 영수로 평가했다.

<table><tr><td>제4장</td><td>왕과 도둑을 공범으로 본
브레히트의 도둑관</td></tr></table>

경찰총장과 노상강도의 협업 체제

베르톨트 브레히트가 태어난 곳은 독일 바이에른주 아우크스부르크이다. 모차르트의 아버지 레오폴드의 고향이자 대학 도시로 알려져 있다.

브레히트의 대표작 《서푼 오페라》는 브레히트가 작가 엘리자베트 하우프트만과 작곡가 쿠르트 바일과 함께한 공동 작업의 산물로, 영국의 존 게이가 쓴 《거지 오페라》를 대본 삼은 것이다.

이 명드라마는 빅토리아 여왕 시대를 배경으로 런던 암흑가의 왕자 매키스와 거지 대장 피첨, 경찰청장 브라운의 삼각 구도 대결을 팽팽하게 갈등 축으로 삼아서 국가 체제 전체의 부패와 폭력적인 지배를 풍자한다. 피첨은 제1막에서 〈인간적 관계의 불확실성에 대하여〉라는 노래를 부르는데, 실은 이 두 악당 매키스와 피첨은 자본가를 상징한다. 매키스는 강도에 사창가 뚜쟁이고, 피첨은 런던을 14개구로 나눠 거지들에게 구걸과 소매치기를 시켜 수입을 착취한다. 1막 마지막 피첨의 노래를 들어 보자.

"세상은 궁핍하고, 인간은 선하지 않아./ 누가 지상에서 천국을 원하지 않을까?/ 하지만 상황이, 상황이 그것을 허락하나?/ 아니, 상황이 허락하지 않아./ 당신을 좋아하는 당신의 형제도/ 두 사람을 위한 고기가 충분치 못하다면/ 안면을 달리하게 마련./ 정숙해라, 누가 그것을 마다하겠어?/ 하지만 당신을 사랑하는 당신의 아내도/ 당신의 사랑이 충분치 않으면/ 안면을 달리하게 마련/ 네, 감사해라, 누가 그렇게 하고 싶지 않겠어?/ 하지만 당신을 사랑하는 당신의 자식도/ 당신 노년이 궁핍하면/ 바로 안면을 달리하게 마련/ 네, 인간적이 되어라. 누가 그러고 싶지 않을까?" (브레히트, 김화임 옮김, 《서푼짜리 오페라》, 범우사, 77쪽)

줄거리를 간단히 소개하면, 거지 대장 피첨은 딸 폴리를 사랑하는 암흑가의 왕자 매키스를 교수형에 처하라고 경찰청장 브라운에게 요구한다. 하지만 매키스와 어릴 적부터 절친이자 군에 같이 복무한 사업 협조자인 경찰청장은 도리어 매키스에게 피신을 권유, 매키스는 피신하지만 창녀 제니의 밀고로 잡힌다. 체포된 매키스는 경찰청장의 딸 루시의 도움으로 탈옥, 다시 체포당해 사형에 처해질 터인데, 이때 같은 날 여왕의 대관식이 열린다. 하지만 시민들의 관심은 여왕의 대관식보다 매키스의 사형 집행 구경에 더 쏠려 있다. 도주도 실패하고 꼼짝없이 사형을 기다리고 있는 매키스를 구원해 준 것은 뜻밖에도 여왕으로, 여왕은 집행 직전 특사와 함께 매키스에게 세습 귀족 칭호와 종신 연금을 내린다는 결말이다.

1928년 베를린의 쉬프바우어담 극장에서 초연 후 1933년까지 18개 국어로 번역, 유럽에서 1만여 회 공연한 세계적인 명작으로, 서막부터 결말까지 따라가며 작품의 진수를 느껴 보기 바란다.

서막

소호의 대목장. 장타령 가수가 한 곡조 부르는데, 노래 내용은 거리에서는 살인, 화재, 능욕 같은 온갖 '죄'가 넘쳐 나지만 범인은 보이지 않는다는 것이다.

1막

거지 두목 피첨이 "깨어나라, 부패한 그리스도 신자여! 죄 많은 삶을 시작해야지. 어떤 악당인지를 보여 줘야지. 주님의 응징이 뒤따르리"로 시작하는 아침 찬송가를 부른다. 노상강도의 우두머리 매키스는 피첨의 딸 폴리와 결혼하고, 그 축하연에 런던 경찰청장 브라운도 하객으로 참석한다. 이튿날 폴리는 노래로 부모에게 자신의 결혼 소식을 전한다.

"제게 찾아온 첫 번째 남자는 켄트에서 온 이였죠./ 남자다운 이였어요./ 두 번째 남자는 항구에 배 세 척을 가지고 있었죠./ 세 번째 남자는 저에게 온통 정신을 빼앗겼지요./ 그 세 남자들은 돈이 있었고,/ 친절했으며/ 옷깃은 평일에도 깨끗했어요./ 숙녀에게 예의 차리는 법도 알았는지라/ 저는 그들 모두에게 '싫어요'라고 했죠./ 용기를 잃지 않고/ 아주 도도했죠. 밤새 달은 비추었고/ 항구의 배도 정박해 있었어요./ 하지만 더 이상 아무것도 있을 수 없었죠./ 눕지 않을 수 있었고/ 차갑고 냉정했으니/ 그렇지 않으면 일이 발생할 수 있죠./ 싫어요, 만 하면 되는 거죠."

"그러다 하늘이 푸르던 어느 날/ 한 사람이 다가왔어요./ 제게 청하지도 않은 채/ 제 방 못에 모자를 걸었어요./ 어찌해야 할지 저는 알지 못했지요./ 돈도 없고/ 친절하지도 않고/ 옷깃은 평상시에도 더러웠고/ 숙녀에게 예의 차리는 법도/ 모르는지라/ 그에게 '싫어요'라고 말하지 못했지요./ 용기를 잃지 않거나/ 도도해지지 못했어요./ 네, 밤새 달은 비추었고/ 강가에 매어둔 보트도 정박을 풀었어요./ 달리 어찌할 바가 없었네요! / 가만 누워 있어야 했어요./ 차갑고 냉정해질 수가 없었어요./ 그래서 일이 발생해 버렸네요./ 싫어요, 가 안 되었어요." (같은 책, 65~66쪽)

부모는 이혼을 강요하나 폴리는 불응하고, 매키스를 고발하려는 부모에게 오히려 "올드 베일리 감옥에 간다 해도 경찰청장은 그 사람(매키스)에게 칵테일을 제공할 것이고, 그와 담배를 피우면서 그곳 거리의 어떤 사업에 대해 환담을 나눌 거예요. 물론 그 거리는 정직하게 진행되는 일은 아무것도 없지만요"라고 한다. 피첨은 "경시청장과 우

두머리 범죄자가 이 도시의 유일한 친구간이야"라며 한탄하고, 세상
은 "선한 인간이 되어라" 하고 누구나 그렇게 되고 싶어 하지만, "상황
이 그렇지가 않아!"라며 인간의 이기적인 속성을 비판한다.

2막

폴리가 남편 매키스에게 피신을 강권하며 고소장에 나오는 매키
스의 죄를 나열한다.

> "두 명의 상인에 대한 살인, 30번이 넘는 가택 침입, 23번의 노상
> 강도, 방화들, 의도적인 살인, 위조, 위증……. 이 모든 것이 1년 6개
> 월 사이에 일어난 것이군요. 당신 무시무시한 사람이에요. 윈체스
> 터에서는 미성년 자매들을 둘이나 농간했고요." (같은 책, 80~81쪽)

매키스는 폴리의 말대로 피신하려 하지만 이미 피첨 부인이 사
창가 창녀 제니에게 매키스가 나타나면 신고해 달라고 당부해 둔 상
태였다. 결국 경찰에 연행당한 매키스는 "부유한 사람만이 안락하게
사는 법"(〈안락한 삶에 관한 발라드〉)이란 노래를 부른다.

감옥에 갇힌 매키스에게 숨겨 둔 애인인 경찰청장의 딸 루시가
나타난다. 루시는 폴리와 결혼한 것을 무섭게 따지는데, 이때 폴리도
등장하여 두 여인이 〈질투의 이중창〉을 부른다. 두 여인이 다투던 중
폴리의 어머니가 와서 딸을 끌고 가 버리자 매키스는 루시를 꼬드겨
탈옥을 감행한다. 그리고 이 사실을 알게 된 피첨이 경찰총장에게 여

왕의 대관식 때 모든 거지들을 다 동원해 망쳐 버리겠다고 협박한다.

3막

매키스를 밀고했던 제니와 창녀들이 대가를 받으러 피첨 부인에게 몰려들어, 피첨 부인과 험악한 욕지거리로 다툰다. 결국 창녀들은 또다시 매키스가 탈옥 후 숨어 있는 곳을 대고, 피첨은 경찰청장에게 달려가 매키스의 체포를 강박한다.

하지만 경찰청장 브라운은 도리어 피첨 일당을 체포하겠다고 협박하고, 이에 피첨은 〈인간적 노력의 불충분함에 관한 노래〉를 부른다. "인간은 머리로 산다는데 머리는 인간에게 불충분한 것. 왜냐하면 이 지상의 삶에서 인간은 제대로 현명하지 못한 탓"이라며 삶의 기만과 거짓을 결코 알아채지 못하는 인간의 모든 노력은 "자기기만에 불과한 것"이라 한다. 이어 피첨은 여왕 대관식에 맞춰 빈민 행진을 실시할 것이라고 되레 브라운을 협박한다.

"브라운, 문둥이들의 안면단독(顔面丹毒)이라는 것을 아십니까? 지금 120명의 안면단독을 보시겠어요? 젊은 여왕은 안면단독 위에서가 아니라, 장미 위에서 주무셔야겠지요. 게다가 교회 입구에 이 불구자들을 세워 볼까요. 브라운, 저희는 그런 일은 피하고자 합니다. 당신은 경찰이 저희 가난한 사람들을 잘 다룰 것으로 말씀하시는 것 같군요. 스스로 그렇게 믿는 것은 아니겠지요. 대관식을 기하여 600명이나 되는 가련한 병신들을 곤봉으로 때려눕힌다면 어떻게 보일까요? 좋아 보이진 않을 것입니다. 그 생각을 하면 맥이 쭉 빠집니다. 브라운, 작은 의자 하나 주시겠소.”(같은 책, 133~134쪽)

피첨은 매키스를 여왕 대관식 시각과 같은 6시에 처형할 것을 강요한다. 매키스를 밀고했던 창녀 제니가 세상 돌아가는 이치를 담은 명곡 〈솔로몬 노래〉를 부른다. 폴리는 경찰청장의 딸 루시를 찾아가고, 두 여인의 송곳 돋친 말다툼이 전개된다.

3막 마지막 제9장, 감옥이고 금요일 아침 5시.

6시면 매키스는 처형당하고 여왕은 대관식을 올릴 예정이다. 경관들이 매키스를 포박해 감옥으로 데려온다.

스미스: (경관들에게) 웨스트민스터의 종이 세 번 울리면, 정각 6시가 된다. 그때 이놈을 교수대에 매달아야 한다. 만반의 준비를 해 둬라.

한 경관: 이미 15분 전부터 뉴게이트 거리가 이런저런 계층 구분할 것 없이 온통 사람들로 꽉 차 버렸어요. 도대체 지나다닐 수가 없다니까요.

스미스: 이상하군. 그들이 벌써 알고 있단 말이냐?

경관　: 이런 식으로 퍼지면, 15분 후엔 런던 전체에 알려질걸요. 그렇게 되면 대관식 대열에 갔어야 할 사람들이 모두 여기로 오겠어요. 그러면 여왕은 텅 빈 거리를 지나야 되겠는걸요.

스미스: 그 때문에 강력하게 추진하는 것이다. 우리가 정각 6시에

끝내 버리면, 7시까지는 사람들이 대관식 대열에 갈 차비를
할 수 있을 것이다. 자, 서두르자. (같은 책, 146~147쪽)

이때가 5시 4분.

매키스는 막판에 "인생은 짧고, 돈은 부족"하다며 경관 스미스를
회유하려 한다. 브라운 청장은 마지막으로 매키스와 그간 밀렸던 계
산을 한다. 매키스를 밀고했던 제니, 아내 폴리, 그리고 매키스를 궁
지로 몰아댄 폴리 부모가 나타나 매키스와 마지막 인사를 나눈다.

매키스가 교수대 위에 서면 피첨이 해설자가 되어 "왕의 말 탄 사
신이 이제 나타날 것입니다"라고 관객에게 연극의 결말을 소개한다.
이어 모두가 〈서푼 오페라 피날레〉를 부른다. 먼저 브라운 청장이 말
탄 사신으로 나타나 "여왕의 대관식에 즈음하여 대위 매키스를 즉시
석방하라고 여왕이 명령하셨다"고 노래하자 모두 환호하고, "동시에
매키스는 세습 귀족으로 올라서며 그에게 마르마엘 성과 생을 마감
할 때까지 1만 파운드의 연금이 부여된다"고 알린다. 맥과 폴리는 기
뻐하고, 피첨 부인은 "왕의 말 탄 사신이 언제나 온다면 우리 삶은 쉽
고 평화로울 텐데"라고 한다.

"현실에서 그네들(가난한 사람들)의 종말은 좋지 못하지요. 왕의
말 탄 사신이 오는 일은 거의 없어요. 게다가 짓밟힌 자들은 또다시
짓밟히는 법이지요. 그러니 불의를 지나치게 압박해서는 안 됩니
다." (같은 책, 166쪽)

브레히트는 이 실험적인 극에서 매키스나 피첨은 착취자의 신분이며, 폴리 또한 매키스의 재산을 쟁취한 뒤 남편이 처형당하기를 바라는 여인상으로 부각한다. 브레히트의 입장에서는 범죄자나 경찰은 물론이고, 여왕까지도 한통속으로 세상이 굴러가고 있음을 한껏 풍자한 것이다. 그러니 도대체 누가 누구를 믿을 수 있단 말인가. 국가 체제 자체가 사유 재산 보호의 기구임을 이 작품은 실감 나게 풍자해 준다.

악인이 아니고는 살아갈 수 없는 《사천의 선인》

《사천의 선인》은 브레히트가 다른 두 작가와 1938년에서 1941년까지 공동 집필한 작품으로 첫 공연은 1943년 스위스 취리히에서 올랐다. 기발한 작가답게 소재를 중국 사천에서 가져왔다고 중국에서는 《사천호인(四川好人)》으로 번역한다.

신이 인간을 창조해 두고는 세상이 과연 살 만한지, 아니면 싹 판을 갈아 최후의 심판을 해야 할지 감시관을 보낸다. "인간다운 삶을 영위할 수 있는 선한 인간들이 충분히 발견되면 세상은 현재 상태로 존속되어도 좋다"라는 것이 천상의 결의였다. 그 심판을 위해 세 신이 사천에 파견되어 신앙심이 돈독한 물장수 왕에게 자신들의 정체를 밝히고 선인이 누구냐고 묻자 물장수 왕은 오로지 가난한 창녀 셴테뿐이라고 추천했다.

셴테가 자신을 찾아오는 손님을 거절하면서까지 신을 충실히 모셔 그 착함이 입증되자 신은 만족하며 착하게 살기를 당부한다. 그러자 셴테는 "물론 그러고 싶지요. 하지만 어떻게 방세를 내죠? 그러니 역시 나리들께 고백하겠어요. 저는 살기 위해 몸을 판답니다. 하지만 그렇게 해도 살아갈 수가 없어요"라고 호소한다. 이 대목에서는 앞서 이미 우리가 봤던 《서푼 오페라》가 상기될 것이다.

이에 신들은 돈 문제는 자신들도 어쩔 수 없다며 넉넉한 숙박비를 주고는 자기들은 세상 여기저기를 둘러보고자 다른 곳으로 떠나 버렸다. 셴테는 그 돈으로 담배 가게를 차려 멋지게 살아 보려고 한다. 그러나 돈이 생겼다는 소문이 돌자 온갖 친지들이 몰려들어 도리어 파산당할 위기에 몰리자 "우리나라에서는 운이 좋아야 해요. 오직 힘 있는 협조자를 만나야 쓸모 있는 사람도 쓸모 있어요. 착한 사람은 스스로 돕지 못하고 신들은 무력해요"라고 중얼댄다.

셴테는 행불된 교활한 악질 사촌 오빠 슈이타라면 사람들이 함부로 대하지 못할 것이라는 생각이 들어 스스로 슈이타로 변장한다. 예상대로 악질이 나타나자 주변 사람들이 다 겁을 내서 어떤 난관이라도 돌파하게 되었다. 악질이 신보다 더 힘이 있음을 입증한 격이다.

그러나 다시 선량한 셴테로 돌아온 이를 홀린 것은 뇌물로 베이징의 비행사 자격을 얻으려는 양순이란 사기꾼 청년이었다. 양순을 사랑하게 된 셴테는 빚까지 얻어 댔지만 애당초 사랑 따윈 안중에도 없었던 이 사기꾼은 임신이란 짐 덩어리만 남긴 채 관계가 파탄 나고 만다. 살기 위해, 그리고 아기를 위해 셴테는 슈이타로 살면서 담배 공장을 차리고 살림이 넉넉해지자 "나를 저주하세요. 내가 저지른 모든 죄는 내 이웃을 돕고 내 연인을 사랑하고 내 어린 아들을 가난에서

구하기 위해서였어요. 당신들의 위대한 계획에는, 신들이시여, 이 가련한 인간은 너무 작았습니다"라고 자책한다.

그런데 예상 밖의 사태가 터졌다. 이웃들이 셴테가 오랫동안 안 나타나자 악질 슈이타가 담배 공장을 빼앗으려고 셴테를 죽였다 밀고해 버린 것이다. 셴테는 연행당해 법정에 서게 되었다. 신들이 재판관으로 등장한 법정에서 슈이타는 자신이 곧 셴테임을 보여 준다. 나무나 곤혹스러워진 신은 격렬하게 외친다.

"착각이요, 큰 착각이야! 믿을 수 없는 일, 절대 믿을 수 없는 일이야! 우리 계명이 치명적이라고 우리 스스로가 자인하란 말이오? 우리가 계명들을 포기해야 하겠소? 절대 안 돼요! 세상을 바꿔야 하겠소? 어떻게? 누가? 아냐, 모든 게 정상이야!"

하지만 셴테는 세상을 살아가자면 슈이타는 꼭 필요하다고 호소한다. 그러자 신들은 한 달에 한 번 나타나는 것을 허락해 준다며 뒤도 돌아보지 않은 채 서둘러 구름 속으로 사라져 버렸다는 게 이 극의 마지막 장면이다.

얼마나 황당한가. 저승에서 특파된 사자들도 어쩔 수 없는 이 참담한 현장이 곧 우리들이 살아가는 무대이다. 브레히트는 강력한 혁명 투지를 이렇게 교묘하게 무대를 통해 전해 준다.

브레히트가 이런 드라마를 창작할 수 있었던 배경에는 문학 이론가로서의 역량이 축적되어 있었기 때문이다. 브레히트는 민중극과 교훈극의 혁명가로 연극사에서 평가되고 있다. 초기에는 표현주의에 경도되어 독일의 극작가 베데킨트(Frank Wedekind)와 카이저(Georg

Kaiser)를 좋아했다.

전위적인 실험 의식이 뛰어났던 터라 브레히트는 전통극을 탈피하고 정치 이데올로기를 드라마에 접목시키는 데 탁월한 성공을 거뒀다. 또한 동독을 진정한 사회주의 혁명이 이뤄지지 않은 나라로 보면서 전폭적인 지지보다는 비판적인 지지자로 생을 마쳤는데 신기하게도 당원이 아니었다. 연극 이론에서 '소외화' 효과나 서사극 이론을 도입한 브레히트는 퇴폐적인 언어를 사용한다는 비판을 받았으며, 독일 문학 전통을 무시한다는 비판도 대두됐다. 하지만 끝까지 자신의 노선에 충실한 마르크스주의자로 활동하다가 타계했다.

브레히트의 문학론에서 가장 중요한 점은 루카치와 전개하다가 중단한 리얼리즘 논쟁일 것이다. 1936년 망명 문학인들이 중심이 되어 모스크바에서 전개되었던 리얼리즘론은 루카치에 의하여 "허무주의와 퇴폐주의로부터의 미학적 구출은 리얼리즘뿐"이라는 명제가 나왔는데, 여기서 루카치는 표현주의를 비롯한 심리주의, 초현실주의 같은 실험적인 전위주의를 비판했다. 그리고 당시 세계 문학을 섭렵하면서 하인리히 만과 토마스 만 형제를 비판적 리얼리즘 작가로 높이 평가했다. 이와는 달리 브레히트는 "낡고 훌륭한 것보다는 오히려 새롭고 졸렬한 것"을 긍정하며 온갖 전위적인 실험성을 리얼리즘으로 수용할 것을 주장했다. 따라서 베데킨트, 카프카, 제임스 조이스들을 높이 평가하는 한편 토마스 만을 "기교적이고 공허하고 쓸모없는 책들을 만들어 내는 가장 성공적인 부르주아 작가의 유형"이라 매도, 특히 《마의 산》을 "이따위 책들은 돈을 들여서라도 막아야 한다"

라고 강변했다.

물론 많은 논란거리지만 브레히트 자신으로서는 이런 문학론의 내공 위에서 자신의 기발한 작품이 가능했음도 부인할 수 없다.

앞에서 본 여러 도둑론들은 도둑의 개념을 좁은 의미로 그냥 남의 물건을 훔치는 초보적인 수준에서 시작해 점차 다양해진 사회 경제사적인 변화에 따라 넓은 의미의 도둑으로 확장되었다. 그래서 광의의 도둑이란 직접 남의 자산을 훔치는 행위를 넘어 권력과 폭력과 조직과 이념이라는 그럴듯한 명목으로 자신의 이득을 위해 수단 방법을 가리지 않는 모든 행위를 지칭한다. 그런 뜻에서 보면 현대 사회는 '도둑들의 천국'이지 않은가.

이러매 도둑들의 천국에서 선량하고 나약한 보통 사람들은 뭔가 위안을 찾고자 하고 그 저점에서 인간의 신앙심이 싹트면서 종교가 탄생하게 된다.

제3부

나약한 인간, 신앙에 빠지다

제1장　원시 신앙과 샤머니즘

악인은 지옥으로 가지 않는다

인간이 지상에서 사유할 줄 알면서 가장 먼저 열중한 분야 중 하나가 생존에 대한 공포와 위협 현상을 극복하기 위한 '신앙'이었을 것이다. 문화 현상이라 할 만큼 그 연원이 오래되기에 네안데르탈인 시기에 벌써 매장이 행해졌을 정도다. 네안데르탈인이나 크로마뇽인이 등장한 이후가 되면 이미 그 유적에 주술, 자연 숭배, 거석 문화, 페티시즘, 샤머니즘, 타부, 마나, 유령춤 같은 다양한 원시 신앙 행태가 이루어졌다. 이는 인류가 가졌던 첫 단계 신앙으로 순전히 자연과 맹수 같은 예기치 않은 공포로부터 생명을 보호하거나 먹이를 구하기 위하려는 목적이었을 것이다. 물론 이런 형태 중 어떤 것들은 남아 샤머니즘 이후부터 원시 시대를 지나 고대 종교, 혹은 민족 종교에까지도 오래도록 전파되기도 한다.

지질학상 신생대 제4기인 홍적세는 '노아의 방주'가 상징하듯이 기후와 지질의 변모가 급격했던 시기인데 그런 상황 아래서 인간은 신앙심을 가지지 않을 수 없었다. 과학과 문명이 고도로 발전한 오늘날에도 각종 자연 현상은 인간에게 외경심을 갖기에 충분하거늘 하물며 원시 시대에야 얼마나 그 공포심이 심했겠는가. 여기서 고대 원시 신앙 형태가 창출되었을 터인데, 그와 함께 주술과 위안을 위한 문학예술도 병행했음은 알려진 바와 같다. 고대 원시 종합 예술이 곧 당대의 신앙 의식인 점이 이런 사실을 입증해 준다.

이처럼 종교란 인류의 삶의 양식에 따라 거시적으로 구분하자면 '원시 종교-고대 종교-민족 종교-세계 종교'라는 형태로 전개되어 왔다고 볼 수 있다. 굳이 덧붙인다면 윤리 도덕 역시 이와 같은 형태로 전개되어 왔다고 하겠다.

인간 세상 돌아가는 이치는 가진 자가 못 가진 자를 지배하여 산다는 섭리가 예나 지금이나 변하지 않았고, 앞으로도 그럴 것이다. 선진국과 후진국, 독재 체제와 민주 체제, 자본주의와 사회주의 등 그 사회의 구성체에 따라 약간의 차이는 있겠지만 근본적으로는 엇비슷하다. 어디에나 억울한 사람들이 있지만 문명의 발전에 따라 지배 세력은 어떤 수사력도 뚫어 버릴 수 있는 완전 범죄의 요술을 끊임없이 개발하기 때문에 어떤 공정한 나라에서도 죄짓고도 오히려 떵떵거리며 잘살다가 죽는 특권층은 엄존하고 있다. 지옥은 아마 현세에서 처벌 안 받고 행복하게 죽어 간 사람들에게 저주가 내리기를 바라던 피해자들의 억하심정의 한이 서려 형성되었을 것이다.

종교의 변천 순서를 따라가 보면 첫 단계 원시 종교는 지극히 소박한 데다 그 지배 체제까지도 악에 깊숙하게 물들지 않았기에 순수 신앙이 행해졌을 것이다. 그러나 고대 종교의 단계에 이르면 이미 사회 구조가 노예제나 봉건제에 익숙해져 지배 이데올로기가 신앙의 기본 골격을 이루면서 모든 경전과 종교 의례까지도 이에 상응하도록 변했음을 알 수 있다.

《일리아드》보다 천오백 년 앞섰던 메소포타미아의 서사시 《길가메시》에 나타난 고대인의 신앙 행태를 살펴보자. 천상의 신들이 독재자 길가메시가 신전을 쌓게 하느라 백성들을 혹사시키자 이를 벌하려고 사자인 엔키두를 파견했다. 신의 사자로 파견된 엔키두를 방어할 수 없었던 길가메시는 그 대신 윤리적인 타락의 극치인 창녀를 동원했다. 엔키두가 지상에 도착하자마자 창녀가 엔키두를 유혹, 6일 낮 7일 밤 동안 성교를 지속해 녹초가 되게 했다. 휴식을 취한 엔키두에게 지상의 독재자 길가메시는 폭정을 반성했고, 둘은 동지가 되어 태평천하가 되었다.

그러나 엔키두가 우연한 실수로 죽자 인생무상을 느낀 길가메시는 불사약을 구하러 현자 우트나피시팀을 찾아 떠났다. 이 현자는 오래전에 인류 전체가 저지른 죄악으로 신이 내린 최후 심판인 7일간의 대홍수 때도 살아남았는데, 아무리 간청해도 불사의 비법을 알려 주지 않았다. 이를 애처로이 여긴 현자의 아내가 몰래 길가메시에게 일러 주어 불사약을 구해 오지만, 목욕 중 뱀에게 도둑맞아 버려 결국 모든 인간은 죽음을 면할 수 없다는 게 이 서사시의 줄거리다.

여기서 고대 인류의 문화와 삶과 신앙 형태의 원형이 범바빌로니즘에서 유래했다고 주장하며, 이 영향을 받아 유태족 구약 성서와 유다이즘이 메소포타미아의 신화에서 유래했다고 주장하는 독일의 학자 알프레도(Alfred Karl Gabriel Jeremias)도 있다. 구약의 홍수 심판이 바로 이 서사시의 모방으로, 대홍수의 기간만 늘어났는데 그건 시대가 흐르면서 관개 시설이 발전한 걸 반영한 것이 아닐까.

이집트 《사자의 서》는 저승의 심판 기준이 현세의 통치자 명령과 똑같이 일치하는 데다 심지어 저승의 심판관들이 현세의 고관을 지낸 자들로 이뤄져 있다. 그러기에 죽어서 천국에 가려면 살아서도 권력자의 명령에 무조건 복종해야 한다는 것이다. 신앙이 어리석은 백성을 속여 강제 노역시키려고 만든 것임을 노골적으로 드러낸 책이 바로 이 《사자의 서》다. 그래서 피라미드나 스핑크스는 이집트 노예들이 이런 신앙 체제 아래서 얼마나 혹사당했던가를 보여 주는 셈이다. 이집트의 신앙이야말로 인류가 남긴 첫 증좌로 그 의도가 지배자의 불순한 동기에서 나왔음을 부인하기 어렵다.

고대 종교에서 큰 규모로는 페르시아의 조로아스터교, 마즈다교, 또는 배화교를 그냥 넘길 수 없다. 기원전 1800년경 중동 박트리아 지방 자라투스트라에 의해 창시된 이 종교는 현재도 전 세계에 14만 명에서 21만 명이 믿고 있다는 통계가 있다.

자라투스트라가 방랑 생활 중 서른 살에 천사장을 만나 선악 이원론과 종말론, 마귀 등에 대해 들은 이후로 종교가 점점 정교화된다. 악의 근원은 최고신 아후라 마즈다가 세상을 창조할 때 자유 의지를 허용한 데서 유래한다. 아후라 마즈다의 쌍둥이 아들인 선신과 악신이 투쟁하다가 대화재로 세상은 없어지게 되고, 결국 선신만 새 세상 창조 때 참여하게 된다. 그전에 죽은 사람은 다리를 건너가 지옥과 천국에서 심판을 대기한다는 소박한 복음이다.

지중해를 건너 그리스 반도에서 발생한 종교는 오르페우스 신앙이었다. 오르페우스는 그리스 신화 중 최고 시인이자 음악가로 오르페우스가 노래 부르며 비파를 연주하면 동물, 나무, 심지어 돌도 모여들었다. 아내는 에우리디케로 에우리디케가 뱀을 밟아 물려 죽자 오르페우스는 저승으로 가서 저승신 하데스를 감동시켜 아내를 도로 데리고 나오다가 그만 뒤를 돌아봐서 아내는 안개로 변해 버렸다. 오르페우스는 나중에 신으로 추앙받는데 오르페우스교에서는 원죄가 있는 인간도 고행과 금욕을 하면 윤회를 모면할 수 있다고 한다.

그 밖에 유럽 문명권에 나타난 고대 신앙은 로마, 켈트, 튜턴이 있고, 유라시아의 슬라브, 중동의 마니, 아메리카 대륙의 마야, 잉카, 아즈텍 들처럼 무수한 샤머니즘적 신앙이 존재했다.

이들 신앙에 나타난 기본은 '유전무죄, 무전유죄'란 말이 오늘의 한국에서만 통용되는 것이 아니라 죽어서 저승에서도 마찬가지라는 사실이다. 특히 이집트 신앙은 이를 여실히 보여 준다. 그런 사실을 모른 채 개미처럼 부림을 받았던 이집트 노예들이 가엽다.

통상 사람들은 지옥을 나쁜 사람들이 가는 곳으로 알고 있는데, 그 반대임을 일깨워 주는 게 이집트의 지옥관이다. 현세는 물론 내세까지도 지배자에게 통치받았기에 이집트의 노예 제도는 지구상에서 가장 잔혹할 수밖에 없었다.

왕이 즉위하면 가장 먼저 묘지부터 장만했던 죽음의 문화가 지배하는 이집트의 인생관이 지중해를 건너 그리스에 이르러 '삶의 문화'로 바뀌는 데는 1천여 년이 걸렸다. 그리스인들은 지옥을 상상하기에는 자연환경이 너무나 좋았고, 노예도 이집트처럼 함부로 탄압할 수 없었다. 이집트 노예들은 도망쳐도 광활한 사막이라 며칠이면 잡히거나 굶어죽을 수밖에 없었지만, 그리스 노예들은 수틀리면 배를 타고 도망쳐 버려 잡을 방도가 없었다.

그런 덕분에 상상력이 발달한 그리스에서는 지옥에 관한 한 가장 유치하며 별로 도움될 만한 이론도 없다. 그만큼 현세적인 삶 그 자체를 즐겼던 것이다. 옛날부터 그랬으니 여러분들도 현실적으로 억울한 일이 생기면 사후에 염라대왕이 잘 처리해 주려니 하는 기대들이랑 버리고 현세에서 해결하는 게 상책이 아닐까.

인류 정신사의 원류 샤머니즘

사후 세계에 기대를 건 것은 왕만의 특권이 아니라 모든 사람들이 다 그랬을 것이다. 그래서 저승에 대한 기대감과 사후 세계, 사자에 대한 한풀이와 그리움을 담아 내는 형태의 신앙은 인류 신앙의 원형이 된다.

흔히들 샤머니즘이라면 시베리아와 아시아 일대에서 원시 시대부터 고대, 중세에 성행했던 특이한 신앙 행태라 보지만, 이건 좁은 개념의 관점에 입각한 것이라고 나는 본다. 넓은 의미에서 샤머니즘이란 인류가 지녔던 원시 시대부터 고대를 지나 현대에 이르기까지 모든 신앙 행태의 기본인 '신들림 현상'을 이른다. 신난다는 말에서 '신'이란 기(氣)의 최절정을 뜻하기도 하지만 신(神)이기도 하다. 즉 신명이기도 하다.

신들림 현상은 흔히 보통 상태와는 다른 상태, 어지러운 높이, 어슴푸레한 영역, 다른 의식의 상태를 이른다. 곧 신통력이 나타난 경지로 무당의 황홀경과 같다. 신명, 신바람, 신난다 같은 상태와도 통한다. 그래서 신들림은 신성 현시, 신내림은 뜨거운 사람, 활활 타기, 뜀질, 초능력, 초인적 재능 따위로 나타난다.

이런 현상은 인류 보편적인 것으로 유럽의 오딘은 즉흥시에 능통한 데다 낭독까지 하는 전능자다. 북구의 주신인 오딘은 영국이나 독일에서는 보탄(Wotan), 보덴(Voden), 워덴(woden)으로 불리는데 그 어원은 만물의 아버지, 천지와 인간의 창조자, 싸움의 아버지, 창을 던지는 자, 전사자의 아버지 같은 별명을 가진 절대권의 존재다.

그리스 로마의 아폴로도 부정 씻기, 입법자, 주술자, 점술사, 치료사처럼 초인적 능력을 소유한 자로 우리 식으로 표현하자면 그냥 '무당'이다. 그렇건만 구태여 그리스의 무당이라 주눅이 드는지 학자들은 유식하게 예언자라고 부른다.

무당이란 초자연적 존재의 지시로 '엑스터시(ecstasy)' 상태에 들어서서 점, 예언, 치병, 제의, 사령의 인도, 변신, 사후 세계 엿보기 같은 일을 수행하는 이의 총칭이다. 그래서 앞에서 살펴본 길가메시부터 이집트 신을 거쳐 모든 고대 신앙들의 기본적인 영혼 상태는 샤머니즘과 다르지 않으며, 그 집행자는 무당이라 하겠다.

무당은 영매 작용으로 이룩되는데, 그 절정을 엑스터시로 풀이한다. 그럴 땐 몸 떨림, 소름, 황홀, 졸도, 하품, 무기력, 경련, 거품, 눈알 뒤집기, 발열, 통증, 무감각, 가쁜 숨, 초점 잃은 눈 같은 육체적인 변화가 나타난다. 이를 생리적인 질환설, 곧 샤먼의 병이나 히스테리 따위로 풀이하며, 실제로 이 병에 걸리면 매우 치유하기 어렵다.

이에 대한 반론으로는 대개 샤먼이 지적으로 우수함을 인정해서, 계몽주의적인 합리적 시각에서 탈피하도록 요구하기도 한다. 예를 들면 조르주 바타유는 이 연구를 하다가 스스로 샤먼이 되고자 시도했으며, 니체나 가타리, 들뢰즈 같은 현대 첨단 사상가들에게 영향을 주었다고도 한다.

그래서 샤머니즘은 이제 북아시아의 여러 종족에서 널리 보급되어 아시아의 종교 일반 현상이 되었다가 현대는 종교학, 민족학, 인류학 분야에서 널리 연구되고 있다. 이처럼 연구가 광역화된 이유로는 샤머니즘이 범인류적인 종교 현상과 보편적인 양상이자, 가장 원초적이고 보편적인 종교 현상이며, 죽음이나 사후 세계, 변신 같은 것이 다 샤먼에서 유래했고, 심령주의의 강력한 매력에 현대의 심령 과학도 연관이 있기 때문이다.

혹시 이 분야를 더 깊이 알고 싶으면 미르체아 엘리아데의《샤머니즘-고대적 접신술》, 김태곤의《한국무속연구》, 김열규의《동북아시아 샤머니즘과 신화론》같은 책을 참고하시기 바란다.

이처럼 인류 정신사의 원류이지만 정작 샤머니즘이란 술어는 퉁구스, 부랴트, 야쿠트족만 쓰는 말로, 17세기 후반 트란스바이칼 지방과 예니세이강 주변의 퉁구스인에 의하여 전해졌다. 토착어의 주술사, 사문, 산스크리트어의 시라마나, 팔리어의 사마나, 페르시아어의 셰멘 등에서 차용되거나 유래되었다는 설도 있다. 중국에서는 무(巫, 여성), 격(覡, 남성)으로 표기했다.

인간 구원으로서 문학과 종교

문학과 종교는 둘 다 인간 구원을 위한 인간의 문제를 다룬다는 점에서 공통성을 갖는다. 그러나 종교가 내세 지향성인 데 견주어 문학은 현세 위주이며, 종교가 율법과 의식을 중요시하는 데 견주어 문학은 자유분방하며, 종교가 절대적인 존재를 숭상하는 데 견주어 문학은 평등 지향적이란 점에서는 평행선을 달릴 수밖에 없다.

제1기의 종교란 원시 종교 시대라고 일컬어졌던 고대 씨족과 부족 국가로부터 절대 왕권 체제 성립까지의 시기로, 이때 사회 체제는 예외 없이 권력과 종교를 일치시켰음을 볼 수 있다. 창조주와 종교의 창시자, 혹은 이와 관련된 신을 찬양하는 형태의 문학은 세계 문학사의 첫 장을 여는 주제와 소재로 등장하며, 이는 곧 신을 위한 문학으로부터 차츰 신을 믿도록 대중에게 설교하는 문학으로 변모해 왔음을 간파할 수 있다. 신화, 건국 설화, 전설, 설화 들이 이 시기의 문학에 속한다.

제2기의 종교 문학은 문학이 종교에 예속되어 버린 시기로, 절대 왕권이 형성되어 민족 종교가 성행하던 시대다. '민족'이란 표현은 현대적인 국가 단위로 보면 맞지 않지만 당시로 보면 대개가 혈연 중심

씨족 단위의 결합체가 국가를 형성했던 때라서 편의상 그렇게 붙인 것이다. 물론 그리스처럼 절대 왕권 국가가 아닌 경우도 있지만 그렇다고 민주주의라고는 할 수 없는 사회 경제 체제였기에 신앙 사상의 단계로 보면 '민족 종교'의 차원이었다고 볼 수 있다. 이 민족 종교는 지역과 나라마다 차이가 엄청나서 현대까지도 그 영향력이 막강한 경우도 있다. 거시적으로 보면 여기까지가 샤머니즘 신앙 행태를 완전히 벗어나지 못한 데다가 다신론과 일신론이 혼재하던 과도기였다고 하겠다.

제3기의 종교는 민족 단위의 신앙이 세계적인 보편성의 종교에 밀려나 그 세력이 약화되어 버린 시대의 신앙이다. 이런 민족 단위 신앙들은 일신론에 의한 인류 보편성의 종교가 등장함으로써 서서히 밀려나 점차 지역적인 신앙으로부터 대륙적, 또는 문명권 단위의 종교로 발전하게 된다. 종교가 지닌 민족과 국경을 초월하는 전파력은 당대의 국가 권력으로부터 많은 시련과 도전과 탄압을 받으면서도 오히려 현세적인 권력을 초월하게 되었고, 그 결과 종교가 현실을 지배하는 형태로 변모하게 되었다.

세계적인 보편성의 종교란 불교와 기독교, 그리고 회교 정도를 들 수 있는데, 역사적으로 보면 제2기의 신앙 행태와 유사하면서도 다른 점도 있기에 구분할 수밖에 없다. 중세 암흑시대가 바로 그 한 예로, 한국사에서도 신라와 고려의 불교 예속 문학을 들 수 있다. 이 시기의 종교와 문학은 국가 권력이나 지배 계급의 이데올로기와 밀착한 단계로 볼 수 있으며, 당연히 신의 이름으로 지상에서의 약탈전을 잔혹하게 전개하기도 했다. 이런 종교적 역기능 현상은 나중에 강대국이 약소 국가를 침략하는 구실이 되기도 했다.

제4기는 종교적인 예속으로부터 인간성 회복을 위하여 문학이 해방을 구가했던 시대, 즉 르네상스 문학 이후를 지칭할 수 있다. 물론 엄격히 말하면 이 시기의 문학도 종교 이데올로기의 기반에서 완전히 벗어나지는 못했으나, 율법 실천과 성자 찬양만을 위한 문학에서 인간의 행복을 위한 문학으로 변모했음을 알 수 있다.

제5기는 근대 자본주의의 융성과 함께 대두한 봉건주의식 신앙관 그 자체를 비판적인 시각으로 바라보는 종교와 문학을 들 수 있다. 여기에는 극단적으로 말해서 무신론적인 문학, 예컨대 니체까지도 종교 문학으로 포함시킬 수 있다. 종교와 문학이 완전히 분리된 시기가 바로 이때부터라고 할 수 있는데, 근대 이후에 이르면 여러 형태의 문학 가운데 종교 문학은 다양한 문학의 한 부분에 속하게 된다. 이것은 그 이전 시대의 문학, 즉 문학이라면 은연중 종교적인 이데올로기를 내포했던 시대와는 확연히 다른 모습이다.

제6기는 현대 문학과 종교가 관계를 맺는 시기인데, 문학이 추구하는 궁극적인 인간 해방을 위하여 그동안 전개해 왔던 각종 미학적인 모험이 여전히 실현되지 못한 상태에서 새로운 출구를 찾기 위하여 종교적인 방법론에 의지하거나 임차하는 형태로 나타난다. 여기에는 신앙인으로서의 문학과 비신앙인으로서의 문학이란 차이는 있으나, 그 둘 사이의 변별성은 너무나 미세하여 일반 독자들의 시선에는 보이지 않을 지경이다. 무슨 말인가 하면 신앙을 가진 작가 중에서도 마치 자신의 종교를 부정이라도 하듯이 극단적인 종교 이데올로기의 허구성을 비판하는 작품을 쓴 예가 있다는 뜻이다. 이미 신앙을 가졌느냐 안 가졌느냐는 문제가 중요한 것이 아니다. 그보다는 인간의 실존적인 의미를 추구해 나가는데, 그 방법론으로 철학, 사상, 종교 그 무엇이나 좋으며, 문학은 그 어떤 방법론도 선택할 수 있다는 뜻이 된다.

따라서 현대의 종교 문학이란 지난 시기와는 달리 인간의 기복 신앙 형태나 찬미의 문학이 아니라 인간의 존재론에 대한 궁극적인 천착을 다루는 방법론으로 연계되어 가고 있음을 알 수 있다.

제2장 헤브라이즘과 유태교, 그리고 예수

종교란 그 지역이나 민족의 윤리 도덕의 승화로 형성된다

폴란드 출신의 인류학자인 말리노프스키(Bronisław Kasper Malinowski)는 1914년 파푸아뉴기니를 답사, 트로브리안드섬 일대를 연구한 결과 인간의 모든 제도나 관습이 생물학적인 욕구 만족을 시키는 작용을 위한 것이며, 문화란 상호 관련하여 하나의 통합적인 전체를 형성하는 것이라고 했다. 그래서 《미개 사회에서의 범죄와 관습》에서 문화란 인간의 본성을 살리기 위한 양식이라 주장한다.

이와 같은 주장을 보다 명확히 해 준 연구자로는 미국의 저명한 인류학자인 루스 베네딕트가 있다. 베네딕트에게는 두 권의 명저가 있다. 하나는 《문화의 유형》이고, 또 하나는 《국화와 칼》이다.

《문화의 유형》은 뉴멕시코 푸에블라족을 연구한 결과 푸에블라족이 이성적인 인간으로 원리와 규칙을 존중하며 규칙을 어기면 벌을 내리는 모계 사회임을 밝혔다. 여자 쪽에서 남자가 싫어지면 사냥

미국의 인류학자 루스 베네딕트.
젊은 시절 우연히 인류학 강의를 접하고
단숨에 매료되어 컬럼비아 대학에 입학,
본격적인 인류학 연구에 빠져들었다. 명
저《문화의 유형》과《국화와 칼》을 썼다.

나갔을 때 남성의 생필품을 챙긴 보따리를 집 앞에 두고, 그러면 남성
은 바로 그 짐을 갖고 어머니에게로 돌아간다는 것이다. 이와는 대조
적으로 뉴기니 남해안의 당트르카스토 군도의 도부족은 식인종들로
배신을 예사로 하며 철저한 약육강식에 추장도 없었다. 그다음 관찰
했던 미주 북쪽 벤쿠버섬의 콰키우족은 디오니소스적인 인간으로 매
우 개인적이며 상속과 경제 능력에 따라 칭호를 부여하는 제도를 지
녔다. 이들을 비교하며 저자는 인간은 본능이 아닌 관습에 의해 형성
되며 그 관습이 윤리와 도덕을 형성한다고 보았다.

　《국화와 칼》은 일본을 이해하기 위해서는 필독서이기에 우리와

도 매우 밀접하다. 제2차 대전 막바지인 1944년 6월, 미국 정부는 전쟁이 끝나면 일본을 통치해야 될 처지라 일본인을 깊이 이해하려고 루스 베네딕트에게 연구 자금을 주고 보고서를 쓰도록 했다. 그렇게 나온 저서가 《국화와 칼》로 여기서 국화란 일본인의 예술성과 충효 중시 같은 귀족 중심의 문화 풍토를 상징한 것이고, 칼은 말할 것도 없이 일본인들의 무사 정신을 상징한다. 이 두 상징 체계가 어우러진 일본이기에 루스 베네딕트는 이 저서의 마지막 장에서 "일본인같이 극단적으로 기회주의적인 윤리를 가진 국민의 경우 항복이라는 것은 있을 수 없었다. 단지 국지적인 항복이 있었을 따름이다"라면서 아래와 같이 끝을 맺는다.

일본의 행동 동기는 기회주의적이다. 일본은 만일 사정이 허락된다면, 평화로운 세계 속에서 자기 위치를 구축하리라. 그렇지 않게 되면, 무장된 진영으로서 조직된 세계 속에서 자기의 위치를 구축할 것이다. ……그들은 군국주의가 과연 세계의 다른 나라들에서도 실패한 것인가를 알기 위해, 다른 나라의 동정을 주시하리라. 만약 실패하지 않았다고 한다면, 일본은 스스로의 호전적 열정을 다시 불태워, 전쟁이 그들의 명예에 얼마나 공헌할 수 있는가를 보이리라. 반면 다른 나라들에서도 그 군국주의가 실패한 것으로 판단된다면 일본은 제국주의적 침략 기도가 결코 명예에 이르는 길이 아니라는 교훈을, 얼마나 철저히 체득하였는가를 증명할 것이다. (루스 베네딕트, 하재기 옮김, 《국화와 칼》, 서원, 1993, 296~297쪽)

오늘의 일본을 이해하는 데 이보다 더 정곡을 찌르는 대목은 없다. 우리가 지금도 친일파 청산을 주장하는 이유 또한 이 대목에 잘 나타나 있다. 일본인들은 아무리 세대가 바뀌어도 결코 지난 시절 침략의 야욕을 포기하지 않고 언제든지 기회를 보아서 재생시킬 각오임을 루스 베네딕트는 문화의 전통을 들어서 역설해 준 것이다.

이처럼 인류학을 통하여 인간 집단이나 민족이 저마다 가장 합리적인 방법으로 윤리 도덕과 신앙 행태를 가졌음을 보여 준 예로 웨스터마크(Edward Alexander Westermarck)도 있다. 헬싱키 출신인 웨스터마크는 자신의 이름을 딴 ‘웨스터마크 효과’라는 술어를 낳았는데, 그 뜻은 유년기부터 함께 생활을 하면 성적 관념이 희박해지기에 인류는 점점 근친상간을 금기하는 윤리 의식이 생기게 되고, 이에 따라 족외혼 제도로 발전하게 되었다는 것이다.

고대 종교에서 민족 종교로 전개되던 시대는 그 지역 인종이나 민족의 생활 습관에 기초한 생리 구조와 습관 등등이 축적된 기반에서 종교가 형성되었기 때문에 너무나 다양하고 그 형성 배경 또한 다를 수밖에 없다. 그중 현대사에까지도 깊은 영향을 끼치고 있는 중요한 민족 종교를 골라 순례를 떠나 보기로 하자.

헤브라이즘의 형성과 유태교

유럽 문명사의 첫 장은 헬레니즘과 헤브라이즘에서 출발한다. 앞의 헬레니즘은 그리스 문명의 총화이고, 뒤의 헤브라이즘은 유태인 문명의 통섭이다.

그런데 이집트에서 지중해를 건너기도 전인 오른쪽 홍해 저편에 있는 아라비아반도는 사정이 다르다. 이 반도는 이집트처럼 나일강의 선물이나 광막한 사막은 없지만, 그렇다고 그리스처럼 살기에 풍족한 대지도 아닌 그 중간쯤이라고나 할까. 황무지인 듯, 사막인 듯하면서도 열심히 일하면 살 만한 시련의 땅이라고나 할까. 호모 사피엔스에게 가장 많은 두뇌를 활용하도록 강제하는 대지와 같다. 이와 비슷한 조건의 대지가 또 있다. 바로 인도다.

아라비아반도와 인도는 이런 점에서 유사하여 두 지역에서 가장 강력한 민족 종교가 발전했다고 한다면 억지일까. 그 준황폐화 대지에서 기후조차 일하기에는 적합하지 않으니 사유를 많이 하지 않을 수 없는 조건이 아닌가.

기원전 13세기경부터 활동했다는 유대인들은 유랑과 방랑의 뜻을 가진 헤브라이인으로 헤브라이즘을 창출해 냈다. 인류사에서 처음은 아니지만 다신론에서 유일신을 강력히 주장한 민족이기도 하다. 이 헤브라이즘이 낳은 ‘유태교’란 민족 종교는 그이들이 원했든 원하지 않았든 관계없이 거기서 발아하여 세계 종교인 기독교로까지 승화되면서 그 위상이 가히 온 지구를 흔들 지경이다.

이 민족, 이스라엘의 고대사는 세계 어느 약소민족에 뒤지지 않는 고난의 시대인데, 크게 보면 구약 성서 시대, 페르시아와 그리스 시대, 로마 제국 지배 시대, 비잔틴 지배 시대로 나눠진다. 이를 시대별로 세분해 보면 다음과 같다.

구약 성서 시대(기원전 17세기~기원전 6세기)

기원전 17세기| 아브라함, 이삭, 야곱 시대.

기원전 13세기| 출애굽 시대.

기원전 13세기~기원전 12세기| 헤브루 민족, 팔레스타인 정착.

기원전 1020년| 군주제 성립. 초대 왕은 사울.

기원전 1000년| 다윗 왕, 수도 예루살렘 건설.

기원전 960년| 솔로몬 왕, 성전 건설.

기원전 930년| 유다 왕국과 이스라엘 왕국 분열.

기원전 722~기원전 720년| 아시리아에 의해 이스라엘 왕국 멸망.

기원전 586년| 유다 왕국, 바빌로니아에게 멸망. 유대인들은
바빌론에 포로로 잡혀 감. 이른바 바빌론 유수.

페르시아와 그리스 시대(기원전 536년~기원전 142년)

기원전 538~기원전 515년| 바빌론으로부터 제1차 귀환.
제2차 성전 건설.

기원전 332년| 알렉산더 대왕에게 정복당함. 그리스 지배 시작.

기원전 166~기원전 160년| 하스모니아 마카베가의 반란.

기원전 142~기원전 129년| 하스모니아 왕조 아래 유대인 자주권
확립.

기원전 129~기원전 63년| 하스모니아 왕국 안에서 유대인 독립.

로마 제국 지배 시대(기원전 63년-기원후 313년)

기원전 63년| 폼페이우스, 예루살렘 점령.

기원전 63~기원후 4년| 헤롯 통치.

기원후 20~33년| 나자렛 예수 활동.

기원후 66년| 유대인 로마에 항거.

기원후 70년| 로마의 티투스 장군, 예루살렘 성전 파괴.

기원후 73년| 마사다에서 유대인 항전.

기원후 132~135년| 바르 코크바(Bar Kokhba) 반란.

이 시대를 풀어 보면 노아의 맏아들 셈의 후손인 셈족은 유대인의 선조로 기원전 2000년대 말 가나안(팔레스타인)을 정복하면서 '히브리인'이라 불렸다. 아담의 10세 손인 노아는 헤브라이어로 휴식이라는 뜻이다. 노아는 방주를 건조해 가족과 동물 한쌍씩을 방주에 실어 대홍수에서 생존했다. 의인인 노아는 홍수 이후 350년을 더 살아 950세에 죽었으며, 세계 인류의 조상으로 추앙받는다.

노아는 500세 때 셈, 함, 야벳 세 아들을 두었는데 셈은 중동인의 조상, 함은 아프리카인의 선조, 야벳은 유럽인의 조상이 되었다. 히브리인, 가나안인, 아시리아인, 바빌로니아인, 아랍인 들을 통틀어 '셈족'이라 한다. 기원전 6세기 말 바빌론 유수 때 포로로 잡혀갔다가 다시 팔레스타인으로 귀환하기까지는 '이스라엘인'으로, 그 이후에는 '유대인'이라 통칭한다.

아브라함은 유대교, 그리스도교, 이슬람교의 조상으로 '열국의 아버지', '민중의 아버지'로 칭송받는다. 아브라함의 적통은 이삭에

1634년 렘브란트가 그린 〈아브라함과 이삭〉. 하나님이 아브라함의 믿음을 시험하고자 제물로 이삭을 바치게 하는 장면을 그렸다. 신의 뜻을 따라 칼로 아들을 죽이려는 아브라함의 손을 천사가 막고 있다.

이어졌는데 그 때문에 이삭은 많은 수난을 당했다.

이삭은 리브가와 결혼, 쌍둥이 아들 에서와 야곱을 얻었다. 야곱은 형 에서의 장자 상속권을 속여서 얻었기에 형의 보복을 피하고자 하란의 외갓집에서 20년을 살면서, 외사촌 누이 레아와 라헬, 두 여종을 아내로 삼아 열두 아들을 낳았다. 이들이 이스라엘 열두 부족, 혹은 12지파의 조상이다. 열두 아들은 장자 르우벤부터 시므온, 레위, 유다, 잇사갈, 스불론, 갓, 아셀, 단, 납달리, 요셉, 베냐민이다.

이처럼 아브라함-이삭-야곱의 열두 아들로 이뤄진 12종족이 이스라엘의 여러 부족을 형성했다. 그 아들 중 '유다'족에서 유태교란 명칭이 유래했고, 다윗 왕의 후계자인 솔로몬이 세운 '야훼'를 모신 예루살렘 신전을 모태로 신앙심이 응집되었다. 바로 유대교의 맹아다.

야훼의 계시를 받은 모세는 애굽에서 오랜 노예 생활을 하던 이들과 홍해를 탈출, 400년 고난의 시대에 종막을 내렸다. 모세는 시나이산에서 '십계'를 받았다. 레위 가문의 후손인 모세는 80세 때 야훼에게 민족 해방의 명을 받고 형 아론의 협조 아래 승리를 쟁취, 민족 유일신의 선민사상을 고착시켰다. 뒤이어 모세의 후계자인 여호수아가 가나안에 들어가 터전을 닦았다.

이후 2세기 동안 사사기(士師記) 시기를 거친 뒤 기원전 11세기 사무엘이 민의에 따라 사울을 이스라엘 민족의 첫 왕으로 옹립했다. 그 뒤 다윗, 솔로몬으로 승계됐는데, 솔로몬은 그 명성과는 달리 토목 공사와 사치로 국가를 피폐케 했다. 솔로몬 왕 사후에 북 이스라엘과 남 유다국이 분리됐다. 북부 열 부족의 규합으로 형성된 이스라엘은 왕조 교체가 빈번했던 불안 속에서 아시리아 침공으로 멸망했고, 유다족 중심으로 보수성 짙었던 유다국도 신바빌로니아 침략과 세 차례에 걸친 바빌론 유폐 사건으로 멸망했다.

유대족은 유폐 기간 중 유일 신앙을 굳건히 다져서 다른 민족에 흡수되지 않은 '유대인'을 형성할 수 있었다. 기원전 538년 페르시아에게 신바빌로니아가 패망한 뒤 팔레스타인으로 귀환한 유대인들은 페르시아의 지배, 알렉산더의 정복, 폼페이우스의 침략으로 로마 통치 아래로 들어갔다. 이런 민족적 수난을 통하여 팔레스타인 지역 이

외에 흩어져 거주하는 유대인을 일컫는 '디아스포라(Diaspora)'란 술어가 생겨났다.

시련이 깊으면 민족적 양식을 지닌 지식인들이 속출하기 마련인데, 유대인들은 그들을 '예언자'라고 불렀다. 아모스, 예레미아, 엘리야 들이 활약했다. 구약 성서에는 이사야, 다니엘, 욥 같은 민족적 양심을 지녔던 지성들의 외침이 연이어 등장한다.

그래서 유대교의 맹아는 기원전 10세기까지 소급해서 야훼교를 거론하기도 한다. 그러나 전설상의 승계일 뿐이고, 실제로는 바벨론 유폐에서 귀환해 성전을 재건했던 기원전 5세기로 본다. 이때 제사장이었던 레위지파를 몰아내고 주류를 이뤘던 유파들은 사두개파, 바리새파, 에세네파 들이다. 이 가운데 바리새파는 안식일을 엄격히 고수하고 십일조를 실시해 유대인 통일 의식에 기여했다.

그 뒤 유대교는 바리새파가 계승 발전시켜 오늘에 이르고 있다. 바리새파는 기원후 90년 바리새파 회의를 개최, 기존 유대교와 다른 바리새파 유대교의 기준을 재조정했다. 그리고 기독교와도 다른 신앙 형태를 중심으로 회당 예식을 일상화했고, 경전 역시 바리새파 유대교 사상을 정경으로 삼았다. 그래서 오늘날 유대교는 야훼가 모세에게 내린 시나이산의 계명과 구술 형식으로 이뤄진 토라(Torah, 율법)를 중시한다.

망국 500년, 예언자조차도 등장 않는 절망의 한가운데

예수 그리스도가 출현한 때는 유태인이 나라를 잃은 지 500년이나 되는 절망과 체념의 시대였다. 당시 지중해 지역 일대는 문화적으로는 헬레니즘이, 정치적으로는 팍스 로마나, 곧 '로마에 의한 평화'가 지배했던 시기로 이스라엘은 영도력을 지닌 민족 지성의 예언자조차도 등장하지 못했던 절망의 한가운데에 놓여 있었다.

이미 앞에서 고대부터 이민족의 잔혹한 강압 통치 아래서 유태인이 얼마나 긴 고난의 세월을 보냈던가는 서술했다. 세계 역사상 유태인처럼 길고 심하게 박해당한 고난의 민족사는 그 유례를 찾기 어려울 것이다. 근대 제국주의 시대 이후 제3세계 민족이나 국가들이 당했던 고통이나, 아프리카 흑인 노예들의 고통과 견줄 정도의 민족 수난사라 하겠다.

그래서 유태교는 세계 어느 민족 종교보다도 훨씬 강한 선민의식과 민족 중심 사상으로 굳어져 구세주, 곧 메시아라는 개념으로 승화되었다. 그 사상의 근저에는 유대 민족의 독립과 해방을 위한 '야훼'를 향한 기원이 담겨 있다. 야훼는 헤브라이어로 존재한다, 있다, 실재하는 것, 존재케 하는 것을 뜻한다. 모세가 명명했다고 전하는 이 신은 사막 지대의 환경과도 깊은 관계가 있을 것이다.

구약 성서를 속칭 '이스라엘 삼국지'라 하는데, 나는 이를 '이스라엘 독립 투쟁사'로 본다. 구약의 여러 선지자나 투사들 가운데에서도 유태 민족의 종교적인 메시아 사상을 가장 극명하게 상징하는 인물은 욥이다.

구약 〈욥기〉의 주인공인 욥은 모든 선지자 중 가장 억울한 고통을 당한 인물이다. 신과 사탄이 의인을 시험하는데, 의인에게 복을 내리고 악인에게 화를 내리는 것이 아님을 보여 주고자 선택된 게 욥이다. 그러니 신은 욥을 통하여 자신의 속내를 일깨워 준 셈인데, 그 상징성은 진정한 애국자들에게 내린 고통 그 자체도 메시아의 뜻이라는 것이다. 이런 민족적 양심을 지녔던 지성들의 외침이 바로 '이스라엘 독립 투쟁사'에서 가장 소중한 장면이 아닐까. 욥의 고난은 곧 어떤 수난과 모욕 속에서도 조국을 배신하지 말라는 유태 민족 중심 사상의 핵이 스며 있는 것 같다.

민족 종교 중 가장 배타적으로 보이는 힌두교는 그들 자신이 외부로부터 침략해 들어가 지배 계급에 올랐기 때문에 지배력 그 자체를 수호, 방어하는 정도에 머물렀고, 일본의 신도는 천황 체제의 공고화를 위한 목적 의식이 노골화되어 있어 그 배타성이 느껴진다. 하지만 유태교와 같은 절대 가치로서의 구세주 개념에는 이르지 못했다.

유태교가 이렇게 견고하게 형성된 데는 유대족이 겪었던 민족 수난사를 모르고서는 이해가 어려울 것이다. 여기서 이렇게 유태교를 자상하게 이해시키려는 건 기독교의 모태인 유태교의 역사적인 실체를 반드시 알아야 하기 때문이다. 불교의 모태가 힌두교였듯이 기독교의 모태는 유태교로, 세계 종교로 승화한 두 종교가 다 풍성한 모태를 배경으로 가졌음을 염두에 둘 필요가 있기 때문이다. 이처럼 유태 민족 수난사를 강조한 것이 행여나 '현대 제국주의 시대'의 아랍 문제 전반에 대한 이해나 판단에서 편견을 유도하려는 의도는 전혀 없다는 점을 분명히 해 둔다.

이런 시대에 예수는 태어났다.

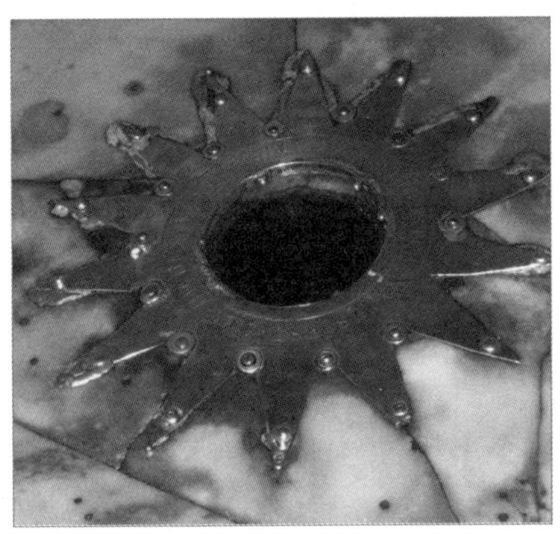

예루살렘 남쪽 베들레헴에 있는 예수 탄생 동굴. 지하로 내려가 보면 동굴 바닥에 아기 예수가 태어난 곳을 알리는 은색 별 표식이 장식돼 있다. '베들레헴의 은별'이라고도 불린다.

예수가 태어난 말구유 자리에 세워진 성탄 교회. 세상에서 가장 낮은 왕, 그러나 동시에 구세주로 불리는 예수의 탄생지를 찾는 순례자들의 발길이 끊이지 않는다.

예수 그리스도의 '예수스'는 헤브라이어 요슈아(여호수아)의 음역이고, '그리스토스'는 헤브라이어 마시아하(메시아)의 그리스어 번역으로 '기름 부은 자'란 뜻이다. 당시에는 구세주라는 의미로 쓰였다. 그러니 이름부터 예수는 투철한 유태교의 전통을 이어받은 셈이다.

예수의 출생지에는 크게 두 가지 설이 있다. 나사렛 출생설과 베들레헴 출생설인데, 나사렛은 예수의 성장지로 알려져 있으나 나사렛에는 마리아가 물을 길었다는 '마리아의 우물'이 있을 뿐이다. 그에 견주어 베들레헴은 예수 그리스도의 탄생지로 공식화되어 있어 탄생 동굴 뒤에 성탄 교회까지 있다. 이는 메시야가 다윗의 자손으로 다윗처럼 베들레헴에서 출생한다는 설에 근거한다.

신약 성서에 의하면 성모 마리아는 갈릴리 지방 나사렛 마을에 살았고, 다윗 집안 출신인 목수 요셉과 혼인했다. 출산이 임박하여 헤롯 왕의 호적 일제 조사 명령이 내리자 나사렛을 떠나 베들레헴으로 가던 도중 예수를 출산했다.

마리아는 세례 요한의 어머니 엘리자베스와 친척이다. 세례 요한은 "죄를 회개하라"며 요르단 강물에서 세례 운동을 펼쳤다. 그리고 헤롯 왕이 형 필립보의 아내 헤로디아와 결혼한 걸 비난하다가 체포, 투옥을 당해 살로메의 청으로 목이 잘려 죽었다.

프랑스의 종교사가이자 작가인 에르네스트 르낭은 《예수의 생애》에서 이렇게 말한다.

그 가족은 한 번의 결혼에서인지 여러 번의 결혼에서인지는 모르겠지만 어쨌든 숫자가 많았다. 예수에게는 형제자매가 있었는데, 그중에 예수가 맏이였던 것 같다. 동생들과 누이들은 여태껏 분명히 알려지지 않고 있다. 그의 동생이라 하여 이름이 나온 네 사람 ― 그중 적어도 야고보는 그리스도교 발전 초창기에 중요한 인물이 되었는데 ― 사실 그의 사촌 형제들이었다. 사실 마리아에게는 마리아라는 같은 이름의 동생이 있었는데, 이 동생은 알패오 혹은 글레오파라는 사람의 아내요, 또 예수의 최초의 제자들 가운데 중요한 역할을 한 여러 사람의 어머니였다. 예수의 친동생은 예수를 반대했지만, 이 사촌 형제들은 젊은 스승을 열심히 섬겨, '주님의 형제'라는 칭호를 얻었다. 예수의 친동생들은 그의 모친과 마찬가지로 그가 죽은 후에야 비로소 널리 알려졌다. (에르네스트 르낭, 최명관 옮김,

《예수의 생애》, 훈복문화사, 1967, 107쪽〕

예수의 생애에 대해서는 워낙 엄청난 연구서와 전기가 산적해 있기에 나로서는 전공 분야가 아니라 두루 섭렵하지 못했다. 다만 내 관점대로 석가든 예수든 누구든 이 지상에서 활동했던 그 자체를 충실하게 실증적으로 밝혀 준 저술을 찾다가 르낭에 시선이 꽂혀 이를 텍스트로 삼았을 뿐이다.

식민 통치에 원천적인 저항으로 인류 해방을 구가하다

르낭에 따르면 "웃음을 머금은 듯하면서도 웅대한 이 자연이 예수가 배운 것 전부"였다고 한다. 작은 유대 마을인지라 상급 학교도 없었다. 그리스 문화가 지배하는 시대였지만 시골이라 영향이 없었고, 다만 갈릴리 지역의 유태 운동이 가장 큰 영향을 끼쳤다. 갈릴리는 포도와 포도주가 유명했는데, 대리석이 없어서 유명한 장인도 없었고 세련된 언어도 없었다.

예수는 마을 서당의 훈장들에게 동양식 암기하는 방법으로 글을 익혔는데, 르낭은 "예수가 쓰던 언어는 당시 팔레스티나에서 쓰이던 히브리말이 섞인 시리아의 방언"이라고 했다. 르낭은 예수가 헬레니즘 사상이나 스콜라 철학에 접근하기보다는 구약 성서를 비롯한 많은 전통 문화에 대한 독서를 했을 것이라 유추했다. 그만큼 한촌 지역이라 학문적인 배경이 얕았다는 뜻이다. 그러나 너무나 영민했던 예수는 그 어떤 읽을거리나 심지어 자연 현상에서조차도 풍부한 감성과 지성과 상상력으로 많은 깨달음을 얻었다고 르낭은 평가한다.

예수는 구약 중에서 〈다니엘서〉와 〈에녹서〉를 탐독했다. 〈다니엘서〉는 신바빌로니아 제국의 느부갓네살(네부카드네자르 2세)에게 포로가 된 유대인 청년 귀족 다니엘에 관한 기록이다. 그리고 에녹은 〈창세기〉 5장 24절에 "에녹은 어떤 계기가 되어 하나님과 동행하게 되었나?"라는 구절에 나오는 바로 그 인물로, 〈에녹서〉는 구약의 외경이다. 분량이 가장 많아 108장에 이르며, 초대 교회 필독서였다.

당시 유태인들은 징세의 기초가 될 호구 조사에 반대하였다. 이에 갈릴리 지방 디베리아호 동쪽 가말라 마을의 유다는 바리새인 사독과 함께 당파를 조직하여 반란을 일으켰으나 실패했다. 하지만 그 세력은 여전히 남아 있었다. 이에 예수가 그 유다를 만났을 것으로 추정한 르낭은 유다를 통하여 예수가 직접 반란이 아닌, "다른 왕국과 다른 해방"을 꿈꾸게 되었다고 보았다.

이 대목은 매우 중요하다. 예수는 현세의 무단 통치 세력인 로마에 필적할 군사도 갖지 못했고, 다른 저항 집단처럼 무모하게 항거하다가 희생되는 것도 최선은 아니라고 보았을 것이다. 거기다 예수는 인간이 인간을 탄압하는 세상을 근본적으로 부인하면서 사해동포주의의 평화로운 삶을 지향하며 그런 지상 낙원을 만들기 위해서는 먼저 인간 해방이 우선되어야 한다고 보았다. 그 길이야말로 유태의 오랜 숙원인 메시아를 맞을 수 있는 유일한 방법일 것이다. 이를 이룩하고자 예수는 전력투구했다.

의부 요셉이 죽자 마리아는 가장으로 집안을 책임져야 했다. 그래서 마리아는 나사렛에서 두 시간 남짓 거리인 친정 동네 가나로 이사했고, 관습대로 예수는 목수 일을 배웠다. 당시는 어떤 직업이든 실제적인 한 가지 기술은 익혀야 했다.

예수는 사색을 그치지 않았지만 석가처럼 철학적이기보다는 문학예술적이자 신비주의적이었다. 르낭은 "하나님을 대뜸 '아버지'로 생각한 것에 예수 신학의 전부가 있다"는 말로 모든 걸 대신했다. 실로 "독창적인 위대성"은 이렇게 확대 심화된다. 하나님과 아버지의 일체화는 위대한 혁명이었다. 이런 발상이 나올 수 있었던 것은 학문적인 탐구나 철학적인 사색의 산물이 아닌, 문학예술적인 탁월한 상상력에다 섬세한 감수성과 신비주의적인 감각까지 겸했기에 가능한 일이었다. 메시아, 신, 창조주라는 아득한 존재를 '아버지'로 호칭함으로써 예수는 일약 하나님의 아들이 되어 버린 것이다.

예수의 하나님은 우리의 아버지이다. 우리는 우리 속에서 '아버지'라고 소리 지르는 가벼운 숨결을 들을 때 하나님의 음성을 듣는다. 예수의 하나님은 이스라엘을 자신의 백성으로 택하고 다른 모든 민족으로부터 보호하는 편파적인 압제자가 아니다. 그의 하나님은 인류의 하나님이다. (같은 책, 144쪽)

'하나님의 나라', 또는 '하늘나라'라는 이름은 혁명을 이룩하기 위해 예수가 즐겨 썼던 표현이다. 〈다니엘서〉 7장 27절에는 "그의 나라는 영원한 나라"라는 표현이 있는데, 그 나라란 "성도들의 나라이며,

또 영원히 존속하리라는 것"으로, "메시아나 제2의 다윗이 다스리는 나라"라는 것이다. 이런 깨달음을 펼치고자 예수는 초기에 격언이나 속담,《탈무드》를 십분 활용했다.

이와 같은 표현 방법의 감동성은 곳곳에서 드러난다. "자선, 연민, 선행, 온유, 평화를 바라는 마음, 욕심이 없는 마음에 관해서는 그는 유대교에서 가르치는 것에 더 보탤 것이 별로 없었다." 하지만 예수는 이런 일들을 사람을 크게 감동시키는 어조로 말했고, "이로 인하여 오래전부터 있었던 격언들은 새로운 것이 되었다."

특히 "자연에 대한 뛰어난 감정"과 그에 따른 "순간마다 교묘한 비유를 마련"하는 탁월한 표현들이 그 좋은 예이다. 이런 자연에 대한 뛰어난 비유법은 농촌에서 자연 친화적으로 성장한 예수가 지닌 감수성의 선물이라 하겠다.

격언이나 되풀이, 변형 같은 수사법 또한 탁월하다. 유태교의 보수와 위선을 비판하면서 단호하고 확신에 찬 표현에다 희생을 각오한 대담성, 혁명화한 과단성도 감동을 자아낸다. 윤리 의식이나 가치관은 옛 복음을 그대로 전수하면서도 최고 덕목은 모든 가해자도 용서하라는 자애를 강조한 점도 매우 고차원적인 전략이다.

"그래야만 너희는 하늘나라에 계신 아버지의 아들이 될 것이다. 아버지께서는 악한 사람에게나 선한 사람에게나 똑같이 햇빛을 주신다. 너희가 자기를 사랑하는 사람만 사랑한다면 무슨 상을 받겠느냐? 세리들도 그만큼은 하지 않느냐? 또 너희가 자기 형제들에게

만 인사를 한다면 남보다 나을 것이 무엇이냐? 이방인들도 그만큼은 하지 않느냐? 하늘에 계신 아버지께서 완전하신 것같이 너희도 완전한 사람이 되라.”(《마태복음》 5장 45절)

유대교가 세워 놓았으나 그 민족의 관료 계급들이 소홀히 여겼던 큰 원리들을 재정립하면서 기성 신앙과 대립한 게 바로 예수였다.

기원후 28년경 예수는 세례 요한에게 세례를 받았다. 사제 가문에서 태어나 극기 수양으로 단련받은 요한은 안이해진 사제 계급들에게 일대 경종을 울리며 민중에게 감동적으로 다가섰다. 더구나 숙부 헤롯 안티파스와 결혼한 헤로디아의 부도덕을 공공연하게 비판하면서 요한의 명성은 한층 고조되었다. 예수는 요한에게 조심스럽게 접근했을 것이다. 그러나 이듬해 요한은 구속된 후 널리 알려진 대로 비참하게 처형당했다.

30세부터 공적인 활동을 시작한 예수는 설교하던 중 ‘사람의 아들’이라는 술어를 ‘나’라는 말로 대치했다. 셈족어에서는 단순하게 ‘사람’이란 의미를 가졌던 이 말은 〈다니엘서〉 7장에서 큰 심판 회의가 열리자 ‘사람의 아들’이 등장하여 그에게 세계를 심판하고 또 영원히 세계를 다스릴 권능을 주고 있다는 서술에 이르면 언어의 상징성이 크게 달라진다. 이를 예수가 사용하자 그 의미는 더욱 심화되어, 인간미와 하늘의 권능을 대변하는 두 가지 의미가 겹쳐져 청중을 사로잡기에 이른다.

예수는 33세 때 최후의 만찬을 맞는다. 제자들과 자주 거닐던 겟

세마네 동산을 산책 도중 예수는 빌라도 총독이 보낸 군에 피체되었다. 그리고 골고다에서 처형당하는데, 골고다란 라틴어 칼바리(Calvary)로 해골을 의미한다. 예수는 십자가에 못 박혀 처형, 사흘 뒤 부활해 40일 후 승천했다는 것이 제자들의 증언이다. 그 생애는 신약 성서 〈마태복음〉, 〈마가복음〉, 〈누가복음〉, 〈요한복음〉, 〈사도행전〉에 기술되어 있다.

사후 예수에 관한 주요 전기나 연구서는 엄청나지만 예수의 사상을 가장 먼저 기록한 것은 바울이었다. 명문 유태교 가문 출신으로 직계 제자도 아니었고, 도리어 기독교 탄압자였던 바울은 예수를 직접 만난 적이 없었다. 그러나 오로지 신비 체험을 통해 예수의 호소를 들었다. 그것은 왜 자신의 신봉자를 학대하느냐는 항의였다. 이를 계기로 바울은 예수의 십자가 처형, 부활 같은 널리 떠돌던 사실들의 편린을 취재했다. 그렇게 해서 얻은 몇 가지 행적을 중심으로 그 사상을 유추해 내어 기독교를 선교하며, 자신이 선교했던 지역에서 생긴 문제점이나 질문을 해결, 응답하는 형식으로 〈로마서〉, 〈고린도 전서〉, 〈갈라디아서〉를 썼다. 예수를 직접 따랐던 제자들의 저술은 바울에 뒤이어 나왔는데, 주요 제자들을 잠시 살펴보자.

베드로는 어부 출신으로 바울과 쌍벽을 이루는 성인이다. 또한 로마 네로 시대의 대표적인 순교자로 초대 교황으로 간주된다. 요한은 헤롯왕 때 첫 순교자인 대야곱과 형제 간으로 어부 출신이다. 베드로, 대야곱, 요한 셋은 예수의 최측근으로 소아시아 전도에 공적을 세웠다. 에베소에서 주로 활동했는데, 이곳은 터키 이즈미르 남서쪽 약

50킬로미터 지점에 있다. 이 밖에 바울과 절친이며 의술에 뛰어났던 누가, 세리 출신의 마태가 줄줄이 이어진다.

예수 사후 기독교 사상의 전개 과정

교회 발전사는 예수 사후 500년간을 '초대 교회'라 하며, 그 후 1,000년간을 '중세 교회', 16세기에서 19세기까지 400년간을 '근대 교회', 그 이후를 '현대 교회'로 구분한다. 각 시대를 개관해 보면 다음과 같다.

초대 교회는 탄압에서 신앙의 자유를 획득해 낸 시기로 진정한 '나'의 탐구와 구원을 위한 신앙이 주조를 이뤘다. 그 기초는 '말씀', 곧 복음을 전하는 것을 가장 중요한 믿음의 전파로 삼았다. 감히 말하건대 아마 이때의 믿음과 전교가 가장 예수의 원형에 가깝지 않았을까 싶다. 이런 초대 교회가 성공하여 새로운 시대를 맞게 된 것은 세계사의 흐름을 탄 행운이었다.

중세 교회는 467년 서로마 제국의 멸망으로 전 유럽이 무질서와 혼탁의 시대로 접어들어 버린 일대 격변이 가져다준 뜻밖의 선물이었다. 대제국 서로마가 무너지자 전 유럽은 국가 체제와 사회 질서 규범이 붕괴되어 버렸다. 아이들이 태어나도 출생 신고조차 할 곳이 없는 황당한 세월 속에서 그나마 행정 체계를 갖추고 국민들에게 삶의 지표를 세워 줄 만한 기관이 성당밖에 없었다. 성당은 그 임무를 고스란히 이어받고 점점 굳어져 새로운 국가들이 들어서서 정부가 형성되어도 주민들은 성당의 질서를 그대로 지켰다. 난장판인 혼란스런 사회 속에서 인간다운 삶을 영위하려는 신앙심이 발로되면서 시동이 걸린 게 성당이었던 것이다.

거기다 문명의 재창조와 교회 권위의 확립이 요청되던 시대였다. 농업의 획기적인 발전이 이뤄졌고, 고아원과 병원이 개설되었으며, 교회 중심의 행정 체계가 완비된 데다 대학의 설립 같은 긍정적인 면도 등장했다. 하지만 중세 후기로 접어들자 사회에 봉사해야 할 종교가 사회를 지배하게 되면서 비판 의식이 고조되기도 했다.

근대 교회는 종교 개혁의 물결이 보편화된 시대로 그 배경에는 근대적인 국가 체제의 공고성이 있었다. 과학의 발전과 신학적인 대응이 갈등을 유발하면서 신앙에서도 여러 주장들이 속출하여 각종 유파가 등장, 배타적인 신앙으로 굳어지기도 했다.

마지막으로 현대 교회는 문화 대혁명의 시대답게 교회가 일종의 살롱처럼 된 데 대한 진지한 반성과 '신의 사명'을 추구하던 시대다. 그 결과 세계의 인간화를 위한 공통 사명으로 교파를 초월한 협력 관계가 이뤄지고 있다.

이렇게 교회사를 정리하는 데 참고한 도서로는 J. M. 캐롤의 《피 흘린 발자취》, 윌리스턴 워커의 《기독교회사》, A. M. 렌위크·하만 공저 《간추린 교회사》 들이 있다.

이제 이런 외형적인 교회사 시대 구분이 아닌, 기독교 사상사 또는 그 신앙의 내용과 행태에 따른 변모 양상을 간략히 훑어 보기로 하자.

로마의 첫 황제였던 아우구스투스 대제는 '황제 예배'를 창안하여 강행했는데, 이것이 기독교 의례와 갈등을 야기시켰다. 그 뒤 네로 황제가 일으킨 기독교 박해로 바울과 베드로가 순교했다. 시엔키에비치의 소설 《쿼바디스》는 이 시대의 순교를 다룬 걸작이다. 그러니 이 시기까지 로마의 신앙 형태는 황제에 따라 시계추처럼 흔들렸다.

기원후 313년 서로마의 콘스탄티누스 대제가 동부 지역 리키니우스 황제와 밀라노에서 '종교 관용론 칙령'을 발표하면서 기독교가 로마에서 공인되었다. 312년 콘스탄티누스는 반란군과의 전투 중 하늘에서 "이 인장(印章, 십자가)으로 이겨라"라는 글자를 보고 그대로 시행하여 승리하고, 마침내 313년 기독교를 공인한다.

기독교의 공인은 단순한 신앙의 변화가 아니었다. 십자가 형벌과 검투사 폐지를 비롯해 축첩과 간음을 금하고, 이혼을 제한하는 한편, 여자들에게 토지 외의 재산 소유 허용, 죄인의 이마에 화인 금지 같은 일대 변혁을 가져왔다. 여기에다 교회법과 국법을 같은 효력으로 인정하며, 교회 건물을 성역으로 삼아 죄인도 보호받을 수 있도록 조처했고, 교직자에게 죄인의 사죄와 감형도 요구할 수 있는 권리를 부여했다. 일요일을 지키게 하여 농업 외의 모든 영업을 금지하고 군대의 훈련도 쉬게 하였으며, 성직자는 병역과 세금도 면제해 주었다.

기독교 사상사에서 중요한 결정인 니케아 공의회가 열린 건 325년 5월 20일부터 42일간이었다. 이 회의가 중요한 건 알렉산드리아 주교였던 아리우스의 주장을 잠재웠기 때문이다. 아리우스 주장의 요지는 예수 그리스도는 피조물로, 세계 창조의 대리자이지만 영원하지는 못하며, 성부 하나님과 달리 신보다 낮은 '신과 인간의 중간적 존재'라는 것이었다. 이런 주장이 공공연하게 나돌아 동방 지역에서 다수를 이루게 되자 황제는 회의를 소집, 하나님과 인간을 결합시킬 수 있으려면 그 중재자는 피조물로는 불가능하기에 반드시 하나님이라야 된다는 교리를 확고히 다졌다.

그러나 인간사의 모든 쟁점은 회의만으로는 정리되지 않으며 특히 신앙 문제는 더더욱 그렇다. 기독교 사상의 첫 총화이자 신의 역할을 뚜렷하게 세운 건 아우구스티누스였다. 누미디아 출생인 아우구스티누스의 아버지는 포도원을 경영하던 이교도였으나 어머니는 신자였다. 그러나 아들은 카르타고 유학 중 여인과 15년을 동거하며, 성서와 교회 권위의 강요를 비판하던 마니교 신자였다. 이란인 마니가 창시한 이 이교는 조로아스터교를 모체 삼아 그리스도교, 메소포타미아의 그노시스주의와 전통적 토착 신앙, 불교까지 융합한 거의 세계 종교적인 요소를 가졌으며 4세기경에는 이집트, 북아프리카, 이베리아반도에까지 전교되었다.

그러던 아우구스티누스가 32세에 세례를, 37세에 성직을 받더니 4년 만에 주교가 되었다. "인간의 내면이야말로 진리가 사는 집"이라고 말한 아우구스티누스는 신의 예정설을 믿었다. 구원은 오로지 신의 역할이라는 예정설은 아우구스티누스의 '교부 철학'으로 체계를 갖추고 오늘날까지 이르고 있다. 아우구스티누스는 《고백록》, 《신국론》 같은 명저를 남겼다. 다신론을 비판한 아우구스티누스는 인간의 욕구를 채워 주는 건 신만이 가능하며, 무에서 창조하고 무로 회귀하는 피조물인 인간은 신에게서만 안식이 가능하다고 했다.

그러나 다른 견해는 얼마든지 튀어나오기 마련이다. 5세기 중엽, 콘스탄티노폴리스 총사교로 상당한 권위와 발언권을 지닌 네스토리우스가 그리스도가 하나님이자 인간이라는 1인 인격설을 부인하면서, '하나님의 어머니'라는 마리아의 칭호도 부인했다. 가톨릭은 오로지 하나의 가치관, 하나의 기치를 가져야 했기에 교단은 431년 에베소 회의를 열어 네스토리우스를 이단으로 파문했다. 그러나 추방당한 네스토리우스 사상은 이란을 거쳐 중국 당나라에 전파되어 도교와 공존하다가 송대에 약화, 소멸되었다. 네스토리우스파는 중국에서는 경교(景敎)로 불렸다.

이런 와중인 476년, 서로마가 멸망했다. 전 유럽이 거의 무정부 상태로 변했고, 이때 가톨릭이 윤리와 도덕적인 기반을 세워 중세 교회의 번영을 가져왔음은 앞서 살펴 본 바와 같다.

이 시기에 그레고리우스 1세가 새로운 기치를 내걸었다. 원로원 아들로 태어난 그는 영지를 팔아 빈민에게 나눠 준 뒤 일곱 수도원을 만들어 수도사로 활동하던 중 교황이 되어 교황권을 확립시켰다. 이어 베네딕투스는 '서방 교회 수도 생활의 아버지'로 수도원 제도의 창설자가 되었다. 수도사는 청빈, 정절, 복종의 의무와 함께 기도, 명상, 노동의 의무를 지도록 했다.

725년 우상 숭배 금지령을 내린 동로마 황제 레오 3세는 모든 성화상은 우상이라며 파괴할 것을 명령해 물의를 빚었다. 소아시아 농민들을 동원해 사라센과의 전쟁에서 승리한 황제가 농민들이 성화상을 우상시하자 그에 대한 조처로 내린 것이다. 나중에는 동방 교회가 인정하자는데 서방 교회가 반대하여 분열이 촉발되었다.

이렇게 사소한 차이로 벌어지면서 1054년에는 기독교가 서방 교회와 동방 교회로 완전히 나뉘어져 버렸다. 물론 성화상 문제뿐만 아니라 문화적인 배경의 차이와, 교황과 총주교 간의 갈등 같은 것이 원인이기는 했지만 세계 종교조차도 이 정도의 포용성과 융통성이 없느냐는 비판을 면하기는 어려울 것이다.

교황권이 강해지자 그레고리우스 7세가 드디어 선을 넘었다. 토스카나 주의 가난한 집안 출신으로 교황이 된 뒤 사제의 결혼과 성직 매매를 금지하며 교황권의 지고성을 고조시킨 그레고리우스 7세는 독일 왕 하인리히 4세에게 '카노사의 굴욕'을 겪게 한 장본인이다. 하지만 나중에는 자신이 왕권에 쫓겨 망명 중 사망했다. 교황권과 세속권의 분수령을 이룬 이 사건은 이후 '십자군 원정'이라는 기독교 역사 일대 비극에 잠시 묻혀 버렸다. 1095년부터 1434년에 걸친 이 야만적인 침탈 전쟁은 향후 기독교가 인류 역사에 어떤 고통이라도 가져올 수 있다는 전망을 할 수 있게 했다. 신의 이름으로 행해진 이 야만적인 약탈과 살육전에 대해서는 이미 많은 비판서가 있기에 관심 있는 독자들은 참고하기 바란다.

이렇게 타락한 행태가 자행되면 역사는 반드시 이를 바로잡으려는 세력이 부상하기 마련인데, 이번에는 그게 경건한 신앙 정신을 찾으려는 운동으로 나타났다.

성 프란체스코는 부유한 상인의 아들로 태어나 사업에 종사하던 중 포로 생활의 고통으로 출가, 걸식단을 조직한다. 프란체스코는 '작은 형제들'을 구성, 탁발승 수도회를 창설하고서 청빈·정결·복종을 서약하고 수도에 들어갔다. 프란체스코는 인간에 대한 정열적인 헌신과 친밀감, 자연애로 유명하다.

피터 발도는 발도파 평신도 운동의 창시자다. 남프랑스 리옹 출신의 상인인 발도는 신앙 운동에 투신해 로마 교회를 부인하고 성서에 입각한 신앙 활동을 펼쳤다. 또한 연옥에 대한 교리, 화체설(化體說, 성찬에서 먹는 밀빵과 포도주가 각기 예수의 몸과 피로 변한다는 학설)을 부인하고, 무오류설을 비판하며 평신도 선교권을 요구하고, 제7일을 안식일로 할 것을 호소하다가 1545년에 4천여 명이 학살당하는 비극을 낳았다.

이런 가운데도 신학은 발전한다. 토마스 아퀴나스는 스콜라 철학의 대가로, 신 중심의 입장을 유지하면서도 인간의 상대적 자율성인 세속적인 인간 삶의 가치를 역설해 주었다. 이탈리아의 가톨릭 신학자로 도미니크 교단의 수사였던 아퀴나스는《신학대전》을 남겨 가톨릭 사상사의 일대 전환기를 이뤘다.

역사는 잔혹해서 점점 신앙으로 세상을 지배하려는 시도보다 현세적인 왕권이 우세해지기 시작한다. 그러면서 교황의 아비뇽 유폐 사건이 일어났다. 무려 70년간 교황이 프랑스 왕권에 굴복하여 남프랑스 아비뇽으로 주거를 옮겼던 이 사건을 계기로 로마와 아비뇽에서 각각 교황이 선출되면서 교회는 약화되기 시작했고, 이에 따라 분열도 가속됐다. 영국에서는 위클리프(John Wycliffe)가 교회의 세속 재산 소유를 반대하며 반가톨릭적인 개혁을 주장하다 이단으로 단죄

받아 은퇴당했다.

그러자 1414년 콘스탄츠 종교 회의가 열렸다. 신성 로마 황제 지기스문트의 부추김에 넘어간 교황 요하네스 23세가 남독일 콘스탄츠에서 소집한, 일명 제16회 공회의라는 이 모임의 주목적은 교회 개혁이었다. 로마와 아비뇽, 피사에서 난립하는 문제 교황들을 퇴위시키고, 마르티누스 5세를 선출했으며, 성직 매매를 금지하고, 과세권을 10분의 1로 제한하는 조처들을 취했으나 개혁에는 못 미쳐서 종교 개혁의 빌미가 되었다.

이처럼 튼튼하던 신앙 체제가 부패와 타락으로 약화된 데다 1453년 동로마 제국까지 멸망하자 역사의 수레바퀴는 성큼 앞으로 굴러가게 되었다. 바로 종교 개혁이 일어난 것이다.

종교 개혁, 그리고 세계를 제패한 기독교

1517년 마르틴 루터의 종교 개혁이 일어나기를 전후하여 온갖 무리한 일들이 벌어졌다. 프라하 대학교 총장인 얀 후스는 성만찬 때 평신도들도 사제처럼 포도주를 마시자고 주장하다가 화형을 당했고, 이탈리아 도미니크회 수도사인 사보나롤라는 신정과 민주 정치로 프랑스군의 힘을 빌려 피렌체를 통치하려다 실패하여 화형을 당했다. 도미니크 교단이었던 브루노도 이단 심문에 걸려 화형에 처해졌으며, 유명한 과학자 갈릴레이는 종교 재판을 받았다.

루터의 종교 개혁은 기독교사에서만 엄청난 혁명이 아니라 전 유럽인들에게도 일대 변혁을 가져왔다. 특히 1524년 일어난 독일 농

독일의 신학자이자 종교 개혁가인 마르틴 루터.
1517년 로마 교황청의 면죄부 판매에 격분해 〈95개
조 반박문〉을 써 항의하다 파문을 당했다. 그러나 이에
굴복하지 않고 맞서 종교 개혁의 계기를 마련하였다.

민 전쟁은 패배로 끝나긴 했으나 프랑스 혁명 이전까지는 유럽의 혁명 이념 형성에 가장 큰 영향을 준 사건으로 자리매김했다. 종교 개혁이 성공하여 정착하는 데도 일조했다고 할 만큼 중요한 사건이건만 정작 마르틴 루터를 비롯한 중요 성직 계급의 상당수가 농민 전쟁을 반대했다는 사실은 기독교의 보수적인 철옹성이 얼마나 강한가를 유추하게 해 준다. 그러거나 말거나 일단 개혁의 물꼬가 터진 종교 개혁 이후, 개신교란 깃발 아래 온갖 유파가 창출되기 시작했다.

가장 강력한 개신교의 교황은 칼뱅으로, 칼뱅이 쓴 《그리스도교 강요》는 신의 절대 예정설로 유명하다. 루터보다 더 강경한 칼뱅의 신앙론은 유럽과 미국에 굳건히 뿌리내렸다. 그런데도 재세례파는 루터의 개혁을 교황청의 비판일 뿐 가톨릭을 그대로 답습했다며,

칼뱅이 실시한 스위스의 개혁조차도 형식적이라고 비판했다. 그러나 개혁이란 원래 끝이 없는 것이기에 이후에도 계속하여 여러 유파가 나와 소수파를 형성, 전파, 지속되었지만 여기서 자세한 설명은 생략하겠다.

다만 유럽에서는 이 종교의 유파가 엄청난 내전과 국제 전쟁까지 일으켰는데, 멀리 떨어진 아시아인의 시선으로 보노라면 같은 기독교인들끼리 왜 저렇게 잔혹한 살상을 저지르나 하는 신앙에 대한 혐오감마저 들게 할 지경이다. 이런 현상을 보노라면 기독교가 과연 세계적인 종교로서 교리와 자격을 갖추고 있느냐는 근본적인 의구심이 들기도 하는데, 그런데도 현재 가장 강력한 세계 종교로 유포된 원인은 여러 가지가 있다.

첫째는 지리상의 대발견 시대와 르네상스를 배경으로 초기 제국주의의 발판을 마련한 유럽 가톨릭이, 종교 개혁 이전 시기에 중남미를 비롯한 여러 지역에다 식민지 정복자로서 포교에 성공했다는 점이다. 그 동기가 얼마나 불순하고 비인도적인가는 이미 널리 알려져 있지만 오랜 기간에 거쳐 가톨릭을 이식, 정착, 토착화시키는 데 성공한 것은 부인할 수 없다.

두 번째로 기독교의 세계화에 기여한 요인은 르네상스가 낳은 위대한 종교 예술의 몫이었다. 건축, 조각, 미술, 문학 들이 낳은 이 세계 문화 예술사의 찬연한 성과들은 어떤 복음보다도 더 인류의 감성에 공감대를 형성케 할 수 있었다.

세 번째 요인은 산업 혁명 이후 본격적으로 전개된 제국주의 침략 전쟁의 성공에서 찾을 수 있다. 이때는 첫 번째와는 달리 기독교가 종교 개혁을 거쳐 훨씬 다양한 모습으로 세계 속으로 파고들었다. 에릭 홉스봄이 정의한 '제국의 시대(1870년-1910년)' 기간 중 지구 위의 거의 모든 나라들은 식민지 또는 반식민지 상태로 전락했고, 이때는 신구교가 골고루 전 지구를 누비고 다녔다. 더구나 이때는 이미 기독교가 르네상스 문화 예술에다 과학 문명까지 앞섰기에 포교는 더더욱 유리했다.

네 번째 요인은 미국의 독립 쟁취와 프랑스 대혁명을 신호탄으로 민주주의와 인도주의 사상을 동반했기 때문이다. 인간 해방과 어떤 결핍으로부터의 구원 사상은 인류가 영원히 포기할 수 없는 욕구인데, 이를 복음서와 문명까지 함께 들여가니 환영받을 수밖에 없었던 것이다.

다섯 번째는 그간 어떤 종교도 갖지 못했던 전통적인 가톨릭의 신앙 조직력과 주일 예배였다. 이런 만남은 형제자매와 같은 친근성으로 맺어져 생활과 정서의 공동체를 형성시켜 주었다.

그런데도 현대의 기독교는 예수의 가르침을 벗어나 지상의 권력과 밀착하여 반인륜적인 범죄를 너무나 많이 저지르거나, 그 협력자로 전락해 신앙의 본질을 일탈하는 경지에 이르고 있다. 이런 이유로 많은 철학자들이 일찍부터 기독교에 대하여 경보를 울렸지만 지상의 권력자와 신앙의 권세가들은 귀 기울이지 않았다.

이제 잠시 기독교 철학, 신학의 변천사를 일별해 보자.

기독교 철학 연구 변천사와 현대 신학자들

기독교 사상 연구는 신학이란 범주로 묶어 전통적인 철학으로부터 독립하여 승승장구했다. 그래서 일반 철학자들은 누구도 감히 그 성역으로 들어가 함부로 왈가왈부하기를 주저하지 않을 수 없었다. 그런데도 철학사의 관점에서 보면, 신학이란 결국 별도의 성곽 안에서 자신들의 가치 체계로 우주 삼라만상을 재단하는 한계성을 드러낸다. 서양 철학사에서 그리스 이래 가장 드높은 최고봉을 이룬 칸트는 매우 용감하게도 이런 기독교에 대하여 《순수이성 비판》에서 신앙은 순수이성의 한계 밖이라고 하면서, 따라서 종교는 과학과 신학에 기초를 둘 수 없다는 주장을 했다.

칸트는 신을 '최고선'의 개념으로 접근했다. 칸트는 현자답게 순수이성의 논리가 아닌 실천이성의 궁극적인 목적이 신의 명령이라 인식하고, 그리로 인도하는 것이 신앙이라면서 《실천이성 비판》에서 그 신의 의지를 최고선의 절대 개념으로 파악했다.

"내가 하고자 하는 일이 자연 법칙처럼 모두에게 통용되는 원칙이 되어도 좋은지 스스로에게 묻고 나서 행동하라", "타인을 단순히 노예나 도구처럼 다루어서는 안 된다"는 칸트의 소신은 덕과 복의 일치를 주장하는 지극히 보편적인 가치관이다. 그래서 신이 필요하다고 본 칸트는 자신의 은총만을 빌기 위한 신앙은 비판했다. 진정한 그리스도는 마음의 혁명이자 선한 행위이기 때문에 기독교 신앙이란 곧 덕과 복이 일치하는 윤리의 실천 방법이라 본 것이다. 결국 순수이성으로는 기독교를 인정할 수 없으나, 세상을 살아가려면 신앙이 필요하기에 실천이성으로는 받아들여야 한다는 것이었다.

이렇게만 했으면 별 탈 없었을 텐데, 칸트는 어떤 객기에선지 1792년 〈순수한 이성의 한계 안에서의 종교〉라는 글의 제1부를 발표했다. 게재된 잡지는 《월간 베를린》으로 순수이성으로만 판단한다면 기독교 성서는 합리적이지 못하다는 주장이 담겼다. 마침 기독교로 국가 부흥을 노리던 프로이센은 바로 금서 처분을 내렸다.

칸트의 고향 쾨니히스베르크 사람들은 칸트를 경멸하여 개 이름을 '칸트'로 지어 마구 불러 댔다. 순박한 노시종 람페는 주인의 개를 데리고 산책하다가 마을 사람들이 '칸트'라 부르며 놀리는 걸 보고 눈물을 흘렸다. 이에 주인 칸트는 "람페 할아범은 신을 가지고 있을 게 틀림없네. 그러지 않으면 이 가엾은 인간이 행복할 리가 없다고 실천이성이 말하고 있군. 실천이성이 신의 존재를 보증한다고 하면 보증하는 것도 좋겠지. 어차피 나는 아무 쪽이라도 좋으니까"라고 달랬다는 일화가 전한다.

그러면서도 칸트는 학문에 더 욕심이 생겨 예나 대학 출판부에서 이 논문을 보충하여 단행본으로 출간해 버렸다. 금서 처분을 받은 책이 다른 곳에서 재출간된 정황을 이해하려면 당시 독일의 특수한 행정 조직인 '영방(領邦)' 국가를 이해해야 된다. 당시 독일은 크고 작은 300여 영방 국가로 나눠져 지역마다 신앙도 달랐고 학문에 대한 자유의 폭도 달랐다. 칸트가 책을 낸 예나는 독일 영방국 중 바이마르 공국 소속으로 가장 자유로웠기에 출간이 가능했다.

그러나 칸트가 속해 있던 영방국 프로이센의 프리드리히 빌헬름

2세는 자유는커녕 반 계몽주의자에, 반 혁명주의자로 칸트에게 그 저술에 대한 해명서를 요구했다. 퍼뜩 정신이 든 칸트는 냉철한 순수이성으로 "모든 학자가 종교 문제에 대해 독자적인 판단을 내리고 의견을 공표할 권리를 갖고 있지만 현 왕의 통치 아래에서 나는 침묵을 지키겠다"는 석명서를 써서 용서를 받았고, 이후 칸트는 평생 동안 종교 문제에 침묵해 버렸다.

칸트의 뒤를 이어 관념론 철학의 지평을 넓힌 프리드리히 헤겔은 약삭빠르게 프로이센 왕국의 어용 철학자 역을 맡으면서도 어용의 차원을 넘어 당대 철학의 최고봉에 올랐다. 헤겔은 종교를 '절대정신'으로 보면서 정복(淨福)의 자족 상태를 이룩해 주는 하나님의 축복이라 했다. 그리고 세계는 이념의 자기발전인데, 그 주체인 정신을 주관적, 객관적, 절대적 정신으로 분류했다.

또한 헤겔은 맹아 상태의 종교를 자연 종교, 예술 종교, 계시 종교로 보았다. 이어 기존의 여러 종교를 분류해서 '자연 종교기(도교, 불교, 힌두교)-인류 청년기(조로아스터교, 이집트, 유태, 그리스 종교)-원숙기(기독교)'로 구분하여 기독교야말로 최고 단계의 절대정신의 산물이라 추켜세웠다. 프로이센 왕국의 어용 철학자다운 결말이긴 하지만 신학자들은 감히 흉내도 못 낼, 차원 높은 기독교의 위상 정립이었다. 헤겔은 모든 분야에서 아시아를 유럽에 비해 최하위에 두었는데, 가장 심오한 경지를 자연 종교로 폄하당한 아시아 문명권으로서는 억울하기 그지없겠다.

헤겔의 제자였던 포이어바흐는 스승의 어용성을 탈피하여 신은

독일의 사회주의자이자 경제학자 카를 마르크스.
자본주의 사회에 대한 가장 강력한 비판자로 불린다.
변증법적 유물론을 주장하고 과학적 사회주의(마르크
스주의)를 창시해 공산주의의 이론적 기반을 다졌으며,
국제 공산주의 조직인 '인터내셔널'을 만들었다.

인간의 내적 본성을 외부로 투사한 존재라며, 인간 자신의 염원과 이
상을 세계에 투영 반사하여 독립화시킨 상상의 결과라고 갈파했다.
따라서 신학도 인간학이며, 신의 본질은 곧 인간의 본질이라고 주장
하면서 "자비롭지도, 공정하지도, 현명하지도 않은 신은 신이 아니
다", 신앙은 "미신과 부도덕으로 필연적으로 귀결된다"고 했다. 신이
유일하게 하는 것은 "도덕성과 인간의 영원한 구원이다. 그러므로 인
간은 사실 자기 자신이 목적일 따름이다." 그래서 인간은 이기적인
존재가 되어 신에게도 이기적인 권능을 기대하며 그 반복 과정에서
점차 사악해지고 타락했다고 주장했다.

카를 마르크스는 신학과 인간학의 본질이 같다는 포이어바흐의
영향에서 인간이 종교를 만들었지, 종교가 인간을 만들지 않았다는

논리로 비약한다.

흔히들 마르크스를 반종교적이라 몰아대지만 이 주장은 옳은 면도 있겠으나 그 본질은 전혀 다르다. 마르크스는 헤겔이 기독교 이론과 프로이센 군주제의 입헌주의론을 접합시켜 이상적인 신앙과 이상적인 왕이라고 추켜세우는 걸 비판하려고 《헤겔 법철학 비판 서설》을 썼다. 여기서 마르크스는 주로 종교 비판론을 펼쳤다. 프로이센 군주국이 국민을 충직한 신민으로 만드는 데 일조한 기독교, 거기에 앞장선 성직자 계급, 그 복음에 아편에 취한 듯이 심취하여 자신의 비참한 처지조차 잊어버리는 맹목적인 기복 신앙의 광신자들을 비판한 것이 원래 마르크스의 기독교 비판이었다. 그런데도 예수의 명예를 더럽히는 무리들은 자기반성은 않고 도리어 마르크스를 향하여 온갖 저주와 비난을 퍼부으면서 자기 신앙이 옳다고만 우겼다. 정작 가장 가혹한 기독교 비판자는 "신은 죽었다"고 선언한 니체라고 나는 생각하는데, 이상한 건 기독교 신자들 중에 니체 팬들이 엄청 많다는 점이다. 세상이 복잡해지니 종교조차도 갈팡질팡하는 것인가.

마르크스보다 2년 먼저 태어난 덴마크의 실존주의 철학자이자 신학자인 키르케고르는 부유층의 타락과 부패에 실망해서 그 책임을 기독교 이념의 형해화에도 돌려 비판했다. 키르케고르는 오로지 인간이 '단독자'로 신 앞에 설 것을 역설했는데, 여기서 단독자란 어떤 권력이나 부의 도움도 없는 실존적인 자아 그 자체를 뜻한다.

독일 출신으로 나치를 피해 도미, 복음주의 루터파 목사 안수를 받은 틸리히(Paul Tillich)는 다중심적인 신학, 즉 정해진 율법 원칙이

반나치로 처형당한 디트리히 본회퍼 목사.
바르트의 제자이자 신학자이며 반나치 운동가. 1941년
히틀러 암살 계획에 가담했다가 1945년 처형되었다.

아닌 인간이 처한 상황에 맞는 신학을 탐구해야 된다는 입장이었다. 신학은 영원한 진리와 그 진리를 받아들이는 상황이 갖춰져야 하는 데 그중 하나가 없으면 진리로서는 불가능하다면서도, 그것조차도 고정된 것이 아니라 상황에 따라 달라질 수도 있다는 주장은 그만큼 현대 사회가 지닌 역동성을 수용한 것이다.

이와는 달리 스위스 출신인 카를 바르트는 독일에서 활동하다가 나치를 거부해서 교수직에서 추방당했는데, 수난자답게 예언자적인 가르침에 귀의하는 길이 구원이라 주장했다. 신의 계시는 예수 그리스도만이 지녔고 하나님의 말씀이 인간과의 유일한 교제 수단이라는 것이 바르트의 주장이었다. 이런 바르트의 주장을 일부 수용한 니부어(Reinhold Niebuhr)는 사회 윤리학적인 신학을 추구했다. 니부어의

초청으로 도미했다가 독일로 돌아간 유명한 본회퍼 목사는 상황 윤리를 주장하며 반나치 활동을 하던 중 체포, 처형당했다. "기독교 신자는 타인을 위하여 존재한다"는 것이 평소 본회퍼의 주장이었다.

틸리히 이후의 신학자들은 세계사의 격변을 겪으며 위기 속에서 인류 구원의 신학론을 전개했다. 그 후속 세대로 루마니아 출신인 미국의 종교학자이자 인도 철학자에 문학 평론가로, 무려 8개 국어를 구사했던 미르체아 엘리아데는 아예 성과 속이란 양면성으로 모든 인간이 공유한 정서라는 열린사회의 신앙 행태를 주장했다. 엘리아데는 성속이 통합되도록 극복의 변증법을 적용하라고 강조하면서 가장 속된 게 가장 성스럽다고 했는데, 현대인의 신앙 자세나 성직자들의 행동 역시 그런 요소가 느껴진다고 하겠다.

이런 연장선에 미국의 신학자이자 하바드대 교수인 하비 콕스의 주장이 담긴 《예수 하버드에 오다: 1세기 랍비의 지혜가 21세기 우리에게 무엇을 뜻하는가?》나, 《세속도시: 현대 문명과 세속화에 대한 신학적 전망》도 존재한다고 본다.

이만큼 열린 신학과 신앙이라면 결코 예수를 불명예스럽게 하지는 않을 것이다.

제3장　　　석가의 고뇌와 불교 사상

민족 종교에서 세계 종교로의 승화 과정

세계 종교는 민족의 차이를 초월해 인류 대부분이 믿는 종교로, 종교 발전 단계에서 최고의 단계를 이룬다. 또한 민족 종교가 가졌던 한계를 넘어 인류의 보편적인 여러 문제들을 제기했기 때문에 세계인의 관심을 끌었다. 비과학적인 기복 신앙이나 국민에게 군림하려는 절대 통치 권력을 미화시키려는 그리 아름답지 못한 목적에서 형성되었던 민족 종교의 신앙 행태를 벗어나, 인간의 존재 문제부터 생로병사, 인간 평등과 사해동포주의, 해방 사상 등등 인류가 영원히 해결 불가능할 영역을 절대자의 이름으로 해결해 보겠다는 것이 세계 종교의 기조였다.

물론 이 세계 종교조차도 농경 사회의 절대 왕권 통치 시대에 형성되었기 때문에 그 시대적인 한계성이 있다. 거기다 지역 특색과 민족 고유성까지 가미되어 현대 산업 사회와는 걸맞지 않은 경전이나 제례 의식, 세계관과 우주관 같은 비과학적인 요소들로 인해 점점 그 기세가 꺾이고는 있다. 그런데도 세계 종교에서 한 발 앞선 우주적 종교는 창출하지 못하고 있기에 현재까지 인류가 가진 신앙 중에는 가장 진보적인 신앙이 곧 세계 종교라고 할 수밖에 없다.

제국주의 형성 이후에는 그 고상한 종교가 더욱 교묘하게 변질된 이론과 복음으로 둔갑해 남의 나라의 침략 도구로 전락한 예도 흔해져 버렸다. 그러자 아놀드 토인비는 실로 감동적인 일화를 제시하며 몽매한 인류의 정수리를 내리쳤다. 토인비는 문필가였던 장남 필립과의 '대화'에서 이렇게 일갈했다.

언젠가 앨라배마주 다스키지의 흑인 대학을 방문한 적이 있다. 거기는 흑인의 도시로 흑인이 자유로이 활동할 수 있는 곳이다. 예배당에 들어갔더니 서쪽으로 색 유리창이 있고, 아담과 이브를 비롯해서 성서 이야기가 그려져 있었다. 거기를 보니까 아담과 이브는 검었다. 구약의 예언자가 검었다. 신약의 사도도 검고. 그러나 그리스도만은 하얗게 되어 있었다. 불쌍했다. 비극적인 일이다. 어째서 그리스도를 까맣게 그릴 용기가 없었을까. 이건 아주 잘못된 일이야. 결국 흑인도 하얗게 되고 싶다는 감정을 나타내고 있는 것이 아닌가! (아놀드 토인비·필립 토인비 공저, 최혁순 옮김, 《부자간의 대화―역사의 여울목에서》, 범우사, 1975년, 208~209쪽)

기독교 문명국에서 출생, 성장하여 기독교적인 문명 사관을 높이 평가하던 토인비는 만년에 수백 년 후 20세기를 되돌아본다면 가장 중요한 사건이 뭐냐고 묻는 기자에게 "동양의 불교가 서양으로 건너와 기독교를 대체하는 일이지요"라는 좀 생뚱맞은 대답을 하기는 했다. 하지만 그래도 기독교 색채가 강했던 토인비가 아닌가. 그런 토인비가 어째서 가장 기독교 신앙이 극성인 미국 남부 지역을 거론하며 '흑인 예수'를 창조하지 못한 것을 불쌍하고 비극적이며 아주 잘못된 일이라며 "결국 흑인도 하얗게 되고 싶다는 감정을 나타내고 있는 것이 아닌가!"라는 선동적인 말을 했을까.

토인비 부자는 이 대화에서 다른 종교들은 비록 갈등이 있긴 하지만 이교도들과도 그런대로 화합과 공존을 할 수 있었으나, 유독 기독교는 "다른 종교와 타협하지 않는다는 엄격성으로 다른 종교보다도 훨씬 열렬한 종교인 것처럼 보인다"고 지적했다.

같은 세계 종교인 회교도가 다른 종교와는 절대 타협하지 않고 잔혹하다는 걸 보여 주고자 일부 세계사 교재에는 그들이 "코란이냐, 칼이냐!"를 외치며 정복한 주민들에게 신앙을 강조하거나, 거절하면 죽인 것처럼 야만화시킨 예가 많았다. 그러나 사실은 이와는 달라 회교도인들은 정복민에게 그들 자신의 신앙을 허용하는 대신 벌금을 부과했다고 전해진다.

종교가 중세까지 국가와 사회 체제의 가장 튼튼한 이데올로기로 군림하면서 다른 종교에 적대감을 드러냈다는 것은 이미 여러 번 강조해 왔다. 신앙이 다르기 때문에 일어났던 전쟁은 정치 이념이 다르기 때문에 야기되었던 근현대의 각종 전쟁에 뒤지지 않게 잔혹했다.

단위 민족 국가와 신앙이 거의 일치하는 지역일수록 종교 전쟁은 빈번했다. 이런 관점에서 본다면 유럽과 아랍 문명권은 근대 이전까지 종교 전쟁을 잔혹하게 치렀다는 점에서 몽매주의에 젖어 있었다 해도 지나치지 않을 것이다. 그래서 유럽 문명권에서는 계몽주의도 같은 기독교도끼리의 잔혹한 살육전을 멈추게 하려는 진보 사상과 다르지 않다. 프랑스 혁명의 부싯돌이 된 계몽주의는 기독교도들의 몽매주의를 비판하는 게 중요한 과제였다.

그런데 한국은 종교 전쟁을 전혀 치르지 않았다는 점에서, 따라서 이교도와도 평화가 공존할 수 있었다는 점에서 서구보다 앞선 문명국이었다. 그런데도 대포와 군함을 못 만들었다는 낙후성 때문에 계몽주의가 마치 기독교 문명을 수용하는 것처럼 개념이 통용되어 버렸다. 옳고 그름을 떠나 같은 동북아 문명권에서도 유독 한국만이 민족 주체적인 민족 종교가 있었음에도 이를 대중화하거나 토착화시키지 못했다. 이로 인해 결국 바람에 날리는 갈대처럼 비틀거리는 현대사의 민족적인 비극이 잉태되었음도 부인하기 어렵다.

우리의 처지야 어떻든 개의치 않고 인류 문명사는 성큼성큼 발전, 진보해 나가고 있다.

세계 종교는 그 발생 순서로 보면 불교와 기독교, 그리고 회교를 차례로 들 수 있다. 관점에 따라서는 회교를 지역이나 민족, 혹은 인종적인 특이성 때문에 민족 종교로 볼 소지도 없지 않으나 한 문명권을 형성하고 있다는 점에서 세계 종교로 이해하는 게 온당할 것이다. 따라서 현대인의 교양과 상식으로는 회교도 응당 익숙해야 되겠고,

특히 제국주의 세력으로부터 부당하게 침탈당하고 있는 아랍 민중들의 고통을 감안하면 깊숙하게 연찬해야 될 쟁점이지만 여기서는 보류하고 불교와 기독교만을 간략하게 다루기로 한다.

앞서 기독교를 살펴보았거니와 불교 또한 너무나 많은 연구와 전문 학자들의 주장으로 어지러울 지경이라 아무리 잘 써 봤자 비판밖에 얻을 게 없겠다. 그래도 인문학적인 문학을 이해하려면 이런 초보적인 교양만은 가지는 게 좋겠다 싶은 선에서 내 나름대로 약술해 보았다. 석가나 예수가 아무리 위대해도 이 지상에서 살았을 때 어떤 활동을 했는가, 사후 그 가르침이 어떻게 전파되었는가 등등을 실증적인 입장에서 서술하려 한다. 물론 실증이란 것도 무슨 자료를 어떻게 해석하느냐에 따라 달라지기에 얼마든지 시비가 가능하지만, 내가 문학 공부를 위해 봤던 좁은 안목의 자료들에 근거하여 내 나름대로 취사 선택했음을 미리 밝혀 둔다.

출궁 6년 만에 다르마 득도

석가모니의 석가(釋迦), 곧 샤카는 무사족 이름으로 샤카 공화국을 지배하는 소수 민족이었다. 따라서 약소국인 샤카국은 기원전 6세기경부터 북인도 일대를 지배했던 왕국 코살라 군주국의 지배하에 있었고 인구는 100만 명 정도였는데, 당시 1천만 왕국도 많았다고 한다. 코살라는 갠지스, 자무나강 상류의 북동부를 지배했던 아리아인 국가였고, 나중에 석가모니의 조국 샤카국을 멸망시킨 나라다.

석가모니의 아버지 슈도다나는 샤카국 수도 가비라에서 선출된

통령, 또는 민정 의장 격으로 조세 징수, 소송 같은 집행권을 가진 데다 세습 군주처럼 '라자'라는 존칭으로 불렸기에 석가도 왕자로 호칭되었다. 어머니 마하마야는 콜리야족 선각왕의 딸이었다. 아버지 슈도다나는 마하마야와 자매인 마하프라자파티 둘을 함께 아내로 삼았다. 마야 부인은 45세 때 잉태, 관습에 따라 친정에 출산하려고 가던 중 룸비니에서 보리수 가지를 잡는 순간 산기를 느껴 똑바로 서서 출산했다.

석가의 탄신일은 북방 불교에서는 음력 4월 8일이고, 남방 불교에서는 5월 15일이다. 석가의 탄생 설화에는 우협(右挾, 오른쪽 옆구리) 탄생설이 있다. 그 근원은 고대 힌두교 설화에 성직자 바라문은 신의 정수리에서, 왕족과 귀족인 크샤트리아는 옆구리에서, 평민 바이샤는 무릎에서, 하층민 수드라는 발에서 출생한다는 데서 유래한 것으로 보인다. 그래서 태몽도 흰 코끼리가 오른쪽 옆구리를 통해 태내로 들어갔다고 한다. 어쨌든 석가는 태어나자마자 남북 일곱 걸음을 걸으며 '천상천하유아독존'이라고 외쳤다. 그래서 아기 불상은 오른손이 하늘, 왼손은 땅을 가리킨다. 석가의 관상을 보기 위해 동쪽에서 선인들이 찾아왔다.

석가의 어머니는 이레 만에 타계했고, 관습대로 이모 마하프라자파티가 석가를 양육했다. 마하프라자파티 부인은 아들 난다와 딸 순다리난다를 낳았다. 석가의 본명 '가우타마'란 모든 일이 이뤄진다는 뜻이다.

석가는 12세 춘경식 때 출궁하여 동문 밖에서 쇠약한 노인을 봤고, 남문에서는 병으로 신음하는 사람을, 서문에서는 장례 행렬을, 마지막 북문에서는 도를 닦는 사문을 보고서는 인생 사고(四苦, 생로병사)를 느꼈다. 세계 4대 성인 중 신분과 처지가 가장 넉넉했던 석가는 기록 또한 풍부하여 불교 미술에는 석가의 일대기를 그린 〈팔상도〉가 있는데, 이것을 추적하면 석가의 생애를 대충 어림잡을 수 있다. 팔상도 목록은 다음과 같다.

도솔래의상(兜率來儀相), 도솔천을 떠나 카필라 왕궁행, 곧 잉태.

비람강생상(毘藍降生相), 룸비니 동산에서 마야 부인 옆구리로 출생.

사문유관상(四門遊觀相), 12세 때 춘경식. 인생 사고 각성.

유성출가상(踰城出家相), 29세 때 출궁.

설산수도상(雪山修道相), 6년간 고행, 보리수 아래에서 선정에 듦.

수하항마상(樹下降魔相), 정진해 마군의 항복을 받고 대오각성.

녹야전법상(鹿野轉法相), 녹야원에서 수행자 5명에게 첫 설법.

쌍림열반상(雙林涅槃相), 열반.

이 팔상 중 세 번째인 12세 때, 석가가 인생 사고를 고민하게 된 것은 인류의 신앙 변천사 중에서 첫 세계적인 종교 사상의 경지에 이르는 현상이었다. 세계 4대 성인들은 다 소속 국가가 식민 통치하에 있었거나 이웃 강대국으로부터 침략의 위협을 받는 처지였다. 강국이었던 그리스조차도 쇠망의 기운이 감돌았을 때였고, 왕국이라고는 하지만 석가의 나라도 속국의 처지였으며, 공자의 노나라는 이웃 강국인 제나라의 눈치 보기에 바빴고, 예수의 유태는 로마의 식민지였다. 또한 이들의 아버지는 소크라테스의 경우 석공에 조각가라고들 하지만 당시의 석공이란 목수와 같은 처지였기에 예수의 아버지 요셉과 비슷한 신분이었다고 할 수 있다. 공자의 아버지는 군인으로 하급 장교였으니 아버지가 지배 계급에 속하는 건 석가뿐이었다.

샤카국은 석가의 열반 직후 나라가 멸망했고, 그리스는 소크라테스 사후 쇠망했기에 두 성인에게서 조국의 위기가 느껴지기는 했지만 절박하지는 않았다. 그렇기 때문에 민족과 국가보다는 인류의 보편적인 문제에 집중할 수 있었을 것이다. 그러나 공자의 노나라나 예수의 유태국은 항상 위태로웠던 지경이라 나라와 백성의 생존권이 화급했기에 그 문제를 멀리할 수 없었다.

그래서 4대 성인 중 세계 종교를 창시한 석가와 예수는 매우 대조적이다. 왕자라는 신분으로 배고픔이나 가난 같은 고통을 겪지 않았던 석가가 12세 때 처음 느낀 인생 사고가 오히려 인류의 가장 보편적인 경지였다면, 예수는 목수의 아들로 자신도 그 업을 이으려고 살아가면서 보통 사람들의 삶의 고통을 직접 체험했기에 석가보다 훨씬 더 현실적이고 실제적이었다. 그래서 석가가 형이상학적이고 우주론적인 구상으로 시작해 점점 더 보통 사람들의 구체적인 일상생활의 대지로 파고들었다면, 이와 반대로 예수는 보통 사람들의 삶의 현장에서 점점 더 우주론적으로 그 고뇌를 확대해 나가는 방식을 취했다. 그래서 예수는 인간 개개인의 배고픔과 병든 설움에서 출발하여 유태인의 노예 처지를 거쳐, 인류 전체의 해방이라는 차원으로 점차 승화시켜 나간 것이다.

어쨌건 다시 화두를 석가에게로 돌려 보자. 석가가 출가한 이유에는 여러 설이 난무하는데 어머니의 이른 죽음으로 인생무상을 느꼈다든가, 나라와 정국의 불안 때문이라고도 한다. 한편으로는 어느 날 석가가 농부의 쇠스랑에 찍혀 꿈틀대는 벌레를 참새가 입에 물고 창공으로 날아가는 걸 보노라니 매가 그 참새를 덮쳐 버렸다. 그리고 초라한 농부는 비쩍 마른 소에게 매질을 해 댔다. 이런 현상을 본 소년 석가는 왜 살아 있는 것들은 다른 것을 괴롭혀야 하는가, 왜 평화롭게 살 수 없는가? 하고 고민했다고 한다.

이런 문제의 해결을 위해 자신이 해답을 얻어야겠다는 결심을 하고도 석가는 16세 때 혼인했다. 아내는 외가인 콜리야족의 야수다라였고, 야수다라와의 사이에는 아들 라후라를 두었다. 29세 때 석가는 시종 차닉을 데리고 흰 말 건특과 2월 8일에 출궁, 모든 학습 수련 과정을 밟았을 것으로 추정된다.

4대 성인들은 한결같이 그 성장 과정이나 학습 내용, 활동 같은 것을 오리무중으로 해 놓고 있는데, 그 위대성을 신비화시키려는 제자들의 전략인지 우연히 다들 기록이 없는지는 잘 모르겠다. 예외적으로 소크라테스만은 플라톤이 소설처럼 구체적으로 기록해서 술고래처럼 항상 코끝이 빨갰다는 따위의 그리 아름답지 못한 장면이 노출되어 있고, 공자 역시 정직한 제자들이 스승의 천하 주유 모습을 상당 부분 드러내기도 했으나 역시 그 성장 과정이나 학습, 수련 과정은 애매하다. 특히 석가와 예수의 경우에는 너무나 깊게 가려져 있어 그 신비성이 유난하다.

　그런 가운데서도 석가는 당시 유명 스승과 요가학파에 들어가 조식, 조신, 내외합일 들을 익히다가 다섯 수행자와 함께 고행을 시작했다. 수행자는 카운디냐, 아스바지트, 바스파, 마하나마, 바드라지트였다. 석가는 하루 쌀 한 톨과 물 한 모금을 마시는 극도의 극기와 단식에 회의를 느끼던 중, 네란자라강 근처 둥게쉬와리 언덕에서 강으로 내려가 목욕한 뒤 수자타 여인이 끓여 준 우유죽을 먹고 만다. 그러자 실망한 다섯 명은 떠나 버렸다.

　출가 6년 만인 35세 때 석가는 부다가야의 우루빌라 그라마 마을 근처 보리수 밑에 길상초를 깔고 앉아 명상을 시작한다. 그리고 명상 21일 만인 12월 8일 새벽, 석가는 달마(達磨, 진리)를 깨달아 성도를 이룩했다. 석가가 득도한 자리에는 지금 마하보디 사원이 서 있으며, 유네스코 세계문화유산이 되어 있는 불교의 성지다.

녹야원 첫 설법부터 쿠시나가라의 열반까지

　부다가야에서 깨달음을 얻은 석가는 첫 설법지를 찾아 250킬로미터나 멀리 떨어진 우타르프라데시의 사르나트까지 갔다. 사르나트는 힌두교 7대 성지 중 제1 성지로 나중에는 시크교, 자이나교, 불교의 성지가 되는 갠지스 강변 바라나시에서 북으로 10킬로미터 거리에 있었다. 석가로서는 바라나시 같은 번잡한 도심보다는 한적한 곳인 사르나트를 선호했을 것이다. 여기서 석가는 수행자 다섯 명에게 첫 설법을 했는데, 그때 주위에 사슴이 뛰놀았다고 해서 이곳을 일명 녹야원이라 부른다.

석가는 첫 설법의 주제부터 '사제팔정도(四諦八正道)'라는 묵직한 화두를 꺼냈다. 사제는 영원히 변하지 않는 성스러운 네 가지 진리를, 팔정도는 깨달음과 열반으로 이끄는 여덟 가지 바른 길을 뜻한다. 자세한 내용은 생략하겠지만, 큰 깨달음을 얻은 석가는 더 많은 중생들에게 설파하고자 매우 효과적으로 대처하여 대성공을 거뒀다. 바라나시 일대에서 설법하다가 부유한 상인의 아들 야사와 수십 명의 제자를 얻었고, 은자 카시야파를 만나 천여 명의 제자를 얻었으며, 마가다국 왕사성 영취산에서는 《법화경》과 《무량수경》을 설법했다.

왕사성은 불교와 자이나교의 순례지인데, 왕사성 시기에 석가는 많은 활약을 했다. 그중 가장 중요한 것은 빔비사라 왕이 마중을 나왔다가 설법을 듣고서 바로 제자가 되어 평생 친구이자 후원자가 된 일이다. 불교의 첫 사원인 죽림정사도 여기에 세워졌다. 칼비라가 헌납한 죽림 동산에 밤비사라 왕이 사원을 지어 석가에게 헌납한 것이다. 사원이 생기자 스님들은 6시에 기상해 목욕, 발우를 들고 칠가식을 하며 생활했다. 남자 승려를 일컫는 '비구'란 얻어먹는 사람, 곧 걸사(乞士)란 뜻인데 걸을 때 3보 이상 앞은 보지 않는다.

불교사에서 가장 에로틱한 연화색녀(蓮華色女)의 무대도 죽림정사였다. 왕사성 장자의 딸인 요조숙녀 연화는 결혼한 뒤 생부가 죽자 친정어머니를 모시고 살게 되었다. 얼마 후 남편이 자기 생모와 밀통한다는 걸 알게 된 연화는 출가하여 바라나시로 가 그곳의 장자와 재혼했다. 그런데 그 남편이 왕사성으로 출장 다니다 미녀 첩을 얻었는데, 그 첩이 바로 연화 자신의 딸이었다. 이에 연화는 남성에 대한 불신으로 가출, 유녀로 대성공하여 명성을 날렸다. 그러다 목련존자에게 반하여 유혹했으나 실패했을 뿐만 아니라 도리어 목련존자에게 감화되어 불문에 귀의하고자 했다. 그리고 많은 반대를 물리치고 석가가 이를 인정하자 연화는 으뜸 비구니가 되었다.

악마의 화신 같은 살인마 앙굴리말라를 회개시킨 건 석가 자신이었다. 뛰어난 바라문교 신자로 스승의 총애를 받던 앙굴리말라는 워낙 미남이라 스승의 아내가 은근히 흠모했다. 아내는 남편 부재의 틈을 타 제자를 유혹했으나 완강하게 거절당하자 도리어 그 보복심으로 남편에게 앙굴리말라가 자신을 능욕하려 덤볐다고 일러바쳤다. 이에 스승은 제자에게 속죄를 하려면 사람 1천을 죽여 그 손가락을 잘라 목걸이로 장식하라고 명했다. 충실한 제자는 999명을 죽인 후 마지막 한 명을 채우고자 나섰다가 이를 알고 나타난 석가를 만났다. 석가는 앙굴리말라를 설복, 훌륭한 불자로 재탄생시켰다.

죽림정사와 쌍벽을 이루면서 석가가 45년 교화 기간 중 가장 오래 머문 곳은 기원정사다. 수다타가 기타 태자의 토지를 매입해 지어 헌정한 사원으로, 수다타를 이르는 급고독장자(給孤獨長子)란 "고독한 이들에게 보시를 한 부자"라는 뜻이다.

이곳에는 '빈녀일등'이라는 유명한 일화가 전해진다. 왕이 기원정사에 많은 공양을 하고 수천 등불을 켰으나 효험이 없었는데, 한 여인의 등 하나가 끝까지 꺼지지 않았다. 이에 왕이 항의하자 석가의 대답은 "간절한 염원 때문"이라고 했다. 빈녀 염원과 함께 기원정사에

전하는 유명담은 바보 주리반특(周利槃特) 이야기이다. 누구도 교화 못 시킨 바보를 석가가 직접 맡아 주리반특에게 "털고 닦아라"라고 하여 기원정사 청소를 담당하게 했는데, 나중에 주리반특이 득도에 이르렀다는 설화다. 가난뱅이나 바보도 간절히 염원하면 구원받는다는 가르침을 준다 하겠다.

마지막으로 석가의 열반지를 볼 때가 왔다. 석가는 모국 카필라바스투의 새 회관 헌당식에 참석코자 출발했다가 도중에 대장장이 춘다의 집에서 식사를 한 것이 중독을 일으켰다. 중독에서 회복된 석가는 곧바로 말라국 수도 쿠시나가라로 가다가 그곳 숲에서 두 사라수 사이에 머리가 북쪽으로 향하게 자리를 깔도록 해서 열반했다.

원시 불교에서 세계 종교로 승화되기

모든 위대함은 죽음과 함께 끝나는 게 아니라 죽음 이후에 부활한다. 석가는 사후 다비를 거쳐 유골이 나오자 중부 인도 여덟 부족에게 분배되면서 불탑 신앙이 성행하게 되었다. 이에 따라 불교 미술과 조각과 음악이 늘어나고, 지역과 시대의 변천에 따라 그 특색까지 각양각색으로 퍼지면서 아시아 문화권을 압도했다. 여기서는 불교 예술사는 제쳐두고 원시 불교가 세계 종교로 승화되어 가는 과정을 아주 간략하게 살펴보겠다.

첫 원시 불교 시기에 수제자 역할을 한 것은 마하가섭이다. 이심전심, 염화시중 같은 명언을 창출한 주인공이었던 마하가섭은 왕사성 거부 집안 출신으로 12세 때 부모를 잃고 아내와 함께 출가했다. 8일

만에 경지에 이른 마하가섭은 분소의(糞掃衣, 가사)를 입고 아라한과(阿羅漢果)가 되었다. 아라한과, 곧 아라한이란 온갖 번뇌를 끊고 진리를 깨달아 더는 배울 게 없는 데다 윤회에서 해탈해 열반에 들어간 이를 이른다.

그런데 마하가섭이 이른 아라한과는 아라한은 가능하나 부처는 될 수가 없었다. 모든 사람이 다 부처가 될 수 있다는 건 대승 불교이고, 당시 원시(소승) 불교에서는 성자만이 부처가 될 수 있었다. 그래서 마하가섭은 엄격한 계율로 12두타(頭陀, 수행)를 행하고, 교단의 우두머리로만 존경을 받았다.

그리고 제1차 결집 시기에 불경을 제작하고자 우팔리, 아니룻다, 아난다, 라훌라 같은 후계자들이 대거 모인다. 결집 장소는 왕사성 영취산 칠엽굴로, 장로 500여 명이 모여 첫 회의를 하고 불경의 첫 구절을 "여시아문(如是我聞, 나는 이렇게 들었다)"으로 시작하였다.

불교의 기본 조직도 결정되었는데, 신도들을 모두 일곱 상가로 구성했다. 여기서 상가는 "화합된 무리들, 다투지 않고 평화와 자유를 이상으로 살아가는 무리들"이란 뜻이다. 일곱 상가는 비구승, 비구니, 사미, 사미니, 식차마나, 우바새, 우바이로 칠부중(七部衆)이라고도 한다. 이 가운데 앞의 네 부중을 사부중이라 하며 불교의 근간을 이룬다. 이들 일곱 상가의 신도들은 육화경을 실천하여 서로의 화목을 도모했다. 육화경이란 신화경, 구화경, 의화경, 계화경, 견화경, 이화경을 이른다.

제2차 결집 시기에 불교는 상좌부와 대중부로 나뉘게 된다. 그 배경에는 밧지족의 10가지 질문이 있었다. 이를 십사(十事)라 하는데, 무소유 원칙의 계율을 조금만 완화시켜 소금 비축을 허락하고, 오후 불식계 시간을 완화하며, 꼭 우유가 아니더라도 우유를 발효시킨 요구르트도 먹게 해 달라는 요구들 같은 것이었다. 하지만 지도부가 이를 거부하자 계율을 지키려는 보수적인 상좌부와 계율을 바꾸려는 현실적인 대중부로 나뉘고 말았다.

그 뒤 사원의 운영이나 거리 문제 등으로 교단은 분열을 거듭하여 석가 사후 200년 만에 무려 20여 개 부파가 형성되었다. 이를 '부파 불교'라 하는데, 이 때문에 불교는 점점 형식화되어 신앙의 목적을 상실하며 타성화와 보수화가 이뤄지기 시작했다. 그러다 마가다국의 후예인 마우리아 왕조 아소카왕이 인도 최초의 통일 왕국을 세우며 불교는 대전성기를 맞는다.

석가 입멸 후 500년경에는 보수적인 재래 불교를 소승 불교라 비판하며 대승 불교가 등장한다. 대승 불교는 이타성을 강조하는 파로 불탑지에서 성행했다. 삼론종, 법상종, 화엄종, 천태종, 진언종, 율종 같은 종파가 있다. 대승 불교가 발전하면서 유식 철학도 발전했고, 계승 과정에서 밀교가 형성되었다. 밀교는 고대 바라문교의 영향에다 《화엄경》 등에 바탕을 둬 인간 내면을 중시하는 신앙이다. 힌두교 일파인 시바의 여신 샤크티를 숭배하는 좌도밀교(左道密敎)의 유행도 큰 영향을 끼쳤다.

그러는 사이 불교는 아시아 전역으로 전파되었다. 남방의 상좌부 소승 불교는 스리랑카, 미얀마, 타이, 크메르, 베트남 등지로 전승

됐고, 서역과 북방 불교는 투르키스탄과 티베트 등지로 전파됐다. 중국의 대승 불교는 아소카왕 시대 이후 전래되었다. 보리달마가 창시한 선종이 성행하면서 중국 불교는 유교와는 충돌했지만, 도교와는 타협했다.

불교 경전은 경장, 율장, 논장으로 구성된다. 이를 통틀어 삼장(三藏)이라 하며, 속칭 팔만대장경이라 한다. 경장은 석가가 계승해 준 설법을 적은 경전이고, 율장은 불교의 교단 규칙을 집대성한 것이며, 논장은 위의 두 가지를 논한 것이다. 이처럼 복잡한 경전이기에 경전 이름만 알기에도 벅찰 정도이니 그걸 어찌 다 읽겠으며, 읽은들 그 뜻을 어찌 다 알겠는가.

그래서 현대 불교는 일상생활의 신앙에서 점점 멀어져 가면서 휴양이나 여가 선용, 혹은 관광용이나 특이 체험 신앙 체제로 변질되어 가는 느낌이다. 기독교 신앙 체제에 실망한 토인비가 세계 평화의 대안으로 기대했던 불교이건만 기독교를 대체하기에는 그간 승려들이 너무나 안이하고 호화롭게 지내면서 불교 정신을 도리어 추락시켜 버린 것이다. 필시 팔열 지옥에는 그들로 가득 차 있을 것이다. 석가의 명예를 더럽히는 무리들이 온 사찰을 더럽히고 있다고나 할까.

그럼에도 광대무변한 상상력과 여러 나라와 민족들이 신봉하는 불교는 세계 종교 사상 가장 철학적이자 공상 과학적이며, 인간의 영혼 깊숙이 파고드는 영향력으로 종교의 영역을 넘어선 신앙 체계를 갖추고 있다. 그래서인지는 모르겠으나 불교 성행 국가의 역사에 나타난 승려들의 활동 상황은 분명 긍정적인 소수가 있는데도 도저히 승려 신분으로도 봐줄 수 없는 망종들 또한 설쳐 댔음을 부인하기 어렵다.

이런 점에서 본다면 세계 종교인 불교조차도 민족 종교가 자행했던 반역사적이며 반인도주의적인 작태를 그대로 저질렀다고 한들 망발이 아닐 것이다. 만약 석가가 재림한다면 과연 어디로 첫 발길을 돌릴까 자못 궁금해질 지경이다. 만약 석가가 오늘 당장 서울에 온다면 조계사로 직행하지는 않을 것이란 점은 확실해 보인다. 아니, 어쩌면 가장 먼저 응징차 그리로 갈지도 모른다.

제4부

일란성 쌍생아인
문학과 역사

<table><tr><td>

제1장

</td><td>

그리스인들의 역사 인식

</td></tr></table>

문학과 역사의 경계선

아리스토텔레스는 《시학》에서 역사는 사실의 기록이고 문학은 허구라는 등식을 제기했는데, 이 정의는 현재까지도 인문학자들 사이에 적잖게 통용되고 있다. 그러나 서양에서 '역사의 아버지'로 추앙받는 헤로도토스는 아리스토텔레스보다 백여 년 전 인물인데도 저서 《역사》에서 역사의 의무가 자신이 들은 이야기를 그대로 전하는 것이기는 하지만, 그렇다고 꼭 그대로 전할 의무는 없다면서 황당무계한 기담, 괴담 같은 허구도 듬뿍 담았다. 아리스토텔레스가 《역사》를 읽지 않았을 리 없는데도 굳이 역사를 '사실'이라고 못 박은 것은 이성적인 철학자로서 역사와 문학의 애매한 국경 분쟁을 선명하게 하려는 석학으로서의 의무감 때문일 것이다.

역사나 인간의 운명을 좌지우지하는 원동력은 고대 원시 신앙 시대부터 중세, 세계 종교 시대까지는 '신'이었다. 신의 지배 때도 종교 문학, 또는 신앙 문학이 가능했지만 현대적인 개념으로는 종교와 문학의 본질이 판연히 다르다. 르네상스 이후 자연 과학의 발전으로 18세기 실증주의 사상이 만연하면서 신에 의한 결정 사관과 절대 왕조의 위상이 비틀거렸다. 사랑이나 운명까지도 신이 다 결정해 준다면 인간의 고뇌는 오로지 신앙에만 의지하면 되기에 구태여 문학에 의지할 절실함이 엷어진다. 실증주의 이후 근대적인 문학이란 신도 해결해 주지 못하는 인간 고뇌의 영역을 다루는 것이라 하겠다.

그나마 실증 사학의 단초를 연 사학가 랑케가 "있었던 그대로의 과거"를 밝혀내는 것이야말로 역사가의 사명이라 한 데서 비로소 역사학이 아리스토텔레스의 정의대로 궤도에 올랐다고나 할까. 그러나 '실증'이란 깃발은 올렸으나 정작 랑케 자신은 개신교 신앙의 가치관을 고수하면서 가톨릭을 비판하는 입장이었다. 정작 그 비판조차 투철하지 못해서 오히려 가톨릭 측에서는 긍정적으로 평가받기도 했다. 헤겔의 관념론이나 프랑스 혁명조차 수용 안 한 랑케가 실증 사학이라는 깃발만은 나부끼게 했다고나 할까.

이런 '사실'에 얽매인 역사학과는 달리 문학은 훨씬 진취적이어서 신에 의한 '운명 결정론' 같은 건 이미 벗어나, 셰익스피어나 프랑스 고전주의 비극에 이르러서는 '인간의 성격'이 자신의 운명을 결정짓는다는 것을 실증적으로 보여 주고 있다. 이후 문학은 자연 과학의 발전에 발맞추는 정도가 아니라 아예 한 발 앞설 정도로 혁신적인 공상의 세계로 진입한다. 그럼으로써 역사학의 '사실'이란 국경선을 훌쩍 넘어서 버렸다.

　그래서 오늘의 문학이란 "정수리부터 발바닥까지 인간의 육체가 행하는 모든 행위와 상상과 활동 전반을 두루 다 다루는 인간학의 총체"이며, 그 권능으로 모든 학문의 범주를 허물어 버리는 지적인 국적 초월자의 신분이다. 따라서 문학이 아리스토텔레스가 규정한 허구만을 다루라는 명제를 탈출한 지는 이미 오래다. 역사 사실도 얼마든지 다룰 수 있기 때문에 한국 문단에서는 팩션(faction)이란 말이 유령처럼 맴돌 정도다. 그러나 이 말의 원래 영어 개념은 '도당'이나 '분파'로, 사대주의에 물든 사람들이 사실(fact)과 허구(fiction)의 합성어랍시고 유행시키는 풍조는 사라졌으면 좋겠다.

　요컨대 문학과 역사학은 그 탄생부터 일란성 쌍생아이기 때문에 굳이 그 경계선을 짓고자 아리스토텔레스처럼 무리할 필요도 없고, 그냥 서술 방법에 따라 편의상 구분만으로 만족하는 게 좋겠다. 이는 마치 뱀장어 암수처럼 가리기가 어려워 아리스토텔레스부터 프로이트에 이르기까지 난제 중의 난제라 할 만큼 애매하다.

　중요한 점은 인간은 신앙을 가진 다음에 신화와 문학을 창출했고, 인간학인 문학이 축적되면서 역사학이 형성되어 오늘에 이르고 있다는 점이다. 문학은 사실이든 허구든 뭐든지 두루 통틀어 그 속에서 진실을 탐구하는데, 그에 견주어 역사는 사실을 통하여 진실을 추구한다는 점에서 주제와 소재의 범주가 다를 뿐이다.

　그러나 신앙의 문학으로부터 역사의 문학으로의 전환은 문학사에 중대한 전환기를 만들었음을 잊어서는 안 될 것이다. 예를 들면 그리스 문학은 신화(신앙의 문학)에 이어, 인간과 역사의 운명, 즉 무엇이 세계를 움직이느냐는 문제를 탐구하면서 비극을 창조해 냈다. 바로 신의 역사에서 인간 삶의 현장으로 시선이 옮겨진 것이다. 그 전환기에 그리스 비극이 자리한다. 비록 소재는 신화지만 그 서사 구조의 갈등은 인간의 현실임을 보여 주는 게 그리스 비극의 본질이다. 아시아에서는 역사 문학이 서양보다 훨씬 오래되고 영역 또한 넓어서 둘 사이의 경계선이 애매할 지경이다.

실증주의 이후 근대 문학을 살펴보면 어느 나라를 막론하고 그 국가 최고의 문학은 역사 문학이었다. 그만큼 역사는 문학의 텃밭이다. 최근에는 역사 가상 소설부터 역사 재해석 소설까지 등장하여 오히려 정사 소설이 위협받을 지경에 이르지 않았는가. 그래서 문학 수업에서 역사학은 가장 중요한 영역에 속한다.

이 책에서 역사학의 흐름이나 중요 역사학자, 이에 따른 역사 문학의 걸작들을 다 소개할 수는 없기에 문학을 이해하는 데 꼭 필요한 항목만 골라 간략히 소개하겠다.

헤로도토스, 인간 탐구와 역사의 병행

헤로도토스에게 '역사의 아버지'란 칭호를 붙여 준 건 로마의 키케로인데, 중국의 역사학이 더 오래됐을 뿐만 아니라 역사 서술에서도 훨씬 정교했음을 키케로가 몰랐던 데서 나온 유럽 중심 명칭이었음을 분명히 짚고 넘어가자. 소아시아 서남방 도시 국가 할리카르나소스 출생설이 유력한 헤로도토스는 사모스섬, 아테네, 무리오이 등지에서 살았으며 아테네에서는 페리클레스, 소포클레스와 친교가 있

고대 그리스 역사가 헤로도토스.
페르시아 전쟁을 중심으로 동방 여러 나라와 그리스
여러 도시의 역사를 서술한 저서 《역사》로 널리 알려
졌으며, 유럽에서는 흔히 '역사의 아버지'로 불린다.

었다고 한다. 취재차 헤로도토스는 북으로는 스키타이, 동으로는 바빌론, 남으로는 엘레판티네, 서쪽으로는 시칠리아 등지를 다닌 것으로 보이며, 경건한 신의 숭배자였기에 그 생각이 사관에 그대로 반영되었다.

헤로도토스의 《역사》는 동서 분쟁의 관점에서 페르시아 전쟁을 기록할 목적으로 집필한 것인데, 이 페르시아의 그리스 침략 전쟁은 제1차 침공(기원전 492년~490년), 정전(기원전 490년~480년), 제2차 침공(기원전 480년~479년) 시대에다 그 이웃 나라들의 역사와 풍속까지 두루 다루고 있다. 지금 정본으로 전하는 전 9권은 권마다 뮤즈의 이름으로 소제목을 붙였는데, 후세에 알렉산드리아의 한 교정자가 그렇게 한 것으로 보고 있다.

헤로도토스는 제1권에서 페르시아의 그리스 침공 원인을 두 나라 사이의 여인 납치 사건이 야기한 보복전 때문에 시작되었다고 하면서도 "이 경과가 과연 그대로였는가, 그렇지 않았는가에 대해서 논의할 생각은 없다"라고 했다. 그러면서 "사람들이 사는 나라들에 대해서 그 크고 작음에 상관없이, 하나하나 논해 가면서 이야기를 해 나가고자 한다"라고 밝혔다. 결국 실증 사학이 중시하는 '사실' 그 자체를 규명할 생각은 없다며 헤로도토스는 이렇게 말한다.

왜냐하면 한때 강대했던 나라들이 대부분 이제는 약소해지고, 내가 살았던 시대에 강대했던 나라도 한때는 약소했기 때문이다. 인간의 행운은 결코 오래도록 계속되지 않는다. 이러한 이치를 알고 있는 나는, 큰 나라이든 작은 나라이든 똑같이 밝혀 다루어 가려 한다. (헤로도토스, 박현태 옮김,《역사》, 동서문화사, 2016, 15쪽)

역사의 동인(動因)을 신의 섭리로 보는 이 역사학자는 군사 문제에 문외한이라 역사 사건들을 중심으로 한 인과의 해명은 소홀히 하면서도 사건의 동기는 심리학적으로 잘 해명했다는 평가를 받는다. 페르시아의 크세르크세스는 그리스 침략에서 능히 성공할 수 있었으나 패배했는데, 그 까닭을 도덕성의 결여와 오만, 불신앙, 잔인함 같은 것들에서 찾고 있다는 건 헤로도토스의 신 중심 사관을 엿볼 수 있는 대목이다.

그런데 정작 문학도들에게 이 명저가 중요하게 다가서는 까닭은

각 지역의 풍속과 인간 세상의 보편적인 쟁점인 신앙, 삶과 죽음, 가치관 등등을 깊게 다뤄 주고 있기 때문이다. 예를 들면《역사》제2권에 나오는 세계 최초의 추리 소설인 〈목수 도둑 이야기〉를 들 수 있는데, 그 내용은 이미 우리가 앞에서 보았기에 생략한다. 다만 이 도둑 이야기가 어디까지가 사실이고 어디부터가 허위인지 애매한데, 그래서 실증 사학의 주창자인 랑케는 아예 이 '역사의 아버지'란 별칭을 비꼬아서 '거짓의 아버지'라 불렀다. 하지만 역사가 사실의 기록이라는 아리스토텔레스의 논리까지 뒤집은 이런 사실들로 인하여 오히려 역사와 문학이 얼마나 밀착해 있는가를 입증해 준다.

세계 문학사의 명장면으로 유명한 '프산메니토스 3세의 수수께끼'는《역사》제3권에 등장한다. 페르시아의 캄비세스 2세는 이집트를 침공, 멤피스 점령 열흘째에 왕위에 오른 지 6개월 된 프산메니토스 3세를 포로로 잡았다. 정복자 캄비세스 2세는 포로 신세인 프산메니토스 3세의 정신력을 시험해 보고자 교외로 끌고 가 앉혀 놓고는, 왕의 딸과 고관의 딸들을 노비로 몸치장 시켜 물을 긷게 한다. 그러자 귀족들은 소리 내어 울었지만 왕은 "고개를 숙였을 뿐이었다."

이어 왕자를 그 또래 이집트 청년 2천 명과 함께 목에 새끼를 걸고 재갈을 물려 처형장으로 끌고 가는데, 슬피 우는 이집트인들 사이에서 프산메니토스만은 딸에게 취했던 것과 마찬가지 동작을 취했을 뿐이다. 그런데 한때는 영광을 누렸으나 지금은 무일푼이 되어 동냥이나 하면서 생계를 꾸려 나가는 한 사내가 우연히 옆을 지나갔다. 그러자 프산메니토스는 "큰소리로 울부짖으며, 옛날 술친구의 이름을 부르며 말을 걸고 머리를 치며” 끔찍한 슬픔을 나타내었다. 그 뒤 가장 중요한 대목은 원문 그대로 보기로 하자.

프산메니토스의 거동을 이상하게 생각한 캄비세스는 사자를 보내어 다음과 같이 프산메니토스에게 묻게 하였다.

“프산메니토스여, 그대의 주군인 캄비세스께서 물으신다. 딸이 학대를 받고 아들이 형장으로 향하는 것을 보고 소리도 지르지 않고 슬퍼하지도 않았던 그대가, 그대와는 아무런 혈연도 없는 저 거지를 소중히 여김은 무엇 때문인가?”

캄비세스의 이 물음에 대하여 프산메니토스는 대답하였다.

“키루스의 아드님이시여, 우리 집안에 일어난 불행은 슬퍼 울기에는 너무나도 큰 불행입니다. 그러나 유복한 신분에서 거지로까지 전락하여, 더욱이 노경에 이른 저 친구의 불운은 울어 주어도 좋으리라 생각합니다”

이 대답이 캄비세스에게 보고되자 그는 훌륭한 대답이라고 생각하였다. 이집트인이 전하는 바에 따르면, 이것을 듣고 크로이소스도 그 자리에 있었던 페르시아인도 눈물을 흘렸다. 캄비세스도 가엾은 생각이 들어 곧 측근에 명해서 프산메니토스의 아들을 처형되는 사람들 중에서 구출하고, 프산메니토스도 교외에서 옮겨 자기에게로 데려오게 하였다.

그러나 아들은 맨 먼저 처형되어, 파견된 사람들이 그 자리에 도착했을 때에는 이미 죽어 있었다. 프산메니토스는 앉혀 있던 자리에서 캄비세스에게로 왔고, 그 뒤 캄비세스 곁에서 편안히 여생을 보내게 되었던 것이다. 만약에 그가 음모를 꾸미는 일이 없었더라면 그는 이집트를 반환받아 총독으로서 통치할 수도 있었을 것이다. ……이집트인이 반란을 일으키도록 사주한다는 것이 발각되어 캄비세스의 귀에 들어가자, 황소의 생피를 마시고 그 자리에서 즉사한 것이다. 프산메니토스는 이렇게 해서 최후를 마쳤다. (같은 책, 232~233쪽)

이 명장면을 프랑스 사상가 몽테뉴가 《수상록》에서 다시 거론한다. 딸과 아들이 지나가는 장면은 《역사》와 같으나 마지막은 다르다. 몽테뉴는 이를 "그의 부하 하나가 끌려가는 포로들 속에 있는 것을 보고는 머리를 치며 대성통곡하더라는 것이다"라고 썼다. 이어 몽테뉴는 이와 비슷한 일화를 소개한다.

최근에 프랑스 태공 한 사람이 트리엔트에 있을 때, 자기 맏형이 죽었다는 소식을 들었다. (그 형은 온 집안의 기둥이며 영광이며 얼굴이었다.) 그리고 얼마 뒤에 그는 둘째로 희망을 두던 동생의 부고를 듣고도 굳은 마음으로 버티며 견디어 냈는데, 며칠 뒤에 하인 하나가 죽자, 이 마지막 변고에는 마음을 억제하지 못하고 슬퍼하며 안타까워하였다. 이를 보고 어떤 사람은 그가 이 마지막 충격에만 마음이 움직인 것이라고 말했다. 그러나 사실인즉, 그는 슬픔이 차서 넘치게 된 형편에 있다가 그 위에 일이 더 덮쳐옴으로써, 그의 참을성

의 한계가 무너졌던 것이다. (몽테뉴, 손우성 옮김, 《수상록》, 동서문화사, 2012, 21쪽)

이에 대한 발터 벤야민의 주장은 좀 더 복잡하다.

　◦ 왕의 가족들의 운명이 왕의 마음을 움직이게 하지 못한 것은 그들의 운명이 바로 자신의 운명이었기 때문이다.
　◦ 삶 속에서 우리를 감동시키지 못하는 많은 것들이 무대 위에서는 우리를 감동시킨다. 따라서 이 하인은 왕에게는 단지 한 사람의 배우였을 뿐이다, 라고 말할 수 있을 것이다.
　◦ 커다란 슬픔은 정체되었다가 이완의 계기가 와야만 비로소 터진다. 이 하인을 보는 순간이 바로 이 이완의 순간이었다. (발터 벤야민, 반성완 옮김, 《발터 벤야민의 문예이론》, 〈얘기꾼과 소설가〉, 민음사, 1983, 173~174쪽)

자기 나라를 망친 왕의 울음에 대하여 세계적인 석학들이 나서서 뭐라뭐라 언급할 정도로 《역사》는 다분히 문학적인 소재의 보물창고다. 그러나 정작 내가 궁금한 건 왜 정복자 캄비세스 2세는 프산메니토스 3세의 수수께끼 같은 통곡에 감동받아 그에게 관용을 베풀었을까 하는 것이다. 결국은 훗날 반란을 꿈꾸는 프산메니토스를 잔혹하게 죽이게 될 것을 예견하지 못했을까.

세상에서 가장 행복한 사람이란?

명저 《역사》가 문학과 얼마나 밀착되어 있는가를 가장 잘 나타내는 장면을 나는 제1권 리디아의 마지막 왕 크로이소스의 일화에서 절감했다. "크로이소스만큼이나 부유한", 혹은 "크로이소스보다 더 부자"라는 표현이 통용될 정도로 크로이소스는 당대 최강에다 대부호여서 그 이름 자체만으로도 그리스와 페르시아에서는 '부자'로 통했다. 역사상 통화 체계와 화폐 제도를 처음 도입한 것도 바로 크로이소스였다고 전한다.

이런 부자 왕인지라 온갖 빈객이 줄을 이었는데, 어느 날 당대 그리스 최고의 현인으로 추앙받는 아테네의 솔론이 그의 왕궁을 찾았다. 크로이소스는 수많은 재물로 자신이 세상에서 가장 행복한 사람이라 자처하던 터라 이를 뽐내고자 솔론에게 "아테네의 손님이여, 그대의 소문은 이 나라에도 우레처럼 들리고 있소. 그대가 현자라는 것은 물론, 지식을 구하여 널리 세상을 구경하신다는 것도 들었소. 그래서 그대에게 꼭 묻고 싶은 것이 있는데, 그대는 누군가 이 세상에서 가장 행복한 사람을 만난 일이 있소?"라고 물었다. 크로이소스 왕은 은근히 솔론이 바로 자기를 행복의 일인자로 지목해 줄 것을 기대한 것이다. 그런데 솔론은 침략군에 대항하여 용감히 싸우다 전사한 한 아테네의 평범한 시민 텔로스를 거론했다.

이에 약이 오른 왕은 설마 두 번째로는 자신을 천거하리라 기대하고는 그다음 두 번째 행복한 사람을 묻는다. 그러자 현자는 한 여신의 축제에 거동이 불편한 어머니를 모시고 가려고 우마차를 끌고 간

두 형제, 아르고스의 클레오비스와 비톤을 거론했다. 둘 다 운동선수로 우승까지 한 명망가인데도 어머니를 위해 우마차를 직접 끌고 신전에 간 형제는 피로에 지쳐 관중들이 보는 앞에서 숨을 거두고 말았다는 것이다.

이에 화가 난 크로이소스는 "나의 이 행복은 아무런 가치가 없는 것으로 여기는 거요?"라고 불만스럽게 따진다. 그러자 솔론은 현자답게 참다운 삶과 행복이란 어떤 것인가를 장황하게 설파한다.

"왕께서 막대한 부를 가지시고, 많은 백성을 통치하고 계시다는 것은 저도 잘 알고 있습니다. 그러나 지금 물으신 일에 대해서, 왕께서 좋은 생애를 마치셨다는 것을 아실 때까지는 저로서는 아무 말도 할 수가 없습니다. 제아무리 유복한 사람이라도, 만사가 잘 되어 가는 평생을 끝마칠 수 있는 행운을 만나지 않는 한, 그날그날을 살아가는 사람들보다도 행복하다고는 결코 말할 수 없습니다. 돈이 썩을 정도로 있어도 불행한 사람이 많은가 하면, 재산은 없어도 좋은 운을 만난 사람 또한 많습니다…….

인간은 누군가가 죽을 때까지 행운이 있는 사람이라고 부를지언정 행복한 사람이라고 부르는 것은 삼가야 합니다. ……어떠한 일에 대해서나 그것이 어떻게 되어 가는가, 그 결말을 끝까지 보는 것이 중요합니다. 신에 의해 울타리 너머로 행복을 잠깐 보았으나, 결국 나락으로 떨어진 사람은 얼마든지 있습니다." (헤로도토스, 박현태 옮김, 《역사》, 동서문화사, 2016, 27~28쪽)

우리식으로 말하면 오복, 곧 장수, 부유, 건강, 유호덕(攸好德, 덕 베풀기), 고종명(考終命, 깨끗한 죽음)이란 개념과 상통하는 지극히 평범한 인생론의 일단이다.

그런데 행복을 자만하던 크로이소스 왕에게 재앙이 닥쳤다. 페르시아의 키루스 대왕이 침략한 것이다. 키루스는 서남아시아와 중앙아시아 일대와 인도 일부에까지 진출, 대제국을 29년간 통치한 이란 건국의 아버지다. 이 침략 앞에서 크로이소스는 재위 14년, 포위 공격당한 지 14일 만에 몰락해 키루스 대제가 마련한 거대한 장작더미 위에서 불태워질 운명에 처했다.

이 비운을 맞은 한순간에 크로이소스는 홀연히 "인간은 살아 있는 한 그 누구도 행복하다고 말할 수 없다"라던 솔론이 뇌리에 떠올라 깊은 한숨을 내쉬며 세 차례나 슬프게 솔론의 이름을 불렀다. 이 소식을 전해 들은 키루스 2세는 어찌 된 일인지 그 영문을 알고자 당장 그 왕을 살려 데려오게 했으나 이미 불길은 끌 수 없는 지경이 되어 버렸다.

이때 키루스의 속내를 눈치 챈 크로이소스는 신 아폴론의 이름을 외치며 불을 꺼 줄 것을 호소하고, 그러자 갑자기 폭우가 쏟아져 키루스는 살아난다. 애초에 리디아 왕국이 괜히 페르시아를 공격하려고 해서 시작된 전쟁인지라 키루스 대제는 포로가 된 왕에게 그 까닭을 묻고 크로이소스는 이렇게 답했다.

"평화보다 전쟁을 선택할 정도로 무분별한 인간이 어디 있겠습니까? 평화로울 때에는 아들이 아버지를 묻지만, 전쟁이 일어나면 아버지가 아들을 묻어야 합니다. 그러니 아마도 이렇게 되는 것이 신의 뜻이었던 것 같습니다.”(같은 책, 60쪽)

누가 들어도 새빨간 거짓말이다. 크로이소스 왕은 돈이 많고 힘이 세지자 괜히 이웃 나라를 침공하고 싶어져 궁리 끝에 전쟁을 일으켰다. 결국 자신이 스스로 저지른 재앙이었지만 말 못하는 신에게 죄를 몽땅 뒤집어씌운 것이다. 《역사》는 이 뒷이야기도 흥미진진하고 장황하게 이어간다.

이런 《역사》가 제6권에서는 유명한 마라톤 전투를 기록하고, 제7권에서는 스파르타가 패배한 테르모필레 전투를 증언하며, 제8권에서는 아테네가 승리한 살라미스 해전을 실감나게 묘사하고, 마지막 제9권에서는 그리스의 승리를 다뤘다. 그러나 큰 승리 뒤에는 그 오만과 어리석음으로 오히려 멸망의 길로 들어선다는 것 또한 페르시아 전쟁은 보여 주었다. 승리의 주도권을 잡았던 아테네가 너무나 오만해지자 이에 저항하여 일어난 게 펠로폰네소스 전쟁이었다.

투키디데스 함정에 빠지지 않기

‘투키디데스의 함정’이란 새로운 강대국이 등장하면 기존의 강대국과 패권 다툼으로 전쟁이 일어날 수밖에 없다는 이론으로, 그 출처는 그리스 역사학자 투키디데스가 쓴 《펠로폰네소스 전쟁사》이다. 이를 마치 만고불변의 역사학적 황금률처럼 만든 정치학자는 미국의 앨리슨(Graham Tillett Allison Jr)이다. 하버드대 교수였던 앨리슨은 미국의 대외 정책에 영향을 끼칠 정도인데, 친민주당계 인물로 알려져 있다.

앨리슨은 2012년 〈파이낸셜 타임즈〉지에 "투키디데스의 함정은 이미 태평양에서 돌출됐다"라는 글을 쓴 데 이어, 이를 정교화하여 2017년에는 《피할 수 없는 전쟁: 미국과 중국은 투키디데스의 함정을 벗어날 수 있을까?》라는 단행본을 출간했다. 기존 패권국인 미국은 신흥국으로 부상하는 중국과는 전쟁이 일어날 수밖에 없다는 주장을 담았는데, 세계사 속 중요한 전쟁들을 예시하며 전쟁 가능성을 70퍼센트 이상으로 본 이 주장은 많은 학자들로부터 호된 비판을 받았다. 그런데도 미국의 패권주의 세력들과 전쟁광과 군수업자들의 지지세를 타고 괜히 평화스러운 태평양과 동북 아시아에다 전쟁 불가피 돌풍을 일으키고 있는 게 바로 오늘날의 미국이다.

마침 한국에서는 윤석열 정권이 등장한 뒤 이 투키디데스 함정론을 마치 기독교의 복음서처럼 받들어 대며 미·일·한 동맹의 불가피성을 역설한다. 친일의 단계를 넘어서 일본에 복종하다는 복일(服日)의 당위성까지 횡행하는 막가파식 판세가 되어 가고 있다. 항일 투쟁보다 일본이 조선을 잘살게 해 준 것이 더 소중하다는 해괴한 망국 논리까지 나온다. 그래서 친일파는 독립투사보다 더 '애국적'이며, 이들이야말로 '건국의 공로자'라는 거짓 복음을 목청껏 외치는데, 온갖 쓰레기 언론들까지 여기에 가세하고 있다.

올바른 사유를 할 수 없는 학문의 해악, 특히 바른 역사의식을 갖추지 못한 독소의 악영향이 얼마나 세계와 국가와 민족과 개인을 고통 속으로 몰아넣는가를 명백히 보여 주는 좋은 예가 바로 투키디데스의 함정론이다. 왜 세계를 특정된 한 나라가 지배해야 되는가? 왜 둘이나 셋 등 힘센 나라들이 공존하지 못하는가? 왜 약한 나라들은 나름대로의 주권으로 평화롭게 살지 못하도록 하는가? 이런 지극히 초보적인 의문만 가져도 투키디데스의 함정이 얼마나 미국 패권의 정당성을 합리화하려는 음모인가는 금방 알 수 있다.

하물며 우리가 왜 미중 전쟁에 끼어들어 미국 편을 들어주어야 할까, 하는 문제는 지난 1세기 이전 우리나라가 불행했던 과거를 되돌아보게 만든다. 조선은 강대국에 의하여 강제로 개항 당한 뒤 당시 국제 정치의 청맹과니들에 의하여 친미, 친일, 친러, 친청파로 나뉘어 다투느라 나라를 요절낸 쓰라린 과거가 있다. 민족 주체성을 주장했던 독립파를 반역자로 잔혹하게 처벌했던 그 시절이나 지금이나 너무나 똑같다. 덧붙이자면 그때부터 미국은 우리의 편을 들어준 적이 없었고, 시종 일본 편이었음을 상기하기 바란다. 8·15 해방 이후에도 미국의 이런 기본 정책에는 변화가 없다.

미국의 한 정치학자에 의하여 괜히 그 영예가 살짝 더럽혀진 투키디데스의 생애는 부정확하다. 하지만 아테네 명문 출신으로 펠로폰네소스 전쟁에 참전했다가 기원전 422년 암피폴리스 방어전에서 패배하여 20년간 아테네로부터 추방령을 받았고, 이때 집필한 책이 바로 《펠로폰네소스 전쟁사》이다.

전 8권인 이 저서의 제1권은 그리스 역사에 이어 펠로폰네소스 전쟁의 원인을 다뤘다. 도시 국가로 당시 스파르타가 최강국이었던 그리스는 페르시아의 침공으로 위기를 맞는다. 이때 전쟁을 승리로 이끈 아테네는 점점 그 위세를 떨쳐 스파르타로 하여금 자존심을 구기게 했다. 정치 체제조차 아테네 민주제로 위기를 맞게 되자 스파르타의 경계심이 굳어졌다. 많은 그리스의 도시 국가들은 스파르타가 주도하는 펠로폰네소스 동맹과 아테네가 주도하는 델로스 동맹으로 양분되었고, 이것이 전쟁을 불러 왔다. 이 현상에서 '투키디데스의 함정'이란 술어가 창출된 것이다. 제2권에서 제8권은 거의 연대기적인 전쟁사인데, 기원전 411년까지만 다룬 채 미완으로 끝났다.

이 미완의 저작이 헤로도토스의 명저보다는 분명히 재미가 없는데도 역사학의 명저로 평가받는 이유는 현실주의 역사관의 첫 개척자였기 때문이다. 투키디데스는 신의 섭리로 인한 역사와 운명을 부정하고 오로지 현실적인 정치 상황과 국력만이 역사를 결정한다는 것을 입증했고, 그 점에서 서양사에서 첫 과학적인 역사관을 제시했다는 평가를 받는다.

제2장   사마천 역사의 원점

춘추필법의 역사 기록

유럽 문화사 자긍심의 뿌리인 그리스가 신화와 역사와 문학을 통틀어 '신화'로 창조하면서 인간 세상의 모든 사건을 신들의 행위로 그린 것이 호메로스의 시대였다. 신과 인간을 동격으로 보면서도 인간은 신을 이길 수 없다는 '신의 인간 지배' 사상은 그 형태야 어찌 됐든 그대로 현대에까지 이르고 있다. 비록 투키디데스가 이런 신의 지배를 은근히 짓뭉개 버렸지만 오로지 소수만이 투키디데스를 따랐다. 이처럼 신화와 문학과 역사가 혼용된 형태의 기록은 그리스뿐 아니라 중국이나 인도 같은 모든 인류의 문화사가 공통적으로 가졌던 것이다. 신화에서 문학이 독립되어 나타나고, 이어 역사학이 등장한 것 역시 세계 문화사의 공통적인 현상이었다.

그러나 역사학이 등장할 무렵에는 '신'의 역할이나 권능이 지역마다 달라진다. 인도나 이스라엘처럼 신의 권능이 만고의 진리로 굳어져 버린 경우도 있고, 그리스처럼 철학이나 자연 과학에 의하여 신의 신분이 비틀거린 예도 있다. 유럽 문명권은 세계 종교인 기독교가 정착하기 전까지는 그리스처럼 신의 권능이 비틀거렸다.

중국의 경우는 특이하다. 천제라는 개념은 그대로 살리면서도 그 권능이나 역할은 고작해야 제사나 복점을 올리는 정도여서 일찍부터 투키디데스처럼 객관적인 역사 서술이 성행했다. 중국은 고대 신화 시대부터 기록 형식을 역사적으로 다루면서 특정 개인이 아닌 국가 기관이 역사 기록을 축적한 나라였다. 그렇기에 세계 문화사에서 역사학이라면 단연코 중국이 선두 주자였다고 할 만하다.

《서경》이나 《시경》 그 자체도 역사적인 집적이지만 특히 본격적인 첫 역사서로 거론되는 《춘추》는 고대 중국의 역사 기록 방법론을 잘 보여 준다. 역사를 기록하는 사관은 궁중의 중요 관료인데 좌사(左史)는 말을 기록하고, 우사(右史)는 사건을 기록하는 직책으로 구분했다. 이런 《춘추》의 기록물들이 기원전 722년부터 시작되었다니, 헤로도토스보다 무려 3백여 년이나 앞섰다. 정작 '역사의 아버지'란 중국의 고대 사관들일 것이다. 이들의 축적된 기록물들을 후대에 정리, 분류한 역사서는 여러 가지이다. 공자가 편찬했다는 《춘추》를 기본으로 삼아 여기에 주석서를 붙인 것을 통칭 '춘추삼전'이라 하는데 《좌씨전》, 《공양전》, 《곡량전》이다.

《춘추》가 연도순에 따라 춘하추동으로 나눠 주요 사건을 배열하는 역사 개설서라면, 《좌씨전》은 나라의 흥망성쇠와 패권의 추이 같은 역사적인 측면에 치중했고, 《곡량전》과 《공양전》은 다분히 경학적인 관점에서 깊이 파고들었다. 특히 《공양전》은 이상적인 국가 통치 철학의 기본이라 할 정도로 중시되어, 나중에는 '공양학'이란 이름으로 체계를 세워 고리타분한 고증학과는 다르게 경세치용으로 개혁운동을 이끈 캉유웨이와 량치차오로 이어졌다.

공자가 편찬한 《춘추》는 역사 기록물들을 그대로 옮기기만 한 것이 아니라 윤리 도덕관과 가치 판단으로 옳고 그름을 가려서 세련된 수사의 완곡어법을 썼다. 예를 들면 침략 전쟁을 기록하면서도 세력이 대등한 나라를 침공하면 공(攻), 강한 쪽이 약자를 야비하게 공격하면 벌(伐), 잘못을 저지른 나라를 응징하면 토(討), 왕이 전쟁에 직접 나서면 정(征) 같은 글자를 써서 확연하게 그 역사적인 행위를 판단했다. 그래서 남의 영토를 쉽게 얻으면 취(取), 어렵게 빼앗으면 극(克), 상대가 몸만 투항하면 항(降), 땅도 바치면 부(附), 배신하여 적에게 가면 반(叛), 윗사람에게 도전하면 반(反)이란 글자로 구분해 윤리 도덕적인 판단을 겸했다. 역사는 객관적인 기술이 원칙이지만 비판이 필요하면 표현 속에 일정한 의미를 담아 서술하는 걸 '춘추필법'이라고 일컫는데, 그 어원이 바로 여기서 비롯된 것이다.

역사학자들은 누구나 '객관적인 진실'을 기록하는 걸 사명으로 삼는다고 한다. 아니, 역사학자뿐 아니라 모든 진리 탐구자들은 각자가 다 자신의 설이 '객관적'이라고들 소리소리 지른다. 그래서 춘추필법은 마치 비전문적이고 독단적인 방법론으로 배격당하기 일쑤이지만 사실 따지고 보면 인간은 누구나 자신의 아집과 주장을 좀 더 효과적으로 부각시키려고 '객관적'이란 술어를 동원할 뿐이다. 그러니 누구나 독단적이라는 걸 어찌 부인할 수 있을까.

그 뒤 중국은 역사학의 나라답게 온갖 종류의 역사서들이 범람했다. 그러다가 세계 역사서에서 가장 위대한 명저가 등장하게 되는데, 바로 사마천의 《사기》이다.

불우했던 사마천과 행운의 상징인 영춘화

사마천의 고향은 지금의 섬서성설과 산서성설이 있는데, 현재 표기로는 둘 다 '산시성'으로 읽는다. 중요 유적도 둘로 나뉘는데 국가 차원의 시설은 섬서성 한성시 지천진에 있는 국가문사공원이다. 중국 주석인 시진핑은 《사기》를 두고 "지난 일을 잊지 않고 뒷날의 스승으로 삼아야 한다"라고도 했다.

사마천의 가문은 역사 관련 관직이었다는데 아버지 사마담은 한나라 무제 때 천문을 담당하던 태사령으로 천문, 역, 황로를 두루 섭렵한 데다 음양, 유가, 묵가, 법가, 도가 같은 모든 학문을 통달한 석학으로 천하를 바로잡고자 역사서를 쓰려고 많은 자료를 모아 왔다. 하지만 그 소망을 못 이루고 죽음을 맞게 되자 아들 천에게 반드시 중국의 역사서를 정리해 달라는 간곡한 유언을 남겼다.

사마천은 아버지의 직을 그대로 물려받아 38세에 태사령이 되어 42세 때부터 본격적으로 아버지가 손댔던 역사서를 완성하려던 터에 기원전 99년, 나라 북쪽의 흉노가 도발해 왔다. 한 무제는 이광리 장군의 별장으로 이릉 장군을 보냈고, 이릉은 보병 5천으로 큰 공적을 이뤘으나 10만 흉노에 포위당해 8일 동안 격전을 치렀다. 그러나 중

중국 전한의 역사가 사마천. 궁형의 치욕을 딛고 살아
남아 중국 정사의 효시인 역사책 《사기》를 완성하였다.

사마천의 사당. 고향인 산시성 한성시에 있다. 사마천이 쓴
《사기》는 2천년이 지난 지금도 위대한 유산으로 일컬어진다.

영춘화. 흔히 봄맞이꽃이라 부른다. 사마천의 고향에서는 영
춘화를 바치면 소원을 이룬다고 하여 사마천을 추모하거나
입학이나 취직 시험이 있을 때 즐겨 이 꽃을 바친다고 한다.

과부적으로 남은 병사를 구하고자 포로가 되어 흉노의 왕 선우의 딸과 결혼, 우교왕이 되어 흉노군을 훈련시켰다. 나중에 한의 새 황제 소제가 사신 곽광을 보내 이릉에게 귀환을 종용했으나 거절하고, 20여 년간 흉노 땅에 살다가 죽었다.

이릉이 포로가 된 첩보를 접하자 진노한 무제는 중신 회의를 열었는데, 사마천이 나서 이릉 장군을 옹호했지만 역부족이라 이릉 일가족은 능지처참 극형에 처해졌다. 마침 이릉의 라이벌인 장군 이광리가 가세해 사마천에게도 그 변호한 죄를 물어 투옥했고, 기원전 98년 사마천은 사형 판결을 받게 되었다. 여담이지만 이광리 역시 나중에 흉노의 포로가 되어 객사했다.

사마천은 아버지의 유언을 실현하려고 살아날 방도를 찾았지만 50만 전의 벌금을 내거나, 궁형을 당하는 길밖에 없었다. 벌금은 상상도 할 수 없었고 궁형조차도 당시 풍조에서는 가장 치욕스러운 형벌이라 차라리 처형당하는 게 낫다고 할 정도였다. 그러나 사마천은 《사기》를 위하여 이 치욕을 받아들여 살아남았다. 그러니 이 명저는 단순한 연구의 결실이 아니라 아버지의 유언이 담긴 역사 서술의 열망과, 그 자신이 궁형의 치욕을 딛고 재기한 인간 사마천의 깊은 고뇌가 얽힌 인생 유전의 철학적인 단상이기도 할 것이다. 아직 종이가 만들어지기 전인지라 사마천은 죽간에다 한 자 한 자씩 썼으니 그 고역만도 경탄할 만하다.

55세 때 이 명저를 완성한 후 사마천의 만년은 행복했을까. 이듬해에 사마천은 타계했는데, 그 사인을 모른다니 당대 권력으로부터 엄청난 탄압을 당했음을 유추할 수 있다. 사마천에게는 아들이 둘 있었다. 맏이는 사마임이고, 둘째는 사마관이었으나 얼마나 탄압이 심했는지 둘 다 '사마'라는 성을 버리고 맏이는 '풍(馮)', 둘째는 '동(同)'으로 변성까지 하고 피신했을까.

사마천의 명저를 전한 것은 이름 모를 사마천의 외동딸이었다. 딸은 대사농 양창과 결혼, 아들 둘을 낳았는데 둘째 외손인 운이 외할아버지를 닮아 진솔한 성격이었다. 사마천이 딸에게 맡긴 《사기》 한 부를 한 무제 시대에는 발표하지 못했지만, 20년 뒤 선제 때 외손자 운이 황제에게 올려 간행됐다고 전해진다.

일설에는 사마천에게 본처 말고도 유천랑이란 첩이 있었는데, 유천랑이 사마천의 유해를 고향 한성현에 안장하고 '영춘화(迎春化, 봄맞이꽃)'를 심었다고 한다. 그래서 지금도 이 지역에서는 사마천의 추모 때나, 입학, 취직 시험 때 영춘화를 바치면 소원을 이룬다며 사람들이 즐겨 꽃을 바친다고 한다.

도서관이 불타면 들고 나올 단 한 권의 명저

《사기》의 원제목은 '태사공서(太史公書)'였으나 후한 때 《사기》로 개칭했다. 구성은 본기 12권, 연표 10권, 서 8권, 세가 30권, 열전 70권까지 모두 130권인데 총 52만6천5백 자로 기전체로 쓰인 통사다. 중국 고대 신화시대부터 한나라 무제 때까지의 역사를 다룬 이 책은 실로 세계 문학 전집에 뒤지지 않는 인문학 필독서 제1호다.

내가 독자 여러분에게 권장하려는 '명저'란 학문 경계를 넘어선 통섭의 인문학적인 지혜를 담은 데다, 시대를 초월해 인간 세상의 모든 분야를 통찰할 수 있는 슬기까지 담아서 아들딸들에게 물려주고 싶은 책이다. 안타깝게도 내 성장기에는 번역되지 않아서 못 보다가 성장하여 일어와 원문으로 본 게 나와 《사기》와의 인연이다. 나중에야 이영무 교수의 번역본이 나왔는데, 좀 난삽하거나 복잡한 원문과 목차, 체제를 무시하고 완전히 흥미 위주로 재편집해서 한번 손에 잡으면 밤새워 읽게 된다. 안타까운 건 이 책이 절판된 것인데, 다행히 범우사에서 똑같이 출간한 책은 구할 수 있을 것이다. 좋은 책은 꼭 구하기 힘들고 그런 책일수록 가치가 있다.

사마천의 역사관은 '춘추삼전' 중 〈공양전〉에 가장 밀착해 있다. 사마천은 당시 성행했던 공양학파의 거두 동중서에게 사사했다. 동중서는 하북성 출신인데 3년간 정원에도 안 나가고 장막을 치고 가르쳐서 제자들도 얼굴을 모를 정도로 학문에만 전념한 대학자다. 동중서는 인재를 구하는 한 무제에게 현량 대책을 건의하여 유가 중심 국가 체제를 지향하도록 만들었다.

그 제자답게 사마천은 이 명저에서 인간 중심의 사학을 구축하여 이상적인 역사상을 천도(天道)로 설정, 황제나 왕과 귀족, 장군이나 유명 학자나 사상가뿐만 아니라 깡패와 불량배와 도둑, 상인, 만담가에, 여인도 미녀나 요조숙녀뿐 아니라 세 남편과 두 왕에 아들까지 망친 천하의 요부인 하희 같은 여인도 똑같은 기준으로 취급한다. 그 때문에 유학자에게 비판받기도 했지만 바로 그것 때문에 《사기》는 불후의 역사서가 되었다. 나는 농담조로 도서관에 불이 나면 이 책 한 권만 가지고 뛰쳐나오면 된다고 즐겨 말하는데, 그만큼 철들면 가장 먼저 정독해야 될 명저가 《사기》라고 감히 권한다.

사마천은 진리니 정의니 하는 가치 평가조차 근본적으로 의심한다. 주 무왕이 은의 독재자 주왕을 토벌하려는 것을 만류한 충신 백이숙제가 수양산에서 굶어 죽어 가며 부른 채미가(采薇歌)를 보자.

저 서산에 올라 우리는 고사리로 연명했노라.
폭력으로 폭력을 대하는 것을 무왕은 모른다.
신농, 순, 우, 성왕의 길을 잃은 이제 우린 어디로 갈 것인가.
아, 우리는 죽어 갈 뿐. 우리의 명은 이제 끝났노라.

뭇사람은 굶어 죽은 백이숙제를 칭송하지만 사마천은 이렇게 싸늘하게 되묻는다.

하늘의 도는 공평무사하여 항상 착한 이와 함께한다고 하는데, 백이숙제는 선인인가, 아닌가? 그토록 인을 지켰고 행실이 고결해도 끝내 굶어 죽었다. 70여 명 공자 제자들 가운데 진정 학문을 좋아하는 이는 안연이라 했다. 그러나 안회는 매우 궁핍하여 쌀겨조차 실컷 못 먹다가 끝내 요절하지 않았던가. 하늘은 선인에게 선을 베푼다고 하면서 이건 대체 어인 까닭인가. 《사기》, 〈백이열전〉

세상을 어지럽힌 주범은 타락한 윤리 도덕이 아니라 윤리 도덕을 그토록 타락하도록 만든 위정자임을 간파한 사마천은 차마 위정자를 맞대 놓고 비판할 수는 없었기에 이렇게 에둘러 말한다.

대저 신농 이전에는 어땠는지 모르겠으나 《시경》이 나온 이래 사람들의 본성을 보노라면, 귀는 듣기 좋은 소리를 듣고자 하고 눈은 아름다운 걸 보고자 하며 입은 맛있는 것을 탐하며, 몸은 편안하게 즐기고자 하며 마음은 이룩한 걸 자랑하고 싶어 한 지가 이미 오래되어 버려 이를 고치고자 온갖 묘수를 내도 끝내 고치기 어렵게 되어 버렸다.

따라서 이런 사람들의 본성을 그대로 따라 다스리는 정치가 가장 좋고, 사람들에게 어떤 이로움을 준다며 술수로 꼬여 내어 자기 뜻을 관철시키려는 정치가는 그다음이고, 사람들을 가르치려 드는 정치는 그 하수이며, 법으로 다스리겠다는 정치는 그 아래이고, 물리력이나 처벌을 하겠다는 정치가는 최악이다. 《사기》, 〈화식열전〉》

흔히들 법가들은 법대로 통치하면 세상이 좋아진다지만 반드시 그 법망을 빠져나가 악용하는 사례가 늘어날 뿐 아니라 법을 집행하는 관리에 따라 얼마든지 악용되기 때문에 세상을 평온하게 해 줄 장치는 아예 없다고 해도 지나친 말이 아니다. 이런 판이니 보통 사람들은 예나 지금이나 정치가를 잘 만나야 하는데, 민주주의 제도가 없던 시대에는 왕을 선택할 권한이 없기에 권력 승계법이 중요하다.

중국은 고대에 왕위를 세습이 아닌 '선양'을 하는 풍조였다. 전설처럼 전하는 오제 시대에는 신하 중에서 후계를 정했다. 태평천하로 유명한 '요순시대'의 주인공인 제요는 신하들과 후계자 선정을 상의하는데 아부파들이 아예 황제의 아들 중에서 선택하라고 꼬드겼다. 이에 요 임금은 아들들을 점검했다. 큰아들 단주는 덕이 부족해 잘 다투기에 부적격 판단을 내렸다. 둘째 공공은 말은 잘하나 속이 불순하여 하늘을 무시하며, 셋째 곤은 자기 뜻대로 하기에 일족에 큰 손해를 끼칠 우려가 있다며 다 부적격 판정을 내린다. 그리고 친족 아닌 누구라도 좋다고 하며 우순을 추천했다.

우순은 완고한 맹인 아버지에 계모인 엄격한 어머니를 모신 데다 오만한 동생을 데리고 살았다. 그런데도 효도와 화목으로 온 집안을 화평하게 하기에 요 임금은 자기 두 딸을 순에게 시집보냈다. 3년이 지나도 집안이 태평인 것이 확인된 뒤 우순은 제위에 올랐다. 오제의 마지막인 순 임금도 신하 우에게 선양했고, 우가 하나라의 시조가 되었는데 이후 자손들은 왕위 세습제로 퇴락해 버렸다.

그 뒤 역사는 점점 타락하여 험악해졌다. 그러자 황제 세습제가 불합리함을 절감한 국민들은 혁명을 일으켜 아예 왕조 자체를 뒤집어엎어 버렸으며, 이걸 사마천은 기꺼이 수렴해서 역성혁명(易姓革命, 왕조의 성을 바꾸는 혁명)이라 했다.

하나라의 마지막 왕인 폭군 걸은 '주지육림'이란 술어를 창출한 주인공으로 비단 찢어지는 소리를 좋아하는 요녀 말희에게 빠져 나라를 망쳤다. 그다음 왕조 은의 최후 황제인 주왕 역시 요녀 달기에 빠져 나라를 망쳤는데, 다시 그다음 왕조인 주 유왕 역시 요녀 포사 때문에 나라를 망쳤다. 이래서 《사기》는 폭군을 몰아내 왕조를 바꾸는 두 역성혁명을 대표적으로 두루 보여 주는데, 가장 유명한 것은 〈은본기〉에 나오는 '성탕(成湯) 혁명'이다. 특히 포고문이 유명한데 부하의 처지로 자기 주군인 하나라의 왕을 무찌르고자 무장 투쟁에 나서 줄 것을 호소하는 이 명문으로 성탕은 나중에 왕이 되었기에 이를 성탕 혁명이라 일컫는다.

"자, 여러분! 와서 모두 내 말을 들으시오. 나같이 보잘것없는 사람이 감히 난을 일으키려고 하는 것이 아니오. 하가 죄를 많이 지었기 때문이오. 여러분이 나를 원망하는 소리를 들었소. 하 씨가 죄를 지었으니 나는 상제의 뜻이 두려워서 바로잡지 않을 수 없는 것이오. 하늘이 그를 벌하라고 명하신 것이오! 지금 여러분 가운데는 '우리 군주가 우리를 어여삐 여기지 않아 농사를 그만두고 전쟁에 참여하게 했다'라고 말하거나, 혹 '(하왕이) 죄를 지었다는데 무슨 죄를 지었느냐'라고 묻는 사람도 있을 것이오. 하왕은 많은 사람의 힘을 다 빼앗고, 나라의 재물을 약탈해 백성들이 나태해지고 서로 화목하지 않게 만들었소. '이 세상이 언제 망하려나? 나도 차라리 세상과 함께 사라지리라'라고 말하게 되었소. 하의 덕이 이와 같으니, 지금 짐이 가지 않을 수 없는 것이라오. 내가 하늘의 징벌을 대신하게 도와준다면, 여러분에게 큰 상을 내릴 것이오. 여러분은 내 말을 믿으시오. 짐은 식언하지 않소. 만일 여러분이 내 말을 따르지 않는다면 여러분의 가족을 데려다가 죽이거나 노비로 삼고, 결코 용서하지 않을 것이오." 《사기》, 〈은본기〉

이 명저에는 헤로도토스의 《역사》에 나오는 정도의 이야기는 흘러 넘쳐날 뿐만 아니라 인간사의 모든 문제들도 전방위로 두루 다뤘다. 그렇기 때문에 어떤 분야의 전공자든지 반드시 읽을 필독서가 될 것이기에 더 이상 책 내용에 대한 설명은 삼간다.

이 명저의 영향으로 중국을 비롯한 동아시아 나라들에서 《사기》를 본받은 역사서들이 적잖게 나왔다. 중국에서도 그 뒤에 나온 유명 역사서로 《한서》, 《후한서》, 《삼국지》 들을 비롯해 시대마다 역사서가 출간됐고, 정통 역사학의 옆길로 접어들어 집필된 제왕학 교재용인 《자치통감》이나 《십팔사략》 등등도 쏟아져 나와 중국이야말로 역사학의 본고장이라 할 정도였다.

그러나 이런 훌륭한 명저들이 쏟아졌음에도 정작 근대 이후 중국은 낙후 국가로 전락해 버렸고, 근대 제국주의의 선두주자였던 영국이 세계 사학의 본고장으로 부상하였다.

중국이 역사학의 본고장임을 새삼 절감케 해 준 것은 온갖 외세의 침탈 속에서 일어난 신해혁명과 쑨원의 투철한 민족해방과 민주주의에 대한 투지, 그 뒤를 이은 반제 침략 투쟁이었다. 1914년 국민당과 1921년 공산당 창당은 비록 분단으로 귀착되긴 했지만 중화 민족으로서의 자긍심을 갖췄다. 이 시기의 중국사에 얽힌 각종 실록과 기록물들은 삼국지를 능가하는 파란만장한 읽을거리로 넘쳐 난다. 그 가운데 세계적인 명저로 인정받은 것이 에드거 스노의 《중국의 붉은 별》이다.

제3장   근대 중동과 유럽의 역사 인식

아랍권 역사의식의 선구자 이븐 할둔

세계 문명사의 4대 발원지인 나일강과 황하, 인더스강에 이어 중동 아랍 지역에는 유프라테스강과 티그리스강을 중심으로 메소포타미아 문명권이 형성되었다. 마르크스가 지적했듯 세계사는 종교 문화의 변천사처럼 처음에는 지역 중심으로 전개되다가 과학의 발전과 함께 점차적으로 문명의 광역화가 이뤄졌다. 그러다 '세계사'라는 개념으로 전개된 계기를 마르크스는 1848년을 기점으로 잡는다. 바로 근대 제국주의가 움트기 시작한 기점이기도 하다.

그 이전 시대는 어느 한 지역에 전쟁이나 전염병이 유행해도 그 피해가 그 지역에만 국한되었다. 지구인들이 신앙과 국적과 직업을 가리지 않고 대량 이주하기 전이었던 중세 시대부터, 르네상스를 거쳐, 산업 혁명이 본격화되기 이전까지는 문명권별로 무장력이나 무기 같은 것에서도 현격한 차이가 없었다. 그러나 지구인들이 대거 이

주민 시대로 접어든 1850년대부터는 모든 것이 범지구적인 쟁점으로 부각되기 시작했다.

아랍 문명이 유럽에 앞섰던 시대는 전설처럼 아득해 보이지만 분명히 그런 때가 있었고, 그 시기의 아랍 학문이나 과학 문명 또한 지구 위에서 단연히 찬연했다. 역사학 역시 마찬가지였다.

아랍이 자랑하는 역사학자 이븐 할둔은 북아프리카 튀니지의 좋은 집안 출신이었다. 조상들은 스페인 반도 침략에 참가, 세비야에 정착했다가 기독교의 재정복에 쫓겨 13세기 중반 북아프리카로 이주, 튀니지에 정착했다. 술탄 왕조로부터 봉토와 관직을 받았으나 증조부는 정적의 무고로 교수형에 처해졌고, 조부는 좌절 속에서 사직했으며, 아버지는 종교 수행과 학문에 전념하게 되었다.

이런 가운데 할둔은 1349년 페스트의 환란으로 부모를 잃었다. 1350년에 첫 임관이 됐지만 음모에 연루되어 2년간 투옥, 석방 후 국새(國璽) 장관 등을 지냈다. 아랍이 지배하다가 기독교도들에게 패배해 철수할 때 유일하게 그대로 남았던 지역이 스페인의 그라나다인데, 그곳의 이슬람 군주 술탄이 할둔을 총애하여 왕의 개인 교사, 정치 고문을 하며 지냈다. 그러나 수상의 시기로 사직한 뒤 할둔은 북아프리카로 귀국, 현 오랑 부근에 칩거하며 세계사를 다룬 명저로 알려진 《이바르의 책》을 썼다.

이 저서의 앞에 실린 중요한 부분은 《역사서설-아랍, 이슬람, 문명》(까치, 2003)이란 책으로 출간됐고, 그 뒤 《이븐 할둔-역사의 탄생과 제3세계의 과거》(알마, 2009)가 출간됐는데, 아랍어를 전혀 모르는

아랍권의 역사학자 이븐 할둔.
중세 이슬람 세계를 대표하는 역사가이자 정치인이
다. 토인비는 할둔을 "아무도 창조한 일이 없는 가장
위대한 역사 철학"을 구상한 학자라고 극찬했다.

나로서는 오로지 이 두 권만을 참고하여 이 글을 쓴다.

할둔의 명성은 더 높아졌으나 당시 아랍의 정세는 워낙 불안정
했다. 할둔은 튀니지의 가족들을 그라나다로 데려갔으나 다시 출국,
관직에 있다가 투옥과 출옥을 겪었다. 베르베르족과 친한 데다 학식
까지 고명한 할둔을 초치하려는 왕들이 있었지만 할둔은 오랑 근처
타헤르트의 이븐 살라마 성에 칩거하여 4년간 저술에만 전념했다.
27년 만에 튀니지 술탄의 초청에 응했으나 관리들의 질시로 출국, 카
이로에 정착해 대법원장을 맡았다. 튀니지의 가족들이 알렉산드리아
행 선박에 탔다가 배가 난파해 모두 죽자 처자식을 잃은 할둔은 대법
원장직을 사임, 순례 길에 올랐다.

1400년, 몽골 티무르 황제의 침공으로 중동 일대가 위기를 맞는

다. 그러자 할둔은 술탄의 요청으로 다마스쿠스로 가서 정복왕의 진영에 머물며 국제 정세와 역사관을 논했다고 한다. 그 뒤 이집트로 귀국한 할둔은 대법원장으로 재직 중에 타계했다. 실로 파란만장한 생애였는데, 아마 세계 역사가 중 최고위직을 거친 경우일 것이다.

할둔은 역사를 인간의 본능과 욕구, 지성, 이성, 물질 조건, 지리적 조건 같은 복합적 요소에 의하여 움직이는 것으로 파악했다. 이런 관점은 신의 뜻이니 뭐니 하던 시대에 가히 획기적인 통찰이다. 그래서 할둔의 업적은 문화 과학 사관을 정립했다는 평가부터 유물 변증법적 개념을 형성했다는 설까지 다양하게 풀이된다.

《역사서설》 제1장에서 할둔은 인간 사회 생존의 전제 조건을 제시한다. 인간은 집단화와 권력이 필요하다는 게 제1조건이고, 이어 자연조건, 특히 기후의 중요성을 강조했다. 다음에는 예언, 주술 같은 초자연적인 지각 능력의 존재도 인정하며, 예언자의 직능과 이슬람의 정당성도 역설한다.

할둔에 따르면 문명은 사막, 황야, 초원, 산간 등의 전야(田野) 생활을 거치지만 가식이 없다. 또한 이들은 연대 의식이 강하다. 이와 대조적으로 도시나 읍 같은 도회는 왕조의 산물로 세련되고 우아하나 향락적이고, 문명의 절정에 이르면 타락과 종말로 치닫게 되어 농촌이 도시를 지배하다가, 다시 도시화가 되는 따위로 반복한다고 했다.

상업은 독하지 못하거나 권력에 줄이 안 닿는 사람은 불가능하며, 지배자에 비해 열등하고 남자다움과도 거리가 멀다고 폄하했다. 또한 학자는 현명하기에 오히려 정치에는 부적격하다고 했다. 할둔은 이처럼 여러 현상을 일반화시키고 유추를 통해 결론을 내는 데 익숙하다. 그러나 할둔조차도 결국 "집단 감정이 인도하는 목표는 왕권이다"라고 하면서 당대의 지배 구조를 긍정했다.

제6장 〈다양한 학문 분야, 교육 방법, 이와 관련된 사항들〉은 역사서에서 보기 드문 논구이다.

> 인간의 사고 능력은 인간과 동물을 구별 짓고 생계를 획득하게 하여, 이를 위해서 동료들과 협동케 하고, 숭배의 대상인 조물주와 그가 보낸 사도들을 통해서 계시된 내용을 탐구케 한다. 신은 모든 동물이 인간에게 복종하고 그 지혜를 받도록 했으며, 인간에게 사고의 능력을 주고 모든 피조물들에 대한 지배권을 부여했다. (이븐 할둔, 김호동 옮김,《역사서설-아랍, 이슬람, 문명》, 까치, 2003, 399쪽)

이는 동양권의 '오로지 인간이 가장 고귀한 존재'라는 생각과 상통하는 것이기도 하다.

할둔은 인간의 사고 능력을 오감을 통해 유추하면서 감각을 통해 인지하는 분별적 지성, 동료를 상대하며 지휘 능력을 향상시키는 경험적 지성, 실질 활동 없이도 감각계 너머 존재하는 사유적 지성으로 구분했다. 인간의 지식을 넘어서는 천사의 지식, 곧 순수 사유를 설정한 할둔은 그 말을 듣는 이가 예언자라고 했다.

할둔은 "시와 역사에 대한 전문적인 지식뿐만 아니라 다른 모든 학문에 대해서도 어느 정도의 지식을 소유하는 것"이 문학인에게 중요하다면서 작시법을 구체적으로 제시했다.

걸작을 쓰려면 먼저 다독과 암기, 시를 쓸 때는 그걸 잊기, 고독해지기, 휴식 취하기를 권장했다. 시를 쓰기에 가장 좋은 시간은 잠에서 깬 직후의 아침으로, 위장은 텅 비고 마음은 활기로 가득 차 있으며 대기는 아침의 기운으로 덮여 있을 때라고 했다. 또한 시인은 마음속에 운율을 가져야 하며, 억지를 부리지 말고, 비판적으로 퇴고하고 만족스럽지 못하면 버리라고 충고한다.

유럽보다 훨씬 먼저 이런 주장을 피력한 할둔에게 토인비는 "아무도 창조한 일이 없는 가장 위대한 역사 철학을 구상하고 이를 이론화했다"라고 극찬했다.

에드워드 기번의 《로마 제국 쇠망사》

아시아 역사의 원점이 한 제국이었다면 유럽사의 기점은 로마 제국이다. 이 거대한 제국의 역사를 전체가 아닌 쇠망할 시기부터 왜 멸망했던가를 다룬 책이 에드워드 기번의 《로마 제국 쇠망사》이다. 세계 역사로 보면 1776년 미국 독립 선언의 해에 제1권을 낸 뒤 마지막 제6권은 프랑스 대혁명의 해에 출간되었다.

런던 교외의 부유한 집안 태생인 이 해박한 역사학자 기번의 할아버지는 군납업자로 제국주의 시대의 상업 정신에 투철하여 이익만 챙긴다면 못 할 짓이 없었다. 1720년 영국사에서 유명한 남해회사 파산 사건에 연루되어 귀족 자격을 박탈당하고 거의 전 재산을 몰수당했지만 부동산을 빼돌려 둔 데다 사망 전에는 빼앗겼던 재산 상당수

영국 근대 역사학을 연 에드워드 기번.
2세기부터 1453년 콘스탄티노플 멸망까지 1300년
로마 역사를 다룬 대작 《로마 제국 쇠망사》를 썼는데,
로마 저작물 가운데 가장 권위 있는 자료로 손꼽힌다.

도 되찾았다. 그러나 아버지는 재산 관리에 서툴러 가세가 기울었다. 그래도 국회의원을 지내는 등 여전히 상류층이었다.

허약 체질이었던 기번은 "어머니와 간호사에 둘러싸인 불쌍한 아이"였는데 어머니 사후에는 아버지가 아들을 위해 가정교사와 의사를 번갈아 갈아 치웠다. 15세 때 유명한 바스 요양소에서 건강이 좋아진 기번은 옥스퍼드 막달렌 대학교에 입학 후 건강을 회복, 엄청난 독서와 어학 실력으로 교수들도 감당 못 할 지경이었다. 하지만 몰래 가톨릭으로 개종한 게 들통 나서 격노한 아버지가 기번을 스위스 로잔의 칼뱅파 목사 파비야르에게 보내 버렸다.

유산 상속을 거부하겠다는 아버지의 위협으로 기번은 1754년 크리스마스 때 로잔의 칼뱅파 교회 성찬식에도 참석하고, 파비야르 목

사의 관용으로 여행도 즐겼다. 그리스어도 습득하며 독서에도 열중했고, 볼테르와 친교도 맺었다. 다만 프랑스 연극에 심취해 셰익스피어에 대한 숭배는 감소했다. 그러다 로잔과 가까운 크라시의 칼뱅파 목사의 딸 퀴르쇼와 열애에 빠진 기번은 5년 만에 귀국한다. 그사이 아버지는 아들에게 알리지도 않고 재혼했지만 정작 기번은 자기 결혼 승낙은 얻지 못했다.

1761년 기번은 프랑스어로 〈문헌 연구에 관한 에세이〉라는 문학 평론을 발표했다. 문학 작품을 완전히 이해하려면 시대적인 상황 파악이 중요함을 역설한 기번은 로마의 아우구스투스 황제가 베르길리우스에게 전원시를 쓰라고 한 것은 전쟁으로 난폭해진 고참병들의 심경을 순화시키고자 했던 것이라고 주장했다. 그래서 베르길리우스를 단순히 농촌 생활을 묘사한 작가라고 보아서는 안 되며, 오히려 미개인들의 잔혹성을 승화시켜 그들을 평화로운 사회적 유대 속에 결속시킬 목적으로 수금(竪琴, 하프)을 켰던 오르페우스와 같은 인물이라고 보아야 한다고 했다.

베르길리우스의 전원시는 실제로 놀라운 효과를 나타냈다. 로마의 고참병들은 점차 조용한 전원 생활에 익숙해져서 30년 동안 소요 사태 없이 지냈으며, 그동안 아우구스투스는 힘들기는 했지만 군인들에게 봉급을 지불할 군사 자금을 마련할 수 있었다는 것이다. 그래서 문학예술은 인류 역사의 불합리와 편견을 추출해 내는 것이라고 주장했다.

2년간 근위 보병대 대위로 복무한 기번에게 아버지가 선심을 베풀어 유럽 여행을 시켜 주자 기번은 루소에게 애인 퀴르쇼와의 사랑을 중재해 달라고 청탁했지만 거절당했다. 기번이 냉철한 인간이라 결혼하면 퀴르쇼가 불행해질 거라는 이유였다. 루소의 관찰이 맞았는지 모른다. 퀴르쇼는 나중에 루이 16세의 재무 장관이 된 거물과 결혼하여, 유명 작가로 프랑스 문단의 마담 역할을 하게 될 딸 스탈을 낳았는데 기번은 평생 독신으로 지냈다. 정작 이 석학이 남성적인 모독을 느낀 사건은 나중에 퀴르쇼 부부가 기번을 자택으로 초대했을 때 일어났는데, 아내가 접대하도록 내버려두고 퀴르쇼의 남편이 잠을 자는 순간이었을 것이다. 프랑스 화가 마리 로랑생의 시 〈잊혀진 여인〉이 떠오른다.

권태로운 여자보다/ 더 불쌍한 여자는/ 슬픈 여자

슬픈 여자보다/ 더 불쌍한 여자는/ 불행한 여자

불행한 여자보다/ 더 불쌍한 여자는/ 버려진 여자

버려진 여자보다/ 더 불쌍한 여자는/ 떠도는 여자

떠도는 여자보다/ 더 불쌍한 여자는/ 쫓겨난 여자

쫓겨난 여자보다/ 더 불쌍한 여자는/ 죽은 여자

죽은 여자보다/ 더 불쌍한 여자는/ 잊혀진 여자

잊혀진다는 건/ 가장 슬픈 일.

여자만이 아니라 남자도 마찬가지다. 이 냉혈한은 27세 때인 1764년, 로마 여행 도중 18세기 영문학의 특징이었던 폐허 의식과 낭만적인 분위기에 취하고 다른 학자의 로마 역사서 등에 자극을 받아 마침내《로마 제국 쇠망사》를 쓰기로 작심했다.

1770년 아버지의 죽음 뒤 기번은 런던의 저택에 안착, 8년간 국회의원으로 일했으나 임기 중에 연설 한 번도 하지 않고 대체로 정부 지지만 한다. 미국의 독립운동 문제에 대해서도 처음에는 지지하다가 나중에 바뀌었지만, 그 뒤 무역 식민부에 연봉 750파운드의 관직을 얻고는 비판의 기질이 꺾였다.

그러나 역사는 흘러 1776년은 미국 독립 선언의 해이자,《로마 제국 쇠망사》제1권이 로잔에서 출간된 때이며, 또한 아담 스미스의 《국부론》도 출간된 해였다. 아담 스미스의 이 명저야말로 교양인 필독서로 근대 자본주의의 초석을 다져 준 책이다.

《로마 제국 쇠망사》로 기번은 유럽 최고 문인의 영예를 얻음과 동시에, 기독교 비판으로 신학계의 맹렬한 증오의 포격도 당했다. 기번이 계모에게 보낸 편지에서 "(조지) 워싱턴에게나 퍼부음직한 치열한 연속 포격 속에서도 무사한 것 같습니다"라고 할 정도로 엄청난 비판이 쏟아졌다. 기번이 기독교 관련 자료를 찾아 현지를 거의 다 돌아다니며 그 사실 여부를 조사한 결과 때문이었다. 예수와 동시대에 예수보다 못한 하찮은 각종 '기적'들의 기록까지 두루 찾아낸 기번이건만 정작 예수의 기적 기록은 없었다고 한 대목이 비판의 표적이었다. 이런 판국에 당시 영국에서는 다음과 같은 익명의 풍자시가 나돌았다.

조지왕은 겁났네.

기번이 영국의 치욕 이야기를 쓰지 말아야 할 텐데.

그의 펜을 묶어 놓을 가장 확실한 방법은

이 역사가에게 한자리 주는 것.

그러나 이 예방책은 헛되나니―

그의 통치는 저주받아 뜻대로 되지 않는구나.

그는 한 줄도 쓰지 않았으나

우리는 저자의 본보기에서 희망의 과정을 읽는다.

그의 책은 부패와 뇌물이

위대한 로마를 쓰러뜨렸음을 잘 보여 주는구나.

그는 그곳의 타락을 질책하면서

국내에서 이를 행동으로 보이고 있다.

조지 1세는 하노바 왕가 출신으로 영어도 몰랐다. 그 후계인 조지 3세는 59년간 왕위에 있으면서 미국 식민지를 잃은 데다 ― 물론 미국 독립은 잘됐으나 영국 입장에서는 얼마나 원통했겠는가! ― 나폴레옹 전쟁까지 치른 무능의 극치인 인물로 1788년부터는 광기까지 발작해서 광인으로 죽었다.

왕이야 어쩌거나 말거나 기번은 45세 때 무역 식민부 폐지로 실직당했다. 하지만 국제적인 명성으로 인기가 충천했으나 그래 봤자 여전히 미혼에 뚱보 기형이었다.

아무리 멋지고 우아한 문체로 썼다지만 기번은 영국 상류층의 가치관에 젖어 있었기에 1789년 프랑스 대혁명에 혐오감을 느끼면서도 석학답게 겉으로는 엉거주춤했다. 이때 휘그당 의원이면서도 노골적으로 프랑스 혁명을 비판한 버크(Edmund Burke)가 《프랑스 혁명에 관한 성찰》을 출간하자 그 용기를 상찬했다. 버크는 이 저서로 근대 '철학적 보수주의의 아버지'로 부각되었다.

한국에서는 한 권으로 된 축소판 발췌 번역본인 《로마 제국 쇠망사》(데로 손더스 지음, 황건 옮김, 까치, 1991)가 먼저 나왔고, 그 뒤를 이어 완역본으로 《로마 제국 쇠망사》(송은주, 조성숙 외 옮김, 전6권, 민음사, 2010)가 나왔다.

《로마 제국 쇠망사》는 기원후 100년경부터 오현제 시대, 서로마 제국의 멸망을 거쳐 1453년 콘스탄티노플 함락으로 동로마 제국 멸망까지 1300년간을 다룬다. 기번은 "인류의 범죄와 우매와 불행의 기록"이라는 관점에서 전반은 서로마 제국 멸망 300년간을 다루고, 후반부는 '이슬람의 대두-십자군 원정-터키에 의한 콘스탄티노플 함락-멸망 뒤 르네상스'까지로 새로운 로마 예견을 다뤘다.

로마 제국의 멸망 원인은 시민적인 미덕을 상실한 채 침략 야만족에게 허리를 굽힌 것, 곧 취약, 방만, 무능한 정부가 국가와 국민의 적국과 매국적인 거래를 하여 그 대가를 치른 것을 꼬집었다. 외침 한 번도 안 겪은 수도 로마 귀족의 부패와 타락상, 더운 물을 가져오라고 노예에게 시켜 더디게 꾸물대면 태형 300대를 내리면서도, 그 노예가 살인을 저지르면 가벼운 충고를 했던 이 기이한 풍속도를 기번은 비판했다. 식탁에 새 고기, 다람쥐 고기, 생선 따위의 무게를 달고자 천칭을 마련하면서도 정작 귀족들은 학식 있는 사람을 기피했다. 멸망 직전에는 독자적인 생계 수단을 가진 시민이 겨우 2천 명으로 집계됐고, 기근과 아사자가 속출했다. 그러면서도 비천한 사람이라도 동전 한 닢이면 호화 목욕이 가능했다. 침략자들은 보석과 노예까지 다 긁어 갔는데 귀족들이 그러면 뭐가 남느냐고 하자 "목숨을 남겨 두지"라고 응수했다고 한다.

기독교 문제에 대해서는 로마의 멸망과 안정화에 둘 다 기여했다는 절충론을 폈다. 기독교가 번창한 이유로 당시로서는 가장 진보적인 인간의 보편적이고 합리적인 가치관, 불굴의 편협한 열정, 내세 확신의 교리, 초기의 기적 신앙, 순수하고 엄격한 도덕심, 국가 권력 확보를 들었다. 그러나 기적 신앙에 대한 회의로 많은 비판을 받았다. 그 밖에 긴 로마 역사의 전반부는 따로 다루지 않았다.

아놀드 토인비의 문명 사관

문명 사관으로 유명한 아놀드 토인비는 옥스퍼드에서 고전을 전공한 실력을 바탕 삼아 제1차 대전 이후부터는 세계 국제 정세 현장에서 연구할 수 있는 특권을 누린 행운의 사학자였다. 외무부 근무, 파리 강화 회의 대표 단원, 그리스·터키전 때 특파원, 왕립 국제문제 연구소 연구 부장 등을 지냈다. 최장 기간 몸담았던 왕립 국제문제 연구소는 흔히 '채덤 하우스'라고 하는데, 특수 연구소로 온갖 정보를

영국의 역사학자이자 문명사가 아놀드 토인비.
"인류의 역사는 도전과 응전의 역사"라는 명언으로 유
명하며, 인류 문명사를 다각도로 통찰해 28개 문명의
흥망성쇠와 문명 사관을 담은 《역사의 연구》를 썼다.

활용할 수 있는 영국의 싱크 탱크이다. 아마 토인비는 역사학자로 누
릴 수 있는 온갖 유익한 직책을 가장 많이 거친 인물일 것이다. 이런
경력과 지위만으로도 유명해질 수밖에 없는 데다 고전 전공이란 비
장의 학문 소양까지 갖췄으니 가히 20세기 세계 역사학의 일인자로
군림할 수 있었던 것이다. 더구나 토인비는 고리타분한 역사 연구에
만 머물지 않고 국제 분쟁이 생길 때마다 서슴지 않고 코멘트를 날려
그 유명세를 더욱 높였다.

　이를테면 그리스·터키 전쟁 때 토인비는 그리스를 지지하다가
군사 독재 정권이 학살을 자행하자 바로 터키 지지로 태도를 바꿔, 역
시 역사학자답다는 감회를 준다. 하지만 러시아 혁명을 비서방 문명
국인 러시아가 서유럽의 희생자였다는 입장에서 긍정적으로 평가하

면서도, 한편으로 서유럽을 위협하는 요소로 본 것은 역시 제국주의 영국의 범주를 넘을 수 없다는 한계를 느끼게 한다.

1952년 이후 토인비는 유럽 백인 기독교의 가치관과 마르크스주의의 갈등이 냉전 체제의 원인이라 보았는데, 이런 관점 역시 비유럽 문명권의 입장에서는 부당하기 짝이 없다. 이 선상에서 중동 문제 역시 이스라엘을 지지했다. 그나마도 석학다운 분석력이 돋보이는 대목은 제1차 대전 때 국제 유랑자 처지였던 시오니즘의 출구로 유대인 국가 건설을 지지하다가, 1950년대 이후 과열된 시오니즘이 핵전쟁도 불사하는 호전적인 방향으로 나가자 비판으로 방향을 바꾼 것이다. 역시 대석학의 양심이 작동한 것으로 보인다.

토인비의 가장 중대한 오류는 아마 47세 때인 1936년, 나치 법률 협회 강연에 참석하며 야기된 사건일 것이다. 베를린대 벨벳 교수의 초청으로 협회에 간 토인비는 반히틀러 정서의 글을 발표했는데, 그 보고를 받은 히틀러는 "토인비의 비판은 공정치 않다. 그의 생각을 바로 잡아 주기 위해서 내가 한번 만나 보아야겠다"라고 독재자다운 결심을 한다. 결국 독일이 비무장 지대였던 라인란트를 점령했던 1936년 3월에 토인비는 히틀러와 대면했는데, 둘은 동갑내기로 같은 4월 출생이었다.

히틀러는 토인비의 비중을 파악해서 2시간 넘게 논리정연하게 자신의 정책을 역설했고 토인비는 불과 5분 정도 발언할 수 있었을 뿐이었다. 히틀러는 위대한 독일 건설을 위해 제한된 팽창주의를 강력히 주장하며 영국의 이해를 구했다. 그 격정적인 국수주의에 토인비는 감동했고, 귀국 후 토인비는 이를 정리하여 영국 외무성과 수상에게 전달했다.

이 보고서에서 토인비는 "히틀러는 아름다운 손을 언어의 반주로 썼는데, 그 제스처는 우아했으며 음성도 인간적으로 매우 듣기 좋았다. 2시간 15분 동안 히틀러는 논리정연하고 명쾌하게 자신의 논리를 전개시켰다"고 썼다. 이어 "학술 강연자 중 그 어느 누구도 그처럼 오랜 시간 동안 단 한 번도 이론의 갈피를 잃지 않고 말한 사람"이 없었다면서 "나는 히틀러를 매우 잘못 생각했다는 것을 깨닫게 되었다"라고 했다.

냉철하게 말하면 제2차 대전은 유럽과 미국이 진정 인류 평화를 위했다면 사전 예방이 가능하지 않았을까. 제1차 대전으로 혼쭐이 난 서방 제국주의 나라들이 자신들의 기득권인 식민지를 빼앗길 것을 우려해서 다시는 독일이 일어서지 못하게 손발을 다 잘라 낼 만큼 가혹한 정책을 독일에게 강제한 것이 베르사유 체제였다. 당시 독일은 황제 체제에서 민주 공화국으로 전환하여 20세기 최고인 바이마르 헌법을 제정, 새로운 국가 체제가 굳어지려는데 화가 지망생이었던 한 선동가에 의하여 나치 체제가 등장해 버린 것이다.

그런데 백인 기독교도들은 러시아 혁명의 열기가 너무나 끔찍해서 이를 막아 낼 방역선이 절실했던지라 히틀러의 팽창주의를 은근히 묵인했다. 스페인 민주화 혁명을 도와주지 않고 프랑코 쿠데타를 은근히 묵인한 이치도 마찬가지였다. 토인비에게 '제한된 팽창주의자'라는 달콤한 사탕발림을 뱀의 혀로 설파한 히틀러였던지라 아무리 냉철한 두뇌의 석학이라도 그 콧수염이 폴란드뿐 아니라 전 유럽과 영국까지도 침략할 것이라는 예상은 하지 못했을 것이다. 전문 사기꾼 집단인 정치인은 아무리 명석한 학자라도 식은 죽 먹기처럼 쉽게 설득한다. 심지어 정치 현장에서 중요 직책을 두루 거친 토인비조차 이 정도라니!

그러나 토인비의 방대한 《역사의 연구》 총 12권을 대하노라면 압도당한다. 나는 도저히 독파해 낼 자신이 없어서 포기하고 해설서만 보기로 했다. 1권짜리 축소판이지만 실은 내 의식의 한 모퉁이에서 영국이라는 제국주의 체제의 산물이라는 선입견이 작용했음을 부인하지 않겠다. 그래도 그 요지를 축약해서 말하면 이렇다.

토인비는 생각한다. 왜 역사를 연구하는가? 사실 승계나 기술, 이야기가 역사의 전체가 아니다. 인간 관찰기가 곧 역사다. 세계를 설명하고 이해하고 싶다는 지식욕이 역사다. 1922년 불가리아 농민이 쓴 여우 가죽 모자를 보면서 토인비는 그리스를 침략한 페르시아 크세르크세스 왕의 군모와 닮았다고 생각한다. 그러면서 수천 년을 두고 반복되는 '역사의 연속성과 유형' 등을 추론한 것이 이 장대한 문명 사관의 발단이었다.

지도자들이 창의력을 제대로 발휘하지 못하면 문명은 쇠퇴하여 군국주의, 전체주의, 폭군화로 전락해 버린다. 독일의 문명사가인 슈펭글러(Oswald Spengler)는 《서양의 몰락》에서 역사를 인간 생애의 주기로 보면서 서양 문명의 멸망을 예견하는 비관론을 폈다. 당시 많은 공감대도 형성했지만 토인비는 문명의 몰락이 아닌 성공적인 '도전'

에 초점을 맞췄다.

토인비는 당시 세계를 휩쓸었던 마르크스의 경제의 역사 지배를 비판하면서 역사의 원동력을 정신력으로 접근했다. 토인비 이전에는 역사의 원동력을 환경이나 자연에서 찾았다. 그런데 토인비가 이를 완전히 바꾸었다. 토인비는 역사의 원동력을 환경이나 자연이 아니라 '정신력(문명)'에서 찾으려 했고, 그 연구 결과가 바로《역사의 연구》다.

토인비에 따르면 원시 시대 이후 28개 문명이 있었는데, 그중 잉태만 되고 탄생하지 못한 유산 문명이 2개, 탄생만 한 채 소아마비가 된 문명이 5개, 나머지 21개 문명은 다시 선행 문명 없이 원시 시대부터 문명으로 '비약한' 문명들과, 선행 문명의 핏줄을 '이어받은' 부자 관계 문명으로 나눠진다고 했다. 21개 문명도 1대와 2대 문명은 사멸했고, 현재는 3대 문명인 서양과 러시아의 기독교 문명, 이슬람 문명, 힌두 문명, 아시아 문명만 살아남았는데, 그나마도 서구 문명에 절멸당하거나 동화되어 가는 중이라는 진단이 토인비 역사 이론의 요체다.

또한 모든 문명은 4단계 흥망성쇠 과정을 겪는데, 그 과정을 살펴보면 아래와 같다.

(1)발생: 탄생하여 성장하는 문명 단계. 도전과 응전으로 이어지며 응전에 실패하면 그 문명의 종말로 제2문명으로 옮겨진다. 도전은 외적 도전과 내적 도전으로 구분되는데, 문명이 성숙할수록 물질적인 도전보다 정신적이고 도덕적인 도전이 중요시된다. 그 과정

을 '승화'라 하며, 창조적인 소수가 응전에서 성공해야 대중은 그걸 모방하여 살아남는다.

(2)성장: 제1막이 쉽게 막을 내리지 않기 때문에 그보다 기간이 길게 지속된다. 지도자의 자기 결정력에 좌우된다. 창조적인 인격이 필요하다. 창조적 소수가 감퇴하면 대중 모방이 위축되고, 사회가 균열 파탄된다. 파탄 직전의 갈등은 조절, 혁명, 고질적 갈등 따위로 나타난다. 조절이 성공하면 그 문명은 지속되나, 조절 실패로 혁명이 일어나도 위태롭기는 하지만 지속 가능하다. 그러나 고질적인 갈등은 쇠퇴의 길로 간다. 창조적 소수자는 한 번만 성공하고 그 다음에는 실패하는데 그 원인은 '우상화' 때문이다.

(3)쇠퇴: 창조적인 영감의 결함으로 생긴다. 분열은 쇠퇴와 해체의 징조다. 분열과 불화는 수직적 분열과 수평적 분열로 구분된다. 지배자가 인격 상실 상태, 지배를 위해 전투 단체를 만들기 시작하면 위기가 오는데 군국주의화가 바로 그 단계다. 수평적 분열의 증대로 내부 프롤레타리아가 형성, 증대, 강화된다. 한편 수직적인 갈등 증대로 외부 프롤레타리아도 등장한다. 이런 시대는 기존 문명 타도를 위한 영웅시대로 돌입한다.

두 프롤레타리아 가운데 창조적 소수자가 형성되면 새 문명을 위한 철학 이념을 구축, 옹호하여 이를 보편화시키고자 고등 종교와 세계적인 보편 교회를 세워 나간다. 기독교도 이런 과정에서 형성됐다. 붕괴 문명은 순환적, 기계적 과정이 아닌 진행 발전을 하게 된다. 그리고 신의 계획, 신의 나라를 지향한다.

(4)해체 : 지도자의 견인력이 상실되면 폭력을 사용한다. 내부 프롤레타리아와 사회 주변, 외부 프롤레타리아의 영향으로 분해되고, 해체기 지배층의 정신 분열 현상은 행동, 감정, 사회적, 생활적 현상들로 다양하게 표출된다. 해체 위기에서 그들은 폭력적이고 수동적 형태인 복고주의(Archaism, 복고주의적인 구세주 찾기), 폭력적이고 능동적 형태인 미래주의(Futurism, 미래 지향적 구세주 추구)로 나아간다. 이 두 양식은 다 무력으로 추구하려다 무력으로 망한다.

영국 사학계는 토인비에게 냉담하여 책이 3권까지 나왔어도 서평도 없다가 4권 이후 맹폭이 가해졌는데, 그 요지는 세 가지다. 첫째, 역사란 민족과 국민의 실증사인데 '문명사' 라는 게 뭐냐는 것이다. 그러나 토인비 자신은 민족주의를 비판하는 극복론자였다. 그런데도 민족·국민 국가의 실증사를 어떻게 문명사로 처리할 수 있느냐는 문제는 그대로 남는다. 둘째는 경험주의 사관의 결여고, 셋째는 성 오거스틴의 신의론(神義論) 사관을 반복하는 것에 지나지 않는다는 것이다. 즉 영국과 유럽식 기독교 사관의 확대 해석이란 뜻이다.

사소한 트집이지만 이 명저에는 일본 문명권에다 한국을 넣는 소극이 벌어져 나중에 수정했다고도 한다.

E. H. 카의 진보적인 20세기 국제 정치 역사학

영국의 역사학은 보수적인 두 거장 기번과 토인비 이후, 진보적인 새로운 양식의 '국제 정치 사학'이라 일컬을 만한 E. H. 카가 등장

진보적인 국제 정치 사학자 E. H. 카.
이름을 이니셜로 불러 온 전례 때문에 본명인 '에드워
드 핼릿 카'보다 'E. H. 카'라는 이름이 더 익숙하다.
저서로 《역사란 무엇인가》, 《위기의 20년》 들이 있다.

해 새로운 바람을 일으켰다. 카는 토인비보다 세 살 아래지만 역사학 접근 자세나 역사 인식에서는 오히려 30년도 넘게 앞섰다고나 할까. 외교 관료이자 대학 교수에 전문 연구자, 국제 정치 사학자이자 역사학자에 문학 평론가인 카는 러시아 문학 연구자이기도 했다.

냉전 체제의 한국에서는 기번이나 토인비는 일찍부터 그 이름이 널리 알려졌지만 카는 번역본이 나와도 주목을 받지 못했다. 그러다가 전두환 쿠데타 직후 세칭 부림 사건 때 '운동권 의식화' 교재 제1호로 떠오르며 일약 유명해졌다. 그 책이 바로 카의 《역사란 무엇인가》였다.

부림 사건은 영화 〈변호인〉에 나오듯 돈벌이 전문 노무현 변호사가 민주 투사로 변신하는 계기가 된 사건으로도 유명한데, 당시 공안 당국이 부산에서 사회과학 독서 모임을 하던 학생과 교사, 회사원들

을 불법 감금하고 고문 기소한 사건이다. 박정희 유신 후반기 때 전국
적으로 조직되었던 '양서 협동조합' 운동은 문자 그대로 좋은 책을 선
택해 널리 보급하고 함께 읽고 토론하는 독서 모임이었다. 그런데도
유독 부산 지역 독서 모임이 된서리를 맞은 데는 크게 두 가지 이유가
있었다. 첫째는 1979년 10월 16일부터 20일까지 반유신 투쟁의 결정
판이 된 부마 민주 항쟁의 본고장이란 점과, 광주 대학살의 현장이 김
대중의 본거지라면 부산은 김영삼의 고장이었기 때문이다.

부림 사건 때 의식화 교재로 압수됐던 불온서적 제1호가 《역사
란 무엇인가》였고, 소설로는 조세희의 《난장이가 쏘아올린 작은 공》
과 황석영의 《삼포 가는 길》이, 국내 학자로는 리영희, 박현채의 여러
저서들에다, 폴 스위지의 《자본주의 발전의 이론》, 조지프 슘페터의
《자본주의 사회주의 민주주의》, 사무엘 팔머의 《제3세계의 이해》가
있었다. 특히 《역사란 무엇인가》는 진작부터 대학 교양 과정에서 필
독서가 되었다.

세계 역사학이란 그 흐름을 범박하게 말하자면 신의 뜻대로 세상
이 흘러간다는 단계를 지나, 역사를 통해 교훈을 얻자는 윤리 도덕 사
관이 등장했다가, 정의와 진리가 승리한다는 관념론적인 역사학이 중
세 봉건주의와 절대 왕권 시대를 휩쓸었다. 그러다가 근대 이후부터는
명분 우선주의에서, 현실적인 힘이 승리한다는 과정을 거쳐, 실증주의
시대를 맞으며 역사의 원동력을 연구하는 방향으로 나가게 되었다.

유럽 역사학은 독일의 랑케를 근대 역사학의 아버지로 받드는
데, 가장 큰 이유는 사료에 담긴 객관적인 사실 그 자체를 밝혀내는

것이 역사가의 책무라고 주장했기 때문이었다. 그런데도 랑케는 '사실' 그 자체의 규명에서는 여전히 소중한 것은 신의 뜻이라며 신앙에서 완전히 해방되지 않았다.

이런 랑케의 역사관과는 달리 이탈리아의 베네데토 크로체는 참된 역사란 '현재의 역사'로 오늘의 당면 과제를 해결하는 게 절실하다고 주장했다. 그리고 마치 이 주장을 입증이라도 하듯이 무솔리니의 파시즘에 정면 도전했다.

토인비와 동갑내기인 영국의 콜링우드(Robin George Collingwood)는 역사를 "모든 조직화된 지식의 집합체"로 보았다. 역사는 자연 과학과는 달리 그 실체를 객관적인 '진실'로는 입증할 수 없기에 콜링우드는 인간의 내면세계까지 탐구할 것을 주장하며 "모든 역사는 사고(思考)의 역사다"라고 했다. 이 말은 관념론으로의 회귀라기보다는 과거의 실체를 파악하기 위해서는 '역사적 상상력'을 통한 역사의 재구성이 중요함을 강조한 것이다.

이런 유럽 역사학의 흐름 속에서 카는 랑케를 "과거의 사실을 그 시대 기준에 맞게 있는 그대로 기술"하려는 '과거 지향성'으로, 크로체와 콜링우드는 "모든 과거사는 현재를 살아가는 역사가의 해석과 평가 서술로 구성"된다는 '현재성 중시'의 역사의식으로 구분했다.

당대의 국제 정치 문제에 깊숙하게 몸담았던 카는 랑케식 과거의 사실 밝히기와 콜링우드식의 내면 탐사라는 이상주의적인 두 흐름 사이에서 중간노선을 취해 역사를 두 가지 사실로 나눠 접근했다. 하나는 '과거의 사실'이고, 다른 하나는 '역사적인 사실'이다. 앞의 사실은 문자 그대로 지나가 버린 과거로 단순히 역사 사건의 '수집'에 치중한다면, 뒤의 사실은 흘러가 버린 과거를 역사적인 사실로 전환시킬 수 있도록 해 주는 '탐사' 작업이라는 주장이다. 이는 곧 사실을 폄하하거나 과대평가하는 게 아니라 사실 그 자체의 의미와 역사적인 작용을 천착해 낸다는 뜻이다. 그래서 역사란 지나간 사실의 집적에 머물지 않고 그 사실을 분석하고 평가하여 그 사건의 위상을 정확히 자리매김해 주는 작업이라는 것이 카의 주장인 것이다.

카에게 역사란 "현재를 이해하는 열쇠로서 과거를 이해하고 다루는 것"이다. 따라서 카에게 역사란 지속적인 상호 작용을 거듭하는 여러 사실들 사이에서 "현재와 과거의 끊임없는 대화"라는 명제가 출현했다.

정치사가인 카는 런던의 중산층 집안에서 출생했다. 보수당 지지자였던 카의 부모는 카가 11세 때 자유당 지지자로 바뀌어 아들에게도 진보적인 역사의식을 일깨워 주었다. 케임브리지 대학을 졸업한 카는 제1차 세계 대전 중인 1916년, 외무부 관리로 들어가 1936년까지 20년간 봉직했다. 겉보기로는 토인비와 비슷한 체험이지만 엄밀히 보면 카가 훨씬 더 현장에 밀착한 실무를 처리했기에 토인비와는 달리 구체성이 생생하다.

카가 처음 맡은 업무는 독일의 해상 봉쇄였고 이듬해에는 혁명이 휘몰아치던 러시아 내전의 동향 파악 업무를 맡았다. 이 무렵의 카는 마르크스의 이론도 몰랐기에 레닌과 트로츠키조차도 깊이 파악하지 못했다. 그러다가 1919년에야 그 실체를 이해하게 되면서 처칠 같은 영국의 거물급 정치인들이 지닌 고리타분한 안목을 간파할 수 있게 되었다.

그 뒤 카는 제1차 대전의 마무리였던 파리 강화 회의와 베르사유 조약 때 외무부 관리로 파견됐는데, 특히 후자의 경우에는 조약의 초안 작성에도 참여했다.

이 두 사건은 당시 우리나라와도 무관하지 않다. 1919년 3·1혁명 직후였던지라 민족의 소망을 담은 청원서를 제출하려고 김규식을 대표로 삼은 일행이 3월 13일, 파리에 도착해 온갖 방법으로 파리 강화 회의 참여를 시도했다. 그 뒤 4월 11일에 수립된 임시정부는 김규식 일행을 '강화회의 대한민국 위원 겸 파리위원'의 정위원으로 임명, 장기전을 폈으나 제국주의 열강들은 자신들의 탐욕 채우기에만 열중했다. 프랑스 식민지였던 베트남에서도 호찌민이 우리와 같은 처지로 파리에서 각종 선전전을 폈으나 역시 외면받았고, 러시아 대표 로지만이 관심을 가져 줘서 러시아로 간 이야기는 너무나 유명하다. 그 뒤부터 약소국의 민족 해방 투쟁을 위해서는 서구 열강이 아닌 사회주의 러시아를 신뢰하는 계기가 되었다.

만약 이때 김규식이나 호찌민이 카를 만나 호소했다면 어떻게 됐을까를 상상해 보는 건 가상 역사 소설이 할 일이다. 이때 카가 미국이나 유럽 제국주의 지도자들과는 달리 약간 진보적이었음은 사실이나 그렇다고 공산주의나 사회주의자는 아니었다. 카는 독일이 강점했던 여러 소수 민족의 거처였던 폴란드령 단치히를 폴란드로 환원시키는 데 동조했다. 단치히는 베르사유 조약의 결의에 따라 국제 연맹이

지정한 중립 도시로 '단치히 자유시'가 되었으나, 독일이 1939년 9월 1일 이 도시를 하루아침 해장거리로 삼아 침탈하면서 제2차 세계 대전의 신호탄이 되었다. 유명한 귄터 그라스의 소설 《양철북》은 이 야만적인 침공을 자세히 다뤄 준다.

이런 사실로 보노라면 카가 우리 민족의 소망인 김규식의 호소를 들어줄 것 같기도 하지만 속단은 금물이다. 베르사유 조약 초안 작성에 참여한 카가 독일·폴란드 국경 설정 문제에서는 독일 편이었고, 프랑스가 후환을 없애려고 독일에게 엄청난 배상금을 부여하는 문제에서도 독일 편을 들어준 것을 보면 환멸감이 솟기도 한다.

파리 주재 영국 대사관을 거쳐 라트비아의 수도 리가 주재 영국 대사관에 근무하면서 카는 일대 전환기를 맞았다. 여기서 카는 러시아어를 익혀 일약 러시아 전문가가 되었다. 카가 경도된 것은 러시아 역사와 정치 현실뿐만이 아니었다. 문학에도 매료되었는데 특히 도스토옙스키와 미하일 바쿠닌의 전기를 썼고, 러시아 혁명을 통하여 카를 마르크스에도 관심을 가져 마르크스 전기까지 냈다.

반러시아 혁명 진보파였던 카는 이제 러시아 옹호자로 변해 미국의 대공황도 1930년 스무트 홀리 관세법 때문이라고 비판했다. 대통령 후버가 결재한 이 법은 미국의 보호 무역주의를 극대화한 것으로 2만여 개 수입품에 평균 관세율을 40퍼센트에서 59퍼센트까지 올린 조치였다. 전 유럽이 다 반대했던 이 관세 조치 때문에 경제 공황뿐 아니라 독일의 호전성을 되살려 준 계기가 되었다고 카는 맹공하면서 소련의 계획 경제를 지지했다. 이 대목에서 현재 미국의 대중 무역 불균형 정책을 독자 여러분들은 화제에 올릴 만하다고 본다.

은근히 독일에 호감을 가졌던 카는 히틀러가 집권한 배경을 베르사유 조약이 너무 혹독했기 때문이라고 해서 영국 외무부에서 왕따가 되어 사임 이유가 되기도 했다. 그런데도 카는 멈출 줄 모르고 나치 독일의 인권 문제를 거론하는 유럽 문화 풍토를 위선적이라고 반박하는 등 좌충우돌했다. 1936년 외무부를 사직한 카는 대학 교수가 됨과 동시에 왕립 국제문제 연구소에도 참여했다. 이 시기에 카가 낸 역저가 《20년의 위기: 1919-1939, 국제 관계 연구에 대한 소개》였다. 독일이 폴란드의 단치히를 불법 침탈한 직후에 출간된 이 저서는 카의 대표작 중 하나로 투키디데스 이래 마키아벨리와 홉스의 방식을 따라 쓴 최초의 현실주의 정치 분석서로 평가받았다.

이 역저에서 카는 전 유럽의 중요한 쟁점이었던 뮌헨 협정을 적극 지지했다. 이때 윌슨이 선언한 허울뿐인 민족 자결주의를 정착시킨 국제 연맹의 빈틈을 교묘하게 파고든 건 히틀러였다. 히틀러는 독일 민족 자결을 주장하며 같은 게르만 혈통인 오스트리아를 합병한 데 이어, 독일인 다수 거주 지역인 체코슬로바키아의 주데텐란트를 독일에 할양해 달라고 요구했다. 영국 수상 체임벌린과 이탈리아 독재자 무솔리니, 그리고 프랑스 총리 달라디에는 히틀러의 이 제안에 독일의 더 큰 전쟁을 예방할 수 있다는 취지로 서명했다.

이로써 체코슬로바키아는 국토의 30퍼센트와 인구 500만 명을 감쪽같이 잃게 되어 이를 '뮌헨 늑약'이라고 칭한다. 이것이 바로 제국주의 나라들의 꿍꿍이다. 그러고도 체임벌린은 귀국하자마자 히틀러와의 협상에서 '우리 시대를 위한 평화'를 얻어 냈다고 떠벌렸다. 그러나 그게 평화가 아니라 재앙이었음이 밝혀지는 데는 그리 오랜 시간이 걸리지 않았다.

　일개 정치가는 그렇다 치고 명색이 역사학자인 카로서는 이런 걸 꿰뚫어 보지 못하고 히틀러를 옹호했으니 체면이 말이 아니다. 하물며 자신의 역저에서 뮌헨 협정은 "베르사유 조약에 따라 독일에 가해진 큰 잘못을 되돌리는 정당하고 도덕적인 시도"라고 옹호했으니 말이다. 나중에 카는 이런 자기 실책을 "의심할 것도 없이 나는 눈이 멀었다"고 후회했다. 딱히 이 문제 때문만은 아니지만 카는 1945년에 이 저작의 수정 재판을 냈다.

　제2차 대전 발발 후 카는 급격히 친소 정책을 지지했고, 전후에도 여전했다. 오죽했으면 사회주의 지지자였으나 스탈린 비판자였던 조지 오웰이 "카 교수는 충성의 상대를 히틀러에서 스탈린으로 바꾼 것 같다"라고 비꼬았을까. 남이야 뭐라 하든 카는 전후에도 여전히 미국이나 유럽의 제국주의적인 발상과 반소 봉쇄 정책에 비판적인 자세를 가졌다. 카는 서방 측의 중동 정책은 비판하면서 마오쩌둥의 중국은 지지했다. 이런 카가 맡았던 가장 큰 업무는 아마 유엔의 '세계 인권 선언' 기초 위원회 위원장직이었을 것이다. 카가 참여한 이 선언은 여전히 멋지다. 이처럼 들쑥날쑥한 카이지만 그런데도 정통 마르크시즘에는 비판적이어서 진보적인 역사학자로 평가받는데, 대체 '진보'의 실체는 무엇일까.

진보란 국민들의 영원한 생명이다

"하늘의 별들이 총총해서 갈 수 있고, 또 가야만 할 길의 지도가 되어 주던 시대, 그 길들을 별들이 훤히 밝혀 주는 시대는 복되도다."

20세기 최대의 석학인 헝가리의 루카치가 《소설의 이론》 서문에서 한 이 말의 원래 출처는 칸트였다. "내 위에 별이 빛나는 하늘과 내 안의 도덕 법칙"이란 유명한 구절은 칸트의 《실천이성 비판》에 등장한다. 그런 역사의 등대로서의 별이 사라져 버린 때를 우리는 불확실 시대라 부른다. 인간은 점점 더 영악해지고, 가진 자는 점점 더 사악해지며, 살기는 점점 더 팍팍해지는 시대, 그런데도 한 개인의 능력으로는 자신의 운명을 뜻대로 조종할 수도 없는, 개천에서 용 나던 시대는 훌쩍 지나 사회 체제가 굳어져 버린 후기 산업 사회의 몰인정한 시대에 우리는 살고 있다. 아무리 착실하게 살아가 보려고 발버둥 쳐도 옛날에는 상상도 못 했던 은행 부도나 회사 도산, IMF 사태, 전쟁, 자연 재해나 산업 재해 같은 예기치 못했던 일들로 인생을 망가트리는 경우가 항다반사로 터지는 시대다.

대체 역사 공부는 왜 필요할까? 이럴 때 올바른 역사의식은 인생의 등대로 각자의 진로를 밝혀 줄 수 있기 때문이다. 그런데 자칫 그릇된 역사에 빠져들면 오히려 개인이나 집단과 나라가 재앙의 나락으로 전락해 버릴 수도 있다.

분단 한국 사회는 냉전 체제의 외눈박이 역사 공부를 한 탓에 바로 이런 덫에 걸려 민주 복지 사회가 더뎌지고 있다. 세계 10위권이니 뭐니 하며 돈 자랑으로 설쳐 대는데 지갑을 채우는 데는 한참 걸리지만 비는 건 잠깐이다. 나라 역시 살리기는 힘들지만 망쳐 먹는 건 너무나 쉽다. 그 주범은 언제나 정치 세력과 이와 결탁하는 유사 종교인 세력과 사이비 언론과 지식인들이다. 한국 사회를 좀먹는 여러 요인 중 가장 심각한 것은 역사의식의 빈곤이 낳은 보수와 진보의 적대적인 대립이다. 곰곰이 따져 보면 전혀 적대감을 가질 필요가 없는 데도 불구대천의 원수처럼 대립하고 있는 형국은 정작 나라나 민족이나 자기 자신과 후손들에게 아무런 도움도 안 되는 정력의 낭비다.

그럼 진보파란 어떤 세력일까. 지역과 나라, 시대에 따라 그 개념이 달라질 수도 있지만 극우 보수주의가 성행하면서 반인도주의적 풍조가 점점 상승세를 타니 진보주의에 대한 개념도 훨씬 폭넓게 설정해야 할 것이다. 한마디로 축약하면 맹자의 사단칠정(四端七情)을 갖춘 인간다운 인간으로, 염치가 없는 철면피로 자신의 뜻과 이해관계만을 고집하며 그 목적을 위해서라면 물불을 가리지 않고 인정사

정조차 없는 인간상과는 결을 달리한다. 오늘의 한국 사회에 대응시켜 풀어 보자면 범박하게 다음처럼 정리할 수 있을 것이다.

하나, 인종과 국경, 신앙과 지위, 연령, 성별, 교육 정도 등등을 가리지 않고 모든 인간은 평등하고 동등한 권리를 가진다고 믿는다. 둘, 모든 인간이 함께 더불어 살기 위한 환경 생태계 보호를 주장한다. 셋, 이런 인간의 생존권을 보존, 유지시키기 위해 투명한 민주주의를 지향하며 어떤 명분의 독재 체제도 반대한다. 넷, 침략 전쟁은 물론이고 어떤 구실로도 전쟁은 반대하며 평화를 지향한다. 다섯, 민족이나 국경에 구애받지 않는 인류 만인 평등주의를 주장하기에 어떤 약소국이든 강대국의 부당한 간섭이나 불평등 조약, 심지어는 집단 방위 조약조차도 조약 시 평등 호혜를 원칙으로 삼는다. 특히 남의 나라를 적대시하거나 침략할 의도를 가진 조약은 맺지 않는다. 여섯, 제국주의적 국제 질서를 거부하며 따라서 구시대의 식민지적 과거는 청산하고 미래의 평화 보장을 선행시킬 것을 주장한다. 일곱, 국가나 민족의 내부적인 분열이나 전쟁 등은 그 원인이 어디에 있든 이를 극복하고 평화 유지를 지향한다.

대체 진보주의란 무엇일까라는 질문의 해답을 나는 한마디로 '더 잘 살기 위한 노력의 총화'라고 하겠다. 인류 문명의 발전은 진보에 의해서 형성된 것이고 이를 못 하게 막은 것은 언제나 수구 세력이었다. 나는 어떤 정치 이론에서보다도 빅토르 위고에게서 분명한 답을 찾았다. 위고는 "진보란 대체 무엇인가?"에 한마디로 "국민들의 영원한 생명"이라고 갈파했다. 위고는 더 자세히 풀어 준다.

프랑스의 대문호 빅토르 위고.
풍부한 상상력과 장려한 문체로 걸작《레 미제라블》을
완성하였다. 위고의 전기를 쓴 역사학자 델핀 뒤사르
는 위고를 "작가이자 재능 넘치는 데생 화가이며, 정
치에 적극적으로 뛰어든 정치인이자, 만족할 줄 모르
는 만인의 연인으로 '세기의 전설'"이었다 적고 있다.

진보는 인간의 방식이다. 인류의 일반적인 생명을 '진보'라 부르
고, 인류의 집단적인 걸음걸이를 '진보'라고 부른다. 진보는 전진
한다. 그것은 천국적이고 신적인 것을 향해서 지상적이고 인간적
인 대여행을 한다. 그것은 낙오자들을 집합시키는 휴식처들이 있
고, 갑자기 그의 지평을 드러내는 어떤 찬란한 가나안의 땅 앞에서,
명상하는 정류장들이 있고, 잠자는 밤들이 있는데, 인간의 영혼 위
에 어둠을 보는 것은, 그리고 잠들어 있는 진보를 암흑 속에서 더듬
으면서 그것을 깨우지 못하는 것은 사상가의 비통한 걱정의 하나
다.(빅토르 위고, 정기수 옮김,《레 미제라블》, 민음사, 5권 117~118쪽)

한국에서는 요즘도 진보파라면 무조건 '빨갱이'이며, '공산주의

자이고 친북 주사파'로 치부하는 경우가 있다. 여기에다 미국이나 유럽, 그리고 기독교가 근대 이후부터 한국을 도와준 것으로 철석같이 믿고 있다.

'진보적'이란 술어는 휴머니즘적인 가치관을 가진 양심적인 모든 사람들에게 붙여진 명칭으로 그들이 다 공산주의자는 아니다. 이미 1919년이면 마르크스-레닌-러시아의 볼셰비즘 혁명을 지지하는 정통 공산주의와 베른슈타인(Eduard Bernstein)의 수정주의가 선명하게 갈라선 때였다. 정통 공산주의 운동은 통상적으로 마르크스가 직접 조직했던 '국제 노동자 협회'를 그 시발로 삼는다. 역사학적인 술어로는 '제1인터내셔널'이라 부르는데, 1864년 9월 28일 런던에서 결성된 첫 국제적인 노동 운동 단체로, 폴란드 봉기 탄압에 항의하면서 1866년 제네바에서 제1차 대회가 열렸다. 세계 진보 운동의 초창기라 여기에는 아나키스트, 사회주의자, 공산주의자 등등이 다양하게 참여했다.

첫 국제기구인 데다 이념적인 스펙트럼이 너무 다양해서 이 조직은 큰 역할을 못 하고 1889년 제2인터내셔널이 파리에서 형성되어 5월 1일 노동절을 제정하고, 뒤이어 1910년 세계 여성의 날을 선포했으며, 8시간 노동제 캠페인도 일으켰다. 그러나 이 무렵이면 각종 혁명 이론이 난무하여 제자백가가 아니라 제자천가처럼 되어 베른슈타인의 수정주의까지 큰 목소리를 내던 때인 데다, 가장 중요한 쟁점인 제국주의 전쟁에 대한 견해로 분분해졌다. 레닌과 로자 룩셈부르크가 제국주의 침략 전쟁을 반대하며, 혁명가는 오히려 이를 혁명으로

러시아의 혁명가이자 정치가 레닌.
세계 최초의 공산주의 국가인 소비에트 공화국의 초
대 지도자이기도 하다. 마르크스 이후 가장 위대한 사
상가이자 혁명 지도자로 평가받으며, 마르크스주의를
계승 발전시켜 '마르크스·레닌주의'를 완성했다.

승화시켜야 한다는 명제를 굳게 세웠는데도 독일의 혁명가들은 셈법
이 복잡해졌다.

독일은 자기 나라가 부강해지기 위한 전쟁이기에 제1차 대전을
반대하면 매국노로 몰릴 판국이었다. 로자나 리프크네히트 같은 열
렬한 투사를 제외한 상당수가 제2인터내셔널의 혁명 투지를 꺾고 국
수주의와 타협해 버려 1916년, 제2인터내셔널은 분해되고 말았다.

제1차 대전 중 러시아 혁명을 성공시킨 레닌은 제3인터내셔널을
조직했는데, 세칭 '코민테른'이라 부른다. 이 기구야말로 식민지 조선
이 항일 투쟁을 전개하는 과정에서 매우 중요한 역할을 했기에 한국
의 역사를 똑바로 알려면 반드시 알아야 할 사항이지만 냉전 체제에
서 깡그리 매장당하고 말았다. 독립운동을 올바로 이해하려면 코민

테른을 모르고서는 불가능할 것이다.

이 시기는 세계 거의 모든 나라들에서 농민과 노동자 운동이 치열하게 일어났으며, 사회당이나 공산당들이 결성된 때였다. 서구 열강과 미국은 물론이고, 중국, 일본을 비롯한 아시아 거의 전 나라들에서 공산당이 결성되었고, 세계 경제는 공황과 위기를 거듭했다.

한국의 독립운동사에서 사회주의 계열의 투쟁사를 어떻게 볼 것이냐는 쟁점은 그 당시 이와 같은 세계사적인 상황을 전제해야만 비로소 이해할 수 있을 것이다.

코민테른은 편의상 크게 3기로 나눠 그 사상적인 변모 과정을 살펴볼 필요가 있다. 첫째는 초기부터 제2회 대회의 주요 이념이었던 '민족 식민지 문제에 관한 테제'가 적용되었던 기간이다. 이때는 러시아가 혁명의 후유증을 수습하면서 식민지 민족들에게 반제 민족 해방 투쟁을 위하여 민족 내부의 계급적 갈등을 수용할 것을 주장했다. 즉 프롤레타리아만으로는 민족 해방을 성과적으로 이룰 만한 역량이 부족하기 때문에 양심적인 민족 부르주아와 협력해야 된다는 요지였다. 쉽게 말하면 좌우 합작 노선의 필요성을 강조한 테제로, 한국에서는 3·1운동 이후 농민 노동자 투쟁 단체가 폭발적으로 늘어나면서 민족 독립 투쟁 방법이 3·1 정신이라는 비폭력 원칙을 넘어서게 되었다. 그래서 크게 보면 독립운동은 민족주의적인 성향의 독립운동과 사회주의적인 독립 투쟁으로 나눠지게 되었다.

그래서 민족주의 계열에서는 물산 장려와 민립 대학 설립 운동을 거쳐 농촌 계몽 운동과 자치제 운동으로 변모해 갔다. 3·1운동의 영향으로 일본이 헌병을 동원한 무장 탄압 통치 방법을 경찰 조직의 '문화 통치'로 바꾸면서 최남선, 이광수를 비롯한 많은 독립운동가들이 이 계열의 노선을 택했다.

이와는 달리 사회주의 계열의 투쟁은 여러 조직과 유파의 난립 시기를 거쳐 1925년 조선 공산당이 창당되었다. 그러나 강력한 탄압으로 체포와 해산을 거듭하며 제4차 공산당까지 결성되었지만 결국 분해당한 채 8·15 해방을 맞았다. 그러나 당은 거듭 해체되었어도 그 계열의 투쟁은 이어지면서 독립 투쟁에 큰 영향을 끼쳤다. 이렇게 민족주의 독립운동 노선과 사회주의 투쟁 노선이 병행하면서도 코민테른 제2회 대회의 '민족 식민지 문제에 관한 테제'의 합작 정책을 실현하려는 부단한 노력으로 이뤄진 것이 바로 신간회였다. '민족 유일당 민족 협동 전선'이라는 기치로 명망가부터 노동, 농민, 청년 학생, 여성, 교육, 언론, 종교 같은 모든 분야를 망라했던 이 단체는 일제 치하에서 가장 강력하고 성공적인 조직으로 전성기 때는 150여 지회에다 회원이 약 4만여 명에 이르렀다.

그런데 막상 좌우 합작을 실천해 보니 일부 타락한 부르주아들이 제국주의 세력에 협력하여 독립운동 세력을 분열시키거나 심한 경우는 밀고하고, 더 나아가 운동권의 분열과 와해, 저지 작용을 확산하는 결과를 초래하여 커다란 장애와 손실을 가져다주었다. 이런 현상은 식민지 거의 모든 나라들에서 일어났는데, 한국에서도 3·1혁명 이후 문화 통치의 사탕발림에 넘어가 많은 명망가, 지식인들 가운데 변절자들이 속출하여 독립운동에 엄청난 혼선과 심각한 피해를 가져왔다.

여기서 1928년 코민테른 제6회 대회 때 채택된 '식민지 반식민지의 혁명 운동에 관한 테제'의 이념이 세계 민족 해방 투쟁의 전환점을 마련하게 되었다. 부르주아들의 민족 열등성, 독립을 갖출 자격 부재론 따위로 '애국 계몽과 실력 양성론'이라는 민족 개량주의 사상이 팽배한 가운데 독립 사상을 포기, 또는 지연시키는 데 그치지 않고 도리어 제국주의 이념의 찬양, 또는 직간접적인 지원 세력으로 나서는 데 대한 비판으로 제기된 이 테제는 프롤레타리아 주도의 민족 독립 운동의 추진을 강조하고 있다. 우리나라에서도 독립운동이 좌우파로 확연히 갈라지는 분수령이 되었다. 코민테른의 이 노선에 의해서 그 막강했던 신간회도 해산되기에 이르렀고, 이후 독립 투쟁은 다시 좌우로 분리할 수밖에 없게 되었다.

그런데 세계 정세는 점점 악화되어 독일에서는 히틀러가 집권한 나치즘과 이탈리아 무솔리니의 파시즘에다 일본의 천황제 군국주의가 결합하며 위기로 치닫게 되었다. 이에 코민테른은 1935년 제7회 대회에서 '인민 전선론' 또는 '통일 전선론'을 제기하지 않을 수 없게 되었다. 전쟁 위기의식이 고조되어 반파쇼 통일 전선의 구축을 위해서는 모든 세력이 힘을 모아야 한다는 인민 전선론이 역사의 당위로 제기되었고, 이것은 동아시아에서도 일제의 만주 침략과 중일 전쟁으로 독립운동가들이 좌우합작을 모색하는 계기가 형성되는 배경이기도 했다. 백범의 임시 정부조차도 좌우 합작을 위하여 많은 시도를 했으며, 그 성과의 하나가 약산 김원봉의 조선 의용대가 광복군에 편입되었다는 사실임을 상기할 필요가 있다.

이처럼 식민지 시대의 반제 독립 투쟁은 면면히 이어져 온 좌우 합작의 민족 해방 투쟁사였으며, 이 합작을 거부한 세력은 본의든 아니든 직간접적인 부일 협력 세력이었다고 해도 지나친 표현은 아닐 것이다. 그 어떤 이데올로기나 신앙도 민족 독립 해방 투쟁의 입장에서 보면 하위 개념일 수밖에 없다.

오늘의 분단된 상태에서조차도 이 명제를 떠나서는 민주주의도, 평화 통일 운동도 성립될 수 없음은 자명한 이치다. 그렇기 때문에 당연히 독립 유공자를 판가름하는 데는 그 어떤 이데올로기나 신앙, 신분 지위를 따져서도 안 될 것이며 오로지 민족 주체적인 독립 투쟁에 기여했느냐 않았느냐를 그 판단 기준으로 삼아야 할 것이다. 그렇게 함으로써 오히려 평화 통일 정책에서 범민족적인 정통성을 확보할 수 있다. 이를 부인하는 것은 통일 그 자체를 거부하는 것이자 민족 분열을 부추기는 결과를 가져올 것이다. 민주주의란 다른 가치관을 배격하는 것이 아니라, 이해와 관용으로 포용하며 용해해 나가는 '평화의 정치 행위'이기 때문이다.

일제 식민지 시대와 별로 다르지 않은 강대국들의 온갖 간섭과 약탈을 당하고 있는 지금의 한국으로서는 독립운동을 전개했을 때의 좌우 합작 노선, 곧 광복군 정신으로 되돌아가 남북 합작과 평화 공존을 이뤄야만 민족의 번영과 활로를 찾을 수 있을 것이다.

이처럼 너무나 분명한 역사적인 과제를 우리는 왜 쉽게 실현하지 못하고 있을까? 그것은 바로 오늘의 신제국주의적인 세계 제패 세력이 한반도를 압박하기 때문이며, 그 주요 진원은 미국과 일본에서 찾을 수 있다.

제2차 대전 후에는 스탈린 주도로 제4인터내셔널 격인 코민포름이 창설되었는데, 그 정식 명칭은 '공산당·노동자당 정보 기구'로 공산권 9개국이 회원국이었으나 티토의 유고슬라비아가 독자 노선을 걸어 1948년 제명되었다.

'공산주의자'라면 이 노선의 연장선에서 정식 당원이 되거나 그 이념에 동조해야만 되었다. 그러나 진보 세력은 저마다 다 똑똑하다며 파벌 짓기를 좋아해서 아마 지구상에서 개신교와 진보 세력의 파벌은 막상막하가 아니라 어쩌면 진보파들의 파벌이 더 많을지도 모르겠다. 그 파벌 때문에 진보 세력은 현실 정치에서 패배와 고전을 거듭하고 있으며, 제국주의 나라들과 보수주의자들은 그 파벌 조장을 위해 혈안이 되어 있다.

그러니 '진보파=공산주의=종북 좌빨'이라는 등식을 함부로 내뱉는 사람은 아예 역사의식의 청맹과니로 봐도 결례가 아닐 것이다. 더구나 북한이 정통 공산주의 이데올로기를 고수하지도 않기에 공산주의자일지라도 '종북 좌빨'이라고 할 수는 없다. 정통 공산주의 개념은 1990년대를 전후하여 사실상 분해되었고, 이 정통을 지키는 국가 권력도 이미 사라진 게 오늘의 세계다. 중국조차도 이런 정통과는 상당한 거리가 있다.

오히려 여전히 명맥을 유지하고 있는 국제 사회주의의 유대는 수정주의의 전통을 이어받은 '사회주의 인터내셔널(Socialist International, 약칭 SI)'이라 하겠다. 1951년 프랑크푸르트 선언으로 소련 정권과 그 연방 및 국제기구를 비롯하여 마르크스·레닌·스탈린주의까지 비판하며 유럽과 미국식 체제를 인정하는 이 선언은 느슨하나마 사회주의 계열에 남아 있는 유일한 조직으로 독일을 비롯한 유럽과 세계 각지에 널리 걸쳐 있다.

이처럼 정통 마르크스주의는 정치사에서는 쇠잔해 버렸지만 인류가 존속하는 한 여전히 중요한 쟁점으로 관심을 끄는데, 그 까닭은 학문적인 요소 때문이다. 마르크스주의가 형성된 3대 배경은 영국의 산업 혁명, 프랑스의 부르주아 혁명, 독일의 관념론 철학 혁명이다. 산업 혁명이 경제적 혁명이고, 프랑스 혁명이 정치 혁명이라면, 독일의 관념론 혁명은 모든 학문 연구의 기본 바탕인 '철학 혁명'에 속한다. 앞의 두 가지와는 달리 독일 철학 혁명은 보통 사람들이 골치 아프다며 외면하기 일쑤인데, 개똥철학 수준으로라도 이해해 주기를 바라면서 쉽게 축약하면 이렇다.

중국과 인도는 별개로 제쳐 두고(마르크스가 이 분야까지는 정통하지 못했다.) 서양 철학사에서는 아리스토텔레스가 최대의 대석학으로 우뚝 솟았다. 아리스토텔레스는 죽을 때까지 그 일대 지역의 모든 연구를 집대성한 대학자로 자연 과학부터 인문 사회, 문학예술을 통섭했다. 서양 철학사란 '아리스토텔레스의 각주'라는 말이 생길 정도로 그가 다루지 않은 쟁점은 거의 없을 정도였다. 이 혁혁한 학문을 기독교 신앙에 장애가 된다고 금서 처분으로 묶어 버린 게 유럽의 중세였다. 그래서 아랍 문명권보다 더 야만적이었던 유럽은 르네상스와 지리상 발견을 분수령으로 자연 과학의 위력을 인정하게 되면서 군함과 대

독일 관념 철학의 거봉 임마누엘 칸트.
그리스 이래로 가장 드높은 학문의 최고봉을 이루었다
할 만큼 서양 철학의 전 분야에 큰 발자취를 남겼다.
인간 존재의 세 가지 핵심을 묻는 3대 비판서《순수이
성 비판》,《실천이성 비판》,《판단력 비판》을 썼다.

포를 양산하여 초기 제국주의의 기세를 올리게 되었다.

그러나 지배 계급은 여전히 왕과 고위 성직자와 귀족들이었고, 그들의 신앙은 기독교였으며, 철학은 관념론이었다. 인간의 마음, 즉 정신이나 의식이 가장 중요하며 그에 따라 세계가 이뤄지며 역사도 변한다는 이 철학은 고대부터 중세를 거쳐 근대까지 변함이 없었다. 바로 이 철옹성 같았던 전통적인 관념론이 프러시아의 한 고집 센 독신주의자에 의하여 일대 혁신을 겪었다.

그 주인공 임마누엘 칸트는 아리스토텔레스 이후 가장 열심히 공부한 성실파로 초기에는 자연 과학에 많은 관심을 가져 당시로서는 파격적인 '칸트·라플라스 성운설'을 주장했다. 이 우주 생성론은 형이상학적 세계관에 치명상을 입혔고, 논문 〈심령을 보는 자의 꿈〉

에서는 사후의 저승 세계 체험기를 남긴 스웨덴 철학자 스베덴보리(Emanuel Swedenborg)의 허황됨을 비판했다. 다 소개할 수는 없고, 그럴 밑천도 없으니 여기서는 관념론에만 집중해서 유명한 3대 비판서의 요지만 짚어 보자.

칸트는 《순수이성 비판》에서 인간의 모든 인식은 감각과 경험에서 온다는 종래의 주장을 비판하면서 '선험적 인식'을 거론했다. 직관적인 감성-사유하는 오성-순수이성으로 인식 단계를 설정한 칸트는 이런 인식으로 볼 때 신앙은 순수이성의 한계 밖이기에 종교는 과학과 신학에 기초를 둘 수 없다고 했다.

이어 칸트는 《실천이성 비판》에서 순수이성이 밝혀낸 인식에서도 무슨 행동이나 다 해야 되는 것이 아니라 실천이성의 판단으로 가능한 것만을 실천해야 된다고 했다. 예를 들면 과학과 신학에 기초한 순수이성으로는 증명 불가인 종교를 실천이성으로 보면 윤리 도덕에 기초한 도덕률로 봐야 한다는 것으로, 그것은 최고선을 위한 정언적 명령이지 가언적 명령이어서는 안 된다며 모든 인간은 수단이 아니라 목적이라고 했다.

《판단력 비판》에서는 순수이성이 지성을, 실천이성이 이성을 다뤘다면 판단력은 감성을 통한 미학적 판단력을 추구하면서 인간이 무엇을 희망할 수 있는가를 묻는다. 여기서 칸트는 아름다움이란 모든 사람에게 아무런 이해관계가 없는, 주관적인 순수 형식에 의해 필연적으로 마음에 드는 것이라고 하여 순수 예술의 이론적인 근거를 제공했다.

변증법의 헤겔 철학 개요와 그 계승

아리스텔레스 이후 인류 최고의 지성이었던 고고한 칸트의 관념론에 도전한 것은 헤겔이었다. 헤겔이 본격적인 연구에 몰두했던 시대는 프로이센의 프리드리히 빌헬름 3세(재위 1797년~1840년) 시대였다. 프랑스 대혁명 이후 급변하던 유럽 정세는 왕가들을 위기의식에 사로잡히게 했다. 무려 300여 개 영방 국가로 분열되어 있던 독일은 나폴레옹 침공 앞에 속수무책으로 무너져 남서부 16개 영방국이 무릎을 꿇어 버렸다.

나폴레옹은 라인 동맹을 강요해 독일 300여 영방 국가를 무려 30여 개로 줄여 재편하고, 1806년에는 유럽의 강자였던 신성 로마 제국도 분해시켜 버렸다. 이로써 독일에는 근대적인 '민족 국가' 의식이 싹틀 수밖에 없었고, 프랑스와 같은 단일 국가 체제와 민주화를 열망했다. 전통적인 명문가였던 합스부르크 왕가에 도전하여 군국주의의 상징이 된 프로이센 왕가가 야멸차게 세력을 확장해 나가던 바로 그 시기에 헤겔은 살았다.

1806년에 국권을 빼앗긴 신성 로마 제국의 프리드리히 빌헬름 3세는 나라를 살리려면 기독교의 위력만으로는 부족하고 게르만적인 민족 주체성을 살리기 위한 과학적인 이념이 절실하다고 절감한다. 그래서 종무 교육국 장관 훔볼트(Wilhelm von Humboldt)의 건의로 현재의 베를린 대학을 건립한다. 이런 시대적인 배경을 먼저 알고 나면 헤겔 철학을 이해하기가 한결 편해질 것이다.

칸트가 이룩한 인간 정신의 최고 단계인 '순수이성'을 헤겔은《정

변증법의 철학 체계를 세운 헤겔.
칸트의 비판 철학을 계승해 독일 관념론 철학을 완성
시켰다. "칸트 이전의 모든 철학은 칸트에게 흘러들어
와, 헤겔을 통해 흘러나갔고, 이후 모든 사상의 원천이
되었다"는 말이 헤겔의 위상을 잘 설명해 준다.

신 현상학》에서 '절대정신'으로 승화시켰다. 순수이성보다 더 고도
화된 인간 정신의 초개인적, 초인간적인 절대정신을 추구하는 이 경
지에 이르면 절대지(絶對知)가 되는데, 이는 경험론이나 오성론, 혹은
직관론적 인식이 아닌 '변증법적 인식'으로 추구할 수 있다는 것이다.

예를 들면 꽃을 변증법적으로 인식하면 봉오리는 꽃이 되며 사
라지기에 봉오리는 꽃에 의해 부정당한다. 꽃 역시 열매에 의하여 부
정당한다. 그래서 열매야말로 식물의 진리태인데 엉터리 억견은 식
물, 꽃봉오리, 꽃, 열매의 형태가 다 다르다고 한다. 하지만 진리태는
앞서 나온 모든 체계들, 곧 체계지(體系知)를 통해 가능하다.

당시 인식론은 다 신앙의 산물이었다. 실러의 아름다운 혼, 괴테
의 신성함, 셸링의 영원한 것, 휠덜린과 노발리스의 사랑 같은 것들이

모두 그 예에 속한다. 하지만 철학은 신앙심에 머물러서는 안 되며 그 것을 넘어서는 절대지로의 도약이 필요하다는 것이 헤겔이었다. 마 치 어린아이가 태아-출생-성장을 하는 것과 같이 인식 주체인 정신 도 그렇게 끊임없이 변화해야 한다는 것이다.

이런 절대정신은 윤리적 생활을 짊어진 민족정신으로 승화되는 데, 그것이 바로 인륜의 실체다. 곧 민족정신은 인륜의 세계를 형성해 나가는 실체인 것이다. 이런 정신이 집성되면서 세계정신을 형성한 다. 세계정신은 다시 인륜적 정신을 형성하는 민족정신, 인륜적 실체 에서 분열되어 인간 스스로가 소외당하는 단계, 그 소외 가운데서 자 기 정체성을 확립해 나가는 주체정신으로 전개된다.

첫 번째 민족정신의 단계에서 인간은 개별자와 보편자의 관계에 얽혀 살아간다. 여기서 각자는 인간적인 법칙과 신적인 법칙의 지배 를 받는다. 인간적인 법칙의 지배자는 국가 공동체로, 그리스 도시 국 가를 예로 들 수 있다. 인간적인 법칙이 신적인 법칙과 갈등을 일으키 는 현상은 소포클레스의 《안티고네》에 잘 나타난다.

두 번째 소외 단계의 예는 로마의 법치주의를 들 수 있다. 이 단 계에서는 개인이 법적인 존재로만 인정받기 때문에 개체의 내부에서 일어나는 인륜적인 가치관과 모순이 발생하면서 결국 인간 소외로 나타난다.

마지막으로 그 소외 극복을 위한 교양, 또는 신앙이 출현한다. 왕 과 신하는 갈등을 완화시켜 소외를 극복하려 하지만 한계를 느낀다. 여기서 계몽주의가 출현하고, 미신에 대한 비판이 전개된다. 계몽주의는 윤리 도덕의 기준을 바꾸는 작업이다. 그러다 보니 다시 종교의 벽에 부닥쳐서 결국 절대지를 추구하게 되는 것이다.

이처럼 감각-오성-이성을 거쳐 절대지에 이르는 과정을 '즉자-대자-즉대자'로 승화하는 것이 바로 헤겔의 변증법이다. 이를 국가 체제의 발전에 적용하면 '고대 그리스적 가족 국가→로마의 법률 국가→중세 기독교 세계→계몽주의, 프랑스 혁명→칸트적인 도덕 세계와 낭만주의 시대'의 변모로 나타난다. 여기서 절대자의 표상인 종교가 개념화한 것이 앞서 나온 '절대지'다. 따라서 정신 현상학이란 일상적인 의식에서 철학적인 의식으로의 발전 과정을 추적함과 동시에, 그에 따른 인류 역사의 발전 과정도 함께 추구하는 것이다.

이때 역사 발전의 주체는 절대지로서의 절대이념, 곧 절대정신으로 여기서 헤겔은 역사 철학까지 도출해 낸다. 이를 통해 개인이나 인간 정신을 넘어선 세계정신의 역사성을 형성하는데, 이 단계를 헤겔은 "지옥에서 출발하여, 인륜적 행위의 연옥을 통과해서, 종교적인 화해와 학문적 자유와의 낙원에 도달하도록 의식을 인도한 것이다"라는 시적인 표현으로 나타냈다.

그리고 이런 역사 발전 단계를 구체화시켜 《철학의 백과사전》에서 세계사 발전 형태를 다음 4단계로 나타냈다.

1. 동양적 정신: 정신에서 '즉자'적 양상. 미분화된 1인 지배 체제

2. 그리스 정신: 정신에서의 '대자'적 입장. 개인의식의 발현

3. 로마 즉자·대자적 입장: 개인 이익 극대화. 평민과 귀족의 대립화

4. 게르만적 기독교 정신: '즉자·대자적' 정신. 신적인 본성과 인간
   적인 본성이 통일되고 이성적인 법 출현. "이성적인 것이 현실적
   이요, 현실적인 것이 이성적."

이 단계에서 헤겔은 어떻게든 아시아를 폄하하며 그리스까지도
미성숙한 단계로 보고 있다. 그러면서 은근히 기독교 정신과 게르만
적인 이념을 인류 최고의 승화된 국가 형태이자 만인이 행복할 수 있
는 상태로 내세웠다. 이것을 법률적인 측면으로 다룬 책이 근대 국가
이론의 대표적인 명저 《법철학 강요》로, 부제는 '자연법과 국가학 강
요'이다.

추상법, 도덕, 인륜 3부로 구성된 이 저서는 제1부 추상법에서는
소유와 경제 활동의 자유가 보장된 자연법을, 제2부 도덕은 독일 관
념론이 이룩한 범주에서의 윤리관을, 제3부 인륜은 '가족-시민사회-
국가'로 발전하는 인륜의 문제를 추구한다. "법, 인륜, 국가에 관한 진
리는, 진리가 공공의 법률과 공공의 도덕, 종교 중에서 표명되어 있
고, 숙지되어 있는 것이 오래듯이, 오랜 것"이라는 헤겔은 그러나 인
륜적인 욕망에 빠진 사람들이 숲을 못 보고 나무만 보면서 인륜 질서
와 국가의 명령에 신뢰를 떨어뜨릴 것을 우려한다. 이때 "인륜적 우
주"인 국가의 기본은 법률이다.

헤겔은 철학이 황당한 허공의 학문이 안 되게 하려고 이 책을 썼
다는데, 서문에서 이솝의 우화 '로도스섬'을 예로 들어 설명한다. 이
솝 우화에서 한 떠돌이가 고향에 돌아와 로도스에서 최고의 춤을 추

었다고 뽐내자 친구들은 "여기가 로도스다. 여기서 춰 보아라"라고 요구한다. 증명되지 않는 가치는 아무런 의미도 없다. 헤겔은 이를 "여기에 장미가 있으니 여기서 춤추라!"라고 변용한다. 장미란 이성적인 현대 국가를, 춤은 화합적인 국가를 상징한 것이다.

헤겔에게 있어 가장 이성적인 국가를 형성하는 바탕은 국민정신이다. 국민정신은 몽테스키외의 역사적·자연환경적 소산, 헤르더의 민족 고유의 무의식적 활동을 두루 수렴하는데 민족 문화와 민족사의 창조적이고 통일적인 소산으로 파악된다. 이 국민정신에는 현실의 권리를 빼앗거나 주거나 하는 재판관이 존재한다. 그 판관이 보편적 정신, 곧 세계정신으로 최고 권리인 세계법정의 위치에서 권리를 행사한다. 따라서 세계사는 결국 세계정신에 의해 심판받는 세계법정으로 진행된다는 것이다.

여기서 법이란 보통 법이 아닌, 변증법적인 정-반-합의 단계를 거친 객관적 정신의 반영이다. 그래서 로마의 사법, 도덕성으로서의 칸트적인 법, 가족, 시민, 사회, 민족 국가의 인륜 생활의 법, 세계사의 법으로 발전한다고 헤겔은 썼다.

마르크스의 학문 연구 방법론 3대 요소

이 헤겔을 승계, 수정, 재창조한 것이 마르크스였다. 그리고 현재까지도 학문 연구 방법론으로는 헤겔·마르크스의 이론을 능가할 만한 통섭의 인문학은 창출되지 않았다. 그래서 많은 정치적인 오류를 저지른 마르크스주의와는 달리 그 이론의 학문적인 효용성은 여전하며 앞으로도 그럴 것이다. 마르크스의 학문 연구 방법론이 여전히 유효한 것은 헤겔까지의 철학이 '앎'의 차원에 머물렀다면, 마르크스에 이르러서야 비로소 학문이 세계를 변혁시킬 수 있는 '실천'의 현장에 등장했다는 점이다.

당시 역사의 현장으로 가장 가까이 다가섰던 헤겔조차도 '미네르바의 부엉이'는 황혼이 되어서야 난다고 했지만, 마르크스는 학문과 지식이란 밤에야 나래를 펴는 부엉이가 아니라 새벽의 도래를 예고하는 '갈리아의 수탉'이라고 수정했다. 어디 학문만일까. 인간이 행하는 모든 것은 인간 자신을 위한 것이라는 사실은 근대 이후부터 꾸준히 추구해 왔던 지성의 풍향계였다. 실제로 마르크스의 '갈리아의 수탉' 이론은 지금 보수나 진보를 가리지 않고 체득적으로 실현하고 있는 실정이지 않나.

마르크스의 학문 연구 방법론에서 두 번째로 중요한 점은 철학의 기본 과제였던 존재론과 인식론에서의 혁명이다. "나는 생각한다, 고로 존재한다"는 데카르트의 존재와 인식론에 대한 대명제는 근대 철학사가 이룩한 큰 성과였으나, 이에 대한 비판이 잇따랐다. 그러다가 마르크스에 이르러 의식이 존재를 결정하는 것이 아니라 "존재가 의식을 결정한다"라는 대명제로 뒤집어졌다. 쉽게 말하면 경영주는 경영주라는 존재로 사회와 경제와 자신의 공장을 보고 모든 생각과 판단을 내릴 것이며, 노동자는 또 노동자의 처지에서 그렇게 하게 된다는 것이 존재론적인 인식 방법론이다.

물론 이 명제는 많은 예외도 있기에 앞의 '갈리아의 수탉'처럼 다 통용되지는 못하고 있다. 예를 들면 존재론적으로는 한국인이면서 친일파거나 친미파인 경우라든가, 자신은 노동자면서도 반노동 운동을 고집하며 사장 편을 들거나, 가난한 사람이 재벌의 이익을 도모하는 사회 집단이나 정당을 지지하는 것 같은 예외를 적잖게 볼 수 있다.

그렇다고 이런 현상을 들어 마르크스의 '존재가 의식을 결정한다'는 대명제가 틀렸다고는 할 수 없다. 이런 예외적인 현상은 인간 사회뿐만 아니라 자연 현상에서도 흔히 일어나는 예에 속하는 것이라 하겠다. 굳이 덧붙인다면 그 예외적인 현상 자체도 면밀히 따지면 그 '존재'의 노출되지 않은 요인들이 잠재해 있기 때문임을 간파할 수 있을 것이다. 예컨대 사장 편을 드는 노동자가 사장의 친인척이라거나 그 앞잡이일 수도 있으며, 한국인으로서 친일파로 살아가는 경우에도 그 윗대의 영향이나 당사자 자신이 얽혀 있는 그렇게 된 배경이 존재한다는 걸 간과할 수가 없다. 따라서 '존재' 그 자체가 의식을 결정한다는 보편적인 현상은 이념의 보수나 진보에 관계없이 통용되는 학문적인 인식의 기초가 된다.

이처럼 예외적인 현상에 대해 이해하려면 반드시 마르크스의 세 번째 연구 방법론인 '변증법'의 세계로 들어가야 할 것이다. 헤겔에 의하여 창출된 정반합의 변증법은 마르크스의 '유물 변증법'으로 승화되었는데, 이 복잡하고 난해한 문제를 쉽고 단순하게 풀어 보자면 이렇다. 헤겔 변증법이 논리학적인 차원에 머물렀다면, 마르크스는 이를 철학사의 3대 쟁점인 존재론과 인식론에다 판단론까지 두루 포괄하는 변화에 운동성까지 감안한 것이라 할 수 있다.

예를 들면 갈리아의 수탉에서 존재가 의식을 결정한다는 인식론에 이르렀지만, 그 존재가 불변이 아니라 운동성이 가미되어 위치 자체가 언제든지 변할 수 있다는 것이다. 회사의 사원이었던 존재가 간부로 승진할 수도 있고, 나아가 경영주가 되기도 한다든가, 원대한 꿈을 가진 능력자가 이에 걸맞은 감투를 얻었을 때와, 거꾸로 좌절했을 때의 존재론적인 변화는 엄청날 수밖에 없다.

따라서 마르크스의 학문에 대한 본질 세 가지 중 마지막 변증법을 이해 못 하면 앞의 두 가지는 말짱 헛것으로 도로아미타불이 되고 말 것이다. 그러니 이제 정통 마르크스주의 역사학자를 만날 차례가 되었다.

정통 마르크스주의 역사학자 홉스봄

제국주의의 권좌로 인류에게 많은 재앙을 내린 영국의 역사학이 그나마 보수주의에서 점점 진보하여 에드워드 카를 지나 한 역사학자에 이르러 20세기 세계 사학의 최고 진보의 상아탑에 오른 건 그나마 위무 삼을 만하다. 그 주인공은 알렉산드리아에서 출생한 에릭 홉스봄이다. 홉스봄은 외가인 빈에서 살다가 아버지와 어머니를 연이어 잃고 베를린으로 갔다. 고교생 때 사회주의 학생단에 가입한 홉스봄은 그 이듬해에 히틀러가 집권하자 숙부를 따라 바로 런던으로 이주해 영국 공산당에 입당했고, 케임브리지대 킹스 칼리지에 들어갔다. 제2차 대전 때는 군에 복무했고 제대 후 '공산당 역사가들의 모임'에서 이론적인 경직성을 비판하며 광범위한 지지층을 형성해 버크

정통 공산당원 역사학자 에릭 홉스봄.
영국 출신으로 《혁명의 시대》를 비롯한 시대 3부작에
이어 20세기 《극단의 시대》를 썼으며, 세계에서 가장
영향력이 컸던 마르크스주의 역사학자이다.

벡 칼리지 강사가 되었고, 나중에는 모교의 특별 연구원이 되어 1949
년부터 1955년까지 저술 활동을 겸했다. 홉스봄은 공산당원이면서도
1956년 소련의 헝가리 침공을 공개적으로 비판했지만 탈당은 하지
않았다.

공산당 당원이었기 때문에 버크벡 칼리지에서 정교수가 된 것은
한참 뒤인 1970년이었으며, 학장까지 지내다가 1982년에야 은퇴했
다. 만년의 홉스봄은 영국 아카데미 회원에 미국 아카데미 특별 회원,
뉴욕 신사회 연구원 교수로 노익장을 과시했다.

홉스봄은 엄청난 저서를 출간해서 한국 독자들에게도 널리 알려
져 있다. 가장 중요한 몇 가지 책만 추려 보면 《반란의 원초적 형태:
자본주의 발전에 따른 유럽소외지역 민중운동의 모든 형태》,《의적

의 사회사》, 《1780년 이후의 민족과 민족주의》, 《역사론》, 《아방가르드의 쇠퇴와 몰락》, 《저항과 반역 그리고 재즈》, 《새로운 세기와의 대화》, 《미완의 시대: 에릭 홉스봄 자서전》, 《폭력의 시대》가 있다. 간략히 책 소개도 하고 싶지만 너무 장황해져서 제목만 소개한다.

그러나 정작 내가 홉스봄을 소개한 이유는 홉스봄이 근대 제국주의 이후 세계사를 어떻게 보았는가 하는 점에서다. 근대 제국주의 형성 이후 세계사는 그야말로 연옥의 계절의 연속이었고, 특히 식민지 나라들은 지옥의 시대였는데 이를 책에서 가장 선명하게 그려 준 것이 홉스봄이었다. 그 부분을 읽노라면 역사란, 특히 제국주의 이후의 세계사란 어떤 것인가를 알 수 있고 그런 가운데서 우리 민족의 진로는 무엇인가도 나름대로 유추할 수 있을 것이다.

이 저작들은 단행본으로 각각 출간되었으나 이해하기 쉽게 4권 시리즈로 묶어 계속 읽는 게 좋을 것이다. 한길사에서 나온 《혁명의 시대》, 《자본의 시대》, 《제국의 시대》에 까치에서 나온 《극단의 시대: 20세기 역사》 순으로 읽으면 된다.

역사책치고는 좀 난삽하고 문장 구조도 복잡하기에 누구에게나 읽으라고 강요는 못 하겠다. 하지만 우리가 역사 공부를 하는 이유는 연대기나 단순한 흥미로서가 아니라 우리 시대의 문제점을 파악하는 슬기와 그 대응책, 진로 모색의 안목을 가지려는 것이다. 따라서 이런 관점으로 네 권을 쉽고 간명하게 풀어 보겠다.

첫 번째 《혁명의 시대》는 1789년 프랑스 대혁명부터 7월 혁명과 2월 혁명까지를 다루면서 절대 왕정 정치가 부르주아 혁명에 의하여 타도되는 과정을 다룬다. 대혁명 이전의 역사란 왕과 장군과 고위 성직자와 귀족들이 멋대로 주물럭거리던 시대였다. 그들은 자기 입맛대로 온갖 부정부패와 패덕을 자행하면서도 처벌조차 제대로 받지 않는 천국의 삶을 유지했다. 그런데 정작 자신들이 호화롭게 살 수 있도록 자산을 마련해 준 산업 자본가들에게는 그 특권을 전혀 나눠 주지 않았다. 부유층이 이런 판에 하물며 그 하류층은 더 언급할 필요조차 없을 것이다. 그래서 지배층을 향하여 너희들만 잘살 거냐, 우리도 함께 살게 해 다오! 하고 외친 게 부르주아 혁명이었고, 그것이 프랑스 대혁명이 되었다. 이 혁명의 계절을 가장 잘 다룬 명작이 빅토르 위고의 소설 《레 미제라블》과 《93년》이다.

두 번째 《자본의 시대》에서 자본의 시대는 왕과 귀족과 고위 성직자의 권력이 점점 부르주아들에게로 이동하는, 그야말로 '부자 천국'의 시대를 뜻한다. 그러자 타락한 부르주아들은 노동자들을 비롯해 하류층들을 착취하고, 빈민들이나 하류층에겐 혁명 이전이나 다를 바 없는 지옥이었다. 그래서 이를 비판하며 1848년 프롤레타리아 혁명을 주장하는 마르크스의 〈공산당 선언〉이 등장했지만 그 세력이 혁명을 일으키기에는 역부족이었다.

오히려 혁명을 일으켜야 할 노동자와 농민들은 힘이 없었고, 이들을 착취했던 부르주아들은 점점 더 떼돈을 벌어들여 부자에서 재벌로 상승했다. 그러다 자신의 제품을 자기 나라에서만 판매하던 걸 넘어서 남의 나라에까지 팔아 보려고 진출한 것이 제국주의의 출발이 되었다.

세 번째 《제국의 시대》는 부자들이 권력을 충동질해서 자신의 거래처를 남의 나라로까지 넓히려 하는 데서 시작한다. 당연히 다른 나라들이 막으려 하자 군대를 앞세워 침략한 것이 제국주의의 시대를 열게 된 역사적인 배경이다. 이때 지구 위 거의 대부분의 나라들이 강대국의 식민지로 전락했으며, 한국도 이 시기에 일제의 식민지가 되었다.

네 번째 《극단의 시대: 20세기 역사》는 제1차 세계 대전과 제2차 세계 대전이 있었던 시기로, 두 전쟁은 제국주의 국가들이 서로가 더 많은 식민지를 차지하겠다고 아귀다툼을 벌이던 추악한 모습을 잘 보여 준다.

여기서 특히 식민지가 될 수밖에 없었던 약소민족의 운명을 좌우하던 시기는 바로 세 번째, 제국의 시대부터다. 이미 자본의 시대부터 유럽 열강들은 가까운 지역인 중동, 아프리카를 거쳐 동남아시아와 태평양 일대, 인도차이나 반도를 식민화시켰는데, 그러다가 중국이라는 감당하기 어려운 대륙 앞에서 멈칫거리는 사이에 일본이 동아시아를 넘보게 되었다.

그런데 유럽 열강 중 유독 독일만은 식민지를 그리 넓게 가질 수 없었는데, 바로 여러 영방 국가로 분열되어 있었기 때문이다. 독일의 통일을 가장 싫어한 나라는 프랑스와 영국이어서 독일은 두 나라가 통일을 방해하지 못하도록 하려면 전쟁밖에 없다고 벼르고 있었다. 이런 속내도 몰랐던 노망 든 프랑스의 황제 나폴레옹 3세가 선전 포고를 하자 불감청고소원이었던 비스마르크가 응전해 일으킨 것이 바로 프로이센·프랑스 전쟁이다. 그리고 예상대로 독일이 판정승하면서 독일은 통일을 이룩했다.

그렇게도 독일 통일을 반대했던 프랑스에 대한 원한을 독일은 1871년 1월 18일, 프랑스의 중심인 베르사유 궁전에서 통일된 독일 제국 수립을 선포하며 갚는다. 그리고 프로이센의 왕 빌헬름 1세가 독일 제국의 황제가 되었다. 이때 프로이센 주도의 통일에 반대했던 합스부르크 왕가의 오스트리아는 빠져서 별개의 독립 국가가 되었다. 승전국 독일은 이 승리로 프랑스의 알자스로렌 지방을 차지했는데, 유명한 알퐁스 도데의 단편 소설《마지막 수업》은 이때를 배경으로 한 작품이다.

통일된 독일 제국은 이때부터 국방력을 강화하여 식민지 개척에 눈을 돌렸지만 이미 다 약탈당한 뒤라 침략할 데가 없었다. 강대국의 식민지가 되어 버린 나라들을 빼앗으려면 전쟁으로 그 등을 쳐서 토해 내게 한 뒤 약소국을 독립시켜 잡아먹는 수밖에 없었기 때문에 독일이 일으킨 침략 전쟁이 제1차 대전이었다. 하지만 패배로 더 넓은 식민지를 확보하는 데 실패하자 다시 국방력을 강화하여 재침략 전쟁을 도발한 게 제2차 대전이었다. 독일은 여기서도 패배하여 동서독으로 분단국가가 되었다가 강철 같은 게르만 민족의식을 바탕 삼아 1990년 10월 3일, 동서독 통일을 이룩했다.

미국 역시 독일과 비슷한 처지였다. 불간섭주의를 내세운 '먼로주의'를 금과옥조로 거론하지만 남북 전쟁 이후에야 국론이 그나마 통일된다. 그 뒤 카우보이 시대를 열어 원주민 사냥을 끝내자 슬슬 미국의 제국주의 야욕이 살아났다. 그러나 이미 쿠바를 비롯한 카리브해와 태평양의 필리핀까지 스페인의 식민지가 되어 있었다.

이에 공화당의 윌리엄 매킨리 대통령은 쿠바의 아바나항 앞에서 미국의 순양함 메인호 폭파 사건을 조작한다. 자기들이 폭파해 놓고는 그 책임을 상대에게 뒤집어씌워서 일으킨 것이 미국·스페인 전쟁이었다. 보수적인 언론들이 선동에 나서서 전쟁 열기를 부추겼고, 이미 제국주의 왕좌를 영국에 빼앗긴 이빨 빠진 스페인이 미국의 도발에 말려들어 결국 항복하자 미국은 쿠바, 괌을 차지한 뒤 필리핀 침략 전쟁을 전개하여 식민화했다.

이때 필리핀 독립 세력을 압살한 매킨리의 야만적인 침략 행위를 강력하게 비판한 두 거장이 있었다. 바로 강철왕 카네기와 작가 마크 트웨인이었다. 이 두 인물은 '미국 반제국주의자 연맹'의 부의장으로, 1900년 대통령 선거전에서 식민 정책을 반대하는 후보 윌리엄 브라이언을 적극 지지했으나 매킨리가 재선되어 실패하고 말았다. 특히 두 사람은 미국의 필리핀 침략을 극력 반대했으나 그 뜻을 이루지는 못했다.

침략자 맥킨리가 아나키스트에 의하여 암살당한 뒤를 제26대 시어도어 루스벨트 대통령이 이었다. 루스벨트는 부드러운 말과 큰 곤봉 외교 정책으로 유명하다. "부드럽게 말하되 큰 곤봉(무력)을 갖고 있으라"는 이 말은 평화를 위한다는 역대 미국 모든 대통령의 거짓말이 다 연상될 만큼, 미국의 대외 정책 이해에 큰 도움이 되는 명구절이다. 시어도어는 콜롬비아에 압력을 가해 파나마라는 없는 나라를

미국 반제국주의자 연맹의 부의장 앤드류 카네기.
미국의 제강업계를 지배해 '강철왕'이라 불리던 재벌로, 은퇴
한 뒤에는 카네기 재단을 세워 자선 사업에 헌신하였다.

미국 문학의 아버지라 불리는 작가 마크 트웨인.
구어를 사용한 유머와 사회 풍자로 사실주의 문학을 개
척하였으며 《왕자와 거지》, 《톰 소여의 모험》 들을 썼다.

만들어 파나마 운하를 차지했다. 그리고 시선을 태평양 건너로 돌리
는데 바로 그것이 우리 민족사의 불행을 가져다주었다.

　조선을 일본이 차지하고, 필리핀은 미국이 갖자는 해괴한 가쓰
라·태프트 밀약을 맺은 것도 바로 이때였다. 바로 다음 달인 1905년
8월, 일본은 제2차 영일 동맹을 체결하여 한국의 일본 지배를 더욱
굳혔다. 그리고 뒤이어 러일 전쟁을 일본에 유리하도록 중재해 9월,
포츠머스 조약을 체결토록 독촉한 것도 시어도어였다. 더구나 이 조
약에서 미국은 일본의 한국 지배를 인정해 주고는 필리핀은 자신이

차지하겠다고 했다.

　미국 대통령으로서는 처음으로 노벨 평화상을 수상했으나, 까놓고 말하면 우리 민족을 팔아먹은 대가가 시어도어 루즈벨트 대통령의 노벨 평화상이라 한들 망발이 아니지 않은가! 실로 시어도어가 주관한 이 일련의 국제적인 평화 활동이란 다 일본으로 하여금 조선을 지배해도 좋다는 열강들의 승인과 같았다. 절차를 끝낸 일본은 바로 그해 1905년 11월 17일에 을사늑약을 조선에 강제했다.

　가쓰라와 밀약을 맺었던 태프트(William Howard Taft)는 루즈벨트에 이어 제27대 대통령이 되었는데, 1910년에 나라를 빼앗긴 조선인들이 이런 속내도 모르고 미국의 정치인을 수호천사처럼 인식하는 건 일대 코미디가 아닐 수 없다.

　앞서 홉스봄이 주장한 네 번째 '극단의 시대'란 바로 20세기를 뜻한다. 시대적으로는 1991년 소련이 분해되기까지를 이른다. 홉스봄은 주로 러시아 혁명의 세계사적인 의미에 천착하지만 이 시기를 '극단'으로 표현한 것은 스탈린과 히틀러 같은 도저히 타협이 불가능한 극단주의의 대립상이 나타났기 때문이다. 극단에 대하여 홉스봄은 "어느 누구도 20세기의 역사를 다른 시대의 역사처럼 쓸 수는 없을 것이다"라며, 이 세기를 "학살과 전쟁의 세기"라고 요약한다. 혁명과 반혁명, 극좌와 극우, 파시즘과 인민 민주주의, 근본주의 신앙과 무신론 같은 온갖 주장들이 어떤 타협도 불가능한 모습으로 치달아 대립과 갈등, 충돌이 일어나는 것이 이 시대의 특징이란 뜻이다.

　이왕 말이 났으니 미국 이야기를 마저 해 보자. 민주당의 우드로 윌슨 대통령은 전임 공화당 출신 대통령들의 약소국 침략 정책에 적극 반대했던 진보적인 학자 출신으로 평화적인 정책을 펼 것이라 세계는 잔뜩 기대에 찼다. 그러나 막상 대통령으로 취임하자 이내 약소국가에게 '불량 국가'란 딱지를 붙여 내정 간섭을 시작했고, 흑백 차별을 하는 등 무자비한 제국주의자가 되었다.

그러더니 제1차 대전을 계기로 교전 상대국을 가리지 않은 채 독일과 영국 양쪽 다에게 무역으로 이득을 챙기다가, 승패가 가름되자 참전하여 월계관을 쓰면서 미국은 일약 세계 최강국으로 발돋움했다. 미국 대통령으로서는 링컨 다음으로 명성이 높은데, 그 명성을 높여 준 것이 1919년 발표한 윌슨의 '14개조 평화 원칙'으로 그 역시 노벨 평화상을 수상했다.

한국에서는 그 영향으로 3·1운동이 일어났다고들 하지만 달리 해석할 여지도 있다. 윌슨의 본심은 평화와 민족 자결일 수도 있으나, 이를 부정적으로 삐딱하게 해석해 보면 식민지들을 독립시켜야 미국의 침탈 기회가 가능할 수도 있다고 해석할 여지가 있다는 게 내 생각이다. 만약 윌슨이 진정으로 민족 자결을 원했다면 베르사유 체제가 약소국 해방 운동의 계기가 되었어야 하는데, 전혀 그렇지 않았음은 세계사가 증명해 준 그대로이다.

이런 판세였건만 당시 미 제국주의의 본성을 십분 파악한 한국인은 거의 없었고, 이런 연장선에서 대미 의존 외교 독립 노선을 선택했던 이승만 같은 인물이 마치 항일 투쟁에 크게 기여한 듯한 착시 현상을 빚기도 했다.

한반도가 식민지의 길로 들어설 무렵에는 미국의 정체는 고사하고 제국주의에 대한 인식조차 지극히 관념적이었다. 레닌의《제국주의론》은 1916년에 집필, 그 이듬해에 출간되었는데 주로 경제적인 측면을 중심으로 자본주의는 제국주의화할 수밖에 없다는 점을 부각시켰다. 그러느라 국가 이기주의적인 반인종적, 반인도적인 무자비한 침략 야욕과 파시즘적인 제국주의의 진면목을 경고하는 데는 소홀했다. 그러나 레닌은 1917년 러시아 혁명 직후에 바로 식민지 약소민족 해방 투쟁을 위한 코민테른을 조직하여 그 사상을 확산시키는 데 크게 기여했다. 제국주의의 개념이 정교화되어 민족 해방 투쟁의 연결 고리를 형성했던 사회주의 운동은 인터내셔널을 통해 구현했다.

'멜로스인의 복수'와 미국 바로 알기

21세기 공룡이라 할 미국의 정체를 가장 간명하게 간파할 수 있는 두 술어는 '명백한 운명'과 '멜로스인의 복수'다.

1845년 언론인 존 오설리번의 조어술로 만들어진 '명백한 운명'은 미국이 미 대륙 개척과 이웃 나라들을 침략할 때 비인도적인 전쟁에 반대하던 평화주의자들에게 "미국이 그렇게 하는 것은 신이 미국에게만 부여한 특권이자 운명"이라고 설득했다는 유래를 갖고 있다. 미국만이 신에게 그런 사명을 부여받았다는 이 우월감은 미 제국주의의 상징이기도 하다. 하나님은 미국인들에게만 지구상의 후진 야만인들을 구원해 줄 자격을 부여했다는 뜻인데, 그 '구원'이 바로 침탈을 의미함을 잊어서는 안 된다.

그리고 '명백한 운명'이 미 제국주의의 사상적인 지표라면 '멜로스인의 복수'는 군사학적인 버팀목이다.

2001년 9월 11일, 아마 인류 역사는 언젠가 이 항공기 테러 이전과 이후를 구분해야 할 정도로 중대한 사건이 포스트모더니즘적인 화풍으로 전개되었다. 문명의 상징인 항공기가 야만의 대명사인 테러로 탈바꿈한 이 사건은 비국가 단체에 의해 이뤄진 파괴 행위 중 역사상 가장 규모가 큰 것이었다. 적게는 수천 명에서 많게는 2만 명으로 추산되는 희생자 수는 국가 수준의 행위자가 개입된 대규모 군사 행동에 의해서나 발생할 법한 규모였지만, 놀랍게도 이를 행한 범인으로 희생 국가가 지목한 것은 영토도 주권도 없는 '알카에다'라는 비정부 국제 조직이었다. 20세기의 민족 해방 전선 조직이 전개했던 게릴라전에서도 보기 드문 이 잔혹성과 미학적 구도를 결합시킨 사건은 21세기 지구촌 사람들의 운명을 예시하는 불길한 징조로 온 세계의 눈과 귀를 사로잡았다.

즉각적이고 약간은 치기 어린 감정적인 보복에 나선 미국은 즉각 알카에다를 '탈레반'이라는 국가 수준의 행위자와 연루시켰고, 이를 근거로 삼아 아프가니스탄을 무대로 전쟁을 벌였다. 특히 미국이 전쟁의 목적을 "테러를 뿌리 뽑기 위한 것"이라고 언명함에 따라, 현재 '반테러 전쟁'이란 신조어는 전 세계 언론의 화두가 되었다. 이 단순 명쾌한 서부극 같은 흑백과 선악의 논리선상에서 전개되는 전쟁은, 차라리 하나의 게임과 같아 이미 우리가 걸프전에서 익히 봤던 장면이다. 다르다면 걸프전 때는 24시간 중계를 하더니 이번은 왠지 엄

청난 통제 속에서 작렬하는 폭격의 위력을 폭력 영화만큼 시원하게
보여 주지는 않는다는 점이라고나 할까.

지금 벌어지고 있는 '테러와의 전쟁'은 결코 새삼스러운 일이 아
니다. 미국은 이미 오래전부터 테러에 대한 독자적인 기준과 정의가
있었고, 이에 따라 전 세계의 각종 민족 해방 투쟁이나 목적 지향성
정치 조직들을 '테러 단체'로 규정하면서 이들에 대한 유무형의 전쟁
을 공공연히 지속적으로 수행해 왔다. 레이건 행정부 당시에도 항공
기 폭파 테러 관련자가 은닉하고 있다는 이유를 들어 리비아를 무차
별 공습한 바 있으며, 클린턴 행정부는 케냐 미 대사관 폭탄 테러에
대한 보복 공격으로 수단의 민간 제약 회사 공장을 "생화학 무기 제
조 의혹"이란 명분을 뒤집어씌워 '콩가루'로 만들기도 했다.

냉전이 종식된 뒤 소련이란 가상의 적을 상실한 미국은 새로운
가상 적으로 지역적 패권을 추구할 가능성이 있는 국가들과, 소위 '불
량 국가'들을 설정하고 군비를 유지해 왔다. 그 결과 미국의 군비 지
출은 전 세계에서 지출되는 군사비 가운데 과거의 그 어느 때보다도
훨씬 높은 상태다.

사회주의 체제와 대립했던 시기에는 '반공'의 십자군을 자처했던
미국이 왜 지금도 엄청난 군비와 새로운 십자군 원정에 열을 올리는
것일까. 미국의 군비 확장론자들은 국가 안보가 위태로운 상태임을
강조하면서 미사일 방어 계획이나 대테러 작전에 대비하기 위한 군비
의 증액을 주장해 왔다. 사회주의 진영이라는 가상의 적대 세력이 사
라졌건만 미국의 안보 상황이 과거보다 더욱 위태로워졌다는 이들의

주장은 모르긴 해도 분명 자기 발이 저린 구석이 있을 것이다.

곧 미국 자신이 누군가로 하여금 적대감을 갖도록 해 왔으며, 앞으로도 그럴 것이라는 개연성을 떨쳐 버릴 수 없다. 더 나아가서는 적대감을 가진 어떤 민족이나 국가 권력과 전면전은 물론이고, 비정부 기구나 단체 활동으로 전개될 일체의 위협과 테러 활동까지 근본적으로 봉쇄하겠다는 의지가 최근 미국이 공언하는 군비 확대의 배경일 것이다. 군비 확장론자들이 내세우는 위협 요인은 미사일 및 대량 살상 병기의 확산과 테러리즘이다.

이들이 현재 미국의 안보 상태가 냉전 당시만큼이나, 혹은 냉전 당시보다도 더 위태롭다고 주장하는 근거는 다음과 같다.

과거의 적 소련은 적어도 행동이 예측 가능한 '이성적인 적'이었으나, 오늘날의 깡패 국가나 일부 단체들은 '비이성적인 적'이라는 것이다. 여기서 '이성적인 적'이라는 개념은 군사학의 주요 개념인 '억지력'과 관련이 있다. 억지력이란 전쟁의 도발을 방지하는 힘, 즉 적으로 하여금 도발을 포기하게끔 만드는 억제 요인을 뜻한다. 억지력은 보복 공격의 위협을 통한 억지와 방어를 통한 억지 두 종류가 있는데, 이는 용어가 지닌 어감과는 정반대로 역설적이게도 '방어를 통한 억지'가 '보복 위협을 통한 억지'보다 훨씬 더 침략적이며 공격적인 성격을 내포하고 있다.

냉전 당시 전략 핵무기를 통한 대량 보복의 위협은 미국과 소련 양쪽으로 하여금 선제 공격을 억지시키는 역할을 해 왔는데, 이는 보복 위협을 통한 억지력의 대표적인 경우라고 할 수 있다. 보복 위협을 통한 억지력이 제대로 작동하기 위해서는 적 스스로가 자신이 미래에 직면할 위협을 인식할 수 있는 능력, 즉 이성이 있어야만 하며 소련은 이런 의미에서 이성적인 적국이었다는 주장이다. 그러나 오늘날의 '불량 국가'들은 그렇지 못하다는 것이다. 과연 그럴까 싶지만 오로지 힘의 강제력에만 의존하는 거대 국가로서는 평화적인 발상보다는 폭력에 의존하는 논리가 더 설득력이 있는 듯하다.

이런 이유를 근거로 미국의 전략은 보복 위협을 통한 억지력에서 방어를 통한 억지력 유지 쪽으로 선회해야 한다는 것이 군비 확장론자들의 주된 주장이다. 곧 비이성적인 국가들은 자신들이 미국에 도발할 경우에 받게 될 보복에 대해 합리적 계산을 하려 하지 않기 때문에, 선제 공격 자체를 원천적으로 차단 또는 무력화시킬 수단을 강구해야 한다는 논리다.

여기서 '방어적 억지' 개념이 '보복 억지'보다 훨씬 호전적 침략성을 띠는 이유는 그 일방성에 있다. 보복 억지는 두 적대 세력 사이에 상호적으로 작용하는 반면, 방어적 억지는 적대국이 존재하든 않든 미국이 일방적으로 가상 적대국을 설정하여 그 국가나 단체로 하여금 선제공격을 못 하게 만들려는 공격적인 전략이다.

냉전 시기에 미국이 소련을 '선제 공격 시 대량 보복'이란 카드로 견제했다면, 미국 역시 소련에 의해 똑같은 방법으로 견제당해야만 했다. 그러나 방어적 억지는 '불량 국가'들의 공격 수단을 무력화할 뿐이라 미국의 공격 수단은 여전히 유효한 상태로 남는다. 아니, 남을 정도가 아니라 점점 더 초거대 무장 국가로 변신하게 된다. 상대의 손을 꽁꽁 묶어 놓고 마음껏 때릴 수 있는 자유를 추구하는 것이 바로 '방어적'이란 모호한 말에 숨겨진 참뜻인 것이다.

이것이 미사일 방어 계획에서부터 테러 대책에 이르는 미국의 방위 정책 전반을 관통하고 있는 군사 교리이다. 여러 나라 사이에서 전쟁을 억제하려면 이는 쌍방이 서로를 견제함으로써 가능한 것이 상식이지만, 미국은 자국과 그 동맹국만이 '이성적 국가'라고 주장하면서 이러한 상식에 도전하고 있는 것이다. 방어적 억지 개념이야말로 패권 국가의 군사 교리라고 할 수 있다.

이러한 미국의 안보관과 세계관을 가장 솔직하면서도 노골적으로 드러내는 보고서가 있다. 바로 〈멜로스인의 복수: 비대칭적 위협과 차기 4개년 국방 계획〉이란 긴 제목의 보고서다. 이 보고서는 미 국방 대학 산하의 국가 전략 연구소가 2000년에 펴낸 것으로 작성자는 케니스 맥킨지이다. 미국에서는 4년마다 기존의 국방 정책을 검토 수정하는 이른바 〈국방 4개년 평가 보고서〉라는 것을 펴내는데, 이 보고서는 본격적인 평가 보고서를 앞두고 역점을 둬야 할 내용들을 제시한 일종의 예비 작업이라고 할 수 있다.

보고서는 다음과 같은 옛날이야기에서 시작된다.

기원전 416년, 동부 지중해의 패권을 장악하고 있던 아테네가 이끌었던 군사 동맹체 델로스 동맹은 숙적 스파르타가 주축이 된 펠로폰네소스 동맹과 전쟁을 벌이고 있었다. 아테네는 전쟁의 승패를 가름하게 될 결정적인 전투를 앞두고 전략적 요충지인 도시 국가 멜로스에게 아테네가 이끄는 델로스 동맹에 가담할 것을 요구했다. 그러나 멜로스인들은 중립을 고수한 채 아테네에 대한 군사 협력을 일절 거부했다. 이에 아테네는 멜로스를 침공해 모든 성인 남성을 학살하고 여성과 아동은 노예로 끌고 갔다. 이것은 역사학자 투키디데스가 《펠로폰네소스 전쟁사》에서 기록한 비극적인 내용이다.

그로부터 무려 2400년 후 '현대판 델로스 동맹'이라 할 만한 전 세계적인 규모의 군사 동맹을 주도하고 있는 초강대 국가 미국의 군사 정책을 제언하고 있는 이 보고서는, 새삼스레 까마득한 과거의 역사적 사건을 상기하면서 진지하게 다음과 같은 질문을 던진다.

국방력에서 현격한 차이가 났던 아테네와 정상적인 전면전을 전개할 경우 멜로스는 패배와 멸망밖에 다른 방도가 없다는 것은 너무나 명백한 사실이다. 그러나 만의 하나라도 멜로스가 아테네에 대항하여 치명적인 손실을 입힐 가능성이 있다면 아테네가 망설임 없이 멜로스를 침공할 수 있었을까? 하지만 당시의 군사 기술 여건 아래서는 그런 보복 수단은 존재하지 않았고, 그랬기 때문에 아테네는 안심하고 아무런 부담 없이 멜로스에 군사 행동을 쉽게 단행할 수 있었다.

그러나 오늘날 '21세기의 멜로스인들', 즉 약소국들은 '21세기의 아테네', 곧 미국이 자신들을 2400년 전처럼 쉽사리 침략하는 것을 막을 수단들을 과학적으로는 얼마든지 보유할 수 있었다. 생화학 무기 같은 대량 살상 무기의 확대 생산, 핵무기 개발, 미사일 기술의 확산, 그리고 각종 테러 활동 등등은 비록 약소국이라도 작심하고 독하게 대응할 만한 최후의 수단과 방법들이 얼마든지 있다. 그렇기에 현대 세계는 '멜로스인들의 보복'이 가능할 수도 있다는 가정이 성립된다. 말을 바꾸면 그렇기 때문에 설사 미국을 비롯한 강대국이 마음에 안 들거나, 혹은 너무나 탐이 나서 침탈하고 싶은 멜로스가 있어도 그 보복이 두려워 함부로 감행할 수 없게 된다.

그래서 영리한 군사학자들은 현대전에서의 전력(戰力)을 대칭 전력과 비대칭 전력으로 나누고 있다. 대칭 전력은 통상적으로 사용하는 모든 재래식 무장 전력을 지칭하며, 이를 위해서는 엄청난 비용이 든다. 이와는 달리 비대칭 전력은 핵무기, 생화학 무기, 탄도 미사일이나 땅굴 작전, 잠수함 같은 기습 공격, 그리고 각종 테러나 게릴라식 작전 등을 총칭한다. 대칭 전력으로는 엄두도 낼 수 없는, 강대국에게 약소국이 반격을 감행할 수 있는 방어력이다. 따라서 비대칭 전쟁을 할 수 있는 국방 방법이 중요해진다.

미 합참이 공식적으로 내린 비대칭 전쟁의 정의는 "적의 힘을 우회하거나 손상시키기 위해 예견할 수 없었던 기술이나 혁신적 수단을 동원하여 적의 약점을 이용하는, 예측 불가능하면서도 비전통적인 접근 방식"이다. 그래서 결국 미국이 추구하는 기본 국방 전략은 지구 위에서 멜로스인들이 보복할 수 있는 나라들을 완벽하게 없애는 것, 즉 비대칭적 위협을 지구에서 완전히 제거하는 것이다. 미국이 전개하고 있는 반테러 전쟁조차도 단순한 치안이나 단기적인 응징 보복을 떠나서, 거시적으로는 미사일 방어 계획과 궤를 같이 하는 방어력의 연장선상에서 실시하고 있는 것이다. 강대국 자신들은 어떤 작은 손실이나 위험도 없이 약소국(멜로스)들을 영원히 지배하려는 것이 곧 '핵 확산 금지 조약(NPT)'이다.

제국주의 나라들 자신만 명검을 가지고 다른 나라들에게는 아예 대장간을 깡그리 없애 버리려는 이 해괴망측한 국제 질서가 오늘날 국제 질서의 황금률이며, 그런 규칙을 제조하는 나라가 곧 미국이다.

북핵 문제도 그런 차원의 하나에 속하며, 핵 회담에서 불쑥 생화학 무기를 언급한 것은 멜로스인의 보복 이론 때문이다. 즉 북핵을 제거해도 다른 수단으로 미국에 위해를 끼칠 수 있다는 가정에서 '멜로스인의 보복'을 완전 제거하려는 것이 오늘날 미국의 속셈이다.

제5부

전쟁과 평화, 그리고 혁명

제1장

《전쟁과 평화》에 나타난
인생론과 역사의식

세계의 화약고 발칸 반도의 비극

평화를 지향하는 문학이 전쟁을 즐겨 다루는 것은 당연하면서도 역설적이다. 전쟁은 문학에서 극적인 상황, 즉 인간의 실존 존재에 대한 위기의식을 드러내기 때문에 인간의 조건에 대한 생태 실험적인 요인을 지닐 수밖에 없게 된다.

대개의 경우 위대한 전쟁 문학은 역사 문학과 일치하는 경우가 많다. 하지만 전쟁 문학은 역사 문학으로 승화해야 위대한 문학이 되는 것이지, 단순한 전장의 문학, 종군 문학 수준에 머물면 대중 통속 문학으로 전락해 버리고 만다. 세계 문학사의 얼개 자체가 역사와 전쟁 문학이라 해도 지나치지 않을 정도이기에 여기서는 피침략 민족의 비극을 다룬 이보 안드리치와, 역사 문학을 승화시켜 세계 문학사의 최고 걸작으로 평가받는 톨스토이의 《전쟁과 평화》 두 작품을 자세히 살펴보기로 한다.

1961년 노벨 문학상 수상자인 이보 안드리치는 오스트리아·헝가리 제국 지배하에 있던 보스니아의 트라브니크 근교 드라츠 마을에서 영세 금세공 가내 수공업자의 아들로 태어났다. 그러나 두 살 때 아버지의 죽음으로 어머니와 보스니아 동부 지역 드리나 강가의 비셰그라드 외가에서 초등학교를 다녔다. 그곳에는 16세기에 세워진 아름다운 드리나강의 다리가 있었다.

안드리치는 사라예보의 벨리카 김나지움에 다니면서 오스트리아·헝가리 제국의 보스니아·헤르체고비나 병탄에 저항하는 지하 조직 '청년 보스니아'에 참가해 시를 쓰기 시작했다. 졸업 후 자그레브 대학 철학과에 입학한 안드리치는 이듬해인 1913년에 빈, 그 이듬해에는 폴란드 크라코프 대학으로 옮긴다.

마침 제1차 대전이 발발하고, '청년 보스니아 운동'으로 수감당한 안드리치는 특사로 석방된 뒤, 자그레브에서 문학 동인 활동을 하며 대학을 졸업, 모국인 신생 세르비아·크로아티아 왕국의 외무부에 취업한다. 그 뒤 부카레스트, 트리에스테, 그라츠, 파리, 마르세유, 마드리드 영사관, 국제 연맹의 유고 대표, 독일 대사 들을 지냈다. 제2차 대전 이후 요시프 티토 같은 혁명 세력이 세운 유고슬라비아 사회주의 연방 공화국의 국회의원, 작가 동맹 의장을 지냈다.

1980년대 이후 장기간에 걸쳐 국제 뉴스에 자주 올랐던 '남슬라브족의 땅'이란 이름의 나라 유고슬라비아의 운명은 세계사에서 가장 파란만장하다. 슬라브족은 크게 보면 러시아의 지배 민족이었던 동슬라브족과 폴란드, 체코, 슬로바키아에 거주하던 서슬라브족, 불가리아와 세르비아, 몬테네그로, 크로아티아, 보스니아 헤르체고비나, 슬로베니아에 거주하던 남슬라브족으로 나뉜다. 다민족들의 혼거지였던 이 지역은 5, 6세기 초 정착한 슬라브족에 이어 세르비아인, 크로아티아인들이 가세했다.

오스만 제국의 지배 때 일어난 여러 차례의 러시아·튀르크 전쟁 중 제10차 전쟁에서 러시아가 승리하자 1882년 슬라브계의 세르비아가 독립해 왕국을 선포했다. 그러나 이미 남슬라브족의 확장으로 러시아가 이 지역을 지배할 것을 경계하던 유럽에서는 1878년 베를린 회의에서 보스니아 헤르체고비나를 오스트리아·헝가리 제국의 지배하에 두도록 결정한 뒤였다. 그런데도 민족의식이 고조된 이 지역에서는 독립 투쟁이 계속 가열되어 발칸 전쟁 등으로 오스트리아·헝가리 제국의 영향권이 점점 줄어들게 되었다. 이에 불안해진 합스부르크 왕가의 후계자 페르디난트 대공이 이런저런 구실로 보스니아의 사라예보를 방문했는데, 독립투사들에게 피살됨으로써 제1차 세계대전이 일어난다. 합스부르크 왕가가 자력으로 이 지역을 재탈환하기가 어렵겠다고 판단하여 같은 게르만계인 독일과 연대를 강화한 것이 세계 대전을 촉발한 것이다.

독일이 패전하자 세르비아는 크로아티아, 슬로베니아 같은 남슬라브 민족과 결집해 슬로베니아 왕국을 수립, 1929년에는 영토를 확장해 유고슬라비아 왕국을 선포했지만 나라는 도탄에서 헤어나지 못했다. 결국 제2차 대전 때 왕국이 나치에 점령당하자 독립 투쟁의 지도자였던 티토가 주도하여 나치 패망 뒤 유고슬라비아 사회주의 연방 공화국을 세워 통치했다. 스탈린의 '일국 사회주의' 이념의 코민포름을 반대하여 독자 노선을 걸었던 티토는 독재 체제를 구축하여 장기 집권했으나 티토 사후에는 국가 전체가 분해되어 나라를 발칸 전쟁 시대로 후퇴시켜 버렸다.

일국 사회주의란 레닌·스탈린의 이론으로, 제국주의와 식민지 지배 이데올로기 속에서 우선 러시아 한 나라만이라도 굳건한 사회주의 체제를 구축하여 이를 혁명 기지로 삼아 세계 혁명을 도모해야 한다는 것이다. 러시아 혁명을 위해서는 전 지구 모든 나라의 혁명을 함께, 영구히 추진해야 된다는 트로츠키의 '영구 혁명론'과는 대립되는 개념이다.

티토 사후 이 지역은 내분이 격화되어 살인의 복마전으로 번져 지금은 여섯 나라로 분열되어 버렸다. 이곳은 두보의 명시 〈춘망〉의 "나라가 망해도 산과 강은 여전하다"라는 구절처럼 천하 명승지가 수두룩하다는데, 그중 하나가 보스니아 드리나강의 다리다.

노벨상 수상작 이보 안드리치의 《드리나강의 다리》

350여 년에 걸친 이 지역의 역사를 배경 삼아 약소민족의 고난을 다룬 소설 《드리나강의 다리》는 전 24장에 200여 개 에피소드로 구성되었으며, 작가 이보 안드리치는 '발칸의 호메로스'라고 할 정도로 명망이 높다. 주무대인 드리나강의 다리는 총길이 179.5미터에, 석조 교각이 11미터에서 15미터 간격으로 11개가 있고, 중간쯤에는 탑 카피야가 있다.

《드리나강의 다리》를 쓴 작가 이보 안드리치. 발칸의 호메로스라고 불릴 만큼 명망이 높으며 1961년 노벨상을 받았다.

보스니아·헤르체고비나에 있는 드리나강의 다리. 총길이 179.5미터로 소설에서는 "소란스럽게 흐르는 푸른 물결 바로 위로" 불쑥 튀어나온 2개의 테라스가 있는데, 그게 바로 '카피야'라 불리는 다리의 일부라고 묘사된다.

이 걸작 소설은 1961년 노벨상을 수상했는데, 그해에 바로 문일영 번역으로 독립운동가 출신 주채원이 사장이었던 정향사에서 중역본으로 출간되었다. 정향사는 최인훈의 《광장》, 라이트 밀즈의 《들어라 양키들아》 같은 좋은 책을 많이 낸 곳이다.

1571년에 시작해 1577년에 세워진 드리나강의 다리는 꾸준히 보수를 거듭하는데 보스니아 내전 때는 잔혹한 학살이 저질러진 곳이기도 하다. 세계문화유산에 등재된 이 다리를 중심으로 펼쳐지는 소설은 다리가 건조되었던 16세기부터 1914년 제1차 대전 발발을 지나, 오스트리아·헝가리 제국의 소멸까지를 시대적 배경으로 삼는다.

이 지역의 점령군 터키 제국은 세금 대신 혈세라는 명목으로 세르비아 소년을 강제 연행, 강 너머로 데려가서는 기독교 신앙을 버리고 회교도로 성장시켰는데, 그 가운데 메흐메드 파사 소콜리라는 소년이 출세해 터키 제국의 고관이 되었다. 메흐메드는 어린 시절에 연행당해 끌려갈 때 자기를 뒤쫓아 오던 어머니를 떠올리고는 그 고통을 잊기 위해 고향과 터키를 연결하고자 강에다 다리 공사를 명령한다. 1566년에 시공해 5년간 온갖 사건 끝에 다리가 완성됐다. 소설은 이 공사 중 일어났던 끔찍한 사건들을 점철해 준다.

공사는 무척 힘들어서 될 듯하다가도 허물어지곤 했는데, 물속에서 '뭔가'가 석공 라데에게 쌍둥이 남매를 잡아다 다리의 중앙 교각에 묻어 버리면 된다고 속삭였다. 이에 라데는 쌍둥이를 데려오면 상금을 준다는 선전을 해 댔다. 그러자 병사들이 어느 마을에서 쌍둥이 남매를 찾아내어 강제 연행한다. 그 어머니가 혼신의 힘으로 뒤쫓아 오며 덤볐지만, 병사들은 기어이 공사 현장에 이르러 쌍둥이들을 공사 인부들에게 인계해 버렸다.

그들은 다른 방도가 없었기 때문에 아이들을 교각 속에 넣고 벽을 둘러쳤는데, 사람들 말에 의하면 석공 라데가 그 불쌍한 어미가 자신의 희생된 아이들에게 젖을 먹일 수 있도록 교각에 구멍을 남겨 놓도록 했다고 한다. 그것들은 총구멍처럼 좁고 훌륭하게 깎아 놓은 막힌 창들이었는데, 지금은 들비둘기들의 둥지가 되어 버렸다. 이 일을 기억하기라도 하듯이 벌써 몇백 년 동안이나 벽에서는 어미의 젖이 흘러나왔다. 이것이 바로 일 년에 한철 이 흠 잡을 곳 없는 건축물로부터 흘러내리는 백색의 가는 물줄기였는데, 이 물줄기는 돌 위에 지울 수 없는 흔적을 남겨 놓았다. ……사람들은 교각

들마다의 젖의 흔적을 갈아 내어 아이를 낳은 후에도 젖이 나오지 않는 여자들에게 효험 있는 가루로 팔았다. (이보 안드리치, 김지향 옮김, 《드리나 강의 다리》, 문학과지성사, 2005, 14~15쪽)

이런 전설이 담긴 곳이 드리나 다리다. 그러나 이보다 더 끔찍한 사건들이 그 뒤 줄을 잇는다.

강제 노역에 끌려간 라디사브는 터키인들에게나 다리가 필요한 거지, 가난한 사람들이나 농부들에게는 아무 소용도 없는 거라며 자신들은 나룻배 하나면 충분하다고 한다. 그리고 농부들과 지금까지 한 공사를 최대한 부숴 버리자고 의기투합해 시도하다가 체포되어 고문을 당한다. 그 고문 행태는 아래와 같다.

(쇠사슬을 달궈) 농부의 넓은 가슴에 감았다. 털이 불에 타는 소리가 났다. 농부는 입이 뒤틀리고 목에는 핏줄이 서고 갈비뼈가 곤두서는 것 같았으며 배의 신경은 사람이 음식을 토할 때처럼 죄었다 늘었다 했다. (같은 책, 60쪽)

그는 묶인 농부 앞에 무릎을 꿇고 앉아서 발톱을 빼기 시작했다. 농부는 이를 악물고 말이 없었지만 그의 몸이 이상하게 떨리고 허리까지 부르르 떨리는 것으로 보아 아픔은 어마어마하고 굉장한 것 같았다. 어느 순간 농부는 이 사이로 뭔가 불분명한 소리를 중얼거렸다. (그러나 농부는 누가 시켰느냐는 추궁에 '악마'라고만 우겼다.) (같은 책, 61쪽)·

끔찍한 고문은 마지막 처형 장면에서 절정을 이룬다. 보스니아 내전을 취재했던 종군 기자 피터 마쓰의 책《네 이웃을 사랑하라: 20세기 유럽-야만의 기록》에도 같은 장면이 나오는데, 아마 세계 문학사에서 이처럼 끔찍한 처형 방법은 없을 것이다.

피터 마쓰는 "발칸에서 말뚝형은 짧은 막대로 사형수의 복부를 찔러 관통시키는 간단한 작업을 말하지 않는다"며 잔혹한 처형 방법을 소개한다. 먼저 사형 집행인은 허리춤에서 날이 넓은 짤막한 칼을 꺼내어, 몸을 쭉 뻗은 농부 옆에 무릎을 꿇고 바지에서 엉덩이 부분의 헝겊을 베어 낸다. 돼지기름을 칠한 2.4미터 길이의 참나무 막대 끝에 쇠촉을 박은 말뚝을 농부의 항문으로 박아 넣기 편하게 한 것이다. 그리고 참나무 말뚝을 사형수의 항문에 박아 넣어 천천히 쳐올린다. 말뚝이 배를 거칠 때는 간, 비장 등을 상하지 않게 조심한다. 이어 횡경막, 폐, 심장을 스쳐 말뚝이 어깨를 뚫고 솟는다. 그렇게 하고서도 사형수가 살아남아야 비로소 사형 집행인은 보너스를 받는다. 그리고 사형수는 마지막 숨을 거둘 때까지 "고통으로 몸을 비틀며" 그렇게 매달려 천천히 죽어 간다.

이 장면은 안드리치의 소설에서도 똑같이 잔혹하게 묘사된다. 농부는 "꼬챙이에 꿰어 놓은 양처럼 창살에 꿰여" 죽어 가면서 "다리 위의 터키 놈들. 지옥으로 떨어져라, 개새끼들!"이라고 신음했다. 사형 집행인은 버려진 시신을 묻어 주고 들개에게 뜯겼다고 속였다. 이처럼 처참한 처형 장면은 나중에 중국의 전위주의 작가 모옌을 통해 더 자세히 볼 수 있을 것이다.

나폴레옹, 장군과 정치가

세계사에 나타난 살육 왕들은 줄을 잇고, 문학사는 근본적으로 그 비인도성을 비판한다. 그런데 전쟁 왕들은 도리어 영웅으로 칭송하는데 과연 정당할까? 나폴레옹을 한 예로 들어 검토해 보기로 하자.

나폴레옹 보나파르트는 코르시카섬의 아작시오에서 태어났다. 1282년부터 이탈리아 제노바 공화국 통치였던 이 섬은 1755년부터 독립성을 유지하다 1767년에 프랑스에 점령당했는데, 주민들은 독립파와 프랑스 지지파로 갈라졌다. 나폴레옹의 아버지는 독립 지지파였고, 나폴레옹도 마찬가지였다. 소년 나폴레옹은 종교 학교를 거쳐 브리엔느 군사 학교, 파리 사관 학교를 졸업한 뒤 포병 장교로 임관, 프랑스 대혁명의 혼란 속에서 휴가를 받아 귀향했다.

이때 나폴레옹은 독립을 위해 코르시카 사료 수집과 국민군 조직을 기도할 정도였다. 그러다가 국민 의회가 프랑스인과 코르시카인의 동등권을 인정하자 마음을 바꾼다. 이에 분리 독립파에게서 위협을 받아 도주, 1793년 반혁명 세력과 이를 부추기는 영국군이 집결해 있던 지중해의 군항 툴롱을 탈환한다. 일약 스물넷에 장성으로 벼락 승진한 나폴레옹은 친 로베스피에르파 장군으로 알려졌다.

그러나 혁명을 주도했던 자코뱅파와 로베스피에르가 너무나 과격한 '반동 숙청'을 감행하자 온건파인 지롱드파가 등을 돌렸고, 1794년 7월 테르미도르(Thermidor) 반동이 일어난다. 이 반동으로 로베스피에르 자신까지 처형당하자 나폴레옹도 그에 연루, 잠시 투옥됐지만 이내 석방됐다.

군인이자 황제 나폴레옹 보나파르트.
코르시카섬 출신으로 1804년 황제가 되
어 제1제정을 수립하고 유럽 대륙을 정복
하였으나 마지막에는 절해고도 세인트헬
레나섬으로 유배되어 그곳에서 죽었다.

테르미도르는 프랑스 대혁명 후 달력까지 개혁해서 만든 혁명력
의 11월을 뜻한다. 혁명력은 1792년 9월 22일을 공화국 원년 1일로 삼
아 1805년까지 12년간 사용하다가 폐지됐다. 그러나 혁명 정신을 동
경할 때면 그때 만든 월별 이름을 시적으로 사용하고는 한다. 테르미
도르, 곧 '열월(熱月)의 반동'은 혁명력으로는 테르미도르 9일(일반력 7
월 27일)에 일어난 반란인데 급진파였던 로베스피에르가 처형당한 사
건을 이른다. 나로서는 프랑스 혁명을 지지하더라도, 또 새것으로 바
꾸는 게 아무리 좋다 한들 달력까지 고쳐 혼란스럽게 한 건 좀 웃기다
고 본다. 이러니 혁명이 좌절당했다는 생각도 든다.

혼란한 정국을 틈타 왕당파들이 대거 일어나 군중 시위를 하며 왕권 회복을 주장하자 온건파들조차 위태해졌지만 정작 이를 제압할 장군이 없었다. 이때 나폴레옹이 시위 군중을 향해 감히 누구도 상상도 못 했던 대포를 쏴 시위를 진압하면서 일약 사령관급으로 승진한다. 이 장면은 충격적이다. 아무리 꼴통 왕당파지만 시위 군중에게 위협 정도가 아니라 진짜로 대포를 발사하리라고는 아무도 생각하지 못했다. 실제로 다른 장군들은 다 그 역할을 피했다. 섬 출신의 콤플렉스거나 집권욕에 불타는 자만이 가능한 비인도적인 처사였을까, 아니면 혁명 정신에 투철해서였을까?

어쨌든 이로써 프랑스는 5명이 통치하는 '총재 정부'가 출범했다. 그 뒤 1796년 이탈리아 원정에 대성공한 나폴레옹은 함선을 이끌고 툴롱항을 출발, 이집트 원정에 올랐으나 고전을 면치 못했다.

이런 판에 프랑스 정계는 여전히 자코뱅파 세력이 우세하여 부자들에게 국채를 강매하며, 병역 면제 특혜를 폐지하고 귀족 망명자 가족과 친지를 인질로 삼는 법을 제정한다. 그러자 온건파와 구귀족과 성직자들이 들썩들썩했다. 언제나 위기의 나라를 구할 수 있는 인재들은 있으나 다만 세상이 그 인재들을 등용하거나 신임해 주지 않기 마련이다.

혼란한 시기 은밀히 우국의 진로를 모색했던 여러 인물 가운데 우편배달부의 아들인 시에예스(Emmanuel Joseph Sieyès)라는 약삭빠른 정치인이 있었다. 시에예스는 소르본 대학에서 가톨릭 사제 교육을 받은 뒤 가톨릭 총대리, 대법관, 주교 들을 지낸 인물로, 프랑스는

프랑스 정치가 시에예스.
우편배달부의 아들로 태어나 프랑스 혁명의 지도자가
되었으나 나폴레옹과 손잡고 총재 정부를 무너뜨렸
다. 사회학이란 용어를 처음 썼으며 저서에 《제3신분
이란 무엇인가》가 있다.

영국처럼 기득권과의 협상과 양보로는 민주화 혁명이 이룩될 수 없음을 절감하고는 제3신분 주도의 혁명으로 구체제를 뒤엎어야 한다는 생각을 가졌다.

프랑스 사회는 사제와 귀족이 지배하는 구조라 평민인 제3신분에게는 어떤 권리도 없었다. 그런데 왕들이 평민들의 전폭적인 지지를 이끌어 낼 필요가 있을 때를 생각해 1302년에 '3부 회의'를 소집한다. 곧 성직자, 귀족, 평민 대표들로 구성된 의회로 이후에도 간헐적으로 개최했다. 주로 세금 징수에 동의를 받는, 형식적이고 날조되기도 하는 회의였는데 그나마도 나중에 슬그머니 사라져 버렸다.

루이 16세는 조세 징수를 위해 대혁명 직전인 1788년, 150년 만에 이 3부 회의를 소집한다. 여기서 시에예스는 제3신분을 대표해서 활약했다. 시에예스는 평민을 위하여 《제3신분이란 무엇인가?》를 출간, 엄청난 호응을 받아 일약 정계의 지도자급 인물로 급부상했다.

이 팸플릿 형식의 보잘것없는 책에서 시에예스는 기득권 세력의 모순을 파헤쳐 혁명의 핵심을 일깨우며, 그런 썩은 체제를 타도하려면 제3신분인 평민도 의회에 참여하는 제헌 의회를 소집해야 한다고 주장했다. 여기에다 국가가 해야 될 공공 서비스란 '부역'이 아니라 평민들의 생존을 돕는 것이라는 뜻도 담아냈으니 이런 주장이 일파만파로 번져 자코뱅 주도의 대혁명이 성공할 수 있었던 것이다.

하지만 자코뱅파의 몰락으로 위기를 맞은 시에예스는 자신의 혁명 이념을 실현할 만한 여러 후보를 찾는데 그중 나폴레옹이 적격이었다. 그러나 과연 이 야심 찬 사나이가 자신의 부하로 남아 줄 것인가 하는 회의는 씻기지 않았다. 하지만 달리 선택지가 없어 결국 시에예스는 나폴레옹과 손을 잡기로 했다.

한편 이때 나폴레옹도 국내의 정치적 혼란을 간파하고는 아예 권력을 집어삼킬 각오를 굳힌 채 고전 중인 이집트 원정군 지휘권을 휘하에 맡기고는 몰래 전선을 이탈, 귀국했다. 그리고 자신의 명성이 이미 무슨 일을 해도 괜찮을 정도임을 알아채고는 쿠데타를 위한 정치인 짝 찾기에 나섰다. 그리고 시에예스와 손이 닿는다. 절묘하게 서로의 이익이 맞아떨어진 두 음모가는 자코뱅파의 국가 변란 음모가 발각되었다는 조작극을 꾸며 군사 개입의 명분을 세웠다.

나폴레옹에 의하여 자행된 역사적인 '브뤼메르 18일 쿠데타'는 가히 프랑스 대혁명의 장송곡이었다. 군인들 앞에서 동생 루시앙과 말을 타고 선 나폴레옹은 "여러분에게 기대해도 좋은가?"라며 병사들에게 협조를 구했지만 분위기는 싸늘했다. 그러자 루시앙이 눈치 빠르게 나폴레옹의 가슴팍에 칼을 들이대며 외쳤다.

"만일 형이 프랑스의 자유를 해친다면 나는 맹세코 이 가슴을 찌르리라!"

형에게 칼을 겨눈 루시앙의 결연한 부르짖음은 극적인 반전을 연출해 냈다. 결국 총재 정부는 종막을 고하고 집정 정부로 전환되며 나폴레옹은 제1집정이 되었다.

그리고 시에예스는 자신이 우려했던 것보다 훨씬 빨리 나폴레옹의 허수아비가 되어 버렸다. 그럼에도 시에예스는 처음으로 '사회학'이라는 용어를 사용한 인물이었다. 게다가 "그리스도의 강림이란 기적은 인정 않으나 사회 질서라는 기적은 인정한다"면서, "성직자들은 칸트와 같은 철학자나 독일의 온갖 몽상가들보다 몇 배나 더 유력하다"는 생각으로 신앙을 이용만 했던 시에예스였지만, 임종 때는 카톨릭 집안에서 태어났기에 신자로 죽겠다는 소원을 이뤘다.

그 뒤 이어지는 나폴레옹의 뒷이야기는 역사 상식에 속한다. 제2차 이탈리아 원정의 승리, 하이든 신작 연주회에 가던 도중 겪은 암살 미수 사건, 종신 집정, 그리고 마침내 1804년 노트르담 성당에서 교황 피우스 7세가 극적으로 황제의 관을 씌워 준 대관식을 거치며 나폴레옹의 감투욕은 절정에 이른다. 뒤이어 1805년 트라팔가르 해전과 아우스터리츠 전투, 대륙 봉쇄령, 프로이센과 스페인 침략, 오스트리아 점령이 이어진다.

스페인 화가 고야가 그린 걸작 〈1808년 5월 3일의 학살〉. 나폴레옹이 스페인에서 벌인 잔혹한 학살을 배경으로 하는데, 고야는 이 그림에서 전쟁의 잔혹성과 폭력, 광기를 그려내며 "인간을 향한 인간의 폭력"을 고발한다.

나폴레옹의 절정기는 1808년 이베리아반도 침략 전쟁이 시작된 이후 서서히 하강 곡선을 그리기 시작했다. 특히 스페인에서는 잔혹한 학살을 자행하여 화가 고야로 하여금 〈1808년 5월 3일의 학살〉을 그리게 했다. 이 작품은 〈프린시페 피오 언덕의 학살〉이라고도 한다. 그러나 나폴레옹이 결정적으로 추락하게 된 건 1812년 러시아 원정의 실패인데, 여기에 대해서는 뒤에 나올 톨스토이의 《전쟁과 평화》에서 자세히 다루겠다.

그 뒤 나폴레옹은 라이프치히 패전으로 급락, 1814년 엘바섬에 유형당했다가 탈출, 이듬해 파리 입성으로 백일천하를 누렸다가, 워털루 전투에서 영국의 웰링턴 장군과 프러시아의 블뤼허 장군에게 패배해 추방당했다. 워털루 전투도 뒤에 나오는 위고의 《레 미제라블》에서 소상히 다루기로 한다.

그 뒤 미국으로 피신할 것을 종용받았으나 나폴레옹은 "남자로서 도망자라는 오명을 쓰는 것은 수치스럽다"라고 거절, 1815년 세인트헬레나로 유배되었다. 이 절해고도에서 6년 동안 나폴레옹은 회고록을 구술하며 일그러진 자신의 이미지를 쇄신, 나폴레옹 신화를 창조했지만 결국 그곳에서 영국에 의해 은밀하게 독살당했다.

나폴레옹은 집권 후 끈질기게 저항하는 자코뱅파의 비판과 재기를 억누르고자 왕당파를 사면했고, 교황과도 일정한 협상점을 찾아 권력 유지의 방패막이로 삼았다. 성당에서는 자신을 높여 "주여, 집정에게(1804년 이후에는 황제에게) 은총을 내려 주소서"라고 기도하도록 만들었다.

이런 반동 정책과는 대조적으로 나폴레옹은 프랑스 대혁명 사상을 교묘히 악용하기도 했다. 이를테면 토지 소유를 입법화하고 군수품인 식량과 의복을 조달해 농촌 경기를 호황으로 만들고는, 그 인기를 바탕 삼아 농민들을 군으로 보내 세계 정복의 사명감과 영웅 의식을 고취시켰다. 여기에다 프랑스 대혁명의 이념인 자유·평등·박애의 깃발로 폭군이 지배하는 나라들을 침략해 '해방군'으로 착각하도록 멋지게 위장했다. 결국 모든 권력자는 통 큰 사기꾼이라는 사실에서 나폴레옹 또한 벗어날 수 없었던 것이다.

이 통 큰 사기꾼에게 한때 현혹당했던 유명 작가 스탕달의 사연을 들어 보기로 하자.

스탕달이 본 나폴레옹

같은 시대에 살면서 나폴레옹을 긍정적으로 묘사한 유명 작가로는 단연 스탕달을 들 수 있다. 스탕달은 나폴레옹의 이탈리아 원정을 다룬 걸작 《파름의 수도원》의 첫 장면을 "1796년 5월 15일 보나파르트 장군은 로데교를 돌파하고 온, 그 늠름한 군대의 선두에 서서 당당하게 밀라노에 입성했다"라고 시작한다.

당시 이탈리아는 지역별로 정치 체제가 달랐고, 어떤 곳은 유럽 강대국의 통치 아래에 있었다. 특히 밀라노는 오스트리아 지배 아래서 소수 특권층만 매국의 대가로 호사를 누렸기 때문에 시민들은 나폴레옹의 침략을 오히려 "행복과 감격"으로 맞았다고 스탕달은 쓰고 있다. 더 나아가 13개월간 프랑스군이 퇴진했을 때를 "반동과 구사상으로의 복귀 풍조"로 평가하면서 시민들이 나폴레옹군의 재입성을 환영했다고 노골적으로 썼다.

소설에서 밀라노에 입성한 프랑스의 로베르 중위는 델 동고 후작 부인 댁에 숙소를 정했는데, 이듬해인 1798년 후작의 둘째 아들 파브리스 델 동고가 태어난다. 그래서 후작이 아니라 사실은 로베르 중위의 아들이라 짐작되는데, 이탈리아 여성들은 그만큼 프랑스 남자를 좋아했던 것으로 스탕달은 해석한다.

동고가 어린 시절을 보낸 곳은 바르디 소재의 코모 호수로, 밀라

프랑스 근대 소설의 창시자로 불리는 스탕달.
《적과 흑》,《파름의 수도원》을 썼으며 작품뿐 아니라
뛰어난 예술 작품을 보았을 때 느끼는 절정의 흥분을
뜻하는 '스탕달 신드롬'의 유래가 되기도 한 작가이다.

노에서 한 시간 거리다. 146제곱킬로미터의 명승지이자 상류층 별장과 거주지로도 유명해 이 호수를 배경 삼은 문학 작품들이 많다. 마크 트웨인의 《철부지 여행기》, 고딕 소설 작가 매리 셸리의 《프랑켄슈타인》, 헤밍웨이의 《무기여 잘 있거라》, 도스토옙스키의 《지하 생활자의 수기》에도 언급되며, 사뮈엘 베케트는 《승부의 종말》 초연에서 이 호수를 활용한다.

여섯 살 위인 동고의 형이 밑바닥부터 혁신적인 사상을 증오하는데 견주어, 프랑스 장교의 사생아답게 동고는 나폴레옹을 유럽의 해방자로 받든다. 나폴레옹이야말로 "유럽의 천한 노예 근성을 가진 모든 놈들에게 병신 취급을 당하고 있는 우리들을 구해 주려 하지 않았느냐 말이에요!" 하는 이가 동고다. 하지만 워털루 전투까지 뛰어들었다가 패전한 뒤에야 간신히 동고는 영웅의 환영을 깬다. 그리고 귀향해 《적과 흑》의 쥘리앵 소렐처럼 다른 출셋길을 찾으려 하지만 끝내는 역사의 희생물로 죽어 간다.

이렇게 끝장을 본 뒤에야 역사의 진리를 깨닫는 인간들이 많기에 세상은 비극이다. 하지만 바로 그렇기에, 끝장 이전에는 오히려 나폴레옹이 절대 왕정의 질곡에 시달렸던 유럽 민중들에게는 해방의 전사로 비쳤을 것이다. 앞서 나왔듯 나폴레옹이 프랑스 대혁명의 이념을 이용해 교묘히 '해방군'으로 위장했기 때문이다.

《적과 흑》에서 스탕달은 "인간이 하나의 위대한 행동을 하게 되는 동안에 무엇을 체험할지 누가 아는가?"라고 물으며 "당통은 도둑질을 했고, 나폴레옹도 이탈리아에서 수백 만금을 약탈하지 않았더라면 그렇게 성공하지 못했을 것"이라고 옹호했다. 마르크스는 이런 현상을 "군대는 그들의 예복이고, 전쟁은 그들의 시"이며, "애국심은 소유감의 이상적 형태"라고 평했다.

스탕달의 고향 그르노블은 나폴레옹의 신화가 전하는 곳이기도 하다. 1815년 나폴레옹이 귀양지인 엘바섬을 탈출, 골프·주앙 해변에 상륙해 알프스 산길을 타고 파리로 가던 중 일대 전환기를 이룬 곳이 바로 그르노블이다. 그르노블에 도착한 나폴레옹은 대담하게 루이 18세의 군대 앞에 모습을 드러낸다. 그리고 자신이 여기 있으니 "황제를 죽이고 싶은 병사가 있으면, 직접 나서라!"라고 외쳤다. 예상대로 아무도 나서지 않았다. 아니, 나서지 않는 정도가 아니라 아예 모두 나폴레옹에 합세해 버리자 이때부터 나폴레옹이 보무도 당당하게 파리로 입성할 수 있었다는 것이다.

이 역사적인 대사건 앞에서 프랑스 언론이 취한 자세는 두고두고 권력의 시녀라는 조롱거리가 되었다. 살인마에서 아귀, 괴수, 괴물, 폭군과 약탈자를 거쳐 보나파르트, 황제, 황제 폐하로 이어지는 낯 뜨거운 그 보도의 변천상은 아래와 같다.

살인마, 소굴에서 탈출 → 코르시카의 아귀, 주앙만 상륙 → 괴수, 카프에 도착 → 괴물, 그르노블에 야영 → 폭군, 리옹 통과 → 약탈자, 수도 60마일 지점에 출현 → 보나파르트, 급속히 전진! 파리 입성은 절대 불가 → 황제, 퐁텐블로에 도착하시다 → 황제 폐하, 튈르리 궁전에 드시다.

그르노블 주둔군이 저지른 불명예 때문인지 훗날 나폴레옹이 역사의 뒤안길로 사라지자 그로노블은 억울하게 고통을 당하기도 했다. 하지만 그때 얻은 교훈을 바탕 삼아 제2차 대전 때 전국 최고의 레지스탕스 도시로 맹활약하며 해방 훈장까지 받는다. 프랑스 전체에서 해방 훈장을 받은 도시는 그르노블과 낭트, 파리를 포함해 총 다섯 곳밖에 없다.

스탕달의 아버지는 고등 법원 서기에서 무려 그르노블의 부시장까지 올라간 자수성가형 인물로, 이런 완고한 이들이 가진 고정 관념과 보수성은 난공불락이다. 아버지를 향한 미움 때문에 스탕달이 자코뱅 기질로 자라났다고 할 정도였다. 어머니가 타계한 뒤로는 위선적이고 까다로운 이모가 집안을 돌봤는데, 스탕달은 이모와 아버지의 관계를 의심하며 매우 증오했다. 거기다 가정교사까지 융통성 없는 예수회 신부를 들여서 스탕달은 신앙에 대한 반감만 잔뜩 키운 채 굴욕적이고 증오에 찬 어린 시절을 보냈다.

외가 쪽은 달랐다. 의사였던 외할아버지 앙리 가뇽은 지방 의회 의원도 지냈으며 볼테르와 루소를 좋아한 진보파였다. 어린 스탕달에게 가장 큰 영향을 준 외삼촌 로맹 가뇽은 여성과의 관계를 가르쳐 주기도 했다. 외가에서 많은 시간을 보낸 스탕달은 집안이 너무 싫어 고향을 떠날 수 있다면 뭐든지 하려 했다.

스탕달이 수학에 재능을 나타낸 것도 바로 그 때문이었다. 그리고 과연 수학 덕분에 그르노블을 떠날 수 있었다. 1799년 10월 30일, 스탕달은 눈물 한 방울 없이 파리행 우편마차를 타고 고향을 떠난다. 출향 명목은 "수학 성적이 좋아서" 종합 기술 학교인 에콜 폴리테크니크에 진학한다는 것이었다. 에콜 폴리테크니크는 1794년에 건립된 프랑스 최고의 공학 교육 기관이다.

집안에서는 아들의 대학 진학이 꿈이었겠으나 스탕달은 그저 파리로 바람이나 쐬러 가는 기분이었다. 그사이 프랑스는 일대 격변기를 거치고 있었다. 파리에 도착하기 무섭게 나폴레옹이란 사나이가 온 세상 사람들의 입에 오르내렸다.

당시 장안의 화제는 단연 브뤼메르 18일 쿠데타로 실권을 장악한 제1통령 보나파르트로, 시골뜨기 스탕달도 그런 분위기에서 초탈할 수 없었다. 더구나 나폴레옹의 측근이자 시인인 피에르 다뤼와 인연이 맺어져 스탕달은 보나파르티슴에 환상을 가질 수밖에 없었다. 스탕달의 운명을 사로잡을 때까지 나폴레옹의 행적은 가히 촌놈 출세처세술의 교본이 됨 직했다.

마침내 스탕달은 대학 진학을 포기한 채 다뤼의 추천으로 육군성에 근무한다. 그리고 이듬해 나폴레옹이 이탈리아 원정을 떠나자 원정에 참가했고, 러시아 원정까지 따라간다. 자진해서 두 원정에 참가했던 스탕달로서는 이 영웅을 "하느님이 파견한 인물"로 보는 쥘리앵 소렐과 동고 같은 인간상이 낯설지 않았을 것이다.

심지어 스탕달은 미완의 《나폴레옹전》이나 《나폴레옹의 생애에 관한 각서》도 썼다. 특히 《나폴레옹의 생애에 관한 각서》의 첫 구절에서는 "나폴레옹 역사의 첫 구절을 씀에 있어 나는 어떤 종교적인 감정을 느끼게 된다"라면서 신격화하기를 주저치 않았다. 한때라고는 하나 이 통 큰 사기꾼에게 단단히 현혹당한 것이다.

이처럼 자신의 이해관계에 따라 나폴레옹을 평가하는 방법이 아닌, 역사적인 거시안으로 이 전쟁광을 그린 톨스토이의 경우를 찬찬히 보기로 하자.

《전쟁과 평화》 집필 준비 작업

톨스토이에게 내가 붙인 수식어는 "파문당한 성인의 꿈"이다. 눈을 뜨고 태어났다는 이 희귀한 천재는 세계 문학사가 낳은 최고의 천재로 모든 작품이나 평론, 하찮은 잡문까지도 빠짐없이 다 비범하다. 그런 톨스토이가 만년에 도전한 것이 인류의 평화였고, 이를 위해 그는 헌신했다. 문학인의 영역을 넘어선 '성인'의 역할까지도 마다하지 않았다. 그러나 톨스토이는 러시아 정교회로부터 파문을 당한 처지였는데, 그것이 오히려 더 성인다운 모습처럼 보인다. 러시아 정교회는 아직도 톨스토이를 파문 상태로 두고 있다.

톨스토이의 여러 글들 가운데 큰 울림을 주는 대목으로 이런 글이 있다.

인간은 죽었으나 그의 세계 관계는 계속해서 다른 인간들에게 영향을 미친다. 이는 단지 살아 있을 때만큼이 아니라 그보다 훨씬 강렬하다. 그의 영향은 그의 이해력과 사랑으로 인해 상승하며, 살아 있는 모든 것처럼 중단 없고 끝도 없이 성장한다.(어느 서신에서)

죽음 이후에도 인간은 그 영향력을 남긴다는 교훈이다. 이처럼 고고한 인격체인 톨스토이가 생전에 가장 고통스러웠던 것이 무엇이었을까. 뜻밖에도 성욕 문제였다. 톨스토이는 고리키에게 이렇게 말했다.

"남자들이란 지진이나 역병, 또는 난치병과 같은 온갖 어려움과 고통 따위는 견뎌낼 수 있다. 남자들에게 최대의 비극은 지금이나 앞으로나 바로 침실이란 이름의 비극일 것이다."

톨스토이는 어렸을 때부터 자아 통제에 강했는데, 넘쳐 나는 육욕 처리만은 절제할 수 없어서 농노의 아내를 겁탈하는 가히 범죄 수준의 파렴치한 행위도 예사로 저질렀다. 그러나 톨스토이의 위대한 점은 이 과오를 조금도 "숨기지 않고" 다 참회했다는 사실이다.

이 천재는 태어날 때부터 금수저였다. 친가와 외가가 다 귀족 집안인데, 특히 친가 쪽은 수백 년에 걸쳐 조상 대대로 명문가였다. 그러나 톨스토이는 일찍부터 부모를 잃고 스무 살까지 후견인인 고모가 살던 카잔에서 지냈다.

카잔 대학은 1804년에 개교한 명문으로, 이 대학이 유명해진 건 톨스토이와 레닌이라는 두 중퇴생 때문이다. 먼저 톨스토이, 이 천재는 동양학부 터키어과에 입학했으나 전혀 적응을 하지 못해 법학과로 옮겼다가 자퇴해 버렸다. 역시 천재급 두뇌를 가졌던 레닌은 형이 황제 암살 계획의 가담자로 처형당했기에 당시 러시아에서는 이런 학생에게는 대학 지원서도 써 주지 않았다. 그러나 워낙 재능이 탁월해 카잔 대학 법학과에 진학할 수 있었는데 불법 집회에 가담하자 바로 제적당했다. 게다가 다른 어떤 대학에도 들어갈 수 없다는 조건이 붙어 있어서 레닌은 결국 혁명가의 길을 택했다.

톨스토이는 16세에 대학생이 되자마자 선배들이 이끄는 대로 사창가에 끌려가 "거기서 해야 할 일을 처음 겪었다. 나는 일을 끝내고 침대에 걸터앉아 정신없이 마구 울어 버렸다"라고 했다. 그러니 대학생으로 겨우 총각 딱지만 떼고 중퇴한 셈이다.

톨스토이는 고향 야스나야 폴랴나로 돌아가 빈둥대다가 맏형이 장교로 복무 중이던 캅카스 포병대로 무작정 찾아갔다. 귀족들에겐 천국이었던 차르 체제인지라 톨스토이는 형의 도움으로 군대 밥을 먹으며 지내면서 현지에서 입대 수속을 밟아 사관후보생으로 입대,

장교가 되어 복무했다. 이때 톨스토이는 성장 소설 《유년 시대》를 발표하며 일약 러시아 문단의 총아로 등단했다.

1853년 크리미아 전쟁이 터진다. 이 전쟁은 크리미아반도와 흑해 일대를 차지하려는 터키, 영국, 프랑스, 사르데냐 공국 연합군과 러시아가 치른 잔혹한 국제전으로 특히 세바스토폴 공방전이 유명하다. 11개월에 걸친 격전을 벌이다가 1855년 8월 말, 결국 러시아는 세바스토폴 남쪽을 점령당한다. 톨스토이는 이때의 체험을 바탕 삼아 단편집 《세바스토폴 이야기》를 쓰는데, 전쟁의 참혹함과 인간의 본성을 묘사한 이 책에서 톨스토이는 영웅 정신은 민중들에게는 존재하지만 귀족들에게는 없으며, 귀족들은 전쟁을 공적 세우기 작전 정도로 여긴다고 신랄하게 비판했다. 이 체험은 나중에 《전쟁과 평화》를 쓰는데 큰 도움이 되었다.

1860년 톨스토이는 유럽 여행을 떠나는데, 그때 《전쟁과 평화》에 관련된 아주 중요한 두 인물을 만난다. 그 가운데 한 명이 귀로에 브뤼셀에서 만난 프루동이다.

이 인물은 마르크스보다 아홉 살 연장자로 한때는 마르크스와 혁명의 동지였다가 마르크스가 《철학의 빈곤》을 발표하면서 갈라선, 무정부주의 사상가에 정치인이었다. 프루동은 대표작 《소유란 무엇인가》에서 소유의 문제를 다각적으로 검토하면서 소유는 곧 도둑질이라는 결론을 내린다. 그리고 이것은 "1793년의 구호일세! 혁명의 나팔일세!"라고 부언한다. 1793년은 프랑스 대혁명 직후 공포 정치 시기를 이른다. 그 뒤 프루동은 국회의원이 되었지만 나폴레옹 3세의

프랑스 사회주의자 프루동.
무정부주의 사상의 창시자이기도 하다. 저서 《재산이
란 무엇인가?》에서 프루동은 사유 재산을 부정하며 힘
대신 정의를 가치의 척도로 삼아야 한다고 주장했다.

쿠데타를 반대하다가 투옥, 석방된 뒤 다시 체포 위기를 피해 브뤼셀로 망명 중에 톨스토이를 만난 것이다.

이 만남에서 톨스토이는 '전쟁과 평화'란 제목과, 소유의 약탈성이란 두 시사를 얻은 것으로 보인다. 특히 소유 문제에 대해서는 1879년 미국 경제학자 헨리 조지가 쓴 《진보와 빈곤》의 토지 공유론과도 연관시켜 볼 수 있다. 톨스토이가 이 책에 감동한 것은 1885년이다. 필시 프루동의 영향에 더해 만년에 사유 재산을 부정하며 혁명적인 사상으로 바뀌는 데 크게 일조한 책이 아닐까 싶다.

헨리 조지는 이 저서의 머리글에서 "부와 특권의 불평등한 분배에서 발생하는 죄악과 비참을 보면서, 더 나은 사회를 이룩하는 것이 가능하다고 믿고 이를 위해 노력하려는 독자에게 바친다. 샌프란시스코, 1879년 3월”이라고 적었다. 그 주장의 요지는 토지를 공유화하여 그 토지세만 잘 관리하면 국민들은 세금을 내지 않아도 국가 경영이 가능하다는 것으로, 이른바 토지 문제의 혁명론이라 하겠다.

톨스토이가 유럽 여행 중 만난 두 번째 인물은 빅토르 위고였다. 위고는 나폴레옹 3세의 독재에 항거해 18년 동안 추방당한 처지였을 때 톨스토이와 만났는데, 두 작가는 나폴레옹을 비판하는 관점이 더없이 일치한다. 우연인지, 이때 역사관을 이야기했는지는 모르겠으나 놀랄 지경이다. 자세한 건 뒤에서 서술하겠다. 톨스토이와 위고, 그 밖에 유럽 문인들에 대해 더 자세히 알고 싶은 독자들은 《임헌영의 유럽문학기행》(역사비평사, 2019)을 참고하시기 바란다.

이렇게 이론을 찬찬히 다진 톨스토이는 1867년 가장 중요한 전쟁의 현장인 보로디노를 직접 방문하여 자세한 증언과 자료를 모았다. 그러고 나서야 쓴 대작이 《전쟁과 평화》이다.

《전쟁과 평화》 찬찬히 읽기

1825년의 데카브리스트 봉기는 푸시킨의 친지들이 대거 참여했던, 세계 사상 드문 장교 주도의 독재 항쟁이었다. 러시아 혁명사의 제1장을 차지하는 이 봉기에 톨스토이는 관심이 많았고, 이를 작품으로 쓰고 싶어서 파고들다가 1812년 나폴레옹의 러시아 침공에 닿았다. 그래서 손댄 것이 세계 소설 문학의 최고봉인 《전쟁과 평화》이다.

소설의 시대적인 배경은 차르 알렉산드르 1세 시대로 1805년에서 1820년대에 걸쳐 있다. 무대는 러시아 전역이며, 전 4권에 에필로 그 2장으로 구성되어 있다. 등장인물은 총 559명으로 당시 러시아 전 주민을 상징할 수 있는 모든 인물들, 곧 차르부터 귀족, 장군을 비롯해 농민과 농노까지 다 등장한다.

또한 이 소설은 러시아가 나폴레옹의 침략을 어떻게 물리쳤는가를 다룬 전쟁 소설이자 역사 소설이고, 연애 소설이자 철학 소설이기도 하다. 인간 세상에서 일어나는 모든 삶을 총체적으로 다루면서 톨스토이는 인간의 운명과 역사를 움직이는 원동력이 무엇인가를 추구한다. 거대 담론부터 미시 담론까지 지상에서 일어나는 모든 쟁점을 두루 통섭했기에 누구나 반드시 읽었으면 하는 소설 한 권을 추천하라면 나는 주저 없이 이 소설을 들겠다.

소설의 첫 장면은 1805년 7월이다. 유럽 제패로 승승장구하던 나폴레옹은 그해 12월에 있었던 아우스터리츠 전투에서 그 절정을 이룬다. 당시 유럽에서 반프랑스 동맹의 맹주는 영국이었고, 러시아와 신성 로마 제국도 적극 동조했다. 결국 영국을 침공하려면 먼저 대륙을 안정시켜야 했기에 나폴레옹은 말머리를 동쪽으로 돌린다. 이에 알렉산드르 1세는 신성 로마 제국과 연합 작전을 펴고자 쿠투조프 장군과 원정길에 올랐다. 소설에서는 이런 국가 위기에도 페테르부르크의 귀족들이 흥청망청 연회를 열며 국제 정세 담론이나 만연하게 나누던 풍조를 가감 없이 담아낸다.

그러나 승리할 것이라는 러시아 국민들의 기대와는 달리 나폴레옹의 우회 기만 전술로 단칼에 작살나 버린 차르는 동맹 신성 로마 제국의 황제와 상의도 없이 귀국해 버렸다. 이틀 뒤, 결국 신성 로마 제국 황제는 나폴레옹 막사로 찾아가 무릎을 꿇을 수밖에 없었는데, 그 결과는 신성 로마 제국을 해체하고 오스트리아 제국으로 국격을 낮추는 것이었다.

그 뒤 나폴레옹은 전 유럽을 굴복시켰지만 영국과 러시아만은 예외였다. 이에 나폴레옹은 1806년 대륙 봉쇄령을 내리며 영국에 압박을 가하기 시작한다. 유연히 대처하던 러시아는 1812년 6월 영국과 동맹을 맺으며 전쟁광 나폴레옹의 역린을 건드리고 말았다.

안 그래도 러시아를 눌러야 영국을 누를 수 있다고 여겼던 나폴레옹이었다. 그래서 두 나라가 동맹을 맺기 이전인 1812년 5월부터 이미 군사를 동원해 러시아 침공에 나섰다. 그러나 작전의 천재였던 나폴레옹도 수많은 대군과 군마를 먹여 살릴 보급품 운송에, 러시아 대륙의 혹심한 더위까지 겹치자 계획에 자꾸 차질이 생겼다. 7월 초에는 군마 3천여 필이 죽었고, 무더운 8월 초가 되자 병사들은 기진맥진하여 주력 부대도 23만여 명으로 줄어들었다.

설상가상으로 능구렁이 같은 러시아의 지휘관 쿠투조프는 정면대결을 피하고 후퇴만 거듭한다. 그렇게 병사들의 희생을 최대한 줄이는 한편, 나폴레옹군이 보급품을 조달하지 못하도록 용의주도하게 철수 작전을 폈다. 그 결과 처음이자 마지막으로 대혈전을 벌인 곳이 바로 보로디노다. 이 전투를 《전쟁과 평화》에서 톨스토이는 근대 러시아 역사상 국가 존폐 여부를 결정지은 중차대한 사건으로 접근했다.

보로디노 전투와 나폴레옹의 코감기와 러시아

나폴레옹이 러시아 침공에 나선 것은 1812년 5월 9일, 그리고 러시아 국경을 넘은 것은 6월 23일이었다. 60만 대군 중 20만은 후비군으로 독일에 남겨 두고 40만이 진격했는데, 프랑스인은 절반도 안 됐고 그 밖에는 점령지에서 차출한 인종들의 전시장과 같아 언어도 통하지 않을 지경이었다. 하지만 늘 핵심을 찌르는 나폴레옹인지라 모스크바에 교회가 200개 이상 있다고 보고하자 "수도원이나 교회가 많은 것은 언제나 인민이 뒤떨어져 있는 징후지요"라고 단언했다.

러시아 측 총사령관 쿠투조프는 후퇴 전략으로 유명하여 스몰렌스크에서 처음 교전이 있었을 뿐 별 싸움도 없는 이 싱거운 침략전에 제동이 걸린 것이 바로 1812년 9월 7일에서 6일에 걸친 보로디노 전투였다. 보로디노 전투에 대한 묘사는 《전쟁과 평화》의 압권인데, 여기서 톨스토이는 기발한 사실 하나를 부각시켰다.

그해 8월 24일, 보로디노 일대에는 비가 내려 땅이 질펀했는데, 나폴레옹은 장화가 아닌 단화로 산책에 나섰다가 흠뻑 젖어 심한 코감기에 걸렸다. 8월 25일 격전 하루 전, 침략군과 러시아군은 서로 총 한 방 쏘지 않았고 나폴레옹은 한가하게 농담을 즐겼다. 결전의 날 새벽 3시, 나폴레옹은 코감기가 심해졌는데도 크게 코를 풀었다.

8월 26일, 결전에서 나폴레옹은 처참하게 패배한다.

톨스토이는 이를 두고 만약에 나폴레옹이 코감기에 걸리지 않았더라면 전투에서 "한층 탁월한 명령"을 내렸을 것이고, 그랬다면 러시아는 오래전에 멸망해 "세계 지도도 바뀌었을 것"이라고 했다. 그

루이 프랑수아 르죈이 그린 〈보로디노 전투〉. 1822년 작품으로 나폴레옹의 러시아 원정 중 최대 격전이었던 보로 디노 전투를 그린 것이다. "전투의 모든 사건을 파노라마처럼 보여 주는" 화법이 당시 상황을 생생히 전해 준다.

러니 어쩌면 24일에 나폴레옹에게 방수화를 신기지 않았던 시종은 러시아의 구세주였다고 할 수도 있지 않을까.

그러나 바로 이런 역사관을 비판하기 위하여 톨스토이는 《전쟁과 평화》를 썼다. 톨스토이는 '신의 섭리'에 의한 역사관, 인간의 운명이 결정되는 기제를 "왕은 역사의 노예다"라는 짤막한 공리로 설명한다. 왕조차 한낱 역사의 노예인 것이다. 명분은 신의 섭리라고 하지만, 톨스토이가 논구하는 역사의식은 민중 사관과 닮았다.

지금 식으로 풀자면 대통령이나 최고 통치자가 역사를 움직이는
듯 보이지만 그 권력조차도 다 '역사의 노예'라는 관점이다. 외형상
러시아를 침공한 것은 나폴레옹이지만 톨스토이가 보기에는 전투에
서 러시아군을 죽인 것은 나폴레옹이 "명령"했기 때문이 아니라 자원
이든 강제 동원이든 전투에 참가한 모든 병사들, 곧 그 병사들 자신의
"희망"에 따른 것이었다.

프랑스 군대가 보로디노 전투에서 러시아 군대를 죽였던 것은 나폴
레옹이 명령한 때문이 아니라 자기 자신의 희망에 따른 것이었다. 군
전체, 해진 군복을 몸에 걸치고 지쳐 빠지고 굶주린 프랑스인이나 이
탈리아인이나 독일인이나 폴란드인의 무리는 모스크바로 가려는 자
기들의 진로를 막고 있는 군대를 보았을 때 술병의 마개가 열린 이상
마시지 않을 수 없다고 느꼈던 것이다. 이때 와서 만일 나폴레옹이 싸
우지 못하게 했더라면 그들은 나폴레옹을 죽이고서라도 러시아와 싸
웠을 것이다. 이것은 그들에게 있어서 피할 수 없는 일이었기 때문이
다. (톨스토이, 박형규 옮김,《전쟁과 평화》, 범우사, 1997, 3권 302~ 303쪽)

대학 강의 때 소설《전쟁과 평화》의 주제가 뭐냐고 출제하면 대
부분의 학생들이 '전쟁과 평화'라고 하는데, 내가 기대했던 답은 "역
사와 인간을 움직이는 힘은 무엇이냐를 추구하는 것"이다.

어떤 영웅도 혼자서 역사를 바꿀 수는 없다. "왕은 역사의 노예
다"라는 명제를 내세워 톨스토이는 오히려 "민중 하나하나의 총체"

가 세계를, 역사와 인간을 움직인다고 피력한다. 지휘관은 그저 "세계적인 사건의 의지를 갖지 않은, 온갖 도구 가운데서도 가장 노예적이고 가장 맹목적인 활동가"일 뿐이다.

《전쟁과 평화》제3권 제2편 19장부터 34장은 필독을 요한다. 바로 1812년 8월 26일, 보로디노 전투와 톨스토이의 역사관이 명백히 축약적으로 나타나기 때문이다.

톨스토이는 왕조차 역사의 노예라며 신의 섭리에 의한 역사관을 피력하면서 역사 속에 개인의 운명을 대입시킨다. "우연, 몇백만의 우연이" 나폴레옹에게 정권을 떠맡겼고, 모두 약속이라도 한 듯이 그 권력의 확립을 도왔다. 따라서 나폴레옹이 역할을 수행하기 위해 자기를 만들었다기보다는, "주위의 모든 것이 현재의 사건과 앞으로 일어날 사건의 모든 책임을 지우기 위해 그를 만들었던 것"이라면서 역사적 필연론을 역설한다.

9월 16일, 마침내 나폴레옹은 모스크바에 입성했지만 아무것도 얻지 못한 채 10월 18일 퇴각 명령을 내렸다. 하지만 이미 반격에 나선 러시아군에게 프랑스군이 무자비한 희생물로 전락하는 걸 막을 수는 없었다. 11월 말경 베레시나강을 도하하는 장면은 너무나 끔찍한 영웅의 참패를 예견한 것이었다.

보로디노 전투나 역사의식에서 꼭 언급해야 될 인물로 쿠투조프의 신격화 문제가 있다. 톨스토이는 다소 논란의 여지가 있었던 이 장군을 《전쟁과 평화》에서 러시아 사상 최고의 명장으로 확고하게 만들어 버렸다. 하지만 쿠투조프는 보로디노 전투에서 나폴레옹군의

제정 러시아 장군 쿠투조프.
나폴레옹이 러시아를 침공했을 때 총사령관으로 지휘를 맡아 프랑스군을 격파했다. 톨스토이의 소설 《전쟁과 평화》에서는 러시아 최고의 명장으로 나온다.

진로를 잘못 예상해 포 한 번 제대로 쏴 보지 못하고 패전하면서 군사 역사가들에게 호된 비판을 받았다.

이를 두고 톨스토이는 보로디노 전투가 워낙 규모가 크고 우연이 중첩된 혼전이었기에 사전 전략이나 계획은 거의 의미가 없었다고 쿠투조프를 변호한다. 또한 상대편인 나폴레옹의 행동 계획과 지시 사항들 또한 현장감이 없어 전투에 아무런 실질적인 영향을 미치지 못했다고 지적했다. 톨스토이에게 중요한 것은 쿠투조프의 신묘한 기략이나 군사적 업적 따위가 아니었다. 중요한 것은 쿠투조프의 러시아 '덕장'으로서의 지도력이었다.

톨스토이가 쿠투조프를 명장으로 내세운 것은 1860년대 러시아 지성사의 논쟁 구도와 관련이 있다는 해석도 있다. 당시 진보적인 신사상의 유입으로 인간의 이성과 과학적 법칙을 사회에 적용한 서구파가 대두하자, 톨스토이가 맹목적인 서구화에 견주어 러시아적인 주체성, 우리식으로 표현하면 '민족 주체성' 확보를 위해 쿠투조프를 긍정적 인간상으로 형상화했다는 것이다.

황제를 속인 농노의 지혜와 보통 사람들의 행복관

역사를 움직이는 힘이 민중에게 있다는 주장은 이미 중국 왕조 시대부터 "백성은 물이고 군주는 배다", "물은 배를 띄우기도 하지만 뒤엎기도 한다"는 경구에서 익히 봐 왔다. 이것을 톨스토이는 《전쟁과 평화》에서 농노 라부르시카를 통하여 생생하게 그려 준다. 이 명작의 제3권 제2편에서 통역관 티에르의 기록을 소개한 대목에 나오는 이야기의 요지는 이렇다.

라부르시카라는 카자크 농노가 프랑스군에게 잡혀 나폴레옹 앞에 끌려갔다. 산전수전 다 겪은 듯, 거만하고 파렴치하며 눈치가 백단인 농노는 바로 자기 앞의 말 탄 사나이가 나폴레옹임을 알아보았으나 짐짓 모른 체했다. 사실 프랑스 장교는 무슨 정보라도 캘 셈으로 라부르시카를 나폴레옹에게까지 끌고 간 것이었다. 그러나 눈치 빠른 나폴레옹은 농노가 첩보원이 아니고 얻을 정보가 없어 보이기에 이렇게 물었다.

"러시아인들은 보나파르트에게 이길 수 있다고 생각하는가?"

그러자 라브루시카는 "글쎄요. 곧 전투가 있다면"이라며 이렇게 답한다.

"오래 끌지 않고 승부가 가려진다면 당신네들이 이길 것입니다. 그러나 만약에 앞으로 사흘 이상 지나도 결말이 나지 않는다면 이 전쟁도 결국 그만큼 오래 끌 겁니다."

통역관은 이를 황제가 듣기 좋게 보고하는데, 라브루시카는 아무래도 자신이 살아남으려면 이 거만한 나폴레옹에게 잘 보여야 될 것 같아 아부성 발언을 했다.

"당신네한테는 보나파르트란 사람이 있다는 걸 우리들도 잘 알고 있습죠. 그는 세계를 평정하고 다녔습니다만, 이 나라는 사정이 좀 다르니까요."

통역관은 불리한 뒷부분을 잘라 버리고 보고했다. 그러자 문학적 상상력이 풍부한 나폴레옹은 이 돈강의 아들과 말벗이 된 사람이 황제, 그것도 불후의 위대한 황제임을 알린다면 어찌 될지 궁금했다. 이에 통역관이 바로 앞의 분이 황제라고 농노에게 소개한다.

라브루시카는 이것이 나폴레옹이 자기가 깜짝 놀라 혼비백산하리라고 생각했기 때문임을 바로 알아차렸으므로, 새 주인의 비위를 맞추고자 일부러 깜짝 놀란 표정을 짓고는 눈을 커다랗게 떴다. 나폴레옹의 측근이자 통역관이었던 해박한 티에르는 이때 기분이 좋아진 나폴레옹이 라부르시카에게 상을 주고 "마치 고향의 들에 새를 놓아 주듯이" 라부르시카에게 자유를 주었다고 적고 있다.

나폴레옹이 포로를 석방시켜 준 미담 가운데 이처럼 황제의 속내를 꿰뚫어 본 경우는 거의 처음일 것이다. 다들 공포에 질려 벌벌 떨기 마련인데, 이 잃을 게 없는 농노는 겁도 없는 데다 세상 돌아가는 이치를 학문이 아니라 아랫사람의 눈치로 훤히 들여다 볼 수 있었기 때문에 가능했던 것이다. 이런 일화를 삽입시킨 톨스토이 역시 천재가 아닌가. 정치인들이 잘난 체하며 설쳐 대고 민중들은 속기도 하지만 사실은 그들의 속내를 다 아는 게 세상 이치다.

이와 똑같은 일화는 이미 사마천의 《사기》에도 등장했다. 병사들과 함께 식사하며 행군하기로 유명한 장군 오기가 장병들을 인솔해 전장으로 가던 중 다리에 종기가 난 병사를 보았다. 그러자 오기가 직접 입을 대고 빨아서 종기 뿌리를 뽑아내 주자 길가의 환송객들과 사병들이 "오기 장군 만세!"를 외치며 박수를 쳤겠다.

그런데 한 노파만이 슬피 울기에 그 까닭을 물었더니 종기가 난 병사가 바로 자기 아들이란 것이다. 그러면 더 기뻐해야 되지 않느냐니까 노파는 "이제 내 아들은 전쟁터에서 반드시 죽을 테니 슬퍼 운다"고 답했다. 그 사연을 묻자 노파는 말했다. 오래전 자기 남편이 전쟁터로 끌려갈 때도 이와 똑같은 일이 일어났는데, 그때는 좋아했으나 결국 남편은 죽었다는 것이다. 남편은 장군의 배려에 감동한 나머지 은혜에 보답하고자 전장에서 너무나 용감하게 싸우다가 전사했는데, 이제 자기 아들까지 그런 꼴을 당하게 됐다는 것이다.

정치인들이 과연 이 노파나 라브루시카의 속내를 알기나 할까. 그러나 톨스토이는 역사가 어떻게 이뤄지는가를 알았을 터이고, 그래서 바른말만 하다가 파문까지 당했을 것이다. 그 증거로 《전쟁과 평화》의 주인공 안드레이 니콜라예비치 볼콘스키의 경우도 있다.

안드레이는 약혼녀 나타샤에게 배신당한 뒤 방황하다가 마음을 다잡고 보로디노 전투에 참전했다. 전투 전날 밤 지휘관인 나폴레옹이 코감기에도 들떠서 수다를 떨었던 장면과는 대조적이다. 그날 밤, 안드레이는 착한 비둘기 같던 약혼녀의 배신을 떠올리고, 옹고집과 수구적인 애국심으로 뭉쳤던 아버지의 허망한 죽음을 떠올리고, 마지막으로 이미 나라의 반을 빼앗긴 조국 러시아의 처지를 생각한다. 그리고 이번 전투에서 자신은 왠지 죽을 것 같다고 예감한다. 그것도 적군인 프랑스군에 의해서가 아니라 "우리 편 손에 의해" 죽을지도 모른다고. 이렇듯 지휘관과 병사가 서로 못 믿는 전쟁은 나라를 위기로 몰아넣기 마련이다.

서투른 작가라면 이런 대목에서, 더구나 지체 높은 완고한 귀족 집안 출신 장교가 감히 조국이나 차르를 염려하지 않고 배신한 애인 생각을 하게 구성하지는 못할 것이다. 이런 것을 꿰뚫어 보는 눈, 더구나 장교들을 존경이 아닌 '적'으로 여기는 사병들의 속내까지 들여다볼 줄 아는 게 톨스토이의 역사의식이다.

작가의 혜안은 더 나아간다. 소설에서 작가는 참담한 역사를 헤쳐 나가며 살아가야 하는 사람들의 모습을 두루 보여 주는데, 주목할 대목은 주인공들의 변화이다.

전쟁이 끝난 이듬해인 1813년 이른 봄에 안드레이의 약혼녀 나타샤는 베주호프 가문의 서자 피에르 베주호프와 결혼했다. 독자들은 이 어울릴 것 같지 않은 둘의 결혼에 어리둥절해질 수도 있을 것이다. 앞서 나왔듯 약혼자 안드레이가 전쟁터로 간 사이 나타샤는 외로움을 견디지 못하고 바람둥이 아나톨리 바실리치의 유혹에 넘어갔지만, 이미 아나톨리에게는 다른 여인이 있다는 것이 밝혀졌다. 청순한 나타샤가 어째서 안드레이를 배신할 수 있었을까 하는 물음은 애욕의 이기주의 본성이 인간 누구에게나 조금씩은 있다는 말로 풀 수 있을 것이다.

버림받은 육체적 욕망의 찌꺼기와 삶의 의욕을 빼앗긴 나타샤 앞에 새삼 나타난 사나이가 바로 아나톨리의 매부 피에르였다. 부유한 귀족의 서자이자 안드레이의 친구인 피에르는 재산을 노리는 정략결혼에 빠졌다. 아내는 미모를 지녔으나 무식하고 불륜을 일삼은 여인이었는데 전란 중에도 그 버릇을 버리지 못하다가 낙태약을 잘못 먹고 죽고 말았다.

두 남녀는 다 깊은 상처를 품었지만 오히려 그게 사랑의 밑거름이 되어 주었다. 1820년이 되자 나타샤는 세 딸과 한 아들의 어머니가 되어, 펑퍼짐해진 데다 살이 쪄서 "강인하고 아름다운 다산(多産)의 암컷"처럼 보였다. 하지만 "오히려 지금이 가장 좋은 때예요"라고 선언한다. 그렇게 사람들은 살아간다.

전쟁 소설이나 역사 소설에 인생론과 연애, 정치, 경제, 사회, 신앙 같은 인생살이의 모든 문제를 다 다룬 이 소설이야말로 인류 정신사의 보고가 아니겠는가.

제2장 프랑스 혁명과 빅토르 위고

나폴레옹, 톨스토이, 그리고 위고

톨스토이가 《전쟁과 평화》를 통해 그렸던 나폴레옹은 1812년 러시아 침략전, 그중에서도 특히 보로디노 전투에서의 나폴레옹이었다. 이 전투의 패배는 나폴레옹 인생의 내리막길에 가속도를 붙게 했고, 앞서 보았듯 이를 통하여 톨스토이는 "왕은 역사의 노예"라는 민중 사관을 이끌어 냈다.

그런데 톨스토이보다 16세 연장자였던 빅토르 위고는 《레 미제라블》에서 보로디노 전투보다 3년 후인 1815년, 나폴레옹을 완전히 부숴 버린 워털루 전투를 통하여 톨스토이와 똑같은 민중 사관을 도출해 냈다. 공교롭게도 이 두 전투에서 나폴레옹이 패배한 이유는 둘 다 전투 개시 전에 비가 내렸다는 점이다. 《전쟁과 평화》에서는 나폴레옹이 코감기에 걸려 뇌세포가 제대로 작동이 안 돼서 패전했다면, 《레 미제라블》에서는 땅이 젖어 거대한 대포를 끌고 갈 수가 없어서 땅이 마르기를 기다리느라 두 시간이나 늦어서 완패했다는 것이다.

엘바섬을 탈출한 나폴레옹이 100일 황제로 다시 유럽 제패를 노리는 괴물로 변한 정황은 앞에서 본 바와 같다. 나폴레옹이 사라진 유럽은 평화가 복원돼 축제 분위기였는데, 이 괴물이 전면에 다시 등장하자 끔찍한 전쟁의 악몽이 되살아나 전 유럽이 저절로 뭉쳤다. 그중 강대국이었던 영국과 프로이센을 중심으로 연합군이 모여 승리한 곳이 바로 브뤼셀 남쪽에 있는 라이온스 마운드 일대이다.

엄밀히 말하면 라이온스 마운드는 1815년의 대격전 현장과는 5킬로미터나 떨어져 있다. 하지만 관광객의 편의를 위해서 이 언덕, 지금은 광대한 평야에다 기념탑을 세우고 거대한 기념관을 지었다. 그리고 당시 전황을 실감할 수 있는 지형지물에 각국 군대 모형, 음향 효과까지 갖추고서 전투를 재생해 자세히 볼 수 있게 해 준다.

이 전투는 영국 장군 웰링턴과 프로이센 장군 블뤼허가 나라의 운명을 걸고 침략자 나폴레옹에 대적한 사투였다. 이들 연합군들이 집합하기로 한 곳이 바로 워털루였다. 하지만 이를 간파한 나폴레옹은 연합군이 다 모이기 전에 각개 격파한다는 전략을 세웠다. 마침 막강한 프로이센 본대가 미처 워털루에 도착하지 못한 탓에 워털루에는 먼저 온 영국군만 주둔해 있었다.

포병 장교 출신답게 나폴레옹은 아침 6시에 영국군을 집중 포격하여 격파해 버리고, 프로이센군이 도착할 때쯤이면 웰링턴이 아예 서 있지도 못하게 만들 작전을 세웠다. 그러려면 당시 몽생장 고지의 영국군 주력을 분산시켜야 했다. 그래서 나폴레옹은 일부러 몽생장

1815년 아일랜드 화가 윌리엄 새들러가 그린 〈워털루 전투〉. 유럽의 운명을 바꾼 나폴레옹 최후의 전투 현장을 더없이 생생하게 담아내며 "인간의 의지와 희생, 그리고 절정의 전장을 기록한 삶과 죽음의 대서사"를 완성한다.

워털루 전투 기념관이 있는 라이온스 마운드.

워털루 대격전의 현장이었던 광야에 세워진 당시 전투 상황 표지판.

이 아닌, 영국군 일부가 진을 친 근처의 우고몽 농가를 집중 공격하는 척 성동격서 전략을 구사했다.

그러나 웰링턴은 속지 않았다. 몽생장의 주력 부대를 고스란히 유지해 도리어 프랑스군에게 집중 공격을 한 것이다. 당시 전투가 얼마나 잔혹했던가를 위고는 "우물에 3백 구의 시신이 쳐 넣어진 곳, 1시간 동안 1천5백 명이 전사한 곳, 우고몽에서만 3천 명이 전사한 데다, 영국군이 7시간 동안 저항했던 곳이자, 프랑스가 점령했다가 퇴각할 수밖에 없었던 곳"이라고 썼다. 이 몽생장을 영어권에서는 부르기 좋게 워털루라 하면서 전투의 명칭이 '워털루 전투'가 됐다.

물론 나폴레옹도 술수를 썼다. 영국군을 먼저 격멸시키려면 블뤼허의 프로이센군이 합세하지 못하도록 막아야 했기에 그루시 장군에게 병력의 3분의 1을 인솔해서 블뤼허가 워털루로 올 만한 예상로를 찾아가게 했다. 그리고 거기서 적을 처치하거나, 적어도 영국군과 합세할 수 있는 시간을 늦추도록 지시했다. 그러나 전쟁은 지휘관 혼자의 두뇌로는 승리할 수 없는 법이다. 그루시는 황제의 말을 곧이곧대로 충실히 실현할 줄만 알았지 변용할 줄은 몰랐다. 그루시는 길을 잘못 들어 블뤼허의 군대를 찾지도 못했는데, 워털루에서 이미 전투의 포성이 들리자 참모들은 본진이 공격을 개시했으니 빨리 회군하여 합세하자고 졸랐다. 그러나 이 맹꽁이 그루시는 황제께서 어떤 일이 있어도 블뤼허만 책임지라고 했다며 막무가내로 버텼다.

워털루 전투에서 웰링턴군은 대포 159문을, 나폴레옹군은 240문을 보유하고 있었다. 나폴레옹으로서는 단연코 자신의 승리를 확신했을 것이다. 하지만 승리감은 잠시였고, 이내 움푹 팬 길과 절벽을 만나고 곧이어 은폐 작전을 폈던 영국군과 이전투구에 돌입했다.

양쪽 다 사력을 다했다. 결사전은 나폴레옹의 예상을 뒤엎고 오후 늦게까지 지속되었고, 양군 모두 지쳐서 지원군이 먼저 오는 쪽이 승리할 형세였다. 나폴레옹조차도 지쳐 그루시라도 얼른 나타나 주기를 절박히 바랐다. 만약 그루시가 이때 나타났다면 상황은 역전될 수도 있었을 것이다. 그래서 나폴레옹은 자기가 내린 명령조차 잊고 애타게 "그루시는 어디 있는 거야?"라고 몇 번이나 계속 찾았다.

그러나 나폴레옹이 그토록 애타게 기다리던 이 절체절명의 순간에 블뤼허가 먼저 등장했고, 결국 연합국이 완승했다. 그루시는 나폴레옹의 패전이 확실해졌을 때에야 나타났지만 다행히 거의 전 병력을 인솔해 왔기에 생존했던 장병들과 합세하여 나폴레옹을 무사히 후퇴시킬 수 있었다.

이 전략의 천재가 왜 완패당했는지를 위고는 《레 미제라블》에서 신랄하게 쓴다. 전투 전날 밤부터 비가 쏟아져 땅이 파헤쳐지고 질펀해 말들이 포대를 끌고 갈 수 없게 되자 나폴레옹은 땅이 마를 때까지 출발을 지연시켰다. 거기다 하필이면 길 안내자조차 군을 멀리 돌아가게 해서 11시 35분이 되어서야 공격이 개시됐다. 이를 두고 만약 "비가 오지 않았더라면" 유럽의 미래는 달라졌다거나, 단 몇 방울의 물이 더 많으냐 적으냐에 따라 나폴레옹의 운명이 좌우됐다고 할 수 있을까? 여러 억측이 가능하겠지만 위고의 생각은 다르다.

그 첫째 이유로 위고는 인류 운명에서 '이 한 사람(나폴레옹)'의 과도한 무게는 평형을 깨뜨리고 있음을 든다. 단 한 사람의 머릿속에 과도하게 집중돼 있는 "인류의 모든 활력, 한 인간의 두뇌에 떠오르는 세계, 만약 그것이 지속된다면, 그것은 문명의 파멸을 초래"하리라는 것이다. 두 번째로는 이 전쟁 괴물에 희생당했던 생령들, "연기를 뿜는 피, 넘쳐 나는 묘지들, 눈물을 흘리는 어머니들"에 의해 나폴레옹은 이미 고발되어 있었으며, 추락은 결정되어 있었다고 했다. 그래서 왕조차 이미 결정된, 역사의 노예인 것이다.

어쩌면 톨스토이의 《전쟁과 평화》의 보로디노 전투와 이렇게 똑같을까! 두 천재 작가는 그 당시로서는 가장 앞선 민중 사관을 터득했기에 이처럼 쌍둥이 같은 역사적인 필연론을 제기했을 것이다.

> 그루시가 오기를 기다리는데 뜻밖에 블뤼허가 온다. 삶 대신 죽음이 온 것이다. ……운명에는 그러한 전환점들이 있다. 세계의 왕좌를 기대하고 있는데 세인트헬레나가 보인다. ……우리에게는 포착되지 않는, 어떤 무한에 어울리는 비상한 우연이란 그런 것이다.
> (빅토르 위고, 정기수 옮김,《레 미제라블》, 민음사, 2012, 2권 62~63쪽)

위고는 계속 따진다. 46세인 나폴레옹이 이미 노쇠해 버렸나? 단테나 미켈란젤로 같은 이들에게는 늙음이 곧 성장인데, 한니발이나 보나파르트 같은 이들에게는 쇠퇴인가? 하지만 나폴레옹의 작전은 누구나 인정하듯 대번에 적군의 중앙을 가르고, 구멍을 내고, 양단하는 걸작이었다. 위고는 자신은 역사학자가 아니니 해답과 역사 추구는 학자들에게 맡긴다면서, "나는 저 순진한 판관인 민중처럼 판단한다"라고 기술한다.

위고의 통렬한 역사와 혁명을 향한 투지

위고는 이어서 혹시 그렇다면 나폴레옹이 "이 전투에서 이기는 것이 가능했을까?" 물으며 아니라고 대답한다. 나폴레옹이 워털루의 승자가 되는 것, "그것은 더 이상 19세기의 법칙에는 없었다." 이 거대한 인간도 마침내 실각할 때가 온 것이다.

워털루는 19세기의 돌쩌귀다. 그 위인의 소멸이 위대한 시대의 도래에 필요했다. 사람들이 대꾸하지 못하는 누군가가 그 일을 떠맡아 준 것이다. ……워털루 전투에는 구름보다 더한 것이 있었다. 거기에는 유성이 있었다. 하느님이 지나간 것이다. (같은 책, 2권 70쪽)

작가는 다시 역사의 경지로 들어간다. 자신의 조국인 프랑스가 패전한 이 전투를 '문제의 최고 관점'에서 보자면 명백히 "반혁명적인 승리"라며 다음과 같이 평가한 것이다.

그것은 프랑스에 대항한 유럽이다. 그것은 파리에 대항한 페테르부르크와 베를린과 빈이다. 그것은 창의에 대항한 '현상 유지'다. ……그것은 진압할 수 없는 프랑스의 폭동에 대항한 군주 국가들의 법석이다. ……워털루는 브라운슈바이크가, 나소가, 로마노프가,

호엔쫄레른가, 합스부르크가와 부르봉가의 제휴였다. 워털루는 엉덩이에 신권(神權)을 태우고 있었다. 제국이 독재적이었기 때문에 왕국이 사물의 자연적인 반동으로서 부득이 자유주의적이어야만 했다는 것은 사실이고, 승리자들로서는 유감천만이었으나, 워털루에서 본의 아니게 입헌적 질서가 나온 것 또한 사실이다. (같은 책, 2권 84~85쪽)

위고로서는 착잡했을 것이다. 장군의 아들이었던 위고는 왕당파였다. 그러나 자라나면서 휴머니즘적인 소양을 갖게 되면서 점점 비판적인 자세로 바뀌어 1848년 2월 혁명 때는 아주 적극적인 민중파의 투사가 되었다. 그래서 나폴레옹의 패배를 역사적인 필연으로 보면서도 왕조들이 다시 건재해지는 건 비판적이었고, 그전 같은 절대 독재 왕조가 아니기를 바라는 마음이 은근히 스며들어 있다. 그렇기에 위고는 나폴레옹의 패전 또한 프랑스 대혁명의 연장선으로 보면서 역사의 발전이라는 평가를 시도한 것이다.

그런데 초상집에서 실컷 울다 누가 죽었느냐고 묻는다더니,《레미제라블》에서 왜 갑자기 워털루 전투 이야기가 나왔을까? 당시 현장에 있었던 한 인물 때문이다. 전쟁은 악한들에게는 오히려 호기라 병사들의 금반지나 배지 같은 것을 훔치며 재산을 모을 수 있었다. 워털루에도 그런 좀도둑이 있었는데, 한 장교의 주머니를 뒤지다가 어쩌다 장교를 살려 주게 되어 의인으로 오인받는다. 이 악한이 바로 나중에 여주인공 코제트를 맡아 착취하다가 장 발장에게 돈을 우려내는 비열한 여인숙 주인 테나르디에다.

《레 미제라블》의 역사적인 배경은 1789년 대혁명 이후 테르미도르 반동을 거쳐, 나폴레옹의 등장과 몰락, 왕당파의 복귀, 1830년 7월 혁명을 지나, 다시 왕조 정치가 복원되어 혁명 세력들이 기회를 엿보고 있던 때였다. 그러던 차에 1832년 6월에 파리 봉기가 일어났다. 그해 봄, 콜레라가 전 유럽을 휩쓸면서 엄청난 사망자가 나왔고 우물에 독을 탔다는 뜬소문까지 나돌며 민심은 흉흉했다.

이럴 때 왕의 총애를 받던 총리 카지미르 페리에의 장례식이 5월 16일 국장으로 잘 치러졌다. 그런데 뒤이어 민중의 사랑을 받던 자유주의 정치인 장 막시밀리앙 라마르크 장군의 장례식을 앞두고 분위기가 미묘하게 돌아갔다. 공화주의자들이 장례식 날인 6월 5일 장례 행렬을 바스티유 광장으로 유도하면서 왕정 폐지를 주장한 것이다. 덕분에 파리는 이틀 동안 요동을 쳤다.

이날 위고는 직접 참여하지는 않았지만 민중들의 탄압상과 불같은 항쟁 의식을 볼 만큼 봤다. 그리고 이를 자신의 소설《레 미제라블》에 충실히 반영했다. 위고는 소설에서 혁명의 본질을 파고들어 간다.

혁명이란 무엇인가를 이해하고 싶다면 그것을 진보라고 불러 보라. 그리고 만약 진보란 무엇인가를 이해하고 싶다면 그것을 '내일'이라고 불러 보라. '내일'은 억제할 수 없게 자신의 일을 하는데, 그 일을 바로 오늘부터 한다. (같은 책, 2권 85쪽)

위고에게 역사는 곧 혁명이다. 그래서 역사란 진보였고, 진보는 인류의 일반적인 생명이자 국민들의 영원한 생명이다. 혁명에 조급해져서 "아무리 교묘하게 꾀를 써도" 그래 봤자 민중을 더 빨리 걸어가게는 못 한다. 민중은 위에서 시키는 대로 하지 않고 오히려 "되어가는 대로" 반란을 내버려 둔다. 그래서 위고는 "민중에게 강요하려는 자는 불행할진저!"라고 외친다.

위고는 이런 민중 혁명의 본질을 파악하려고 파리의 하수도 문제를 지루할 정도로 자상하게 소개한다. 파리는 매년 수천만 프랑을 물에 던진다며 "하수도, 그것은 도시의 양심"이라고 위고는 규명한다. 그 "창백한 장소"에는 어둠은 있지만 비밀은 없으며, 모든 것들이 다 그곳에 집중되고 그곳에서 얼굴을 맞댄다. 그래서 사물은 하수도에서 제 참모습을 지니거나 적어도 그 "최종적인 모습"을 지닌다. "인간의 역사"가 "시궁창의 역사에 반영"되는 것이다.

불결한 것의 그 솔직성이 우리의 마음에 들고, 마음의 피로를 풀어준다. 국시(國是), 선서, 정치적 지혜, 인간의 정의, 직업적 성실성, 지위의 위엄, 청렴한 법복, 이런 것들이 판을 치는 광경을 지상에서 받아들이는 데 시간을 보냈을 때, 하수도에 들어가서 거기에 어울리는 진흙탕을 보면 마음이 가라앉는다. 그것은 동시에 교훈을 준다. 아까 막 말했지만, 역사는 하수도를 통과한다. (같은 책, 5권 160~161쪽)

모든 버려진 것들의 집합소인 하수도야말로 민중들의 삶 그 자체를 상징하지 않는가. 그래서 어느 도시나 하수도는 모든 도시의 시설 중 가장 버림받은 대상이 되어 땅 밑으로 더럽게 흘러간다. 이걸 가장 정결한 시설로 바꾼 내력을 위고는 다음과 같이 소개해 준다.

1805년 어느 날, 나폴레옹이 파리에 나타났을 때 내무 장관이 "폐하의 제국에서 가장 대담한 사람"이 한 가지 일을 꼭 하고 싶어 한다고 전했다. 나폴레옹은 그게 무슨 일이냐고 물었고, 이에 장관은 "파리의 하수도들을 검사하는 일"이라고 말했다. 브륀조라는 이 사나이에 의하여 파리의 하수도는 7년간 점검됐고, 이어 새 하수도가 건설되기 시작했다.

그래서 위고가 소설을 쓸 당시 하수도는 "깨끗하고, 싸늘하고, 꼿꼿하고, 정연"했지만, 30년 전인 소설 속 1832년 6월 반란이 있었던 시기에는 아직도 여러 곳이 "거의 옛날의 하수도"였다. 파리의 하수도 속에서 부상당한 청년 마리우스를 업은 장 발장은 더러운 오물에 몸이 잠긴다. 그때 하수도 수색 명령이 내려졌고 위에서는 군대가, 아래에서는 경찰이 시위 군중을 체포하는 작전을 맡았다.

장 발장은 허우적대며 헤매다가 테나르디에의 도움으로 간신히 하수도에서 탈출, 지상으로 나왔다. 그러나 뱀 같은 자베르 경감이 기다리고 있었다. 장 발장은 이제 끝장이라고 생각하는데, 돌연 그 뱀이 자신을 속죄하며 자살한다. 바로 하수도의 혁명 정신이다.

첫 사형 폐지론 소설 《사형수 최후의 날》

위고는 천성이 착했다. 위고가 태어난 곳은 쥐라산맥 북쪽 생·에

빅토르 위고의 생가. 지금은 위고의 삶과 작품을 소개하는 박물관으로 운영된다.

브장송 요새. 쥐라산맥과 두강이 휘도는 아름다운 풍경으로 유명하며 소설 《적과 흑》에서는 "기백과 총명함을 지닌 인물이 많은 도시"라고 묘사된다.

티엔산을 끼고 두강이 휘돌아가는 브장송인데, 카이사르가 갈리아 침략 때 요새로 삼을 정도로 산과 강이 조화를 이룬 도시이며 혁명가 푸리에와 프루동의 고향이기도 하다.

위고의 아버지는 라인 연대 장교로 나폴레옹의 첫 부인 조제핀의 전남편과 친한 왕당파였고, 어머니는 노예상 선장의 딸로 역시 왕당파였다. 그러나 부부 사이는 냉랭해서 위고는 부모의 애틋한 사랑을 받지 못하고 자랐다. 어머니는 1812년 애인이 반나폴레옹파로 처형당한 뒤에야 가정에 안착하려 했지만 그때는 이미 아버지조차 맞바람을 피우던 때라 위고가 16세 때 부모는 정식 이혼했다.

위고는 17세 때 온 집안이 서로 익히 알고 지내던 집안의 아델 푸셰와 사랑했다. 하지만 어머니의 극력 반대로 몰래 만나다가 19세 때 어머니가 죽고, 아버지는 애인과 재혼하자 푸셰와 약혼, 이듬해인

1822년 결혼했다. 그런데 남몰래 푸셰를 짝사랑하던 작은 형 으젠이 아우의 약혼에 충격을 받아 평생 정신 이상자로 살아야만 하는 불상사가 일어났다.

위고는 어려서부터 프랑스 최고의 시인이 되기를 꿈꿨다. 보수적인 장군의 아들인 위고가 사회와 역사 속으로 뛰어들어 쓴 첫 문제작이 《사형수 최후의 날》이다. 초판에서는 위고의 이름을 안 밝히다가 3년 뒤인 1832년 재판에서 작가 이름과 사형제 폐지에 대한 긴 서문을 추가하며 세계 사형 폐지 문학의 선두 주자가 되었다.

관찰력이 탁월한 위고는 거리를 지나면서 뭐든 보면 그게 작품의 창작 동기가 되곤 했는데, 이 소설 역시 시청 앞 그레브 광장을 지나다가 사형 집행리가 기요틴에 기름칠을 하는 걸 보고 착상, 빠른 속도로 집필한 것이다. 기름칠은 사형 집행을 예비하는 것으로 실제 집행 때는 구름 떼처럼 구경꾼들이 몰려들었다고 한다.

기요틴은 흔히들 의사 기요틴이 만든 것으로 잘못 알고 있으나, 기요틴은 사형 폐지론자였다. 원래 창안자는 의사 앙투안 루이로 처음에는 루이의 이름을 따 '루이세트'라 불렀다. 하지만 사형 폐지론을 펴던 기요틴이 고통 없는 처형법을 주장하려고 루이세트를 거듭 소개하면서 명칭이 점차 '기요틴'으로 변해 버렸다.

여기서 소설을 자세히 소개할 수는 없지만 소설의 주인공은 중죄 재판소 법정에서 사형 언도를 받은 중범죄자다. "인간은 모두 집행이 연기된 사형수일 뿐이다"라는 명언이 나오는 이 작품을 필독서로 강하게 추천한다. 프랑스 하층민들의 삶, 범죄자들의 세계와 그 은

어들, 감방 구조부터 인간의 심리 묘사까지 다 있는 완벽한 소설이다. 소설에서 위고는 묻는다. 형무소란 어떤 곳인가.

아! 감옥은 무언가 추악한 것이다! 거기에는 모든 것을 더럽히는 독이 있다. 거기에서 모든 것은 퇴색된다. 열다섯 살 소녀의 노래마저도! 어쩌다 새를 발견해도 새의 날개에는 진흙이 묻어 있고, 거기서 딴 예쁜 꽃의 냄새를 맡으면 악취가 풍긴다. (빅토르 위고, 한택수 옮김, 《사형수 최후의 날》, 지식을 만드는 지식, 2012, 67~68쪽)

특히 이 주인공이 만난 한 죄수를 묘사한 대목을 주시할 필요가 있다. 여섯 살에 이미 고아였던 죄수의 경력은 이렇다.

아홉 살에 나는 내 국자(손)를 쓰기 시작했네. 이따금 전대(주머니)도 털었고 껍질도 벗겼네(외투도 훔쳤네). 열 살에 이미 야바위꾼(사기꾼)이 되었지. ……열일곱 살에는 애인(도둑)이 되어, 병을 깨거나(가게를 털거나) 바퀴(열쇠)를 부쉈지. (같은 책, 87쪽)

그러다 잡혀 범선에서 오랜 도형을 살다가 32세에 출옥한 죄수는 아무도 일을 안 시키자 배가 고픈 나머지 빵집 유리창을 깨다가 잡혀 종신형으로 툴롱 형무소에 갇혔다. 하지만 탈옥해 살인과 강도를 저지르다가 다시 잡혀 사형을 언도받는다. 죄수는 "아버지는 과부에게 장가들었고(교수형을 당했고)", 자신은 "몽 타 르그레의 수도원으로 들어갈(단두대에서 목이 잘릴) 거라네"라고 탄식한다.

바로 이 대목이 《레 미제라블》장 발장의 맹아다. 장 발장은 낭만적인 성공자로 부각되었지만 이 소설의 주인공은 결국 사형 집행을 당하는데, 죽음 앞에서 그 의미를 생각한다.

아! 죽음은 우리의 영혼을 어찌할까? 죽음은 영혼에게서 어떤 성격을 남길까? 무엇을 빼앗고 무엇을 줄까? 죽음은 영혼을 어디로 가져갈 것인가? 이따금 영혼이 지상 위를 보거나, 눈물을 흘리도록 살로 된 눈을 줄 것인가? (같은 책, 122쪽)

이 사형수를 기요틴이 준비된 광장으로 끌고 나가자 군중들은 구경하려고 대소란을 일으킨다. 그리고 처형 장면을 보려고 몰려든 사람들이 서로 더 잘 보려고 재판소 모퉁이의 카바레 2층 좌석 값이 더 비싸게 뛰어오른 것까지 위고는 다 까발려 준다.

1848년 2월 혁명과 파리 코뮌

1802년에 태어나 1885년까지 당시로서는 83세 장수를 누린 빅토르 위고는 1789년 7월 14일 바스티유 감옥 습격을 신호탄 삼은 프랑스 대혁명을 겪지는 못했다. 그러나 그 뒤 모든 역사의 증인이 되었다. 위고의 역사와 정치와 혁명 의식의 변모를 이해하려면 먼저 프랑스의 복잡한 역사를 꿰고 있어야 한다. 시기를 나눠 간단하게나마 그 역사를 살펴보자.

(1)제1공화국 시대(1792년~1804년): 대혁명 이후 왕당파-자코뱅파-지롱드파의 혼란기를 거치며 헌법을 제정해 제1공화국으로 출발. 1인 독재를 막고자 5명 총재로 구성된 총재 정부 체제.

(2)제1제정 시대(1804년~1815년): 나폴레옹이 브뤼메르 18일 쿠데타로 종신 통령이 돼 약속대로 프랑스에서는 더 이상 왕은 없다고 선언했으나, 그 뒤 약속을 깨고 스스로가 황제가 된 1804년부터 황제 지배 국가인 제정 시대.

(3)왕정복고기(1815년~1848년): 워털루 전투 패배로 나폴레옹이 유배된 뒤 루이 16세의 동생이 부르봉 왕조를 복귀, 루이 18세로 즉위하며 시작. 온건 정책을 펴던 루이 18세가 죽자 동생 샤를 10세가 도리어 강경 반동 정책을 펼치다가 1830년 7월 혁명 발발로 시민에 의하여 퇴위당하며 부르봉 왕가 추방. 그 뒤 오를레앙가의 루이 필리프 1세가 1848년 2월 혁명으로 퇴위당할 때까지 지탱.

(4)제2공화국 시대(1848년~1852년): 2월 혁명으로 프랑스 역사에서 왕권 체제는 완전 타도, 소멸되고 새 헌법에 의한 대통령 선거 시행. 나폴레옹의 조카 루이 보나파르트가 당선, 프랑스 초대 대통령으로 취임.

(5)제2제정 시대(1852년~1871년): 대통령 루이 보나파르트가 친위 쿠데타를 일으켜 스스로 황제가 되어 나폴레옹 3세라 칭함. 제2제정이란 나폴레옹의 제1제정 뒤 두 번째 황제 통치라는 뜻. 하지만 철혈 수상 비스마르크의 계략에 말려들어 나폴레옹 3세가 먼저 도발한 프로이센·프랑스 전쟁에서 패배하면서 제2제정 시대는 종말.

이로써 분열됐던 영방 국가 독일은 오스트리아를 제외한 통일 체제를 이루며 독일 제국 성립.

(6)제3공화국 시대(1871년~1940년): 프로이센·프랑스 패전으로 엄청난 격변을 치르며 마침내 프랑스 민주화의 틀이 잡힘.

이런 역사의 격류 속에서 위고가 가장 격렬하게 투쟁했던 시기는 2월 혁명이 일어난 제2공화국 이후부터였다. 1789년 대혁명 이후 프랑스는 군중집회와 시가전이 빈번했는데, 1848년 2월 혁명은 달랐다. 격렬한 시가전이 벌어진 데다 그간 개발된 무기들까지 등장해 23일 밤에는 총격전으로 50여 명이 사망했는데도, 결국 파리 시민들은 24일 10시에 시청을 포위했다. 그리고 11시경에는 공화국 요구 포스터가 나붙었으며, 1시에는 루이 필립 왕이 퇴위했고, 의회는 마침내 공화제를 의결, 25일 아침에 공화제를 선포하기에 이르렀다.

시인 보들레르조차도 총을 들고 참여했던 혁명으로 프랑스 역사상 "왕이 사라진" 순간이었다. 이 소용돌이는 위고를 특권층의 꿈에서 깨어나게 만들었다. 위고는 드디어 역사와 혁명을 제대로 파악했다.

제헌의회 총선에서 보수파는 주장만 많은 개혁파와는 달리 용의주도하게 모략술을 전개했다. 공화주의자이자 문단의 선배인 라마르틴의 추천으로 파리 지구 혁명위원을 지낸 위고는 6월 5일 보궐 선거에서 제헌 의원에 당선된다. 그런데 12월 10일 대통령 선거 때 위고는 선배 라마르틴과 다른 두 공화주의 후보자까지 제치고 하필 나폴레옹의 조카라는 루이 나폴레옹을 지지한다. 심지어 나폴레옹을 프랑스의 운명이라는 둥, 자유와 정의의 지지자라는 둥 듣기 거북한 찬사까지 바쳤다. 이런 걸 보면 아무리 천재 작가라도 정치에 관해서는 일개 문외한의 수준이 되기도 하는구나 싶다.

결국 나폴레옹 1세의 몰락 뒤 떠돌이 국제 사기꾼이었던 루이 나폴레옹이 프랑스 초대 대통령에 당선된다. 이는 역사의 모순으로, 프랑스 대혁명을 쿠데타로 망가뜨린 나폴레옹이 몰락한 지 33년 만에 그 조카가 똑같이 부활한 것이다. 우리도 비슷해서 4·19 민주 혁명을 뒤엎은 5·16 군사 정권이 유신 독재를 단행하다 1979년 몰락한 뒤, 33년 만에 똑같이 박근혜가 다시 대통령으로 뽑히지 않았던가. 또한 루이 나폴레옹이 영구 집권을 위해 친위 쿠데타를 일으켜 망했듯이, 유신 부활 정권도 독재자 아버지를 복권시키려고 온갖 탈선을 저지르다가 결국 국민들에 의해 탄핵되었다.

투표를 잘못한 프랑스 국민들은 그 대가로 민주주의가 20년 후퇴하는 역사를 앓았다. 대통령이 된 루이 나폴레옹이 당선 즉시 야비한 본색을 천박하게 드러낸 것이다. 이 사기꾼이 장기 집권을 하려고 개헌까지 시도하자 그때서야 정신이 번쩍 든 위고는 의정 단상과 여러 글로 나폴레옹을 맹비난했지만 이미 때는 늦었다.

1851년 12월 2일, 루이 나폴레옹은 친위 쿠데타로 계엄을 선포하고는 국회의원들을 체포한다. 연행을 피한 위고는 저항 위원회를 조직, 대통령 규탄과 노동자 봉기에 진력했다. 바스티유 광장에서는 격렬한 반대 연설을 하다가 군경의 총에 맞을 위기를 겪기도 했다. 하지만 시가전은 수백 명이 피살되면서 처참하게 끝났고, 이내 위고의 수

배 전단이 나붙었다. 위고는 변장을 하고 파리를 벗어나 벨기에 브뤼셀로 망명을 떠났다.

독재자 루이 나폴레옹은 잔혹한 계엄과 국민투표로 황제 추대를 합법화한다. 그리고 1852년 12월 나폴레옹 3세 황제로 즉위, 제2제정 시대를 열었다. 마르크스 희대의 명문《루이 보나파르트의 브뤼메르 18일》은 바로 이 역사적인 쿠데타를 기록한 것이다. 여기서 브뤼메르는 프랑스 혁명력 2월인 무월(霧月, 안개의 달)을 뜻한다.

제목의 '브뤼메르 18일'이란 나폴레옹 1세가 1799년 11월 9일, 곧 혁명력 8년 브뤼메르 18일에 일으킨 쿠데타를 가리킨 것으로, 조카인 나폴레옹 3세가 이를 모방했기에 반복하는 역사를 상징한 것이다. 마르크스는 이를 보나파르티슴이란 술어로 표현하며 특이한 현상임을 시사했다.《루이 보나파르트의 브뤼메르 18일》은 세계 실록 보고 문학의 절정으로 스탕달을 비롯해 위고 같은 프랑스 낭만파를 이해하는 데 필수인 명저다.

독재자의 행적에 격노한 위고는 브뤼셀에서 〈소인배 나폴레옹〉이란 탄핵서를 쓰지만, 해외에 있는 인사가 프랑스 정부를 비판하면 국내 재산이 몰수되는 법 때문에 많은 손해를 봤다. 거기다 황제가 압력을 넣어 벨기에에서 위고를 추방시켰고, 런던으로 가려던 위고는 도중에 영국령 저지섬에 내린다. 그러나 여기서도 쫓겨나자 더욱 독해진 위고는 황제를 추악하고 무능하고 데데한 '칠푼이'라 야유하며, 로마의 폭군 황제, 유다와 카인, 뱀과 악어와 말벌과 거미 같은 징그러운 동물에다 통렬하게 빗댄 시집《징벌》을 발간한다.

1855년 위고는 파리 국제 박람회에 간 영국의 빅토리아 여왕을 '소인배'에게 굴복했다고 비난하다 영국의 압박으로 또 쫓겨난다. 근처 건지섬으로 이사한 위고는 이 섬에서 15년을 지내며 명작《레 미제라블》을 완성한다.

한편 칠푼이를 뽑은 국민에게는 엄청난 재앙이 닥쳤다. 비스마르크가 파 놓은 함정에 빠진 황제가 우매한 실언으로 1870년 7월 19일 프로이센·프랑스 전쟁을 터뜨린 것이다. 그러자 조국의 패배를 즉각 예견한 위고는 귀국을 서둘러 9월 5일 밤 파리에 도착, 시민들의 열렬한 환영을 받았다.

승리를 장담했던 소인배 황제는 한 달 반 만에 뫼즈강 연안의 스당에서 포로로 잡혀 버렸다. 나라 망신에 분노한 파리 시민은 황제와 국회 타도를 외치며 "공화국 만세!"를 부르짖었고, 그렇게 프랑스 민주화의 틀이 잡히면서 제3공화국이 탄생한다.

하지만 황제가 항복했어도 프로이센군은 진격을 계속해 이듬해인 1871년 1월 28일, 파리 성문까지 열었다. 프랑스로서는 치욕적인 패배였다. 프로이센군에게 포위당한 파리는 겨울이 되자 굶주림이 극한에 이른다. 쥐 한 마리에 2~3프랑을 받고 개고기 1파운드가 5프랑인 참상이 벌어졌다. 굶주림 속에서도 시민들은 동물원의 고기를 잡아 존경하는 위고를 특별 대우했다.

1871년 2월 총선에서 파리는 진보파가 압도했다. 그러나 농촌은 보수파 일색이었고, 국회에서는 독일에게 알자스로렌 지역을 양도하는 따위의 굴욕적인 휴전 협정의 찬반 토론이 벌어졌다. 끝까지 협정조인을 거부하던 위고는 땅을 양도하자는 찬성파가 546명으로 압도적인 다수를 차지하자 미련 없이 의원직을 사임했다.

나라 땅덩어리야 잘리든 말든 애국을 팔아 호강하던 특권층은 희희낙락했지만, 핍박받던 국민들은 항전의 기세가 넘쳤다. 1980년 우리나라 광주 항쟁 같은 파리 코뮌은 이래서 일어났다. 더는 정치인들에게 나라를 맡길 수 없다며 일떠선 파리 민중들에 의해 코뮌이 형성된 것이다. 항복한 것은 프랑스가 아니라 황제와 지배층이라면서 시민들 스스로 조국을 지키자고 일어난 이 혁명은 1871년 3월 18일부터 72일간 평화로이 지속되었다.

그러나 5월 21일, 파리를 포위한 독일군의 암묵 아래 정부군은 시내로 무자비하게 진격했다. 26일, 비 내리는 페르 라셰즈 공동묘지에서 코뮌 용사들의 최후의 백병전은 분쇄당했고 28일 코뮌은 막을 내렸다. 정부군은 3만 명을 학살하고 10만 명을 체포해, 그중 4만 명을 베르사유 군사재판에 회부해 370명을 사형시키고 수천 명에게 강제노동과 금고형, 유형 판결을 내렸다.

파리 코뮌 희생자들은 페르 라셰즈에 묻혔다. 매년 5월 27일이면 페르 라셰즈 '코뮌의 벽'에서는 탄흔이 남아 있는 돌담에 세계 노동자 대표가 화환을 증정하는데, 나치 점령 치하에서도 헌화는 지속됐다고 한다.

민심은 코뮌에 지극히 불리해서 위고의 동료 문인인 플로베르, 뒤마, 고티에, 르낭, 르콩트 드 릴조차 규탄에 합세했고, 희생자들에게 동정을 보낸 것은 위고 자신과 랭보, 에밀 졸라 정도였다. 코뮌에

페르 라셰즈 '코뮌의 벽' 앞에 선 글쓴이. 파리 코뮌 용사들의 최후의 백병전은 바로 이곳에서 분쇄당했고, 우리의 광주 민중 항쟁을 떠올리게 하는 파리 코뮌도 결국 막을 내렸으나 그 정신만은 여전히 생생히 살아 숨 쉬고 있다.

동정적이었던 위고는 예전 브뤼셀로 피신했을 때 쫓기는 코뮌 용사들에게 언제나 문을 열어 주었다. 하지만 그 때문에 위고를 교수형에 처하라는 쪽지가 창문에 투석되자 위고는 추방령을 받은 채 룩셈부르크로 떠나야 했다.

1871년 10월, 해외로 피신했던 위고는 쓸쓸하게 파리로 귀환한다. 그리고 코뮌 참가자의 사면을 호소했으나 성과는 없었다. 이듬해 총선에서는 급진파라는 세론에 밀려 낙선했다. "죽는 건 아무것도 아니야. 무서운 건 진정으로 살지 못한 것이지"라는 장 발장의 한마디가 떠오른다. 이 잔혹한 시대를 위고는 시집 《무시무시한 해》로 애도했다.

제6부

전위주의 미학을 향한 모험

제1장 문학은 영원한 희망을 추구한다

카바레 볼테르의 전위주의자들

'현대'의 어원은 라틴어의 모도(modo), 곧 영어의 '바로 지금(just now)'에서 유래해 지금의 '모던'이란 시대 명칭이 되었다. 모더니즘이란 거시적으로는 1890년대부터 1945년간 유럽 전역에서 성행했던 전위주의 미학 운동 일체를 지칭한다. 기존의 사실주의 이론을 비판하면서 출발한 실험적인 활동으로 상징주의, 다다이즘, 초현실주의, 표현주의, 이미지즘, 주지주의, 유미주의, 심리주의 같은 모두를 이르는 명칭이다.

시간 개념으로는 '동시대(contemporary)'와 '현대(modern)'라는 두 영어 단어가 있지만 '동시대'가 시간적인 개념에 가깝다면 '현대'는 내용이나 예술 형식 같은 것들을 내포한다. 그래서 그리스 비극은 아득한 옛이야기지만 모던한 예술이고, 로마는 역사적인 시간은 더 가까우나 결코 모던하지는 않다고 영국 평론가 매튜 아놀드는 지적했다. 이 말은 현대성, 곧 전위성이란 예술 미학의 영원한 생명력을 담보해야만 한다는 것을 뜻한다.

세계 예술사에서 본격적인 모더니즘 예술 혁명을 일으킨 계기는 제1차 세계 대전이었다. 인류 역사를 통해 이 전쟁처럼 끔찍한 무기에 인간의 생명이 참담하게 대량 살상당한 예는 없었다. 자기 삶 앞에 닥친 이런 현실적인 허망함을 통하여 수천 년 동안 고귀하게 받들어 왔던 인간 존엄성의 가치는 순식간에 무너져 내렸다. 이런 파국인 삶 앞에서 신앙, 국가 체제, 사회 질서와 윤리 도덕에 대한 신뢰성은 불 붙은 가랑잎처럼 잿더미로 변해 버렸다.

특히 인간의 존엄성이 무너지는 데 가장 엄청난 폭발력을 발휘한 것은 니체와 프로이트였다. 니체에 의하여 사상과 철학과 신앙의 가치 체계가 허망하게 무너져 내렸고, 프로이트는 인간이 만물의 영장이라는 자부심을 인간도 결국 동물적인 존재라며 전락시켜 버렸다. 고귀하게 여겼던 전통 질서와 가치 체계를 파괴하는 이런 모험은 새로운 세계를 열망하도록 재촉했다.

이 두 사상가는 기존의 우아한 부르주아의 허식적인 가치관을 무너뜨렸다. 부르주아의 위선을 비판하며 동시에 새로운 질서를 열망하던 프롤레타리아 혁명 의식도 불신하면서 세계사에서 전례가 없는 전위주의 미학이 무대에 올랐다. 이때까지 있었던 상징주의나 모더니즘적인 미학적 모험과는 차원이 다른, 인간의 뇌세포와 육신과 삶의 양식과 신뢰 체계와 가치 판단의 기준을 모두 바꾸겠다는 사상이 제1차 세계 대전을 전후해서 성행하게 된 것이다.

그러나 이 시기의 전위주의는 부르주아적인 가치 체계를 가장 배격했지만, 사회 경제사적으로는 다분히 부르주아 계층의 정서와 융합해 있었다. 그들 자신이 부르주아 계층에서 기존의 엘리트 교육을 받은 계층들이기 때문이다. 이 사상이 본격적으로 개화한 곳은 영세 중립국 스위스 취리히의 '카바레 볼테르(Cabaret Voltaire)'였다.

문학은 언제나 영원한 희망을 추구하며, 그러려면 영원한 청춘의 자세로 항상 그 시대의 전위에 서야 한다. 따라서 전위주의란 어느 시대 어느 곳에서나 항상 가장 절실한 미학 사상의 등대가 된다. 오늘날 문학 역시 이런 전위주의를 탐구해야 될 처지임은 말할 필요조차 없을 것이다.

그래서 우리는 문학 이야기를 하면서 우리 시대에서 가장 앞선 전위주의 미학을 실현하려면 어떻게 해야 하는가를 다뤄 보기로 한다. 모든 시대는 전위주의를 필요로 하기 때문이다. 그렇다고 세계 문학예술사 전체에서 전위적인 요소를 다 열거할 수는 없기에 가장 격렬했던 전위주의 미학에 국한해서 간략히 살펴보겠다. 그렇게 함으로써 전위주의의 개념과 추구 자세와 방법론을 배우고, 더 나아가 그 사상적 바탕을 통해 어느 시대, 어디서나 전위주의를 추구할 수 있는 지혜를 터득할 수 있기 때문이다.

카바레 볼테르는 후고 발과 아내 에미 헤닝스가 1916년 2월 5일 취리히에 개관한 다다이즘의 발상지로, 작품 전시와 집회 등 복합 문화 공간인 카바레 볼테르는 처음에는 '농장' 바였다. 그러나 이들 부부가 매입, 개조해서 세계 전위주의 예술 운동의 발상지가 되었다. 여기서 발은 6월에 마분지로 온몸을 둘러싸고는 머리에다 원추형 모자를 쓴 채 의미가 없는 소리로 된 시 〈카라바네(Karawane)〉를 낭송했다. 이어 1916년 7월 28일, '다다 선언'을 낭독했고 같은 제목의 잡지도 냈는데, 여기서 거론한 시인은 기욤 아폴리네르였다.

다다이즘의 '다다'란 슬라브어로 열정적 확신, 프랑스어로는 강박 관념적인 집중, 또는 아이들이 목마를 부를 때 쓰는 말인데, 1916년 2월 8일 오후 6시에 트리스탄 차라가 카페 테라스에서 '다다'란 바보스러운 의미 없는 말을 발설한 데서 유래했다.

발은 독일 중산층 가톨릭 집안 출신으로 뮌헨, 하이델베르크, 베를린 대학에서 사회학과 철학을 전공한 당대 최고 지식인으로 제1차 대전 때 반전 평화 사상 때문에 스위스로 망명, 무정부주의자 바쿠닌에 경도된 청년이었다. 헤닝스는 시인이자 연기자로 1913년 뮌헨에서 발을 만나 예술적인 동지가 되어 함께 1915년 취리히로 망명, 1920년에 결혼했다. 차라는 몰다비아 지역에서 유태인으로 출생, 11세 때 부쿠레슈티로 이사, 1914년 부쿠레슈티 대학에서 수학과 철학을 전공, 이듬해에 취리히로 갔다가 카바레 볼테르에 합세했고 1919년에는 파리로 가서 다다 운동을 계속했다.

시에서 다다의 극단적인 예로는 모자 속에 낱말을 집어넣고 무작위로 뽑아서 시라고 낭독하거나, 외설어를 그대로 사용하기, 세 작품을 동시에 낭독하는가 하면, 소음과 소리 지르기 등등 온갖 괴기스러운 소리와 행동도 불사하는 것이다. 이들의 활약은 1922년에 그들 스스로 사명이 끝났다고 선포하면서 초현실주의 등에 흡수되었지만 파리, 뉴욕, 이탈리아, 러시아, 네덜란드, 유고슬라비아, 도쿄 등지로 확산되어 온 세계를 뒤집었다.

이런 전위주의가 한국에서는 소설가 이상을 통하여 부각됐다. "모든 현대인은 절망한다. 절망은 기교를 낳고, 그 기교 때문에 또 절망한다"라는 이상의 절망은 적어도 4·19 혁명을 겪은 김수영에게는 너무나 적중하는 말일 것이다. 이상의 삶과 예술은 그 전체가 세계 전위 예술사에서 큰 봉우리를 이룰 정도로, 가히 카프카와 필적할 만하지만 그 빛을 못 보는 게 아쉽다.

기존 가치와 예술을 부정하며 반예술을 표방한 무정부주의적 예술 운동의 선구자로는 마르셀 뒤상이 있다. 프랑스 출신으로 1915년 뉴욕으로 가서 활약한 뒤상은 화가에 조각가를 겸한 만능 전위주의자로 인기를 끌었다. 〈계단을 내려가는 나부〉, 〈샘〉, 〈L.H.O.O.Q〉 같은 작품으로 온 예술계를 뒤집었다.

특히 〈L.H.O.O.Q〉는 레오나르도 다빈치의 〈모나리자〉에다 콧수염을 그려 넣은 작품임을 누구나 알 수 있는데 그 제목이 의아하다. 하지만 알파벳으로 된 이 제목 L.H.O.O.Q를 프랑스식으로 읽으면 "엘 아 쇼 오 퀴(Elle a chaud au cul)", 곧 "그 여자의 엉덩이는 뜨겁다"는 의미로 변한다. 일종의 말장난인 셈이다.

미술계는 칸딘스키, 브라크, 피카소 들이, 음악계는 쇤베르크, 드뷔시, 라벨, 버르토크 들이 줄을 잇는다. 특히 1913년 5월 스트라빈스키의 《봄의 제전》이 파리 샹젤리제 극장에서 초연된 날은 가히 혁명이었다. 발레라면 누구나 잠자리 나래 같은 우아한 의상에 뒤꿈치를

마르셀 뒤샹의 대표작 〈계단을 내려가는 나부〉. 1912년 작품으로 "나체는 아름답다"는 기존의 전제를 뒤집고 딱딱하고 기하학적인 선으로 표현하는 충격적인 시도를 했다.

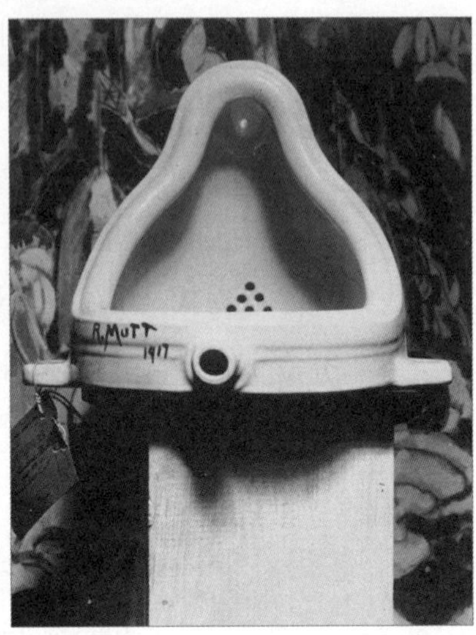

뒤샹의 〈샘〉. 남성 소변기를 뒤집은 일종의 설치 미술로, 이것도 예술이냐는 논란이 있었지만 결국 20세기 미술을 대표하는 주요 작품으로 평가받았다. 사진은 1917년 작품 전시 직후 알프레드 스티글리츠가 촬영한 것이다.

뒤샹의 〈L.H.O.O.Q〉. 레오나르도 다빈치의 걸작 〈모나리자〉에 콧수염을 그려 넣은 작품으로 이는 예술의 권위와 전통을 조롱하는 다다이즘의 핵심 정신을 반영한다.

치켜들고 발가락으로 선 채 새처럼 종종걸음으로 걷는 춤을 떠올린다. 물론 음악도 무척 고상하다. 그런데 《봄의 제전》은 이런 형식을 짓뭉갠 채 거지나 각설이 같은 누추한 의상에 북소리를 울리며 코끼리 춤추듯이 무대를 쾅쾅 울린다. 그러니 세계에서 가장 고상을 떠는 당시의 파리지앵들이 어땠겠는가. 가히 폭동 수준으로 항의가 빗발쳤으나 그 뒤 이 작품은 점점 20세기 발레의 전위적인 걸작으로 자리매김하게 되었다.

바로 이런 게 전위주의이다.

전위적인 미학이란 기괴한 게 아니다

흔히들 전위적인 미학을 난해성과 동일시한다. 그러나 진정한 실험 미학, 현대인에게 공감을 줄 수 있는 전위성이란 오히려 훨씬 정감적이다. 후고 발이 다다를 소개하면서 거론했던 아폴리네르의 시가 얼마나 정감적인가는 굳이 거론할 필요도 없고, 그 뒤를 이은 20세기의 모든 전위적인 사조의 문학들은 다 이처럼 당대의 독자들에게 공감대를 형성한 작품을 남겼다. 프랑스의 초현실주의 시인 앙드레 브르통의 시 〈자유로운 결합〉을 보기로 하자.

내 여자는 갖고 있다. 산불의 머리칼

소리 없이 달리는 번개의 생각

모래시계의 몸뚱이……. (몸, 입, 이빨, 혀, 눈썹, 관자놀이, 어깨, 발목,

손가락, 겨드랑이, 팔, 다리, 종아리, 발, 목, 목구멍, 유방, 배, 등, 목덜미, 허리

중략)

　　내 여자는 갖고 있다. 사암과 석면의 엉덩이

　　내 여자는 갖고 있다. 백조의 등 같은 엉덩이

　　내 여자는 갖고 있다. 봄날의 엉덩이

　　내 여자는 갖고 있다. 그라디오라스의 성기

　　내 여자는 갖고 있다. 금광과 오리너구리의 성기

　　내 여자는 갖고 있다. 미역과 옛날의 알사탕 성기

　　내 여자는 갖고 있다. 거울의 성기…….

　이런 시가 우연히 출현할 수 있었을까? 문학 수업 시기에 브르통은 세계 난해시의 정상인 말라르메에 경도됐으나, 프로이트를 읽고 아폴리네르와 교유하면서 전위 운동에 투신했다. 트로츠키의 영구 혁명론에도 동조하며, 삶과 세계를 동시에 변혁시키는 미학에 전력 투구했던 게 이런 재미있는 새로운 시의 세계를 개척하게 된 것이다.

　유럽의 이런 사조는 일본에 그대로 수입되었다. 프랑스의 로맹 롤랑과 앙리 바르뷔스를 통한 반전 평화 혁명 문학론과 함께 각종 전위주의 문학도 일본에 유입됐는데, 그중 호리구치 다이가쿠의 시 한 편을 보기로 하자. 제목은 〈유방〉으로 모두 23번까지 있으나 몇 구절만 발췌해 옮긴다.

　1. 덕은 외롭지가 않아/ 유방은 두 개가 있다.

　2. 유방은 두 개가 있다/ 손바닥도 두 개가 있다.

4. 유방은 손바닥을 위해 있다/ 손바닥은 유방을 위해 있다.

7. 유방 하얀 날개/ 유방 붉은 입술의 비둘기.

8. 유방 여자 육체의 기하학/ 유방 여자 육체의 밸런스.

18. 유방 사나이의 처음 먹이/ 유방 사나이의 마지막 목마름.

19. 유방 여체의 발코니/ 유방 정욕의 둥근 지붕.

시 창작 강좌를 할 때 나는 즐겨 이 작품을 제시하고는 24번부터 30번까지 보충하는 습작을 해 보라고 권유하곤 한다. 그만큼 시란 특별한 사람들만이 쓰는 어려운 것이 아님을 오히려 전위주의가 보여 주는 좋은 예일 것이다.

이 시를 쓰기까지 호리구치 삶의 궤적은 어땠을까.

먼저 호리구치의 아버지부터 간략히 살펴볼 필요가 있다. 문필가에다 외교관이던 아버지 호리구치 쿠마이치는 도쿄 대학을 나온 수재였는데, 대학생 때 첫아들을 낳았다고 그 이름을 처음이란 뜻의 다이가쿠로 지었다. 외교관인 쿠마이치의 첫 부임지가 한국인 데다 첫 과업을 받은 게 민비 시해였다. 이런 큰 사건은 항상 역사에서는 정계 거물들만 거론하지만 이때 쿠마이치가 책임을 맡은 일은 궁궐의 장벽을 넘어 입실, 왕비를 죽이는 것까지였다고 한다.

이 일로 1895년 추방당한 쿠마이치는 이듬해에 복직하여 활약한다. 그 뒤 브라질 근무 때는 러시아가 아르헨티나로부터 군함을 구입하려는 걸 저지시키고 도리어 일본이 군함을 매입하여 러일 전쟁 때 쓰도록 만든 장본인이기도 했다.

이 두 사건, 곧 민비 시해와 군함 구입은 당시 조선의 운명을 결정지은 잊을 수 없는 역사의 한 부분이다. 그 뒤 쿠마이치는 우리에게는 철천지한이 맺힌 이런 업적들로 출세를 거듭하여 중남미와 유럽 여러 나라의 외교관을 거쳤다.

이런 아버지 덕분에 아들 다이가쿠는 여러 나라를 체험할 수 있었다. 일찍 어머니를 잃은 이 시인은 계모가 벨기에 여성이라 프랑스어를 반드시 익혀야 했기에 불문학도가 되었고, 외교관이었던 아버지를 따라 중남미와 유럽 여러 나라를 떠돌았다. 특히 프랑스에서는 베를렌을 비롯해 레미 드 구르몽에 심취했고, 마리 드 로랑생과 만나면서 아폴리네르를 좋아하게 되었다. 이렇게 달콤한 전위주의라면 감히 도전해 보고 싶지 않은가!

그러나 호리구치처럼 다양한 체험을 통해야만 전위주의를 체득할 수 있다면 누구나 욕심을 낼 수는 없다고 하겠다. 하지만 예술이란 작품만으로도 영혼의 교감이 가능하기에 식민지 한국에서도 이상과 같은 위대한 전위주의가 가능했고, 분단 한국에서도 박인환이나 김수영 같은 멋진 모험주의 미학이 열매를 맺을 수 있음은 굳이 말할 필요도 없을 것이다.

그러나 전위주의가 다 이처럼 달콤한 건 아니다. 고도의 미학적인 기교에 도전하면서 상징주의의 전위에 섰던 시인 보들레르는 베를렌, 랭보, 말라르메에게 깊은 영향을 주었는데, 시집 《악의 꽃》의 서문 〈독자에게〉에서 신랄하게 비꼰다.

어리석음, 과오, 죄악, 탐욕이/ 우리 정신을 차지하고 육신을 괴롭히며,/ 또한 거지들이 몸에 이·벼룩 기르듯이,/ 우리의 알뜰한 회한을 키우도다. ……우릴 조종하는 끄나풀을 쥔 것은 '악마'인지고!/ 지겨운 물건에서도 우리는 입맛을 느끼고,/ 날마다 한 걸음씩 악취 풍기는 어둠을 가로질러/ 혐오도 없이 '지옥'으로 내려가는구나. ……우리 뇌수 속엔 한 무리의 '마귀'떼가/ 백만의 회충인 양 와글와글 엉겨 탕진하니,/ 숨 들이키면 '죽음'이 폐 속으로/ 보이지 않는 강물처럼 콸콸 흘러내린다. ……그중에도 더욱 추악 간사하고 치사한 놈이 있어!/ 놈은 큰 몸짓도 고함도 없지만,/ 기꺼이 대지를 부숴 조각을 내고/ 하품하며 세계를 집어삼킬 것이니,// 그놈이 바로 '권태'! - 뜻 않은 눈물 고인/ 눈으로, 놈은 담뱃대 물고 교수대를 꿈꾸지./ 그대는 알리, 독자여, 이 까다로운 괴물을/ -위선의 독자여, -내 동류(同類)여, -내 형제여!(샤를 보들레르, 김붕구 역,《악의 꽃》, 서문, 민음사, 1976, 24~25쪽)

미와 추, 선과 악, 호와 불호, 사랑과 증오의 장벽조차 허물어 버린 혼돈의 세계를 보들레르는 이미 예시했다. 이런 바탕 위에서 제1차 대전까지 겪은지라 미학적 가치는 비틀거리기만 했다. 하지만 바로 그랬기에 세계는 도리어 새로운 질서를 세워 나가지 않을 수 없었다. 그것은 곧 생존을 위한 최후의 통로였고, 그래서 인간 존재의 의미를 수정하지 않을 수 없게 되었다.

노마드 시대 미학의 특징

독자들은 아마 내가 영감처럼 고리타분한 옛날 한담만 늘어놓는
다고 투덜댈지 모르지만 전위주의란 시대를 초월한다. 현대도 마찬
가지다. 20세기 후반기의 사회는 어떻게 변했던가.

장 보드리야르는 현대인의 삶을 '노마드(Nomade, 유목민)'처럼 살
아야 하는 숙명이라고 진단했다. 현대는 다문화 시대다. 이런 다문화
시대의 인간들은 생산의 시대가 아니라 소비의 시대에 살고 있다는
것이 보드리야르의 진단이다. 소비의 시대가 언제부터냐는 질문에
보드리야르는 1927년이라고 답했다.

1908년 포드 T형 승용차 한 대의 조립 시간이 그 이전의 12시간 28
분에서 1시간 30분으로 단축됐고, 대당 가격은 2천 달러에서 290달러
로 내려갔다. 이로써 포드사는 일약 세계적인 거부가 되었다. 그러나
1927년 5월 포드사는 이 차의 생산을 중단했다. 이유는 지엠사의 시보
레가 등장했기 때문인데, 이 시점을 생산의 시대 종언이자 소비의 시
대 진입으로 삼는다. 포드 승용차가 인간의 운반 기능을 해결해 주는
'상품' 생산에 충실했다면, 후자인 시보레는 단순한 운반 기능뿐만 아
니라 아름답고 우아한 모습으로 인간으로 하여금 '소유' 욕망을 촉발
하도록 만들어 전자를 압도해 버렸기 때문이었다.

이런 사실을 적시하면서 보드리야르는 1927년을 인류 역사에서
'생산'의 시대, 곧 상품이 그 기능만으로 존재하던 시대가 끝나고 '소
비'의 시대, 곧 '예술품을 창작'하는 시대로 전환했다고 말한다. 생산
시대는 양의 축적이 주였으나 소비의 시대는 질의 평가가 우선시되

어 상품 시대에서 예술품을 생산하는 시대로 전환했다는 것이다.

거지도 예술적 동냥을 해야만 하는 시대다. 소비의 시대란 바로 노마드 사회로의 변모를 의미하며, 이 술어는 전 지구촌의 '도시 유목민'화 사회를 뜻한다. "1만 년 전에 정착된 농경 문명은 머지않아 노마디즘을 중심으로 재건될 것이다"라는 선언은, "지난 30년 전부터 인류의 5퍼센트가 유목화하였다. 대표적인 경우가 외국인 근로자, 정치적 망명자, 자신들의 땅에서 쫓겨난 농민들, 초상류 계급의 구성원들이다. 미국에서는 주민 5명당 1명이, 유럽에서는 10명당 1명이 매년 이사를 다닌다. 30년 후에는 적어도 인류의 10분의 1이 부유하든 가난하든 유목민이 될 것이다"(《21세기 사전》)라는 자크 아탈리의 말로 노마드의 개막은 입증된다.

이런 시대의 인간상은 가벼움, 자유로움, 환대, 경계심, 접속, 박애를 원하며, 그렇게 변해 가는 사회는 지구 위에 700만 이상 도시가 500개 탄생하고, 300여 국가, 전 인류 80억에 청소년 30억, 평균 수명 120여 세를 전망하는 엄청난 변화를 초래하기에 문학조차 이대로 남아 있을 수 없도록 압박한다.

이런 사회는 계층 구조가 어떻게 바뀔까? 부익부 빈익빈 현상이 보편화되어 계층 구조가 마름모꼴이어야 안정적이라던 기존의 재래식 형태를 정삼각형으로 바꿔 버리기에 지극히 불안해진다. 즉 최상류층과 극빈자가 소수이고 중산층이 압도적인 다수로 구성된 마름모꼴 사회 구조가 안정적인데, 정삼각형 구조에서는 최상류층은 소수이고 중산층이 그 바로 아래 부분을 차지하고 극빈층이 정삼각형의 밑변을 이룰 정도로 절대다수를 차지하게 된다는 것이다. 그러니 인간들은 점점 황폐해져 이기주의적인 동물처럼 추락한다. 이를 에리히 프롬은 "신이 멀리 있는 '우주'라는 주식회사의 사장"으로 변한 시대, 악마가 지옥에 있지 않고 지상에서 성업 중인 시대, 권력과 돈, 섹스, 명예 따위를 위해 악마에게 서로 영혼을 팔려고 공개 입찰해 둔 상태라며 현대 사회를 냉소한다.

현대 미학론에 가장 큰 영향력을 끼친 평론가 발터 벤야민은 이런 시대의 예술이란 전위적일 수밖에 없다면서 그 예로 카프카를 거론했다. 묻혀 있던 카프카의 재발굴자 역할을 수행한 벤야민은 카프카의 산문을 비밀스럽고 신비주의적인 요소를 지닌 것으로 평가한다. 작품 또한 심도 있게 독파하면서 자신의 사유를 담아낸다. 카프카의 〈인디언이 되고 싶은 욕망〉을 살펴보자.

인디언이 된다면 언제나 달리는 말에 올라타고, 비스듬히 바람을 가르며 진동하는 대지 위에서 짧은 전율을 느끼면서, 마침내는 박차도 내던지고, 왜냐하면 박차 따윈 있지도 않았으니까, 또 말고삐도 내던지고, 왜냐하면 말고삐 같은 것은 있지도 않았으니까, 드디어는 대지가 매끈하게 깎아 놓은 황야처럼 보이자마자 말의 목덜미도 말의 머리도 보이지 않으리라.(벤야민, 반성완 편역,《발터 벤야민의 문예이론》,〈프란츠 카프카〉, 민음사, 1983, 71쪽)

이 쌈박하고 완벽한 한 편의 산문이야말로 전위적인 미학이 낳은 산문이 아닐까. 그런데, 이런 작품이 AI 기술의 발전에 따라 펑펑 쏟아진다면 대체 문학은 어떤 운명에 처해질까? 이에 대한 해답을 벤야민은 일찌감치 컴퓨터가 생기기 이전에 명쾌하게 답했다.

〈기술 복제 시대의 예술 작품〉에서 벤야민이 예술 작품은 원칙적으로 복제가 가능하다고 전제한 대목은 곧 AI가 카프카의 멋진 작품을 얼마든지 재생산할 수 있음을 시사한다. 그러나 아무리 완벽한 복제라도 한 가지 요소가 빠져 있다고 벤야민은 주장한다. 시간과 공간에서 예술 작품이 갖는 유일무이한 현존성, 즉 일회적 현존성으로 시간적 공간적 현존성인 원작의 진품성은 분위기라며 이를 벤야민은 '아우라(오라)'라는 개념으로 풀어 준다. 아우라의 개념과 그 붕괴 현상으로 인한 복제 가능성을 제대로 이해하려면 벤야민의 〈산딸기 오믈렛〉을 음미할 필요가 있다.

옛날 한 왕이 전쟁에 패해서 산속에 홀로 남겨졌다. 허기 속에 헤매다가 한 오두막을 찾아가 노파에게 먹을거리를 구걸하자 노파는 산딸기 오믈렛을 만들어 왔다. 그걸 너무나 맛있게 먹고 허기를 채운 왕은 재기하여 나라를 되찾아 그 노파가 생각나서 찾았으나 어디에도 없었다. 50년이 지난 어느 날 홀연히 산딸기 오믈렛을 먹고 싶어진 왕은 궁정 요리사에게 그 메뉴를 주문한다. 그리고 자신의 마지막 소원을 성취시켜 준다면 사위로 삼아 제국의 후계자로 삼겠지만, 그러지 못하면 죽일 거라고 했다.

이에 요리사는 만들 시도도 하지 않은 채 당장 형리를 불러 자신을 죽여 달라고 했다. 이유를 묻는 왕에게 요리사는 자신은 그때 왕이 먹었던 요리보다 훨씬 더 좋은 재료와 요리법으로 더 맛있는 산딸기 오믈렛을 만들 수 있지만, 결코 왕을 만족시킬 수 없을 거라면서 이렇게 말한다.

> "왜냐하면 폐하께서 그 당시 드셨던 모든 양료(養料)를 제가 어떻게 마련하겠습니까. 전쟁의 위험, 쫓기는 자의 주의력, 부엌의 따뜻한 온기, 뛰어나오면서 반기는 온정, 어찌 될지도 모르는 현재의 시간과 어두운 미래―이 모든 분위기는 제가 도저히 마련하지 못하겠습니다." (같은 책, 〈산딸기 오믈렛〉, 25쪽)

요리사의 이 말에 왕도 수긍했다. 그러나 자신이 한 말은 지켜야 했기에 요리사에게 선물을 잔뜩 주고는 파면시켜 버렸다는 결말이다. 여기서 '모든 양료'가 바로 벤야민이 주장하는 예술 작품의 원작만이 지니고 있는 아우라인 것이다.

그래서 아무리 AI 시대가 도래해도 결코 기계로는 그런 아우라를 창조해 내지 못한다는 게 내 생각이다. 부언하면 훌륭한 작품이란 작가 자신만이 가진 아우라를 듬뿍 담아내는 솜씨다. 이 아우라는 인문학적인 축적 위에서만 출력이 가능함을 기억하자. 이것이야말로 전위 예술의 진면목을 나타낼 수 있는 게 아닐까. 이 재주꾼이 독일에서 정식 교수직을 얻을 수 없었던 건 히틀러의 게르만 종족주의를 지지하지 않았기 때문이었다.

벤야민과 아도르노의 전위주의 이론

나치스 집권 후 1933년 망명길에 오른 벤야민은 처량한 유랑자 신세로 지내다가 제2차 대전 발발 직후 파리에서 체포당한다. 하지만 간신히 석방, 미국 비자를 얻어 피레네 산맥을 넘어 스페인에 밀입국하여 도미할 계획이었으나 좌절됐다. 프랑코 장군의 쿠데타로 스페인이 파시스트 군부 독재 체제가 되어 친독 세력으로 변해 버렸기 때문이다. 벤야민은 도미 망명의 길이 막혀 버리자 어쩔 수 없이 국경 부근의 산속에서 모르핀 알약을 복용하고 자살해 버린다.

이 불행했던 전위주의 이론가는 1960년대부터 '벤야민 르네상스'라 불려지며 일대 선풍을 일으켰다. '유태주의+마르크시즘+모더니즘=마르크스를 인용하는 비마르크스주의자'로 도식화할 수 있는 벤야민은 시대 풍속사부터 언어 철학, 번역 이론, 미메시스론, 독특한 산문 양식, 모더니즘적 미학관, 문명사 전반에 걸친 통찰로 후기 구조주의, 포스트모더니즘, 해체론, 매체 이론 같은 현대 문명사 전체에 영향을 끼치며 승계되었다.

벤야민은 묻힐 뻔한 카프카를 완전히 되살렸고, 마르셀 프루스트의 《잃어버린 시간을 찾아서》를 "신비주의자의 침잠과 산문 작가의 기량 및 풍자가의 열광, 그리고 학자의 폭넓은 지식과 편집광의 일방적 자의식이 한데 어울린 자전적 작품"이라 극찬했다. 또한 철학, 미술, 음악, 심리학 들이 어우러져 하나의 언어로 말하고 서로 통하고 있는 자아의 내면 탐구를 통해 예술로 구원받고자 하는 것이라고도 했다. 프루스트의 이미지는 시간과 삶 사이에 걷잡을 수 없이 커 가는 간극이 획득할 수 있었던 최대의 인상적인 표현이며, 회화 기법의 많은 부분이 소설 기법으로 바뀌어 이때 사용한 문체는 또한 인상주의 회화 기법이라고도 평했다.

《발터 벤야민의 문예 이론》에 나오는 〈얘기꾼과 소설가〉에서 벤야민은 이야기체 형식의 예술이 막바지에 이르렀다고 보았다. 곧 날이 갈수록 경험을 주고받는 능력이 없어진다는 것인데, 그렇게 된 원인 중 하나가 "경험의 가치가 하락하는 것"이라며 오늘날 소설이 지닌 빈약한 서사 구조를 예언했다.

그리고 이름 없는 얘기꾼들은 두 가지 유형이 있는데, "하나는 한 곳에 정착해서 땅을 경작하는 농부이고, 또 하나는 이리저리 옮겨 다니면서 장사를 하는 선원"이라고 했다. 또한 이야기 듣는 사람은 이야기하는 사람과 함께 있지만, 소설의 독자는 혼자 유리되어 있는데, 이 고독 속에서 독자들은 "소설의 재료를 더 열심히 자기 것으로 삼는다." 따라서 진정한 얘기꾼은 현재도, 앞으로도 영원히 동화 얘기꾼일 것이며, 동화는 "신화가 우리들 가슴에 가져다준 악몽을 떨쳐 버리기 위해 마련한 가장 오래된 조치 방안"이라고 했다.

불행했던 벤야민과는 달리 테오도어 아도르노는 프랑크푸르트에서 포도주 회사를 가졌던 부유한 유태인 아버지에 오페라 가수 어머니의 외아들로 태어났다. 어머니의 영향으로 음악적 소양 아래서 성장, 작곡 수업을 받기도 한 아도르노는 김나지움 시절에는 수학 이외의 모든 과목이 뛰어났고 특히 칸트, 쇼펜하우어나 괴테, 실러 들에 심취한 철학도이자 문학도였다.

독일의 철학자이자 작가, 문예 평론가인 발터 벤야민. 유럽의
미학에 지대한 영향을 끼쳤으나 나치를 피해 망명 중 죽었다.

독일의 사회 철학자 테오도어 아도르노. 프랑크푸르트
학파의 대표적인 학자로 공저 《계몽의 변증법》을 썼다.

1921년 프랑크푸르트 대학에 입학해서 철학, 음악, 심리학, 사회
학 들을 수학한 아도르노는 루카치와 에른스트 블로흐의 영향을 강
하게 받기도 했다. 음악 평론가로 활동하면서 후설의 현상학에 관한
논문으로 1924년 박사 학위를 취득하고, 빈으로 가서 본격적인 작곡
과 피아노 수업을 받는 한편 음악 잡지 편집도 했다.

아도르노가 심취한 것은 쇤베르크였다. 빈의 비합리주의적 학풍
에 환멸을 느낀 아도르노는 1927년 프랑크푸르트로 귀환, 칸트와 프
로이트에 몰입하면서 프랑크푸르트대 사회 연구소장 호르크하이머
(Max Horkheime)와 가까워져 음악과 이데올로기를 연계시키는 비평

을 시도했다. 1931년 키르케고르를 다룬 글로 교수 채용 논문에 통과, 호르크하이머의 사회 연구소에 가입해 활동한다. 그러다 나치에 의하여 교수 자격을 회수당하자 1934년 영국으로 망명했다. 그 뒤 뉴욕, 로스앤젤리스에 체재 후 프랑크푸르트로 귀환했다. 미국 체재 중 아도르노는 '문화 산업'에 대한 엄격한 비판 의식을 갖게 되었다.

1952년에서 1953년 다시 미국에 다녀온 아도르노는 그 뒤 독일로 영구 귀국, 프랑크푸르트대 사회 연구소에 몸담은 채 철학, 사회학, 음악 및 문학 평론 활동에 전력했다. 1959년 호르크하이머가 은퇴한 뒤 사회 연구소 소장직을 맡았는데 1968년 유럽 학생 운동의 절정기에 폭력 사용에 반대하여 학생들과 격렬한 논쟁을 야기하며 물의를 빚기도 했다. 이듬해에는 강의가 중도 폐강되어 스위스로 휴가를 떠났다가 심장경색으로 타계했다.

정통 마르크시즘을 신랄하게 비판하는 입장인 아도르노 사상의 기반은 '도구적 이성'이다. 원시 시대부터 인간은 생존을 위해 합리적인 행위가 아닌 목적 실현을 위한 도구화를 시도하였는데, 그 과정에서 인간 주체는 도구적 이성으로 전락해 버렸으며 그것이 인류의 비극이라고 아도르노는 보았다. 이런 노예적인 도구적 이성에서 해방될 수 있는 길을 아도르노는 끊임없는 비판이라고 주장했으며, 이를 '부정의 변증법' 논리로 승화시켰다.

나치즘과 스탈린 체제에 대한 강력한 비판 의식에서 형성된 아도르노의 사상인지라 부정의 변증법은 유물 변증법을 정면으로 거부하고, 정반합의 헤겔적인 이상주의조차 부인한다. 그리고 '합'의 단계도 새로운 '반'을 잉태한다는, 이른바 '국부적 부정'을 포함한다고 주장했다. 예술이란 아도르노에게는 영원한 '반'을 추구하는 것인데, 여기서 부정의 변증법이란 현상적인 사회를 뜨겁게 비판하라고 주장할 것이라는 예상을 깨고, 아도르노는 오히려 서정시가 사회와 무관할수록 그 거리만큼 사회와의 관계를 드러낸다는 선문답식 비판의식을 정식화시키고 있다.

쇤베르크를 선호하는 비평가답게 아도르노는 모더니즘 이론에 경도되어 리얼리즘을 비하하며 대중성 강한 문화 산업에 본능적인 반감을 나타냈다. 서구 부르주아적인 고매한 미의식과 감각을 지닌 낭만주의로서는 그 지적 호기심이 따분했을 터여서 아도르노는 영원한 부정의 변증법으로 새로운 기교를 추구했다. 아도르노의 입맛에는 쇤베르크와 같은 항렬자인 카프카나 베케트가 입맛을 돋웠을 것이고, 현대에도 아도르노의 이런 이론은 전위주의 미학으로 손색이 없다.

아도르노를 향해 한나 아렌트는 "위선적인 강당 사회주의자"에 미국 망명 시절의 불륜까지 거론하며 "가장 역겨운 인물 중 하나"라고 했고, 호르크하이머는 "자아도취자"라고도 했다. 하지만 아도르노 자신은 태연하게 텔레비전은 이데올로기이고, 대중문화는 이성의 타락이라면서 자기는 만화를 애호한다고 밝혔다.

아도르노는 자본주의 체제의 핵심 가운데 하나인 문화 산업과 대중문화에 대해서 비판과 공조를 두루 포함한 논리를 폈다. 대중 기만으로써 문화란 옛날부터 혁명적 또는 야만적 본능을 길들이는 데

기여해 왔다고 보았다. 그런데 오늘날 문화는 모든 것을 동질화시킨다. 그러나 그것은 보편과 특수의 잘못된 동일성으로, 독점하에서 대중문화는 모두 획일적인 모습을 보이며 그 힘의 행사도 점점 노골화된다. 대중 매체는 그들이 만들어 낸 쓰레기들을 정당화하는 이데올로기로 사용하며, 저항하는 자는 저항을 포기하고 자신을 어떤 부류에 넣음으로써만 살아남을 수 있다. 문화 산업은 위로부터 조정되며 즉석요리처럼 바로바로 제공된다. 시민 예술의 순수성이란 하층 계급을 배제시킨 대가로 얻어진 것일 뿐이다.

대중문화란 비록 고통을 없애지는 못하지만 기록하고 주재하는 방식으로 비극을 다룬다. 하지만 문화 산업은 비극을 진부하고 판에 박힌 것으로 만들어 버린다. 따라서 예술의 자율성을 포기하도록 만들기 때문에 예술 자신이 자율성을 포기하고 상품의 일원이 되었음을 오히려 자랑스러워하고 있다. 대중 사회에서 인기 스타는 단순한 옷본으로, 권력을 누리는 지도적인 인물은 '높은 인격'이 아닌 그런 역할을 연기하는 배우일 뿐이다. 그래서 프로파간다는 인간을 조작한다. 지도자와 추종자가 하나로 뭉친 건 '허위의 공동체'다. 프로파간다의 진리는 목적을 위해 신도들을 모으는 단순한 수단이다. 이런 가운데 전위 예술이란 진정한 '저항'을 수행해야 한다는 것이 바로 아도르노이다.

제2장　　　　　　　　　영원한 전위 의식의 모옌

불명예스럽고 극악무도한 파머스톤 아편 전쟁

"중국은 잠자는 사자인데, 만약 잠에서 깨어나면 세계를 진동시킬 것"이라는 나폴레옹의 말은 "그래도 지구는 돈다"는 갈릴레이의 발언처럼 근거가 없음에도 19세기부터 정설처럼 굳어져 버렸다. 아마 세계사에서 유명한 3대 거짓 격언을 든다면 이 두 발언에다 스피노자의 "내일 지구의 종말이 온대도 나는 오늘 사과나무를 심을 것이다"를 더하면 될 것이다. 하지만 때로는 유언비어가 진실에 더 가까이 다가선다. 유언비어가 정치가나 학자들보다 더 역사적 진실의 정곡을 찌르기 때문이다.

대항해 시대부터 시작된 유럽 제국주의는 포르투갈, 스페인, 네덜란드, 프랑스를 거쳐 영국의 산업 혁명으로 전 지구 침략 전쟁의 선두에 섰다. 이미 태국을 제외한 동남아시아 전체와 인도, 인도차이나 반도까지 다 식민지로 전락해 버린 위기인데도 당시 대청 제국은 의

연히 쇄국을 외교 노선의 기본으로 삼은 채 부패와 부정으로 얼룩져 갔는데, 그중 가장 심각한 게 아편 문제였다.

기원전 1500년경 이집트에서 의약품으로 썼다는 아편은 이후 그리스, 로마를 거쳐 유럽에서도 진통제로 사용되었다. 중국에서는 전한 시대 때 전파되었다고도 하나 위진 남북조 시대부터는 '앵속'이란 이름으로 등장하다가 당 현종 때는 약초 관련 서적에 올랐고, 그 후에는 약용과 꽃의 아름다움으로 널리 퍼지게 되었다.

그러나 네덜란드 동인도 회사가 아편연(鴉片烟)을 퍼뜨리면서 아편은 마약으로 전용되기 시작했다. 동남아로 진출한 중국 노동자들이 아편을 이용하면서는 국내로도 들여오게 되었다. 네덜란드는 주로 타이완과 푸젠성, 광둥성에 밀매 조직의 근거지를 두었으나 점점 확산되어 1685년부터는 마약이 성행하게 되었다. 사회 문제로 비화하자 1729년 아편 수입 금지령을 내렸으나 단속은 형식이었고 관료들은 부패하여 점점 상용 인구가 늘어났다. 1800년대 초 청나라 인구 3억 명 중 1천만 명이 아편 중독자였다. 이에 1813년 단속법을 강화했지만 제어가 안 되자 1838년에는 흡연자가 1년 6개월간 치유를 못 하면 사형을 시키는 강경 조치까지 나왔다.

이렇게 된 배경에는 무역 적자를 만회하려고 영국이 취한 공공연한 아편 밀매 수출이 있었다. 중국에서 차를 대량 수입하던 영국은 대중국 수출품이라고는 은과 시계 정도여서 엄청난 적자에 허덕이고 있었다. 그 해결책으로 인도에서 생산한 아편을 중국에다 밀반입하는 것으로 대체했는데, 청의 애국자 임칙서에 의하여 곤경에 처하

중국 푸젠성 푸저우 시에 있는 임칙서 기념관. 임칙서는 중국이 낡은 중화사상에서 벗어나서 세계로 시야를 넓힐 것을 주장했다.

자 군사적인 대응을 하면서 아편 전쟁이 일어났다. 침략 앞에 무력해진 왕실은 임칙서를 해임시켰다가 멀리 변방 신강 지역으로 좌천한다. 나중에 태평천국의 난이 일어나자 다시 소환당한 임칙서는 임지로 가던 중 병사했다. 문인에다 사상가로 민족적 영웅인 임칙서의 대표적인 유적지는 기념관과 묘지, 살던 집까지 모든 것들이 다 푸젠성 푸저우시에 있다.

가장 추악한 제국주의의 실체를 보여 준 아편 전쟁은 제1차 전쟁(1840년~1842년)과 제2차 전쟁(1856년~1860년)으로 나뉜다. 제1차 전쟁의 패배로 맺은 난징 조약에 따라 홍콩은 영국령이 되었다가 1997년 7월 1일 자정에야 중국령으로 되돌아왔다. 이 밖에 무려 다섯 항구를 개항하며 엄청난 손실과 피해를 당한다. 그러면서 청 제국은 급속히 반식민지 신분으로 격하되기 시작했고, 그에 따라 동아시아 전체의 격변을 초래하는 계기가 되었다.

제국주의 침략 야욕은 무한대이기에 난징 조약에서 얻은 것으로는 배가 부르지 않아 더 엄청난 요구를 하면서 제2차 아편 전쟁이 벌어졌다. 프랑스와 미국과 러시아의 동의 아래 영국이 앞장서고 프랑스 또한 전쟁에 참가했다. 영국·프랑스 양군이 톈진의 대고포대를 공략하고 베이징까지 진격한 이 전쟁의 결과로 청은 1858년 아이훈 조약과 톈진 조약을 거쳐 1860년 베이징 조약을 강제당해 국토가 요절이 났다.

이런 제국주의적 야만 전쟁에 반대한 정치인으로는 영국의 글래드스톤(William Ewart Gladstone)이 있다. 글래드스톤은 노예 제도를 반대해 온 자유주의와 평화주의 지지자로 1840년 아편 전쟁을 위한 하원 논쟁 중 아편 밀무역 행위를 "불명예스럽고 극악무도하다"며 강력히 반대한다. 그러면서 수상인 파머스톤의 이름을 따 '파머스톤 아편 전쟁'이라고 비꼬았다. 그 결과 압도적이었던 전쟁 지지세가 꺾였으나 파병안 투표는 찬성 271표, 반대 262표로 통과되고 말았다. 어쨌든 이 전쟁으로 제국주의 전성기 최후까지 독립 국가를 유지했던 동아시아조차 서세동점(西勢東漸)의 막이 열리고 말았다.

중국은 민중 항쟁으로 나라가 뒤집혀진 유구한 역사를 갖고 있다. 이런 민중 항쟁들의 축적에서 일어난 것이 태평천국 운동이다. 홍수전은 광둥의 객가인(客家人)이다. 객가인이란 화북 황하 지역에 살던 한족들이 이민족의 지배로 혼혈이 되었다가 남방으로 이주해 집단촌을 이루며 형성한 특이 집단으로 광둥성, 장시성, 푸젠성 일대에 정착, 세계적으로 진출해 현재에는 8천만 명에 이른다. 홍수전은 정치적인 이상을 실현할 나라를 '태평천국'으로 선포하고 난징을 수도로 삼아 파죽지세로 그 세를 펼쳤으나 14년 만에 종막을 고했다. 이 항쟁은 세계 농민 전쟁사에서 가장 규모가 큰 일대 사건으로 중국 근대 혁명사의 서장을 열었다.

나라가 위태로워지면 중국 역사는 특이한 여걸이 등장하여 도리어 더 망치는데, 서태후도 그랬다. 1852년 함풍제의 후궁으로 들어간 서태후는 어린 아들 동치제가 즉위하자 섭정을 맡고, 그 뒤 광서제 때 잠시 밀려났다가, 1898년부터는 다시 권좌에 올라 사실상 청의 종말을 초래하여 1908년 부의를 내세우고는 자신도 죽었다.

이 시기에 청은 전신이 갈기갈기 찢겼고 밖으로는 청불 전쟁과 청일 전쟁의 패배로 사실상 국가 주권은 위기에 처했다. 그러자 우국지사들과 온갖 개혁 운동이 연이어 시도되었는데, 그중 가장 중요한 흐름은 쩡궈판, 리훙장 같은 관료들의 부국강병 정책과 1898년 무술변법이었다.

무술변법은 캉유웨이, 량치차오가 주동이 되어 추진했던 개혁 운동이다. 하지만 불과 100일 만인 1898년 9월 21일, 서태후의 재기로 좌절당해 개혁 세력들은 망명길에 올라야 했다. 서태후는 강력한 수구파로 되돌아가 청 제국은 점점 위기만 커졌다.

이에 만주족 지배에서 벗어나 한족 체제로의 혁명을 위한 열기가 고조되면서 1899년부터 의화단 운동이 산동과 화북 지역을 중심으로 퍼졌다. 민간 무술 단체와 각종 민간 신앙에 기초한 여러 조직의 집합체인 의화단은 제국주의 열강들의 잔혹한 점령 책동에 대한 반발로 일어나 '부청멸양(扶淸滅洋, 청나라를 돕고 서양을 물리침)'을 기치로 내걸었다.

이런 대혼란기에 쑨원이 강력한 지도자로 부상한다. 그리고 1911년 10월 10일 신해혁명을 일으켜 청나라를 무너뜨리고 중화민국을 세우면서 중국 대륙은 일대 회오리에 휩싸이게 된다.

이 혼란기에 막강한 실세였던 위안스카이는 조선의 임오군란, 갑신정변에도 깊숙이 관여하며 조선의 근대화를 가로막은, 사실상 주한 중국 공사 역을 수행한 인물이다. 청일 전쟁 후 리훙장의 북양군을 넘겨받은 위안스카이는 캉유웨이의 무술변법파에 붙었다가 도리어 배신자가 되어 이를 서태후파에 밀고하며 일약 기반을 탄탄히 다졌다. 이런 변절자에게 황실은 신해혁명 저지의 임무를 맡긴다. 그러나 도리어 쑨원과 협상하여 중화민국 임시 대총통이 된 위안스카이는 다시 표변하여 1915년 중국의 황제가 되어 군림했다. 위안스카이의 사후 대륙은 지역마다 군벌들이 난립하여 신생 중화민국의 존립 그 자체가 휘청거릴 지경이었다.

이런 여러 난관을 뚫고 1949년 중화 인민 공화국 정부가 수립된 뒤에야 근대 중국이 겪었던 제국주의 침탈에 대한 역사적인 작품들이 쏟아져 나오는데, 그 대표적인 작가가 모옌(莫言)이다.

모옌의 출세작 《홍까오량 가족》

2012년 노벨 문학상 수상작가인 모옌의 별명은 '중국의 프란츠 카프카'로, 환영적 사실주의를 대표하는 작가다. 내가 평한다면 카프카보다 모옌이 더 매력적이다. 모옌은 현존 세계 최고의 문호이자 가장 전위적인 작가다. 누구도 모옌의 소설이 지닌 미학적인 구성이나 기발한 묘사법, 인간의 상상력이 미칠 수 있는 극한점까지 나아간 전위 의식을 따라잡기 어려울 것이다.

그런데도 한국 독자들은 모옌을 별로 읽지도 않을 뿐만 아니라 모옌을 통해 문학 수업을 하려는 풍조조차 없다. 일반 대중들도 모옌에 대해 싸늘하기는 마찬가지인데, 무라카미 하루키에 대한 열광과 대비된다. 문학적으로나 역사의식과 전위적인 작가의 자세로 보나 어떤 면으로든 무라카미는 모옌과는 상대조차 안 된다고 보건만, 아마 오로지 일본 편향적인 한국인들의 풍조 때문이 아닐까 싶다. 역사적인 체험 또한 우리는 중국처럼 제국주의 침탈의 상흔을 가진 민족이라 당연히 더 친근감을 주건만, 왜 일본 같은 제국주의 나라들의 작가를 더 선호할까. 필시 한국 지배층들이 여전히 친일 요소로부터 탈각하지 못한 때문이 아닐까 싶다.

유구한 전통을 가진 중국 문학은 루쉰 시대 이후부터만 보더라도 기라성처럼 많은 문학인을 배출했고, 그 시대 또한 항일 투쟁, 국공 내전, 중화 인민 공화국과 타이완 정부의 분단을 거쳐 대륙 중국은 문화 대혁명, 덩샤오핑의 개혁과 개방 시대 이후 현대에 이르기까지 실로 파란만장했다. 이 엄청난 역사의 격랑을 거치며 중국 인민이 겪

중국의 소설가 모옌. 오래된 민담과 역사, 현대 중국의 사회상들을 모두 섞어 독특하고 환영적인 글을 쓰는 작가로 손꼽히며 2012년 노벨 문학상을 수상했다.

가오미에 있는 모옌의 생가. 빈농의 아들로 태어난 모옌은 사방에서 비와 바람이 새는 곳에서 자라났지만, 이를 "하늘과 바람과 흙 속에서 태어나 성장하는 것"이라는 의미로 읽어 낸다.

은 고난의 삶을 찬찬히 충실하게 증언해 준 작가가 바로 모옌이다. 대부분의 현대 중국 작가들이 당대의 현실을 집중해 다루는 데 견주어 모옌은 제국주의 침탈 아래서 중국인 전체가 당했던 고통과, 1949년 사회주의 중국의 형성 이후에 겪었던 내부적인 문제를 두루 다루고 있다. 특히 탁월한 것은 앞의 계열에 속하는 작품들이다.

산둥성 가오미시 빈농 대가족 집안에서 태어난 모옌은 자기 방을 이렇게 묘사한다.

그가 태어난 방은 아주 작았으며, 사방에서 바람이 스며들고 비가 샜다. 그의 고향에서는 분만 때 산모가 거리의 흙더미 위에 나체를 드러내고 앉는 것이 관습이었고-그래야 순산을 한다는 것이었다-, 그도 그러한 방식으로 태어났다. 이 관습에는 사람도 양이나 말처럼 하늘과 바람과 흙 속에서 태어나고 성장하는 것이라는 의미가 담겨 있다. (모옌, 박명애 옮김,《술의 나라》, 책세상, 2003, 2권 591쪽)

모옌은 이런 농촌, 목화 재배가 성행하고 넓은 평원은 수수밭인 농촌의 "무너진 초가집, 다 떨어진 옷, 뼈를 깎는 노동, 여름이면 찾아드는 무더운 더위, 겨울이면 뼛속까지 얼어붙게 하는 혹한"을 견디며 자라났다.

모옌이 초등학교 3학년 이후에 읽은 책들의 목록에는《삼국연의》,《수호전》,《유림외사》같은 고전들과, 취칭타오의 장편 소설로 국공 내전을 다룬《임해설원》, 양모의《청춘의 노래》(한국어 번역판은 《피어라 들꽃》)가 있다. 특히 양모의 장편은 1930년대 만주 사변 이후 베이징대 학생 운동을 다룬 장기 베스트셀러로 나중에 영화화되어 크게 성공한 작품이다. 모옌이 즐겨 읽은 번역 소설로는 러시아의 유명한 혁명 소설가 니콜라이 오스트롭스키의《강철은 어떻게 단련되었는가》도 있다.

1966년 초등학교 5학년 때 시작된 문화 대혁명으로 학업을 멈추고 농촌 노동을 시작한 모옌은 온갖 고역을 치르다가 18세가 되자 면화 가공 공장에서 일하게 되었다. 그렇게 10년을 보낸 모옌은 21세인 1976년 징집됐다. 군에서 모옌은 문학적 재능을 인정받아 23세부터 창작 공부를 시작, 이듬해에는 총참모부 정치 교원에다 선전부 간사, 도서 관리원을 거치며 헤겔과 마르크스를 탐독했다. 26세인 1981년 처녀작 〈봄밤에 내리는 소나기〉로 등단해 필명으로 모옌을 쓰게 되었고, 29세에는 중국 해방군 예술 학교 문학과에서 본격적인 문학 전문 학습을 받는다. 그때 미국 작가 윌리엄 포크너, 콜롬비아의 가브리엘 가르시아 마르케스 같은 전위적인 문학을 좋아하게 되었다.

1987년 출세작인 《홍까오량 가족》이 출간되자 모옌은 일약 세계적인 명성을 얻게 되었다. 총 5부작인 책은 〈붉은 수수〉, 〈고량주〉, 〈개들의 길〉, 〈수수 장례식〉, 〈이상한 죽음〉으로 구성되어 있다. 장이머우 감독이 영화화한 〈붉은 수수밭〉이 베를린 국제 영화제 황금곰상을 수상하면서 더욱 유명해졌는데, 영화만으로는 소설의 전모를 알 수 없을 것이다.

시대적인 배경은 1930년대이나 소설의 첫 장면은 1939년 음력 8월 초아흐레에 시작된다. 무대는 작가의 고향이고, 몰락한 지주로 은그릇을 만드는 가난뱅이 장인의 딸인 따이펑리옌이 여주인공이다. 따이펑리옌은 열여섯 살 때 아버지의 뜻에 따라 이웃 마을 이름난 부자의 외동아들인 단피엔랑에게 시집을 가게 된다. 수수로 명고량주를 빚어내는 양조장을 경영하는 단씨 집안은 인근 백여 리 안에서는 부자로 알려져 있었으나 정작 신랑이 될 사람은 문둥병 환자라는 소문이 파다했다.

시집가는 날 따이펑리옌을 좋아하는 위잔아오는 네 가마꾼에 끼여 제일 짓궂게 굴었다. 위잔아오는 노골적으로 "신랑 단피엔랑에게 몸을 맡기지 마쇼. 그에게 몸을 맡기면 당신도 썩고 말아요!"라고 협박했다. 꽃가마가 합마갱(蛤蟆坑)이란 붉은 수수밭 벌판을 지날 때 통행세를 요구하는 비적을 만나 돈을 털리고는 신부마저 끌려 나와 몸까지 망칠 찰나에, 따이펑리옌을 좋아하던 위잔아오가 차마 그 치욕을 견디지 못해 비적을 죽여 위기를 벗어난다.

이 두 남녀가 결국 부부가 되어 항일전을 전개하는데, 노선을 가리지 않고 일본군을 공격하는 전투라면 어떤 희생이라도 감수한다. 결국 이런 전략이 나중에는 국공 합작을 성사시켜 항일 투쟁을 하도록 만들었다는 게 이 소설의 결말이다. 줄거리만 간추리면 대중 선동 소설 같지만 전위적인 기법으로 세련된 구성을 했기에 독자들은 소설에 함몰될 수밖에 없을 정도로 흥미진진하다.

그 뒤 모옌은 너무나 유명해져 베이징 사범 대학 대학원 과정에 입학, 문예학 석사가 됐고 군에서는 소령급으로 승진했다. 이후 엄청난 작품들을 쏟아 냈는데, 그중 가장 전위적이고 경탄할 만한 장편 《술의 나라》와 《탄샹싱》 두 작품만 살펴보기로 한다.

술만 잘 마시면 출세하는 나라

《술의 나라》는 프랑스 루얼 파타이아 문학상, 이탈리아 노니로 문학상, 프랑스 예술 문화 훈장상, 홍콩 아시아 문학상, 일본 후쿠오카 아시아 문화 대상 수상들로 명성이 자자하다.

이 소설은 크게 세 가지 이야기로 구성되어 있다. 처음은 아이를 잡아먹는 도시 주꾸어(酒國)시를 다룬 한 작가의 소설, 두 번째는 그곳에서 술을 주제로 박사 논문을 준비하는 학생 리이또우와 가상의 모옌이 주고받는 편지, 마지막은 리이또우의 습작 소설 8편으로 이뤄져 있어 그 구성이 가히 현대 최첨단 건축물처럼 다채롭다.

　　첫 이야기에서 검찰 수사관 띵꼬우가 아이를 잡아먹는다는 나산 탄광으로 조사차 출장을 가려고 트럭을 탄다. 그런데 공교롭게도 기사가 여자였다. 여자와 계속 여러 가지로 어울리게 되면서 띵꼬우는 권총을 분실한다. 하지만 탄광에서는 시 고위 간부인 공산당 책임자들로부터 엄청난 접대를 받는다. 이때 술안주는 아이를 상처 없이 깨끗하게 목욕시켜 호적을 말소해서 파는 걸 매입한 것이다. 특등은 한 근에 백 위안짜리다.

　　남자아이는 책상다리를 하고서 큰 접시에 앉아 있었다. 온몸에 황금색과 향기로운 기름이 흘렀고, 멍청한 웃음을 띤 얼굴은 아주 어리석어 보였다. 그의 몸 주변은 새파란 야채 잎사귀와 붉은 무꽃으로 장식되어 있었다. (같은 책,《술의 나라》, 1권 126쪽)

　　이 아이가 바로 이 도시의 최고 요리인 치린송쯔라는 것이다. 중국에는 예로부터 식인 풍습이 많은데 춘추 전국 시대의 이아가 자기 아들을 제 환공에게 바쳤던 실례는 너무나 유명하다. 띵꼬우가 먹기를 주저하자 간부들은 모양만 아이지 재료는 다른 걸로 만들었다고 변명한다. 현행범으로 체포하려던 띵꼬우는 도리어 간부들에게 말려들어 아이 고기를 한 입 넣게 된다.

띵꼬우는 팔 한 조각을 집어 눈을 감은 채 입안에 밀어 넣었다. 와, 하느님 맙소사. 혀 위의 모든 미각이 동시에 환호성을 질렀다. 두 볼의 근육들이 운동을 가속화했고, 목구멍 속에서 손 하나가 쑥 나오더니 그 물질을 빼앗아 가버렸다. (같은 책, 1권 138쪽)

작가는 이런 잔혹해 보이는 요리를 직접 등장시키지 않고 리이또우의 창작 소설로 자세히 묘사해 주는 기교를 활용한다. 소설에는 사람 고기에 대한 묘사, 그 맛과 장점, 먹는 법과 요리 학교 특별 구매처가 이런 업무를 담당한다는 운영 실체까지 자상하게 나온다.

양조대학 박사 과정인 리이또우는 처음에 주꾸어시의 최고 무기가 주량이라고 소개하는데, 그 예로 주꾸어시 선전부 부부장 진깡짠은 소학 교사였으나 술 3천 잔을 마시고도 끄떡없어 고위직에다 주꾸어시 양조대학에서 특강도 한다. 띵꼬우와 여자 운전기사의 미묘한 육체관계도 나오는데, 기사는 이미 다섯 번이나 임신했지만 다섯 달만 되면 모두 낙태시켜 진깡짠이 먹어 버린다는 것이다.

리이또우의 장인 웬수앙위 교수는 술의 권위자이고 장모는 음식의 권위자다. 소개에 따르면 룽펑청샹(龍鳳呈祥)은 광동 요리 중 최고로 기본 재료는 독사와 꿩인데, 재료비 절약을 위해 독사 대신 웅어, 꿩 대신 닭을 쓸 수도 있다. 그러나 암수 당나귀의 외부 생식기를 쓰면 인기가 더 올라간다. 그래서 이 도시의 당나귀 거리에서는 당나귀를 수없이 죽여 그 영혼이 떠돌아 햇빛이 약해졌다는 아주 탁월한 발상의 소문까지 떠돈다.

리이또우의 장모는 너무나 아름다워 사위가 반할 정도다. 장모는 대학의 요리 교수인데 장모가 강의한 요리들 중에 오리너구리찜과 앞서 나온 치린송쯔가 있다. 소설에서는 특히 아이 요리인 치린송쯔를 자세히 소개해 준다. 아이 요리의 일차 작업은 피 빼기이다. 피를 뽑지 않은 게 더 좋다고도 했으나 연구 결과 피를 뺀 게 색깔이나 냄새, 맛이 더 좋다고 한다.

우리도 익히 알고 있는 제비집 요리에 대해서도 자세히 나온다. 리이또우의 장모네 친정은 제비집 채집이 전문업이다. 그 요리를 먹어서 장모는 청춘과 미모를 구가한다는 것이다. 소설에서는 금사제비의 생태, 번식지와 서식지도 두루 서술해 준다. 제비집 탕을 먹고 자란 장모는 네 살 무렵 이미 키와 지력이 열 살 수준이었다고 한다. 고전 소설 《홍루몽》의 임대옥도 항상 제비집 탕을 마셨다.

리이또우가 모옌에게 보낸 편지에는 이 밖에도 낙타 발, 곰 발바닥, 원숭이 머리, 제비집 같은 것이 나오는데, 원숭이 머리는 어떤 나무에 돋은 버섯을 뜻한다. 리이또우의 소설 형식을 빌려 원숭이술도 소개한다. 리이또우의 장인이자 양조대학 교수인 웬수앙위가 주장하는 술의 기원은 동물이다. 원숭이들이 산속에다 술 웅덩이 만들어 놓은 걸 마시며 즐겼던 노인 이야기에서 비롯된 것이다.

그 원숭이술을 찾으러 장인은 떠나고, 홀로 남은 장모는 사실 리이또우 아내의 생모가 아니다. 장모는 리이또우에게 장인의 죄를 토해 내는데 "그 간단한 말은 피였으며 소리마다 눈물"이었고, 끝내는 "자네 아내는 내가 쓰레기통에서 주워 온 버려진 아이라네"라고 진상을 밝힌다. 출판사 소개처럼 《술의 나라》는 "'술'이라는 매개체를 통해 인간 사회의 추악하고 폭력적인 모습을 적나라하게 드러"내며 "자신을 망각하고 욕망의 향연에 빠져드는 인간 군상을 날카롭게 풍자"하는 걸작이다.

제국주의가 강요한 가장 잔혹한 처형 방법

모옌의 고향이자 소설의 주무대 중 한 곳인 산둥성은 볼거리와 유적지가 많다. 성도 지난에는 호수가 백 개가 넘고 두보는 이십 대 때 산둥성 여행을 했다. 맹자, 묵자, 관중, 왕희지, 편작, 제갈량 유적지에 양산박 유적지도 있고, 의상 대사와 연이 닿는 봉래각이나 신라방 터도 있다. 특히 주목할 곳은 독일인의 조차지였던 칭다오로, 바로 소설 《탄샹싱》의 무대가 되는 지역이다.

1842년 난징 조약에 이어 톈진 조약과 베이징 조약으로 중국에는 제국주의 세력들이 전 국토를 분할, 침탈한다. 그러다가 1884년 청불 전쟁으로 중국은 베트남을 포기했고, 1894년 청일 전쟁으로 조선도 포기했다. 이런 가운데 구교 운동이 대두했는데, 특히 산둥성에서는 의화단의 전신인 의화권, 대도회 같은 비밀 결사가 타부제빈(打富濟貧), 관핍민변(官逼民變)을 제창하며 저항 운동이 일어났다.

1897년 11월, 산둥성 거야현에서 독일 선교사 2명이 살해되자 독일군이 자오저우만에 상륙했다. 이에 의화단에서는 자오저우만과 지난을 잇는 독일 철도 부설 반대 운동이 일어났다. 그런데도 독일은 이듬해 자오저우만 일대를 차지하고는 칭다오를 군항으로 삼아 버렸다. 1899년에는 영국 선교사까지 살해되며 상황은 더욱 험악해졌고, 1900년 5월에는 의화단과 외국군이 전쟁 상태로 돌입해 버렸다.

그런 가운데 6월 20일, 독일 공사가 살해되자 이튿날 청나라 조정은 외국에 선전포고를 해 버린다. 이에 영국, 프랑스, 독일, 일본, 러시아, 오스트리아, 이탈리아와 미국까지 8개국 연합군 1만8천 명이 톈진을 공략하고는 베이징까지 점령하자 사실상 청조는 말기 증세에 이르렀다. 1901년 연합국 8개국에 스페인, 벨기에, 네델란드가 추가된 11개국이 청조와 강화 조약을 체결, 베이징에 외국군이 상주하며 청나라 국권은 상실의 길로 들어선다.

이런 역사적인 상황을 염두에 두면 소설 《탄샹싱》은 쉽게 이해할 수 있을 것이다. 앞서 말한 자오저우만을 차지한 독일인들의 행패가 늘어나던 때였다. 유랑 극단 단장 쏜빙은 후처를 희롱한 독일인을 죽여 버린다. 이에 독일인들은 쏜빙의 아내, 두 아들, 마을 주민을 학살하는 보복을 감행했다. 쏜빙은 피신해 의화단에 가입, 애국 투사로 변해 저항했다. 관군이 독일군과 연합하여 의화단 탄압에 나섰고, 쏜빙은 전투 중 그만 체포되고 말았다.

쏜빙의 딸 쏜메이냥은 아버지를 따라 배우를 하다가 백정에 저능아인 자오샤오자와 결혼, 개고기점을 운영했다. 고을 현령 첸딩과는 처음에는 수양아버지와 수양딸 사이였으나, 쏜메이냥이 첸딩의 기개와 양심적인 처신에 반해 사랑하는 사이가 되었다.

그런데 쏜빙이 잡히자 첸딩은 애인의 아버지 쏜빙을 동정하면서도 처형시켜야 할 처지에 내몰렸다. 쏜빙의 민족정신을 십분 이해하지만 현령으로서 백성들의 희생을 줄여야 했기 때문이다. 독일의 간섭에 시달리던 위안스카이까지 나서서 쑨빙의 처형에 일일이 참견했다. 독일인들은 잔혹한 보복으로 다시는 독일인에게 손대지 못하게 하려고 애국 투사인 쑨빙을 그냥 죽이지 말고 서서히 고통스럽게 죽어 가는 방법으로 처형하라 강요했다. 그래서 나온 것이 소설의 제목인 탄샹싱(檀香刑), 곧 박달나무 십자가형이다.

> "박달나무로 만든 쐐기를 그 사람의 항문에 박아 넣고 그것이 목덜미로 튀어나오게 한 뒤 사형수를 다시 나무에 매달아 놓는답니다."
> 위안 대인은 차갑게 웃었소.
> "진정 영웅은 비슷하다고 하더니……. 그래서 그 작자는 며칠 동안 살았더냐?"
> "사나흘 정도 살았답니다."
> 위안 대인은 통역관에게 빨리 통역하라고 지시했소. 커로트(독일 총독)는 얼굴에 웃음을 띠고 서투른 중국말로 말했소.
> "좋아! 좋아! 탄샹싱! 좋아!"(모옌, 박명애 옮김, 《탄샹싱》, 중앙 M&B, 2003, 1권 155~156쪽)

쑨메이냥의 시아버지 자오자는 베이징에서 40여 년간 망나니로 일해 황제의 포상도 받은 위인이다. 은퇴 후 백정 아들 자오샤오자와 며느리 쑨메이냥과 함께 살던 중 그 실력을 인정한 위안스카이와 독일 총독에게 쑨빙을 최악의 형벌 탄샹싱으로 죽이라는 명령을 받는다. 자오자는 아들을 조수로 삼아 준비에 들어갔고, 명나라 때부터 전해 왔다는 《추관비집》 가운데 능지처참을 상기한다. 세 등급으로 나뉘어지는 그 형벌의 내용은 이렇다.

첫 번째는 3357조각으로 베어내는 것이고, 두 번째는 2896조각으로 베어내는 것이며, 세 번째는 1585조각으로 베어내는 것이라고 적혀 있었다. 몇 번 베어내든 개의치 않고 마지막 칼을 도려낼 때 죄인이 숨을 거두는 시각이 되어야 한다고 스승은 말했다. ……완전무결하고 미학적인 능지처참형의 제일 기본적인 수준은 도려낸 고깃덩어리의 크기가 균일해야 하는데 그 고깃덩어리를 저울에 올려놓고 달아도 큰 차이가 없어야 한다고 스승은 일러주었다. ……살점은 눈과 마음으로 베어내는 것이지 결코 칼과 손으로 베어내는 것이 아니라는 것이었다.(같은 책, 2권 279~280쪽)

그러나 실지로는 베어 내는 망나니의 기술이 점점 후퇴하여 청나라에 들어서는 5백 번 베는 것이 최고였다고 한다. 어쨌든 자오자는 당대 최고의 사형 기술자요 망나니라서 탄샹싱을 맡게 되었다. 자오자는 사돈 쑨빙이 혁명가이기에 그 이름이 영원히 후대에 전해지도록 만전을 기하고, 최대한 장엄하게 형벌을 가해 십자가에 걸어놓는다. 이때 사형수가 안 죽고 오래 버티게 하려고 인삼탕을 먹이기도 하는데, 탄샹싱을 당한 쑨빙은 죽지도 못한 채 끔찍한 고통을 받는다.

한편 쑨빙의 딸 쑨메이냥은 애인이자 현령인 첸딩에게 "대인, 제 아버지를 구해 주세요"라고 애걸복걸하지만 첸딩은 들어줄 처지가 못 된다. 그러나 민족의식이 되살아난 첸딩은 결국 독일의 뜻이 성공하지 못하도록 쑨빙을 빨리 죽여 고통을 줄여 주고자 가슴을 찌른다. 그런데 이때 망나니의 아들이 처형수가 더 오래 목숨을 유지하게 해야 된다는 생각에 막아서다가 도리어 찔려 죽는다. 아들의 죽음을 본 자오자가 보복하려 하지만 이번에는 쑨메이냥이 시아버지를 찔러 죽이고는 도망쳐 버린다. 그제서야 첸딩은 쑨빙에게 다가가 사과를 하고는 쑨빙을 찔러 죽인다. 입에서 피가 용솟음치는 쑨빙이 한마디 내뱉는다.

"연극은…… 끝났다."

소설의 마지막 구절이다.

이만한 작품이면 작가의 역사의식과 인생관과 세계관이 얼마나 처절한가를 충분히 입증해 줄 뿐만 아니라 그 문학적 역량도 입증할 만하지 않을까.

제3장　　유미주의 미학론 살펴보기

아름다움, 유희하는 인간의 매력

이제 이 책 맨 앞에 나온 '참된 아름다움'으로 돌아가서 마무리할 때가 되었다. 미학이 독립된 학문으로 성립된 뒤 진선미에서 진과 선을 제거해 버린 채 오로지 미, 아름다움 하나만을 숭앙하는 풍조가 형성된다. 이를 심미주의, 탐미주의, 예술을 위한 예술이라 부르게 되는데 바로 유미주의의 세계다.

유미주의는 그 이론적인 근거를 칸트의 《판단력 비판》에 나오는 "목적 없는 합목적성"에서 찾고 있는데 근대 계몽주의와 관념론과도 연계된다. 이 술어의 첫 등장은 쿠쟁(Victor Cousin)의 〈진미선에 대하여〉에서라고 하는데, 그 개념 설정은 실러가 〈인간의 미적 교육에 관한 서한집〉에서 다음과 같이 집약해 주장한다.

○ 한마디로 미는 인간성의 필요조건으로 중시되어야 한다.

◦그가 유희할 때 유일하게 전적으로 인간이다.

◦우리가 자유에 도달하는 것은 미를 통해서이다.

◦필요가 인간을 사회 속으로 몰아넣고 이성이 인간 속에 사회적 원리들을 심어 준다 하더라도 미만이 인간에게 사회적 성격을 부여할 수 있다. (먼로 C. 비어슬리, 이성훈·안원현 옮김,《미학사》, 이론과 실천, 1987, 34~42쪽)

유미주의는 문예 사조로 보면 1890년대 유행 사조의 하나이지만, 넓은 의미로는 모든 시대에 걸쳐 있는 문학예술의 보편적인 현상의 하나다. 낭만주의와 함께 발아했기 때문에 매혹적인 요소가 매우 강해서 빠져들면 헤어나기가 어려워질 수도 있다.

영국의 유미주의는 화가들이 결성한 '라파엘 전파'가 앞장섰다. 하지만 라파엘의 도식적인 계승이 아니라 라파엘 이전 시대, 곧 초기 르네상스의 가식 없는 우아, 투명한 색채의 재생으로 돌아가 소박한 아름다움을 찾는다는 것으로, 강력한 이론적 후원자는 존 러스킨이었다. 사회 비평가, 예술 비평가, 사회 사상가이자 예술, 문학, 자연 과학, 정치학, 경제학, 사회학 같은 다방면에 관심을 가진 러스킨이었기에 간디, 톨스토이, 버나드 쇼는 러스킨을 당대 최고의 사회 개혁가로 평가했다.

《참깨와 백합》으로 유명한 러스킨의 제자 월터 페이터는 보티첼리, 레오나르도 다빈치, 빙켈만 같은 화가와 플로베르, 고티에, 보들레르, 스윈번 들을 좋아했다. 라파엘 전파의 탐미주의에 큰 영향을 끼친 페이터는《르네상스》에서 아름다움의 심층 탐사를 했는데, 페이터에게 예술이란 감각과 욕망이 인생의 가장 소중한 출발점이며 인생의 목적은 지적인 향락이다. 그래서 이 저서를 통해 페이터는 "모든 예술은 언제나 음악의 상태를 지향한다"고 하여 음악의 미적인 강력함을 강조했다.

이런 영국과는 달리 프랑스에서는 프로이센·프랑스 전쟁의 패배로 인한 사회적인 불안과 공포의 연속선 속에서 세기말 사상이 유행한다. 그러면서 실증주의와 유물론에 반기를 들고 기교주의와 예술지상주의를 지향하는 유파가 돋아났다. 여기서 상징주의와 모더니즘이 나왔고, 정치 사상에서는 파시즘을 잉태하여 합리주의나 실증주의, 유물론 들을 외면하는 풍조를 낳아 염세주의로까지 뻗어 갔다.

그리고 이때 탐미주의 문학론으로 엄청난 파장을 일으켜 전 유럽 문단을 들썩거리게 만든 문학인이 등장했다.

고티에, 시 없이 사느니 구두 없이 사는 편이 더 낫다

작가 테오필 고티에는 열렬한 낭만주의 지지자였다. 왕정 통치의 질서와 조화와 이성을 중시하던 고전주의를 비판하며 새 세대들이 낭만주의를 추구하던 과도기에 빅토르 위고의 희곡《에르나니》가 코미디 프랑세즈의 무대에서 초연된 것은 1830년 2월 25일 저녁이었다. 개막 전부터 파리의 문화예술계는 이 낭만적인 드라마를 둘러싸고 찬반 논쟁이 치열했다.

1519년 스페인 궁중을 무대로 삼은 이 가상 드라마는 귀족 처녀

작가 테오필 고티에.
프랑스 낭만파 시인이자 소설가, 문학 비평가로 처음에는 열렬한 낭만주의 지지자였으나, 나중에는 '예술을 위한 예술'을 외치며 고답파의 선구자가 되었다.

도냐 솔을 둘러싸고 왕과 귀족과 산적이 동시에 구애하지만, 결국 선택한 것은 산적으로 귀착되는 줄거리였다. 물론 그들은 결혼 초야에 죽음을 선택하는 비극을 맞게 된다. 하지만 고전주의자들에게는 용납할 수 없는 줄거리라 온갖 비난을 퍼부었고, 거꾸로 지지 세력인 낭만주의자들은 가히 열광의 수준이었다.

공연 첫날 극장의 아래층은 고전파들이 차지하고 무대를 향해 야유를 보냈으나, 위층의 낭만파 지지자들은 박수갈채와 함성으로 고전파를 압도해 버렸다. 이 하룻밤의 열기로 프랑스 문단은 낭만주의가 완승을 쟁취, 20여 년간 낭만주의 전성기를 향유했다. 초연 때 위고의 드라마를 적극 지지하며 응원단장 역을 맡았던 게 바로 고티에였다. 고티에는 버찌빛 붉은 수자(繻子) 윗옷을 입고 앞장서서 진두 지휘해 고전파들을 압도해 버렸다.

이렇게 쟁취한 낭만주의에서 고답파, 상징주의, 퇴폐파, 모더니즘 들이 나오게 되는데, 아마 이후 모든 유럽 문학은 이 범주를 벗어나지 못할 것이다.

화가 지망생이었던 고티에는 위고의 제자가 되어 문학인이 되며 세계 문학사에 길이 남을 문제작을 남겼는데, 바로 소설 《모팽 양》이다. 더 정확히 말하면 소설 그 자체보다 유미주의를 주장한 이 소설의 서문이 훨씬 더 유명하다. 이 서문은 전 유럽 문단에 파문을 일으켜 우리식으로 표현하면 참여 문학과 순수 문학 논쟁의 핵을 이뤘다. 너무나 유명하기에 길지만 인용해 보기로 한다.

(1)문예란이란 문예란은 모두 설교가 되어 버렸다. 또 신문 기자는 다들 설교자가 되어 버렸다. 없는 것이라곤 삭발한 머리와 로만 칼라뿐이다. 매일 비 내리는 설교의 나날이 계속되고 있다. 비를 피하기 위해서 마차를 타고서야 외출을 하듯이, 사람들은 설교를 피하기 위해서 술병과 파이프 가운데 앉아 《팡타그뤼엘》(프랑수아 라블레의 풍자 소설)을 읽고 또 읽는다.

(2)남편은 늙고 못 생겼으며 허약하다. 가발을 비뚤게 쓰고 있으며, 유행이 지난 옷을 입고 있다. ……간통 상대는 언제나 젊고, 잘 생겼으며, 출신이 좋아 적어도 후작쯤은 된다. ……비평가 여러분, 당신들은 시인이 될 수 없음을 여러분의 눈으로 확실하게 인정한 후에야 비로소 비평가가 되었을 것입니다. ……시인이 아홉 명의

아름다운 후궁을 데리고 시의 정원을 산책하면서, 커다란 초록빛 월계수 그늘에서 여유 있게 장난치는 모습을 보는 비평가의 기분도 이와 마찬가지(환관이 왕의 향락을 보는 것)이다. 그럴 능력만 있다면 벽 너머의 시인을 상처 주기 위해 큰길의 돌을 집어던지고 싶은 기분이 드는 것도 전혀 무리가 아니다.

(3)그림이 모델을 따라 하는 것이지, 모델이 그림을 따라가지는 않는다. ……문학이란 인류를 종합하고, 역사상의 사건을 통해 신의 섭리에 의한 진보적인 관념의 계단을 따라 올라가는 것이다. 그런데 아무런 목적도 없고, 한 시대에 장래의 비전을 제시하지도 않는 소설이나 시를 어떻게 쓸 마음이 나는가?

(4)그게 아니다. 이 멍청이들아. 그런 게 아니란 말이다. 너희들은 바보, 병신들이다. 책은 젤라틴이 들어가는 수프를 만드는 것이 아니다. 한 권의 소설은 솔기 없는 구두가 아니며, 한 편의 소네트는 자동 분무기가 아니고, 한 편의 연극은 철도도, 또 기본적으로 사회를 문명화하고 인류를 진보의 길 안에서 행군하게 만드는 그 어떤 것도 아닌 것이다. ……환유를 가지고 면 모자를 만들 수 없으며, 비유를 슬리퍼 대신 신을 수는 없다. 대조법을 우산으로 사용할 수 없고, 유감스럽게도 얼룩덜룩한 운율을 조끼처럼 배에 두를 수도 없다.

……시 없이 사느니 구두 없이 사는 편이 더 낫다

……아름다운 것 중에 인생에 꼭 필요한 것은 아무것도 없다. 예컨대 꽃을 모두 없애 버려도 그것 때문에 사람들은 물질적으로 전혀 고통을 받지 않는다. 그러나 누가 꽃이 없어지기를 바라겠는가?

나더러 장미를 버리라고 한다면 차라리 감자를 버리겠다. 또 내 생각에 양배추를 심기 위해 꽃밭에서 튤립을 뽑을 수 있는 사람은 이 세상에 공리주의자밖에 없을 것이다.

……라파엘로의 진품이나 아름다운 여인, 예를 들어 카노바의 모델이 된 보르게즈 공주나 목욕하는 율리아 그리지의 나체를 보기 위해서라면, 나는 프랑스 국민과 시민으로서의 권리라도 기꺼이 버릴 것이다. ……신은 천사들에게 '미덕을 가져라'라고 하지 않으시고, '사랑하라'라고 말씀하시지 않았는가. (테오필 고티에, 권유현 옮김, 《모팽 양》, 열림원, 2006, 11~42쪽)

좀 길지만 본문을 직접 발췌 인용한 건 유미주의의 핵심을 찌른 대목이 축약되어 있기 때문이다. 괄호로 숫자를 매긴 건 필자가 임의로 한 것으로, (1)은 설교조 문학 전반에 걸쳐 비판의 몽둥이를 휘두른 것이다. 제발 그런 설교는 멈추고 아름다움이나 탐구하라는 취지다. (2)는 타락한 연애 문학을 향한 일갈이고, (3)은 문학예술 본연의 모습이 쓸모없음인데, 그걸 잊고 자꾸 쓸모 있는 예술을 추구하려는 풍조에 일침을 가한 것이다. (4)는 바로 고티에 자신이 주장하는 유미주의, 예술을 위한 예술, 쓸모없는 예술의 본질을 강조하는 대목이다.

고티에의 이런 문학관에는 분명히 반대하지만 그런데도 이 대목을 소개하는 것은 유미주의 문학의 이해에 가장 좋은 글이기 때문이다.

소설 《모팽 양》의 주인공인 시인 달베르의 이상적인 여인상은 나이는 26세, 자기 힘으로 소파에서 침대로 옮길 수 있는 몸매로 너무 작지는 않은 여인, 키는 입술이 닿을 정도에 금발에다 둥글고 작으면서도 꽉 졸라맨 가슴, 가느다란 손목을 가진 여인이다. 고티에는 시인답게 그런 여인과의 첫 만남은 석양이 불타는 황혼녘을 선호한다.

그런데 달베르는 연회에서 만난 로제트 부인을 연모하게 되었는데, 그 여인에게는 이미 다른 한 남성, 실은 남자로 위장한 모팽 양이 있다. 모팽 양은 위장을 벗고는 달베르에게 와서 사랑하고는 사라진다. 소설은 양성애를 즐기는 모팽 양을 내세워 사랑조차도 미의 대상이라며 아름다움 그 자체를 중시하도록 이끌어 간다.

고티에의 양성애적인 유미주의는 영국에서는 오스카 와일드의 출현으로 나타나 유미주의의 실체를 입증해 준다.

오스카 와일드의 소설과 희곡

세계 문학사에서 최고 멋쟁이인 오스카 와일드는 페이터의 영향을 받은 유미주의자로, 예술이 자연과 인생의 모방이 아니라 자연과 인생이 예술의 모방이라고 주장하며 해바라기꽃을 가슴에 달고 다녔다. 훤칠한 장신에다 건장한 체격, 기지와 유머로 번득이는 담화술로 사교계의 총아이자 흠모의 대상이었던 와일드는 동화《행복한 왕자》를 보노라면 너무나 선량한 보통 사람 같다. 그렇지만 소설《도리언 그레이의 초상》의 〈머리글〉을 보면 악덕과 미덕조차도 예술가란 특권 의식을 가지고 용서될 수 있다는 대목에서 어리둥절해진다.

예술가란 아름다운 것을 창조해 내는 사람이다.

예술을 드러내고 그 창조자를 감추는 것이 예술의 목적이다. ……그들은 아름다운 것들을 아름답게만 볼 수 있는 선택받은 사람들이다. ……어떠한 예술가도 무언가를 증명하길 원하지 않는다. 진실된 것은 스스로 증명될 수 있는 법이다. ……예술가에게 악덕과 미덕은 예술을 위한 소재이다. ……쓸모없는 것을 만드는 일은 그것에 사람들이 감동할 때 용서된다.

모든 예술은 쓸모없는 것이다. (오스카 와일드, 한명남 옮김,《도리언 그레이의 초상/살로메》, 동서문화사, 2012, 11~12쪽)

소설에서 화가 베질 홀워드는 아름다운 청년 도리언 그레이의 초상화를 그렸다. 그레이는 "실제의 나 자신은 이 캔버스 위에 옮겨지고, 이 캔버스 위에 그려진 내가 실제의 나로 옮겨지도록 하라!"고 기원했다. 우리의 솔거 전설, 곧 황룡사 벽에 소나무를 그렸더니 새들이 진짜 소나무인 줄 알고 앉으려다 떨어져 죽었다는 전설과는 또 다른, 가히 장자의 우화 같은 걸작 초상화를 주문한 것이다. 과연 그런 그림이 가능할까.

화가의 친구인 헨리 워튼은 "이 세상에서 가장 바람직한 것은 쾌락뿐이다. 그중에서도 관능적이고 육체적인 쾌락이다. 그렇기 때문에 인간은 항상 관능의 작용을 예민하게 하여, 육체상의 쾌락을 향수하도록 하지 않으면 안 된다. 그러나 그렇게 하는 것도 젊은 시절에 한한다"라고 주장했다. 이를 믿고 그레이는 쾌락과 타락의 18년을 보

더블린 공원에 있는 오스카 와일드 동상. 어딘가 묘하고 삐딱한 미소를 띠고 있는데, 마치 "삶은 예술이다"라고 속삭이는 듯하다. 동상 앞에는 와일드의 명언들이 새겨진 기둥이 있다.

〈죽은 요한의 머리를 든 살로메〉. 초상화와 종교 프레스코화로 유명한 스페인 화가 마리아노 살바도르 마엘라가 1761년 그린 작품으로 살로메 설화를 담고 있다.

냈지만 얼굴은 홍안 그대로이다. 하지만 그레이는 쾌락에 지쳐 시들하고 불안해졌다. 그래서 오래전에 마련했던 자신의 초상화를 보게 되는데 회색 머리칼에 주름투성이, 입술에는 피가 서려 있었다. 그림에서 자신의 참모습을 보게 된 그레이는 초상화의 가슴을 찔러 버렸다. 비명 소리에 사람들이 가 보니 그레이는 죽어 있고 초상화는 젊고 아름다운 모습 그대로였다는 것이다.

인생은 짧고 예술은 길다는 걸 입증해 준 걸까. 오스카 와일드가 인생과 아름다움과 윤리 문제를 함께 다룬 작품이 단막 희곡《살로메》다. 프랑스판은 1893년에, 영어판은 이듬해에 나왔는데 영문판에는 흑색 잉크 드로잉으로 유명한 오브리 비어즐리의 삽화가 있어 눈길을 끈다.

살로메의 족보와 생애는 아주 복잡하기에 널리 회자되는 성서만 보기로 한다.

마침 헤롯의 생일이 되어 헤로디아의 딸이 연석 가운데서 춤을 추어 헤롯을 기쁘게 하니 헤롯이 맹세로 그에게 무엇이든지 달라는 대로 주겠다고 약속하거늘 그가 제 어머니의 시킴을 듣고 이르되 세례 요한의 머리를 소반에 얹어 여기서 내게 주소서 하니 왕이 근심하나 자기가 맹세한 것과 그 함께 앉은 사람들 때문에 주라 명하고 기대어 누우려니와 사람을 보내어 옥에서 요한의 목을 베어 그 머리를 소반에 얹어서 그 소녀에게 주니 그가 자기 어머니에게로 가져가니라. (《마태복음》14장 6~11절)

전에 헤롯이 자기가 동생 빌립의 아내 헤로디아에게 장가든 고로 이 여자를 위하여 사람을 보내어 요한을 잡아 옥에 가두었으니 이는 요한이 헤롯에게 말하되 동생의 아내를 취한 것이 옳지 않다 하였음이라. 헤로디아가 요한을 원수로 여겨 죽이고자 하였으되……마침 기회가 좋은 날이 왔으니 곧 헤롯이 자기 생일에 대신들과 천부장들과 갈릴리의 귀인들로 더불어 잔치할새 헤로디아의 딸이 친히 들어와 춤을 추어 헤롯과 그와 함께 앉은 자들을 기쁘게 한지라. 왕이 그 소녀에게 이르되 무엇이든지 네가 원하는 것을 내게 구하라 내가 주리라 하거늘 그가 나가서 그 어머니에게 말하되 내가 무엇을 구하리이까 그 어머니가 이르되 세례 요한의 머리를 구하라 하니…… 그를 거절할 수 없는지라. 왕이 곧 시위병 하나를 보내어 요한의 머리를 가져오라 명하고 그 사람이 나가 옥에서 요한을 목 베어 그 머리를 소반에 얹어다가 소녀에게 주니 소녀가 이것을 그 어머니에게 주니라. 《마가복음》 6장 14~29절）

멋진 묘사로 유명한 성서인지라 사건의 실체는 드러내면서 '살로메'라는 이름은 없다. 그러나 기독교 나라들의 역사학자나 문학인들이 이를 그냥 뒀을 리 없다. 살로메의 이름을 들먹이며 엄청난 예술 작품들이 쏟아져 나왔는데, 와일드가 참고한 살로메는 플로베르의 단편집 《세 작품》 중 〈에로디아스〉라고 한다. 역시 심미주의자인 플로베르였지만 널리 알려진 대로 요한의 목이 잘려져 제자들에게 전해진다는 신앙심에서 벗어나지 않았다. 이를 읽고 와일드의 탐미주의적인 상상력이 이야기를 더했다.

와일드는 요한을 요카난으로 개명해서 등장시킨다. 요카난은 헤로디아가 헤롯 왕과 혼인한 건 불륜이라며 외치다가 왕실 지하 감옥에 갇혔다. 갇혀 있으면서도 고래고래 소리를 지르자 그 목소리에 반한 살로메가 요카난을 만나 보고는 매혹돼 입맞춤을 하려 한다. 하지만 살로메가 헤로디아의 딸인 걸 알게 된 요카난은 "소돔의 딸"이라며 자신과는 결코 입 맞추지 못할 거라고 단언한다. 그런데 일찍부터 살로메의 미모에 빠져 있던 경비대장이 살로메가 요카난을 사랑하는 걸 보고는 자살해 버린다. 역시 살로메를 사랑하여 기회를 노리던 헤롯 왕은 살로메에게 멋진 춤을 추기를 청하나 살로메의 어머니가 만류하자, 왕은 살로메에게 무슨 소원이라도 들어주겠다고 하여 살로메는 '일곱 베일의 춤'을 췄다. 이 춤은 1893년 와일드의 이 작품이 프랑스에서 무대에 오르면서 널리 퍼졌다고 한다.

살로메는 자신이 원했던 요카난의 목이 은쟁반에 담겨 나오자 그가 거절했던 사랑의 키스를 하면서 "아! 나는 그대 입에 키스했다, 요카난"이라고 환희에 들떴다. 그러자 살로메를 탐하던 헤롯 왕은 자신의 욕망이 헛됨을 알고서 신하들에게 살로메를 죽이라고 명했다.

오스카 와일드다운 애증의 극치를 그린 드라마다.

동성애, 그리고 《옥중기》와 무덤을 장식한 립스틱 자국

매력남 와일드는 1884년 좋은 집안의 콘스탄스 메리와 결혼, 두 아들을 얻었다. 이 멋쟁이 남자는 주변에 여러 일들이 일어났으나 운좋게 잘 견디며 명성을 누리다가 동성애 문제로 얽혀 들어 버렸다. 주변에서는 프랑스로 피신을 권유했지만 남자답게 맞서라는 충고에 와일드는 법정에서 도도한 명변론을 펼친다. 하지만 유죄를 받아 도로 뒤얽혀 버렸다. 오스카가 걸려든 범죄는 '막중한 풍기문란' 죄였다. 이 죄명은 당시 영국 법정에서는 '비역죄'까지는 아닌 동성애였고, 와일드에게는 2년형이 내려졌다. 영국에서 동성애 처벌이 사라진 건 1967년이었다.

와일드는 처음 뉴게이트 형무소에 수감되었다가, 펜톤빌 형무소로 이감됐다. 성경과 종교 서적만 허용되고 호된 노동을 해야 했던 이 감옥은《한낮의 어둠》으로 유명한 작가 아서 쾨슬러가 6주 동안 형을 산 곳이기도 하다. 몇 달 뒤 와일드는 고된 옥중 생활로 건강이 악화되어 졸도 후 2개월간 요양소에도 머물렀다. 그러자 한 진보적인 정치가가 앞장서서 리딩 교도소로 이감시켰다. 이 교도소는 2013년에 폐쇄되었는데, 여기서 와일드는 독서와 집필이 가능했고, 읽고 싶은 책도 주문할 수 있었다. 1896년 42세 때 어머니의 죽음을 옥중에서 아내로부터 듣기도 했고, 이듬해에는《옥중기》를 쓰기도 했다. 원 제목은 '심연으로부터'인데, 신약 성서 시편 130장 "여호와여, 내가 '깊은 곳에서' 주께 부르짖었나이다"라는 구절에서 따온 것이다.

아마 이 책에서 가장 멋진 구절은 맨 앞 문장일 것이다.

고통은 매우 긴 한 순간이다. 우리는 이것을 계절로 가를 수가 없다. 우리는 다만 그 기분과 그것의 재래를 기록해 볼 수 있을 뿐이다. (옥중의 우리들에게) 시간 그 자체는 흘러가는 것이 아니다. 그것은 회전할 뿐이다. (오스카 와일드, 임헌영 옮김,《옥중기》, 범우사, 1976, 21쪽)

1897년 출옥한 와일드는 건강 악화에 궁핍의 극치였다. 죄명의 불명예 때문에 아내는 관계를 단절했고 두 아들도 못 만나게 해 버렸다. 와일드는 예수회에 6개월간 피정을 요청했으나 거절당하자 슬피 울었고, 이튿날 프랑스로 가 연인이었던 더글러스와 만났다. 둘 다 가족으로부터는 결연당한 처지였다. 둘은 나폴리에서 몇 달간 함께 지낸 이후 방랑길로 들어섰다. 그러던 중 이듬해에는 아내마저 죽어 버렸고 그 이듬해에는 형마저 세상을 떠났다.

오스카 와일드는 불행한 만년을 보내다 죽은 후 파리 근교에 묻혔다가 1909년 유명한 페르 라셰즈 묘지로 이장됐다. 그사이 세상인심은 변하여 와일드의 묘지에 세워진 조각에는 여인들의 붉은 입술 자국이 너무도 넘쳐나 이를 금지하고자 망까지 쳐야 했다. 내가 이 묘지에 처음 갔을 때는 입술 연지의 어지러운 자국을 만끽할 수 있었으나 지금은 어떻게 변했는지 모르겠다. 아름다움을 찾는 사람들은 사라지지 않음을 일깨워 준다고 할까.

마치 와일드가 "남성은 늘 여성의 첫 번째 남자이기를 원하지만, 이것은 어리석은 허영심이다. 여성은 보다 더 빈틈없는 본능을 가지고 있다. 여성이 원하는 것은 남성의 마지막 애인이 되는 것이다"라고 충고하는 듯하다.

내가 사용하는 언어에 평화 있어라

전쟁의 아버지가 정치권력이라면 평화의 어머니는 문학예술이다. 인간을 구원한다는 종교조차도 얼마나 많은 분쟁과 살육을 낳았던가. 하지만 문학예술만은 언제나 평화의 파수꾼이었다. 평화를 지키기 위해서는 무장해야 된다고 국가 권력은 주장하지만 문학예술은 평화 수호조차도 평화를 통해서 이룩하려고 시도해 왔다. 물론 세계사는 이런 평화의 파수꾼들이 언제나 수난을 당해 왔음을 생생하게 보여 주고 있지만, 그래도 역시 문학은 평화로운 방법으로 평화를 수호하려는 원대한 인류의 이상을 포기할 수는 없다.

그래서 파울로 네루다는 이렇게 노래했다.

날마다 찾아드는 황혼에 평화 있어라
다리 위에 평화 있어라 술에 평화 있어라
내가 사용하는 언어에 평화 있어라

그리고 나의 가슴에 올라와서

흙냄새와 사랑으로 가득 찬 옛 노래를

펼쳐주는 언어에 평화 있어라

빵 냄새로 눈을 뜬

아침의 도시에 평화 있어라

……살아 있는 모든 것에 평화 있어라

모든 대지와 물 위에 평화 있어라 (네루다, 김남주 옮김,《은박지에 새
긴 사랑》,〈평화 있어라〉, 푸른숲, 1995, 262~263쪽)

평화의 문학에 주춧돌을 처음 놓은 건 헨리 소로우였다. 소로우
는 1845년 3월 콩코드 월든 호수 북쪽에다 세 평의 오두막을 손수 짓
기 시작해 5월 초에 상량식을 올리고는 7월 4일 입주했다. 그때까지
의 총건축비는 28달러, 현 1천 달러로 이는 한 해 총생활비와도 같았
고 1년에 6주간의 노동만으로도 생활이 가능했다. 그리고 7월 4일부
터 1847년 9월 6일까지 2년 2개월 2일 동안의 체험을 정리한 소로우
의 실록《월든-숲속의 생활》이 세계를 뒤흔들 줄은 누구도 예상 못
했다. 책의 맺음말에서 소로우는 이렇게 말했다.

진실로 바라건대 당신 내부에 있는 신대륙과 신세계를 발견하는
콜럼버스가 되라. 그리하여 무역을 위해서가 아니라 사상을 위한
새로운 항로를 개척하라. 각자는 하나의 왕국의 주인이며, 그에 비
하면 러시아 황제의 대제국은 보잘것없는 작은 나라, 얼음에 의해

남겨진 풀더미에 불과하다.(헨리 데이빗 소로우, 강승영 옮김,《월든》, 이
레, 1993, 457쪽)

월든 호수가 세계 평화 운동의 메카가 된 것은 비단 이 책 한 권
만의 영향이 아니었다. 소로우는 미국의 멕시코 침략 전쟁과 흑인 노
예제를 반대하여 인두세 납부를 거부해 1846년 7월 24일 하루 동안
감금당한다. 그 뒤 "지배하지 않는 정부가 최상의 정부다"란 명언을
담은《시민 불복종》을 냈다.

더 충격적인 건 노예 폐지를 위해 무장 폭동을 일으켰던 사형수
존 브라운을 위해 1859년 브라운을 위한 탄원을 한 것이었다. 무기고
를 습격한 브라운은 '흉악범'으로 내몰려 링컨조차 외면했지만 소로
우와 시인 휘트먼은 사면을 주장했다. 건지섬에 추방당해 있던 빅토
르 위고조차도 브라운의 선처를 촉구하는 공개서한을 썼다. 위고는
존 브라운을 죽이는 것은 돌이킬 수 없는 죄악으로 "그로 인해 미연
방에 내재되어 있던 균열이 드러날 것이고, 종래에는 대혼란이 일어
날 것"이라며 남북 전쟁을 예견했다. 브라운의 처형은 미국 민주주의
전체를 뒤흔들게 될 것이니, "부끄러운 줄을 아시라. 그러지 않으면
그대들 스스로 그대들의 영광을 쇠하게 하리라"면서, 이건 "카인이
아벨을 죽이는 것보다 더 공포스러운 일로, 그것은 바로 워싱턴이 스
파르타쿠스를 죽이는 일"이라고 일갈했다.

그런데도 감옥이나 교수대에서 하는 간단한 종교 의식조차 없이
브라운은 교수형에 처해진다. 1859년 12월 2일 11시 15분에 집행해,

50분에 사망이 확인되었다. 그러나 불과 2년 뒤 발발한 남북 전쟁 때 브라운은 영웅으로 받들어져 '존 브라운의 노래'가 북군의 애창곡이 되어 세계로 퍼져 오늘에까지 전하고 있다.

소로우의 평화 사상은 간디, 톨스토이, 예이츠에 이어졌고, 미국에서는 마르틴 루터 킹, 존 F. 케네디, 작가 헤밍웨이, 업턴 싱클레어, 싱클레어 루이스, 마크 트웨인 들이 이어받아 엄청난 반향을 일으켰다.

제국주의 나라의 문학인이 남의 나라 침략을 반대한 것과는 대조적으로 약소국의 문인들은 내 코가 석 자라 자기 민족과 나라 지키기와 평화 만들기에도 벅찼다. 우리나라도 일제 강압을 벗어나고도 평화를 논의할 겨를도 없이 허덕이다가 한국전쟁을 겪으면서 평화 사상이 절박해졌는데, 그 첫 기상나팔은 시인 함석헌이 불었다. 함석헌의 산문이야말로 세계 어디에 내어 놓아도 감동을 자아낼 명문이다.

함석헌에게 평화란 "대기를 마시고 가스를 뱉으니 평화요, 먹을 것을 먹고 마실 것을 마시고 속에 담긴 찌꺼기를 내보내니 평화요, 햇빛을 보고 웃고 바람을 쐬고 죽지를 펴니 평화"다. 함석헌에게 평화란 연구의 대상이 아니라 구현해야 될 삶의 필수 요소이기 때문에 우주 삼라만상의 자연스러운 상태 그대로인 노장(老莊)의 경지까지 시사한다. 그래서 "마시고 뱉으니 대기가 있었고, 먹고 마시고 내보내니 밥이요 물이었으며, 웃고 나니 햇빛이요 펴고 보니 바람"이었다.

우주의 섭리에 따르는 이런 평화 상태는 함석헌의 '들사람', '씨알'의 원형으로, '한길'이자 대(大)인 동시에 또 일(一)이다. 그래서 "삶이란 하나밖에 없는 유일의 길이요 운동이다. 그러므로 대도(大道)다.

그 대도가 곧 평화의 길이다”라고 했다.

함석헌 평화 사상은 소로우와 톨스토이, 간디의 아힘사(ahimsa, 비폭력), 퀘이커 신앙 같은 것에 근원을 두고 있다. 함석헌은 무저항을 ‘전투적 비폭력’이라면서 “평화는 이 긴장, 이 전쟁의 위협 속에서만 가능하다. 평화의 나라에 평화 운동은 있을 수 없다. 평화는 전쟁의 불꽃 속에서만 피는 꽃이다”(《평화운동을 일으키자》)라고 주장했다.

함석헌에게 평화 운동은 사실은 저항의 더 높은 방법일 뿐이다. 곧 비폭력 저항으로 “악을 대적하지 말라 한 예수가 그렇게 맹렬히 악과 싸운 것을 보아라. 말은 들을 줄 알아야 한다. 하늘에 올라가도 저항, 땅에 내려와도 저항, 물속에 들어가도 저항, 허무 속에 가도 거기 스스로 일으키는 회오리바람 속에 버티고 있는 하나님이 있는데 너만이 저항을 모른단 말이냐?”(《저항의 철학》)라고 절규한다.

노르웨이의 평화학자 요한 갈퉁은 “전쟁을 포함한 직접적 또는 물리적 폭력이 없는 상태를 ‘소극적 평화’라 부르고, 간접적 또는 구조적 폭력 및 문화적 폭력까지 없는 상태를 ‘적극적 평화’로 일컫는다”라고 주장하는데, 이는 현대 세계 평화론의 기본이다. 갈퉁이 주장하는 적극적인 평화란 사회 정의와 인권, 복지 실현, 심지어는 환경 생태계 문제까지 확대된다. 그래서 평화의 개념이 마치 천국의 건설 쯤인 양 흐뭇하게 만들어 주고 있다.

인류사에서 위난, 혹은 재난은 네 가지로 분류된다. 거시적으로 보면 자연적인 현상과 인위적인 현상으로 나뉜다.

첫째는 홍수, 지진 같은 전형적인 자연 재해다. 괴테는 여섯 살이던 1755년 11월 1일 오전 9시 40분, 리스본 강진을 겪었다. 그리고 6개월간 250회 여진으로 엄청난 재난을 일으키는 지진을 보며 일생 동안 기독교를 불신하게 되었다. 화산 폭발, 태풍, 가뭄과 흉년 같은 자연 재해는 인간의 의지로는 어찌할 수 없는데, 전지전능하다는 신은 왜 악인과 선인, 신자와 비신자를 가리지 않고 그런 재앙을 내리는지가 괴테의 의문이었다.

둘째와 셋째는 인위적인 재난이다. 인위적인 재난에서 가장 피해가 큰 건 전쟁이다. 괴테는 일곱 살 때 겪은 7년 전쟁으로 인류의 정치 체제를 불신하게 되었다고 썼다. 그다음 인위적인 재앙은 폭정과 종교 등에 대한 편견과 탄압이다.

마지막으로 넷째, 자연과 인간의 합작이 낳은 재앙이 있다. 현대적인 인류 평화의 적으로 국가나 정치인들이 노력하면 퇴치시킬 수 있는 질병이나 가난, 이념과 신분 차이 같은 것들이 여기에 해당된다.

문학예술이 감내할 여러 주제는 궁극적으로는 평화인데, 그 적극적인 평화란 민주주의와 복지가 전 지구에 두루 실현되는 상태일 것이다. 다만 거기에 도달하는 과정이 지난한데, 당장 우리만 해도 윤석열이 빛의 혁명으로 된서리를 맞은 지 1년이 지났건만 여전히 그 세력이 남아 세상을 어지럽히고 있지 않나. 빛의 혁명이 없었다면 어찌 되었을지 아찔하다. 빛의 혁명이 성공한 데는 K-컬처라는 탄탄한 기반이 있었으며, 그 기반에 인문학이 자리하고 있음은 누구도 부인할 수 없다. 더 나아가 윤석열과 그 세력이 인문학의 백치였기에 이런 흉악한 짓을 저질렀대도 지나치지 않을 것이다. 따라서 범국민적인 차원에서 인문학을 고양하자는 절박함이 제기될 수밖에 없다.

책의 처음에 나오는 셰에라자드는 페르시아의 무자비한 독재자 샤리야르의 왕비로, 세계 예술사에서 그만큼 뛰어난 인문학 소양을 갖춘 이는 없을 것이다. 더 나아가 그 인문학적인 총명함으로 잔혹한 독재자를 참회시켰기에 우리가 이룩한 빛의 혁명 정신과도 일맥상통한다. 책의 서문을 셰에라자드로 시작한 까닭이다.

이어서 고대부터 지금까지 평화로웠던 원시 사회에서 어떻게 가족-사유 재산제-국가 체제가 형성되었는지를 추적한다. 그 과정에서 통치자가 피지배 세력을 착취하려고 신앙을 만들었음을 밝히고, 세계 모든 종교의 변천 과정을 인문학적인 시각으로 축약, 정리했다. 이어 역사학의 변천 과정을 추적하며 인간의 역사란 바로 전쟁사의 연속이며, 그 전쟁은 혁명사와 맞닿아 있기에 이 분야의 명저들 또한 소상히 규명했다. 마지막으로 인문학이 급변하는 시대에 대응할 수 있는 전위주의 미학론을 다뤘다. 순수 예술론부터 최첨단 미학의 모험을 통해 현대의 인문학은 그 절정에 이르게 될 것이다.

아마 독자들은 이 책 한 권을 통해서 인류가 낳은 온갖 인문학 명저들을 두루 섭렵할 수 있을 것이며, 다 읽고 나면 결국 인간이 평등하고 평화롭게 잘 살아가는 게 인문학의 궁극적인 목표임을 절감할 것이다. 문학예술 또한 궁극으로 감내해야 할 주제는 오로지 평화이다. 이런 모든 논제를 두루 살필 수 있는 안목을 길러 주는 것이 인문학적인 통섭의 문학일진대, 이 졸저가 여기에 조금이라도 도움이 되기를 바란다.

부록

참고 문헌
찾아보기

참고 문헌

* 참고 문헌은 대중들이 널리 쉽게 읽을 수 있는 책으로 한정해 꾸렸다. 모두 본문에 언급된 책들로 독자들에게 친절한 독서의 길잡이가 되기를 바란다. 더 많은 자료는 찾아보기에서 볼 수 있다.

단행본

김구, 도진순 주해본,《백범일지》, 돌베개, 1997.

김열규,《동북아시아 샤머니즘과 신화론》아카넷, 2003.

김태곤,《한국무속연구》, 집문당, 1995.

레프 톨스토이, 박형규 옮김,《전쟁과 평화》, 범우사, 1997.

루스 베네딕트, 하재기 옮김,《국화와 칼》, 서원, 1993.

리처드 F. 버턴, 김병철 옮김,《아라비안나이트》, 범우사, 1994.

먼로 C. 비어슬리, 이성훈·안원현 옮김,《미학사》, 이론과 실천, 1987.

모옌, 박명애 옮김,《술의 나라》, 책세상, 2003.

모옌, 박명애 옮김,《탄샹싱》, 중앙 M&B, 2003.

모옌, 박명애 옮김,《홍까오량 가족》, 문학과지성사, 2007.

몽테뉴, 손우성 옮김,《수상록》, 동서문화사, 2012.

묵자 외, 김학주 옮김,《한비자 묵자 순자》, 삼성출판사, 1990.

미르체아 엘리아데, 이윤기 옮김,《샤머니즘-고대적 접신술》, 까치, 2003.

박경리,《토지》, 지식산업사, 1987.

박영근,《발자크의 연구》, 중앙대 출판부, 1993.

발터 벤야민, 반성완 옮김,《발터 벤야민의 문예이론》, 민음사, 1983.

베르톨트 브레히트, 김화임 옮김,《서푼짜리 오페라》, 범우사, 2011.

빅토르 위고, 정기수 옮김,《레 미제라블》, 민음사, 2012.

빅토르 위고, 한택수 옮김,《사형수 최후의 날》, 지식을 만드는 지식, 2012.

사무엘 팔머, 변형윤, 박현채 옮김,《제3세계의 이해》, 형성사, 1983.

샤를 보들레르, 김붕구 옮김,《악의 꽃》, 민음사, 1974.

소포클레스, 조우현 옮김,《그리스 비극-안티고네》, 현암사, 2006.

아놀드 토인비·필립 토인비 공저, 최혁순 옮김,《부자간의 대화-역사의 여울목에서》, 범우사, 1972.

아서 쾨슬러, 임헌영 옮김,《옥중기》, 범우사, 1976.

에드워드 기번, 데로 손더스 편집, 황건 옮김,《로마제국 쇠망사》, 까치, 1991.

에드워드 기번, 송은주 외 옮김,《로마제국 쇠망사(1~6)》, 민음사, 2010.

에르네스트 르낭, 최명관 옮김,《예수의 생애》, 훈복문화사, 1967.

에릭 홉스봄, 이용우 옮김,《극단의 시대: 20세기 역사》, 한길사, 1997.

에릭 홉스봄, 정도영 외 옮김,《혁명의 시대》,《자본의 시대》,《제국의 시대》, 한길사, 1998.

오스카 와일드, 한명남 옮김,《도리언 그레이의 초상/살로메》, 동서문화사, 2012.

요한 갈퉁, 강종일 외 옮김,《평화적 수단에 의한 평화》, 들녘, 2000.

원윤수,《스탕달-정열적이고 자유로운 한 정신의 일대기》, 건국대 출판부, 1997.

월 듀란트, 임헌영 옮김,《철학 이야기》, 동서문화사, 1975.

윌리스턴 워커, 송인설 옮김,《기독교회사》, 크리스챤 다이제스트, 1993.

육군사관학교 편,《세계전쟁사》, 일신사, 1993.

이보 안드리치, 김지향 옮김,《드리나 강의 다리》, 문학과지성사, 2005.

이브 라코스트, 노서경 옮김,《이븐 할둔-역사의 탄생과 제3세계의 과거》, 알마, 2009.

이븐 할둔, 김호동 옮김,《역사서설-아랍, 이슬람, 문명》, 까치, 2002.

이오덕,《일하는 아이들》, 보리, 2002.

임헌영,《임헌영의 유럽문학기행》, 역사비평사, 2019.

자크 아탈리, 편혜원 외 옮김,《21세기 사전》, 중앙M&B, 1999.

조지프 슘페터, 이종인 옮김,《자본주의 사회주의 민주주의》, 북길드, 2016.

테오필 고티에, 권유현 옮김,《모팽 양》, 열림원, 2006.

파울로 네루다, 김남주 옮김,《은박지에 새긴 사랑》, 푸른숲, 1995.

폴 스위지, 이주명 옮김,《자본주의 발전의 이론》, 필맥, 2009.

플라톤, 천병희 옮김,《국가》, 숲, 2015.

피에르 조제프 프루동, 이용재 옮김,《소유란 무엇인가》, 아카넷, 2003.

피티 미쓰, 최정숙 옮김,《네 이웃을 사랑하라》, 미래의창, 2002.

하인리히 하이네, 김재혁 옮김,《로만체로》, 문학과지성사, 2003.

함석헌,《들사람 얼》, 한길사, 1996.

함석헌,《평화운동을 일으키자》, 한길사, 2009.

헤로도토스, 박현태 옮김,《역사》, 동서문화사, 2012.

헨리 데이비드 소로우, 강승영 옮김,《월든-숲속의 생활》, 이레, 2001.

헨리 조지, 김윤상 옮김,《진보와 빈곤》, 비봉출판사, 1997.

호메로스, 이상훈 옮김,《일리아드》, 동서문화사, 2016.

A. M. 렌위크·하만 공저, 오창윤 옮김,《간추린 교회사》, 생명의말씀사, 1999.

D. H. 로렌스,《채털리 부인의 연인》, 동서문화사, 2008.

E. H. 카, 김태현 옮김,《20년의 위기: 1919-1939, 국제 관계 연구에 대한 소개》, 녹문당, 2000.

J. F. 비얼레인, 배경화 옮김,《살아 있는 신화》, 세종서적, 2000.

J. M. 캐롤, 편집부 옮김,《피흘린 발자취》, 엘림서원, 1994.

수록 사진

들어가는 글

〈법정에 선 프리네〉_By Jean-Léon Gérôme-Uploaded By Popszes on 19 February 2006, Public Domain, https://commons.wikimedia.org/w/index.php?curid=84229958

톨스토이 묘지_저자 제공

헤겔 생가_By Stuttgart-Hegel-Birthplace-2006-04-09a.jpg, Public Domain, https://commons.wikimedia.org

제1부

셰에라자드_By Sophie Gengembre Anderson-Public Domain, https://commons.wikimedia.org

〈네소스와 데이아네이라〉_By Enrique Simonet-Public Domain, https://commons.wikimedia.org

미올리스 주교 초상화_By Anonymous-Musee Gassendi, Public Domain, https://commons.wikimedia.org

디뉴레뱅 성당_By Par JuJu939 — Travail personnel, CC BY-SA 3.0, https://commons.wikimedia.org

미올리스 신부의 집_By Szeder László-CC BY-SA 4.0, https://commons.wikimedia.org

미올리스 신부 기념패_A plaque at Bienvenu de Miollis's residence at 47 Rue De L'Hubac Digne, By Renaud Camus-CC By 2.0, https://commons.wikimedia.org

〈생각하는 사람〉_By AndrewHorne(talk)-Public Domain, https://commons.wikimedia.org

〈지옥의 문〉_By Roland zh-CC BY-SA 3.0, https://commons.wikimedia.org

박경리 문학관_By https://www.idomin.com, http://www.hdmunhak.com/park

로렌스 생가_By nick macneill, https://en.wikipedia.org/wiki/D. H. Lawrence_Birthplace_Museum

발자크의 집_By Polymagou, Wikimedia Commons, CC BY-SA 4.0, https://commons.wikimedia.org

백범 김구_By 미상, Public Domain, https://commons.wikimedia.org

제2부

반고_By Wang Qi, A copy of Sancai Tuhui from the Asian Library in the University of British Columbia, https://commons.wikimedia.org/wiki/File:Pangu.jpg

묵자_By Vjacheslav Rublevskiy – CC0 , https://commons.wikimedia.org

묵자 기념관_By https://www.iwenbo.fun/museum/2631.html(滕州市 荆水河滨, 龙泉广场)

순자_由未知公有領域, https://commons.wikimedia.org/wiki/File:Portrait_of_Xun_Zi.jpg

순자 기념관_By http://hxzpw.net (荀子纪念馆, 邯郸市 历史文化街区 串城街)

〈죽은 폴리네이케스 앞의 안티고네〉_By Nikiforos Lytras, National Gallery, Athens, Greece, public domain, https://commons.wikimedia.org

헤르메스_By Marie-Lan Nguyen, Public Domain, https://commons.wikimedia.org

장자_By Hua Zili(華祖立), 公有領域 , https://commons.wikimedia.org

간인본《장자》_By National Museum of China , 公有領域, https://commons.wikimedia.org

장자 조상_By https://www.mengcheng.gov.cn

제3부

루스 베네딕트_By World Telegram staff photographer, Public Domain, https://commons.wikimedia.org

〈아브라함과 이삭〉_By Rembrandt Harmenszoon van Rijn, Public Domain, https://commons.

wikimedia.org

예수 탄생 동굴_By DE.MOLAI, Public Domain, https://commons.wikimedia.org

성탄 교회_By Donatus(Darko Tepert), CC BY-SA 2.5, https://commons.wikimedia.org

마르틴 루터_By Lucas Cranach the Elder, Public Domain, https://commons.wikimedia.org

마르크스_By John Jabez Edwin Mayal, Public Domain, https://commons.wikimedia.org

디트리히 본회퍼_By https://www.historicalmaterialism.org

제4부

헤로도토스_By Monsieurdl at English Wikipedia-Public Domain, https://commons.wikimedia.org

사마천_由未知公有領域, https://commons.wikimedia.org, Sima Qian.jpg

사마천 사당_By Liuxingy, CC BY-SA 4.0, https://commons.wikimedia.org

영춘화_By Wildfeuer, CC By 2.5, https://commons.wikimedia.org

이븐 할둔_By Reda Kerbush, CC BY-SA 4.0, https://commons.wikimedia.org

에드워드 기번_By Henry Walton, Public Domain, https://commons.wikimedia.org

아놀드 토인비_By Unknown author, SA 3.0 nl, https://commons.wikimedia.org

E. H. 카_By Unknown, Fair use, https://en.wikipedia.org

빅토르 위고_By Étienne Carjat, Public Domain, https://commons.wikimedia.org

레닌_By Alexej Konstantinovich Nesterenko, Public Domain, https://commons.wikimedia.org

임마누엘 칸트_By Johann Gottlieb Becker, Public Domain, https://commons.wikimedia.org

프리드리히 헤겔_By Jakob Schlesinger, Public Domain, https://commons.wikimedia.org

에릭 홉스봄_By Government of India, Public Domain, https://commons.wikimedia.org

앤드류 카네기_By Theodore C. Marceau, Public Domain, https://commons.wikimedia.org

마크 트웨인_By Unknown, Public Domain, https://commons.wikimedia.org

제5부

이보 안드리치_By Stevan Kragujevic, CC BY-SA 3.0 rs, https://commons.wikimedia.org

드리나강의 다리_By Jelica18, CC BY-SA 4.0, https://commons.wikimedia.org

나폴레옹 보나파르트_By Edouard Detaille, Public Domain, https://commons.wikimedia.org

시에예스_By Jacques-Louis David, Public Domain, https://commons.wikimedia.org

〈1808년 5월 3일의 학살〉_By El_Tres_de_Mayo,_by_Francisco_de_Goya, Public Domain, https://commons.wikimedia.org

스탕달_By Olof Johan Sodermark, Public Domain, https://commons.wikimedia.org

프루동_By Gustave Courbet, Public Domain, https://commons.wikimedia.org

〈보로디노 전투〉_By Louis-Francois, Baron Lejeune, Public Domain, https://commons.wikimedia.org

미하일 쿠투조프_By R.M. Volkov, Public Domain, https://commons.wikimedia.org

〈워털루 전투〉_By William Sadler, Public Domain, https://commons.wikimedia.org

라이온스 마운드_By Jean-Pol GRANDMONT, CC By 3.0, https://commons.wikimedia.org

워털루 광야 표지판_저자 제공

위고 생가_Par Arnaud 25 Travail personnel, CC BY-SA 3.0, https://commons.wikimedia.org/

브장송 요새_Par Wikipedro Travail personnel, CC BY-SA 4.0, https://commons.wikimedia.org

코뮌의 벽_저자 제공

제6부

〈계단을 내려가는 나부〉_By Marcel Duchamp, PD-US, https://en.wikipedia.org

〈샘〉_By Alfred Stieglitz, Public Domain, https://commons.wikimedia.org

〈L.H.O.O.Q〉_By Français: Version revisitée de LHOOQ par une moustache en brosse à dents, Copyleft 3.0, https://commons.wikimedia.org

발터 벤야민_By Photo d'identite sans auteur, Public Domain, https://commons.wikimedia.org

테오도어 아도르노_By Jeremy J. Shapiro, CC BY-SA 3.0, https://commons.wikimedia.org

임칙서 기념관_By Christina Ke Xu, Photo of the entrance to the Lin Zexu Memorial in Fuzhou from 2004, CC BY-SA 4.0, ttps://commons.wikimedia.org

모옌_By Johannes Kolfhaus, Gymn. Marienthal, CC BY-SA 3.0, https://commons.wikimedia.org

모옌 생가_By http://www.frguo.com(山东省 高密市 夏庄镇)

고티에_By Par Nadar, Domaine public, https://commons.wikimedia.org

오스카 와일드 동상_By Alex Lozupone, CC BY-SA 4.0, https://commons.wikimedia.org

〈죽은 요한의 머리를 든 살로메〉_By Mariano Salvador Maella, After Guido Reni, Public Domain, https://commons.wikimedia.org

찾아보기

〈ㄱ〉

가쓰라桂太郞 321

가쓰라·태프트 밀약 320

간디 441, 458, 459

갈리아 385

갈리아의 수탉 311, 313

갈릴레이Galileo Galilei 202, 421

걸프전 324

게르첸Александр Иванович Герцен 75

경교 199

계몽주의 29, 170, 208, 216, 307, 308, 440

고려 172

고리키Максим Горький 32, 357

고전주의 29, 81, 234, 442, 443

고티에Théophile Gautier 394, 441~444, 446, 447

공산주의 209, 287, 294~296, 301

공수반 106, 107

공자 28, 102~105, 112, 135, 140~146, 219~221, 251, 252, 258

광주 항쟁 284, 394, 395

괴테Johann Wolfgang von Goethe 53, 54, 75, 128, 306, 416, 460

구르몽Remy de Gourmont 408

귄터 그라스Günter Grass 288

그노시스주의 198

그레고리우스 1세 199

그레고리우스 7세 200

그루시 377~379

그르노블 353~355

그리스 17~21, 23, 27, 28, 48, 50, 76~79, 81, 98, 113, 114, 116, 117, 122, 167~169, 172~181, 189, 206, 208, 219, 220, 236~238, 243, 246, 248, 249, 250, 251, 255, 275, 276, 279, 303, 307~309, 399, 422

글래드스톤William Ewart Gladstone 424

기독교 22, 87, 118, 119, 172, 179, 184, 186, 194~198, 200, 202~208, 210, 212, 214~217, 228, 247, 251, 264, 272, 275, 277, 278, 280~282, 295, 302, 303, 305, 308, 309, 339, 451, 460

기요틴 386, 388

김구 84~87, 299

김규식 287, 288

김대중 284

김수영 403, 408

김열규 170

김영삼 284

김원봉 299

김태곤 170

김현태 60

〈ㄴ〉

나사렛 187, 188, 191

나일강 130, 179, 263

나치 21, 22, 210~212, 277, 278, 289, 357, 394, 415, 417, 418

나치즘 299, 418

나폴레옹(1세) 273, 305, 343~356, 359, 361~371, 374~382, 384, 385, 389~392, 421

나폴레옹(3세) 317, 359, 361, 389, 390~392

난징 조약 423~435

네소스 48, 49

네스토리우스 199

네안데르탈린 96, 163

노무현 283

노발리스Novalis 306

노아 163, 181

노자 132~134, 421

뉴멕시코 175

느부갓네살(네부카드네자르 2세) 190

니부어Reinhold Niebuhr 211

니체Friedrich Wilhelm Nietzsche 170, 173, 210, 400

니케아 공의회 197

니코마코스 117

니콜라이 오스트롭스키Николай Алексеевич Островский 429

니키포로스 리트라스Nikiphoros Lytras 116

⟨ㄷ⟩

다다이즘 399, 401~404

다빈치Leonardo da Vinci 29, 403, 404, 441

다윗 180, 183, 187, 188, 192

단치히 287~289

단테Dante Alighieri 62, 63, 379

달라디에Édouard Daladier 289

당통Georges Jacques Danton 353

대승 불교 226~228

덩샤오핑鄧小平 427

데이아네이라 48, 49

데카브리스트 봉기 361

델로스 동맹 249, 328, 329

도교 133, 199, 208, 228

도스토옙스키Fyodor Dostoevsky 288, 352

도진순 85, 86

도척 140~146

독일 22, 31, 70, 127, 128, 147, 157, 158, 166, 169, 200~203, 207, 209~212, 277~279, 284, 286~290, 296, 299, 302, 303, 305, 306, 309, 317, 318, 336, 337, 348, 364, 390, 393, 394, 402, 414, 417, 418, 435~437, 439

두보 338, 435

뒤마Alexandre Dumas 394

드리나강 336, 338, 339

드뷔시Achille-Claude Debussy 403

들뢰즈Gilles Deleuze 64, 170

디뉴레뱅Digne-les-Bains 55~57

디드로Denis Diderot 29

디트리히 본회퍼Dietrich Bonhoeffer 211, 212

〈ㄹ〉

라마르틴Alphonse de Lamartine 390
라벨Maurice Ravel 403
라부르시카 369, 370
라이온스 마운드 375, 376
라이트 밀즈Charles Wright Mills 339
라인 동맹 305
라트비아 288
라파엘 전파 441
라파엘Raffaello Sanzio da Urbino 441, 446
람프시니토스 124, 126, 129, 131
랑케Leopold von Ranke 234, 239, 284, 285,
랭보Arthur Rimbaud 394, 408
량치차오梁啓超 103, 252, 425
러일 전쟁 320, 407
레닌Владимир Ильич Ленин 286, 295,
    296, 302, 323, 338, 358
레오 3세 199
렌위크A. M. Renwick 196
렘브란트Rembrandt Harmenszoon van Rijn
    182
로댕François-Auguste-René Rodin 32, 62, 63
로렌스David Herbert Lawrence 69~73
로맹 롤랑Romain Rolland 406
로베스피에르Maximilien de Robespierre 343,
    344
로자 룩셈부르크Rosa Luxemburg 295, 296
루소Jean-Jacques Rousseau 24, 76, 120, 271,
    355
루쉰魯迅 32, 427

루스 베네딕트Ruth Benedict 175~178
루스벨트Theodore Roosevelt 319
루시퍼 22, 23
루이 16세 271, 246 389
루이 18세 353, 389
루이 나폴레옹 → 나폴레옹 3세
루이 프랑수아 르쥔Louis-Francois, Baron
    Lejeune 365
루이 필리프 1세 389
루카치György Lukács 158, 291, 417
루터Martin Luther 118, 202, 203
르낭Ernest Renan 188~191, 394
르네상스 29, 81, 118, 119, 173, 204, 205,
    234, 263, 274, 302, 441, 442
르콩트 드 릴Leconte de Lisle 394
리디아 왕국 243, 245
리얼리즘 158, 419
리영희 284
리처드 버턴Richard Francis Burton 46
리프크네히트Karl Liebknecht 296
리훙장李鴻章 425, 426
림스키코르사코프Николай Римский-
    Корсаков 37
링컨Abraham Lincoln 322

〈ㅁ〉

마니 167, 198
마라톤 전투 246
마르셀 뒤샹Marcel Duchamp 403, 404
마르셀 프루스트Marcel Proust 415

마르쿠제Herbert Marcuse 31

마르크스 32, 76, 103, 128, 209, 210, 263, 280, 286, 288, 295, 296, 310~313, 316, 353, 359, 392, 415, 430

마르크시즘(마르크스주의) 158, 209, 290, 296, 302, 310, 313, 314, 415, 418

마르티누스 5세 202

마르틴 루터 킹Martin Luther King Jr. 458

마리 로랑생Marie Laurencin 271, 408

마리아 187, 188, 190, 191, 199

마리아노 살바도르 마엘라 449

마야 부인 → 마하마야

마오쩌둥毛澤東 290

마크 트웨인 Mark Twain 319, 320, 352, 458

마키아벨리Niccolò Machiavelli 289

마하가섭 225

마하마야 218, 219

마호메트 6

말라르메François-René-Auguste Mallarmé 408

말리노프스키Bronisław Kasper Malinowski 175

매리 셸리Mary Shelley 352

매킨리William McKinley 319

매튜 아놀드Matthew Arnold 399

맹자 28, 102, 111, 292, 435

먼로 C. 비어슬리Monroe Curtis Beardsley 441

먼로주의 318

메넬라오스 19, 20

메소포타미아 165, 166, 198, 263

메인호 폭파 사건 319

멕시코 457

멜로스 323, 328~331

멜로스인의 복수 323, 324, 328, 331

명백한 운명manifest destiny 323, 324

모더니즘 399, 400, 415, 419, 442, 444

모세 96, 183, 185

모스크바 25, 26, 158, 366, 367

모옌莫言 342, 462~432, 434, 435, 437

모차르트Wolfgang Amadeus Mozart 147

몽골 265

몽생장 375, 377

몽테뉴Michel Eyquem de Montaigne 241, 242

몽테스키외Montesquieu 310

무라카미 하루키 427

무솔리니Benito Mussolin 285, 289, 299

무술변법 425, 426

묵자 103~108, 112, 114, 118, 435

문화 대혁명 427, 429

뮌헨 협정(늑약) 289, 290

미국 50, 83, 87, 95, 96, 120, 175, 176, 203, 205, 212, 215, 246~248, 268, 272, 287, 288, 273, 278, 273, 290, 295, 297, 300, 302, 318~331, 350, 360, 411, 415, 418, 419, 424, 430, 436, 457, 458

미네르바의 부엉이 311

미르체아 엘리아데Mircea Eliade 170, 212

미얀마 218

미올리스 신부 57, 58

미즈노 난보쿠 84, 88~90

미케네 76, 113, 114

미켈란젤로 379

미하일 바쿠닌Михаил Александрович
    Бакунин 288, 402

민비 407

민족 자결주의 289

민주주의 86, 119, 120, 172, 205, 259, 284,
    293, 300, 321, 391, 457, 460

밀교 227

밀라노 197, 351, 351

밀턴John Milton 22

〈ㅂ〉

바리새파 184

바빌론 180, 181, 183

바스티유 382, 388, 391

바울 194, 195, 197

바움가르텐Alexander Gottlieb Baumgarten 29

바이런George Gordon Byron 50

박경리 66~69

박근혜 391

박인환 408

박현채 284

반고 98~100, 146

발도Peter Waldo 201

발자크Honoré de Balzac 81~83

발터 벤야민Walter Benjamin 242, 412~417

밧지족 227

배화교 166

백거이 20

백이숙제 258

버나드 쇼 441

버르토크Bartók Béla Viktor János 403

버크Edmund Burke 274

베네데토 크로체Benedetto Croce 285

베네딕투스 199

베니스 211, 124

베데킨트Frank Wedekind 157

베드로 194, 197

베들레헴 187, 188

베르길리우스 270

베르사유 조약 287, 288, 290

베르사유 체제 278, 322

베른슈타인Eduard Bernstein 295

베를렌Paul-Marie Verlaine 408

베이징 424, 429, 431, 436, 437

베이징 조약 424, 435

베트남 227, 287, 435

벨린스키Виссарион Григорьевич
    Белинский 58, 59

보나파르티슴 356, 392

보들레르Charles Pierre Baudelaire 50, 390,
    408, 409

보로디노 전투 361, 363~368, 371, 374, 379

보스니아 336~339, 342

보스니아 헤르체고비나 357

보티첼리Sandro Botticelli 441

복돈 107

복희 100, 101

볼테르Voltaire 216, 270, 355

부림 사건 283, 284
부마 민주 항쟁 283
부알로Nicolas Boileau-Despréaux 29
불가리아 279
불교 172, 225~229, 186, 198, 208, 222, 223, 225~229
브라이언William Jennings Bryan 319
브라크Georges Braque 403
브레히트Bertolt Brecht 147, 148, 155, 157~159
브뤼메르 18일 쿠데타 347, 355, 389, 392
브장송 385
블뤼허Gebhard Leberecht von Blücher 350, 375, 377~379
비스마르크Otto von Bismarck 317, 389, 393
비얼레인J. F. Bierlein 96, 97
빌헬름 1세 318
빙켈만Joohann Joachim Winckelmann 441

〈ㅅ〉
4·19 혁명 391, 403
사단칠정四端七情 292
사라센 199
사라예보 336, 337
사르데냐 공국 359
사마르칸트 39
사마천 146, 253~260, 371
사무엘 팔머Samuel Palmer 284
사뮈엘 베케트Samuel Beckett 352, 419
사울 180, 183

사회주의 158, 164, 209, 284, 287, 290, 296~298, 301, 302, 313, 323, 325, 336~338, 428
사회주의 인터내셔널(Socialist International, 약칭 SI) 301
산업 혁명 204, 263, 302, 421
살라미스 해전 246
살로메 188, 448~452
3·1운동(혁명) 287, 297, 298, 322
샤를 10세 389
샤리야르 왕 38~40, 42, 45, 46, 461
샤머니즘 101, 163, 167~169, 170, 172
샤스탕Jacques-Honoré Chastan 58
샤카국 217, 220
서태후 425
석가 6, 52, 189, 191, 217~225, 226~229
성탕成湯 261
세르비아 336, 337,
세인트헬레나 344, 350, 379
셈족 181
셰에라자드 37~39, 45~47, 53, 54, 461
셰익스피어 William Shakespeare 75, 81, 234, 270
셸링Friedrich Wilhelm Joseph von Schelling 306
소로우Henry David Thoreau 456~459
소승 불교 226, 227
소크라테스 27, 28, 220, 221
소포클레스 116, 117, 236, 307
손턴 와일더Thornton Niven Wilder 87

솔로몬 180, 183
솔론Solon 243~245
쇤베르크Arnold Schönberg 403, 417, 419
쇼펜하우어Arthur Schopenhauer 416
수다타 224
순자 108, 110~112, 114, 118
슈펭글러Oswald Spengler 279
스리랑카 218
스무트 홀리 관세법 288
스베덴보리Emanuel Swedenborg 304
스윈번Algernon Charles Swinburne 441
스탈린Joseph Stalin 290, 301, 302, 322. 338, 418
스탕달Stendhal 351~356, 392
스트라빈스키Igor Fyodorovich Stravinsky 403
스티글리츠Alfred Stieglitz 404
스파르타 19, 246, 249, 328
스페인 49, 118, 264, 278, 319, 348, 349, 415, 421, 436, 442, 449
슬로베니아 337
시에예스Emmanuel Joseph Sieyès 345~348
시엔키에비치Henryk Sienkiewicz 197
시오니즘 277
시진핑習近平 253
시칠리아 237
신간회 298, 299
신농 100, 101, 258, 259
신라 172, 435
신성 로마 제국 202, 305, 362, 363
신영복 86

신의론神義論 282
신해혁명 262, 426
실러Johann Christoph Friedrich von Schiller 307, 416, 440
14개조 평화 원칙 322
십자군 200, 274, 325
싱클레어 루이스Sinclair Lewis 458
쑨원孫文 426

〈ㅇ〉
아가멤논 76~78, 114
아도르노Theodor W. Adorno 414, 418~420
아라비아반도 179
아라비안나이트 37, 38, 41, 44
아렌트Hannah Arendt 21~23, 419
아리스토텔레스 41, 47, 117, 118, 233~235, 239, 302, 303
아리우스 주교 197
아브라함 180~182
아서 쾨슬러Arthur Koestler 453
아소카왕 227, 228
아우구스투스 황제 196, 270
아우구스티누스 28, 198,
아우스터리츠 전투 348, 362
아이훈 조약 424
아이히만Otto Adolf Eichmann 22
아킬레우스 50, 76~80
아테네(도시) 114, 236, 243, 246, 248, 249, 328, 329
아테네(여신) 78

아편 전쟁 423, 424,

아폴론 49, 122, 123, 169, 245

아폴리네르Guillaume Apollinaire 402, 405,
　406, 408

아프가니스탄 324

아프로디테 17, 78

아후라 마즈다 166

안티고네 113, 115~118

안회 135, 146, 258

알렉산더 대왕 180, 183

알렉산드르 1세 361, 362

알렉산드리아 197, 237, 265, 313,

알자스로렌 318

알카에다 324

알퐁스 도데Alphonse Daudet 318

알프레도Alfred Karl Gabriel Jeremias 166

암피폴리스 248

앙굴리말라 224

앙드레 브르통André Breton 405, 406

앙리 바르뷔스Henri Barbusse 406

앙투안 루이Antoine Louis 386

앨리슨Graham Tillett Allison Jr. 247

야곱 180, 182

야스나야 폴라냐 25, 358

얀 후스 202

양귀비 20, 21

업턴 싱클레어Upton Sinclair 458

에드가 앨런 포Edgar Allan Poe 50

에드거 스노Edgar Parks Snow 262

에드먼드 윌슨Edmund Wilson 50

에드워드 기번Edward Gibbon 268~275,
　282, 283

에르네스트 르낭Ernest Renan 188~191, 394

에른스트 블로흐Ernst Bloch 417

에리히 프롬Erich Fromm 64, 95, 96, 412

에미 헤닝스Emmy Hennings 401, 402

에밀 졸라Émile Zola 394

에우리디케 167

에테오클레스 115

엔리케 시모네Enrique Simonet 49

엘바섬 349, 353, 375

여와 100, 101

영국 73, 118, 147, 169, 201, 268, 269,
　272~274, 276~279, 282, 285, 287~289,
　302, 313, 314, 317, 319, 322, 345, 350,
　359, 362, 363, 375, 377, 392, 393, 399,
　418, 421~424, 436, 441, 442, 447, 452

예루살렘 21, 22, 180, 181, 187

예수 6, 96, 97, 103, 175, 181, 184, 186~195,
　197, 201, 205, 210~212, 215, 217, 220,
　221, 272, 459

예이츠William Butler Yeats 458

5·16 쿠데타 391

오디세우스 50, 77

오르페우스 167, 270

오스카 와일드Oscar Wilde 50, 447~449,
　451~454

오스트리아 289, 318, 336, 337, 339, 348,
　351, 363, 390, 436,

왕사성 223, 225, 226

요 임금 108, 260

요셉 96, 188, 190, 220

요하네스 23세 202

요한 188, 193, 194, 449~452

요한 갈퉁Johan Galtung 459

우드로 윌슨Woodrow Wilson 289, 321, 322

우순 108, 260

워싱턴George Washington 272, 457

워털루 350, 352, 374~377, 380~381, 389

웨스터마크Edward Alexander Westermarck
    178

웰링턴Arthur Wellesley, 1st Duke of Wellington
    350, 375, 377

위고Victor-Marie Hugo 55~57, 293~294,
    316, 350, 361, 374, 377~388, 390~395,
    442~444, 457

위안스카이袁世凱 426, 437

위진 남북조 422

위클리프John Wycliffe 201

윌리스턴 워커Williston Walker 196

윌리엄 새들러William Sadler 376

유고슬라비아 301, 336, 337, 403

유교 52, 146, 228

유다 97, 182, 190, 392

유다국 180, 183

유미주의 30, 399, 440, 441, 444, 446, 447

유천량 256

유프라테스강 263

유하척 140, 415, 146

유하혜 140, 141, 144

윤동주 5

윤석열 247, 460

을사늑약 321

의화단 425, 426, 435, 436

2월 혁명 128, 315, 381, 388, 389, 390

이광리 253, 255

이란 245

이릉 253

이베리아반도 198, 349

이보 안드리치Ivo Andrić 335, 336, 341, 342

이븐 할둔Ibn Khaldun 263~268

이삭 180~182

이상 403

이솝 309

이스라엘 179, 180~183, 185, 191, 250, 277

이슬람교 181

이영무 257

이오덕 60

이오카스테 114

이재흠 59

이집트 113, 121, 124, 126, 127, 131,
    166~169, 179, 198, 208, 239~241, 266,
    345, 347, 422

이탈리아 201, 202, 285, 289, 299, 343, 345,
    348, 351, 353, 356, 403, 431, 436

인더스강 263

인도 39, 48, 53, 179, 212, 225, 227, 245,
    250, 302, 421, 422

인도차이나반도 317, 421

인혁당 87

임칙서林則徐 422, 423

〈ㅈ〉

자라투스트라 166

자로 102, 103

자본주의 23, 24, 64, 164, 173, 209, 272, 284, 314, 323, 419

자코뱅(파) 343, 345, 347, 350, 389

자크 아탈리Jacques Attali 411

장 막시밀리앙 라마르크Jean Maximilien Lamarque 382

장 발장 55, 381, 384, 388, 395

장 보드리야르Jean Baudrillard 410

장·레옹 제롬Jean-Léon Gérôme 18

장자 131~140, 145, 146, 448

쟈크 샤스탕Jacques Honoré Chastan 58

전두환 283

전위주의 158, 342, 399~410, 414, 415, 417, 419

절식개운론節食開運論 88

제1인터내셔널 295

제1차 세계 대전 69, 275, 277, 278, 286, 287, 296, 317, 318, 322, 336, 337, 339, 400, 402, 409,

제2인터내셔널 295, 296

제2차 세계 대전 176, 278, 288, 290, 301, 313, 317, 318, 336, 337, 354, 415

제3인터내셔널 296

제4인터내셔널 301

제네바 295

제요 260

제우스 80, 115, 122, 123

제임스 조이스James Joyce 158

조로아스터교 166, 198, 208

조르주 바타유Georges Bataille 170

조비 51

조설근 75

조세희 284

조조 51

조지 1세 273

조지 3세 273

조지 오웰George Orwell 290

조지프 슘페터Joseph Schumpeter 284

존 F. 케네디John Fitzgerald Kennedy 458

존 러스킨John Ruskin 441

존 로크John Locke 120

존 브라운John Brown 457, 458

존 오설리번John Louis O'Sullivan 323

주데텐란트 289

주리반특周利槃特 225

중국 28, 39, 58, 98~101, 103, 111, 113, 114, 118, 119, 133, 134, 155, 171, 199, 228, 236, 247, 250, 251, 253, 254, 259, 262, 290, 297, 301, 302, 317, 342, 369, 421~428, 430, 435, 437

지기스문트Sigismund 202

진단陳搏 88

쩡궈판曾子城 425

〈ㅊ〉

처칠Winston Churchill 286
청불 전쟁 425, 435
청일 전쟁 425, 426, 435
체르니셰프스키Arkady Chernyshevsky 33
체임벌린Arthur Neville Chamberlain 289
최순실 130
최인훈 339
최종길 87
춘추 전국 시대 102, 119, 432
취칭타오曲清涛 429
7월 혁명 315, 382, 389
칭다오青島 435

〈ㅋ〉

카Edward Hallett Carr 282~290, 313
카네기Andrew Carnegie 319, 320
카노사의 굴욕 200
카를 바르트Karl Barth 211
카바레 볼테르 399, 401, 402
카산드라 19, 20, 50
카이사르Lucius Julius Caesar 385
카이저Georg Kaiser 157
카지미르 페리에Casimir-Pierre Perier 382
카타르시스 41, 45
카프카Franz Kafka 158, 403, 412, 413, 415,
    419, 427
칸딘스키Wassily Kandinsky 403
칸트Immanuel Kant 30, 32, 206~208, 291,
    303~306, 308, 310, 348, 416, 417, 440

칸트·라플라스 성운설 303
칼뱅Jean Calvin 203, 204
칼뱅파 269, 270
캄비세스 2세 239~242
캉유웨이康有爲 252, 425
캐롤James Milton Carroll 196
코르시카 343, 344, 354
코민테른(제3인터내셔널) 296~299, 323
코민포름 301, 338
콘스탄츠 종교 회의 202
콘스탄티노플(콘스탄티노폴리스) 199, 269,
    274
콘스탄티누스 1세 197
콜링우드Robin George Collingwood 285
쿠바 319
쿠시나가라 222, 225
쿠쟁Victor Cousin 440
쿠투조프Mikhail Kutuzov 362~364,
    367~369
크레온 115, 117, 118
크로아티아 336, 337
크로이소스 240, 243~246
크리미아 전쟁 359
크리미아반도 359
크메르 218
크세르크세스 238, 279
클린턴William Jefferson Clinton 325
키루스 대제 245
키르케고르Søren Kierkegaard 210, 418
키케로 236

〈ㅌ〉

타고르Rabindranath Tagore 54

탈레반 324

탕현조 75

태평천국 운동 424

태평천국의 난 423

태프트William Howard Taft 321

터키 194, 274~276, 339~342, 359

테르모필레 전투 246

테르미도르 343, 344, 382

테베 113, 114

톈진 조약 424, 435

토마스 만Thomas Mann 158

토마스 아퀴나스Thomas Aquinas 201

토마스 홉스Thomas Hobbes 118~120, 289

토인비Arnold Joseph Toynbee 214, 215, 228, 265, 268, 275~280, 282, 283, 285, 286

톨스토이Лев Толстой 25~27, 54, 335, 349, 356~361, 363~369, 371, 372, 356~361, 363~369, 371, 372, 441, 374, 379, 441, 458, 459

투르게네프Ivan Turgenev 54

투르키스탄 228

투키디데스 246~251, 289, 329

툴롱 55, 343, 345, 387

트라팔가르 해전 348

트로이 19, 20, 23, 49, 50, 76~79

트로츠키Лев Давидович Троцкий 286, 338, 406

트리스탄 차라Tristan Tzara 402

티무르 265

티베트 218

티토Josip Broz Tito 301, 336~338

틸리히Paul Tillich 210, 211

〈ㅍ〉

파나마 319, 320

파리 강화 회의 275, 287

파리 코뮌 388, 394, 395

파리스 19, 50, 76

파스칼 63

파시즘 285, 299, 321, 323, 442

파울로 네루다Pablo Neruda 455, 456

파푸아뉴기니 175

파머스톤Lord Palmerston, Henry John Temple 421, 424

팔레스타인 180, 181, 183

페루 87

페르 라셰즈 394, 395, 454

페르시아 39, 166, 171, 179, 180, 183, 237~240, 243, 245, 246, 249, 279

페리클레스 236

페이터Walter Pater 441, 442, 447

페테르부르크 25, 26, 362, 380

펠로폰네소스 113, 246, 248, 249, 328

펠로폰네소스반도 113

펠로폰네소스 동맹 249, 328

포이어바흐Ludwig Andreas von Feuerbach 76, 208, 209

포츠머스 조약 320

폴 스위지Paul Malor Sweezy 284

폴리네이케스 115, 116

폼페이우스 180

푸리에Fourier, François Marie Charles 385

푸시킨Alexander Pushkin 361

푸에블라족 175

프란체스코 200, 201

프랑수아 라볼레François Rabelai 444

프랑수아 비용-François Villon 50

프랑스 18, 29, 50, 55, 81, 83, 120, 188, 201,
203, 205, 216, 234, 241, 268, 270, 271,
274, 287~289, 294, 302, 305, 308, 315,
317, 318, 343~348, 350~355, 359, 360,
366~369, 377, 380, 381, 386, 389~394,
403, 405, 406, 408, 421, 431, 436, 442,
443, 446, 452, 453

프랑스 (대)혁명 120, 203, 205, 216, 234,
268, 274, 302, 305, 308, 315, 316, 343,
344, 346, 347, 350, 353, 359, 381, 391, 392

프랑코Francisco Franco 278, 415

프랑크푸르트 선언 301

프러시아 303, 350

프로이센 207, 208, 210, 305, 318, 348, 375,
377, 389, 390, 393, 442

프로이트 235, 400, 406, 417

프롤레타리아 281, 282, 297, 299, 316, 400

프루동Pierre-Joseph Proudhon 359, 360, 385

프리네 17, 18

프리드리히 빌헬름 1세 318

프리드리히 빌헬름 2세 207, 208

프리드리히 빌헬름 3세 305

프리아모스 19, 50, 78

프산메니토스 3세 239~242

플라톤 51, 221

플로베르Gustave Flaubert 394, 441, 451

피에르 다뤼Pierre Antoine Daru 355

피우스 7세 348

피카소Pablo Ruiz y Picasso 403

피터 마쓰Peter Maass 342

필록테테스 48~51

필리핀 319, 320

필립 토인비Philip Toynbee 214

〈ㅎ〉

하데스 167

하만A. M. Harman 196

하스모니아 왕조 180

하이네Heinrich Hein 127~131

하이든Joseph Haydn 348

하인리히 4세 200

하인리히 만Heinrich Mann 158

한 무제 255~257

한국전쟁 458

한나 아렌트Hannah Arendt 21~23, 419

한니발 379

한유 52

함석헌 458, 459

합스부르크 왕가 305, 337, 381

핵 확산 금지 조약(NPT) 330

헝가리 291, 314, 336, 337, 339

헤겔Georg Wilhelm Friedrich Hegel 30~32, 208, 210, 234, 305~312, 418, 430

헤라클레스 48~50

헤라클레이토스 28

헤로도토스 124, 125, 130, 233, 236~238, 244, 249, 251, 262

헤롯 181, 188, 193, 194, 450~452

헤르더Johann Gottfried Herder 310

헤르메스 122~124

헤르체고비나 336, 337

헤밍웨이Ernest Hemingway 352, 458

헤브라이즘 178, 179

헥토르 19, 20, 78~80

헨리 조지Henry George 360

헬레네 18~21, 28

헬레니즘 178, 185, 189

현종 20, 134, 422

혜시 107, 133, 137

호라티우스 75

호르크하이머Max Horkheime 417~419

호리구치 다이가쿠堀口大學 406~408

호리구치 쿠마이치堀口九萬一 407, 408

호메로스(호머) 28, 78, 250, 338, 339

호찌민 287

홉스Thomas Hobbes 118~120, 289

홉스봄Eric Hobsbawm 205, 313~315, 321

홍콩 423, 431

황석영 284

황진이 17

황하 263, 424

회교 172, 215, 216, 339

횔덜린Friedrich Hölderlin 306

후고 발Hugo Ball 401, 402, 405

훔볼트Wilhelm von Humboldt 305

흉노 253, 255

히비피아스 27

히틀러Adolf Hitler 128, 211, 277, 278, 289, 290, 299, 313, 321, 414

히피리데스 17

힌두교 186, 208, 218, 222, 227

〈기타〉
-책, 문서, 예술 작품, 그밖에

《간추린 교회사》 196

《강철은 어떻게 단련되었는가》 429

《고백록》 198

《곡량전》 251

《공양전》 251, 252

《관상보감》 88

《광장》 339

《국가》 51

《국부론》 272

《국화와 칼》 175~177

《그리스 비극-안티고네》 116

《그리스도교 강요》 203

《극단의 시대: 20세기 역사》 314, 315, 317

《기독교회사》 196

《길가메시》 165

《나폴레옹의 생애에 관한 각서》 356

《나폴레옹전》 356

《난장이가 쏘아올린 작은 공》 284

《남화진경》 133, 134

《네 이웃을 사랑하라: 20세기 유럽-야만의 기록》 342

《노자》 132

《니코마코스 윤리학》 117

《도리언 그레이의 초상》 447, 448

《동북아시아 샤머니즘과 신화론》 170

《들어라 양키들아》 339

《러시아 문학사 시론試論》 59

《레 미제라블》 55, 57, 58, 294, 316, 350, 374, 378, 379, 381, 382, 388, 393,

《로마 제국 쇠망사》 268, 269, 272, 274

《로만체로》 127, 129

《루이 보나파르트의 브뤼메르 18일》 392

《르네상스》 442

《리바이어던》 118

《마을의 사제》 81

《마의 산》 158

《마의상법》 85

《마지막 수업》 318

《모팽 양》 444, 446, 447

《무기여 잘 있거라》 352

《무량수경》 223

《무시무시한 해》 395

《문화의 유형》 175

《미개 사회에서의 범죄와 관습》 175

《미완의 시대: 에릭 홉스봄 자서전》 315

《미학사》 441

《바람과 함께 사라지다》 61

《반란의 원초적 형태: 자본주의 발전에 따른 유럽소외지역 민중운동의 모든 형태》 314

《발터 벤야민의 문예이론》 242, 412, 416

《백범일지》 84~88

《법철학 강요》 309

《법화경》 223

《봄의 제전》 403, 405

《부자간의 대화-역사의 여울목에서》 214

《사기》 146, 253~259, 261, 262, 371

《사자의 서》 166

《사천의 선인》

《사형수 최후의 날》 384, 386, 387

《사회 계약론》 76,

《산 루이스 레이의 다리》 87

《살로메》 449, 450

《살아 있는 신화》 97

《삼국지》 262, 429

《삼포 가는 길》 284

《상서》 85

《새로운 세기와의 대화》 315

《샤머니즘-고대적 접신술》 170

《서경》 251

《서양의 몰락》 279

《서푼 오페라》 147, 148, 156

《세 작품》 451

《세바스토폴 이야기》 359

《소설의 이론》 291

《소유란 무엇인가》 359

《수상록》 241

《수호전》 429

《순수이성 비판》 30, 206, 303, 304

《술의 나라》 429, 431, 432, 435

《승부의 종말》 352

《시경》 251, 259

《시민 불복종》 457

《시학》 41, 47, 75, 233

《신곡》 63

《신국론》 198

《신상전편》 88

《신학대전》 201

《실낙원》 22, 23

《실천이성 비판》 30, 206, 291, 303, 304

《십팔사략》 262

《아라비안 나이트》 46

《아방가르드의 쇠퇴와 몰락》 315

《악의 꽃》 408, 409

《안나 카레니나》 25

《안티고네》 117, 307

《양철북》 288

《에르나니》 442

《역사》 124, 125, 233, 237~244, 246, 262

《역사란 무엇인가》 283, 284

《역사론》 315

《역사서설-아랍, 이슬람, 문명》 264, 266, 267

《역사의 연구》 280

《예루살렘의 아이히만-악의 평범성에 대한 보고서》 21

《예수의 생애》 188, 189

《오디세이》 76

《오이디푸스왕》 117

《옥중기》 453

《왕자와 거지》 320

《월간 베를린》 207

《월든-숲속의 생활》 456, 457

《유년 시대》 359

《유림외사》 429

《은박지에 새긴 사랑》 456

《의적의 사회사》 314, 315

《이바르의 책》 264

《이븐 할둔-역사의 탄생과 제3세계의 과거》 264

《이성과 혁명》 31

《일리아드》 28, 50, 76, 78, 165

《잃어버린 시간을 찾아서》 415

《임해설원》 429

《자본의 시대》 315, 316

《자본주의 발전의 이론》 284

《자본주의 사회주의 민주주의》 284

《자치통감》 262

《장자》 132~134, 136, 138~141, 143~145

《저항과 반역 그리고 재즈》 315

《적과 흑》 353, 385

《전론》 51

《전쟁과 평화》 335, 349, 359, 361, 363~369, 371, 374, 379

《정신 현상학》 305, 306

《제3세계의 이해》 284

《제3신분이란 무엇인가?》 347

《제국의 시대》 315, 317

《제국주의론》 323

《좌씨전》 251

《주역》 132

《중국의 붉은 별》 262

《지하 생활자의 수기》 352

《진보와 빈곤》 360

《징벌》 392

《참깨와 백합》 441

《채털리 부인의 사랑》 69, 72

《천일야화》 37

《철부지 여행기》 352

《철학의 백과사전》 308

《철학의 빈곤》 359

《청춘의 노래》 429

《추관비집》 439

《춘추》 251, 252

《콜로노스의 오이디푸스》 117

《쿼바디스》 197

《탄샹싱》 431, 435~437

《탈무드》 192

《토지》 66~68

《톰 소여의 모험》 320

《통치론》 120

《파름의 수도원》 351

《파이낸셜 타임즈》 247

《판단력 비판》 30, 303, 304, 440

《광세》 64

《광타그뤼엘》 444

《펠로폰네소스 전쟁사》 246, 248, 329

《폭력의 시대》 315

《프랑스 혁명에 관한 성찰》 274

《프랑켄슈타인》 352

《피 흘린 발자취》 196

《피할 수 없는 전쟁: 미국과 중국은 투키디
데스의 함정을 벗어날 수 있을까?》 247

《학문예술론》 24

《한국무속연구》 170

《한낮의 어둠》 453

《한비자 묵자 순자》 104, 108

《한서》 146, 262

《행복을 전하는 우체통》 60

《행복한 왕자》 447

《헤겔 법철학 비판 서설》 210

《혁명의 시대》 314, 315

《홍까오량 가족》 430

《홍루몽》 454

《화엄경》 227

《후한서》 262

《1780년 이후의 민족과 민족주의》 315

《20년의 위기: 1919-1939, 국제 관계 연구
에 대한 소개》 289

《21세기 사전》 411

《93년》 316

〈1808년 5월 3일의 학살〉 349

〈L.H.O.O.Q〉 403, 404

〈개들의 길〉 430

〈계단을 내려가는 나부〉 403, 404

〈고량주〉 430

〈공산당 선언〉 316
〈기술 복제 시대의 예술 작품〉 413
〈네소스와 데이아네이라〉 49
〈논문論文〉 51
〈논불골표〉 52
〈독자에게〉 408, 409
〈람프시니토스 왕〉 126~131
〈맹동야를 보내면서〉 52
〈멜로스인의 복수: 비대칭적 위협과 차기
　4개년 국방 계획〉 328
〈모나리자〉 403, 404
〈목수 도둑 이야기〉 239
〈문헌 연구에 관한 에세이〉 270
〈법정에 선 프리네〉 18
〈변호인〉 283
〈봄밤에 내리는 소나기〉 430
〈붉은 수수〉 430
〈산딸기 오믈렛〉 413, 414
〈샘〉 403, 404
〈생각하는 사람〉 62, 63
〈셰에라자드〉 37
〈수수 장례식〉 430
〈순수한 이성의 한계 안에서의 종교〉 207
〈신드바드의 모험〉 39
〈심령을 보는 자의 꿈〉 303
〈아브라함과 이삭〉 182
〈알라딘의 요술 램프〉 39
〈알리바바와 40인의 도적〉 39
〈얘기꾼과 소설가〉 242, 416
〈에로디아스〉 451

〈워털루 전투〉 376
〈유방〉 406, 407
〈이상한 죽음〉 430
〈인간의 미적 교육에 관한 서한집〉 440
〈인디언이 되고 싶은 욕망〉 412
〈잊혀진 여인〉 271
〈자유로운 결합〉 405, 406
〈장한가〉 20, 21
〈죽은 폴리네이케스 앞의 안티고네〉 116
〈지옥의 문〉 62, 63
〈진미선에 대하여〉 440
〈춘망〉 338
〈카라바네Karawane〉 402
〈팔상도〉 219
〈평화 있어라〉 456
〈포이어바흐에 대한 테제〉 76
〈프린시페 피오 언덕의 학살〉 349
〈필록테테스: 상처와 화살〉 50

임헌영

글쓴이는 1941년 경상북도 의성에서 태어났다. 엄혹했던 박정희, 전두환 시기에 두 차례의 옥고를 치렀고 역사문제연구소 부소장, 중앙대 국문과 겸임 교수 들을 지냈다. 1966년 《현대문학》을 통해 등단해 오랫동안 문학 평론가로 활동했으며 지금은 민족문제연구소 소장을 맡고 있다.
쓴 책으로는 《불확실 시대의 문학》을 비롯해 리영희와의 대담집 《대화》, 《문학의 길 역사의 광장-문학가 임헌영과의 대화(대담 유성호)》, 《한국소설, 정치를 통매하다》, 《한국 현대 필화사》, 수필집 《눈동자와 입술》, 그 밖에 여러 책들이 있다.

보리 인문학 4

상처와 화살, 인문학으로 세상 읽기

2026년 2월 2일 1판 1쇄 펴냄

임헌영 지음

편집 김용심, 김누리, 김성재, 임헌 | **디자인** 서채홍
제작 심준엽 | **영업마케팅** 심규완, 윤민영 | **영업관리** 안명선
새사업부 조서연 | **경영지원실** 김세정, 윤동혁, 이예원
인쇄와 제본 ㈜상지사P&B

펴낸이 윤구병 | **펴낸곳** ㈜도서출판 보리 | **출판등록** 1991년 8월 6일 제9-279호
주소 (10881) 경기도 파주시 직지길 492 | **전화** 031-955-3535 | **전송** 031-950-9501
누리집 www.boribook.com | **전자우편** bori@boribook.com

ⓒ임헌영, 2026

값 30,000원
ISBN 979-11-6314-448-9 04300
ISBN 979-11-6314-096-2 (세트)

보리는 나무 한 그루를 베어 낼 가치가 있는지 생각하며 책을 만듭니다.